国家哲学社会科学成果文库
NATIONAL ACHIEVEMENTS LIBRARY
OF PHILOSOPHY AND SOCIAL SCIENCES

抗日战争时期重庆大轰炸研究

潘洵 等著

作者简介

潘洵　1965年生，重庆市北碚区人，历史学博士，西南大学历史文化学院教授、博士生导师，中国现代史学会副秘书长，重庆市历史学会副会长兼秘书长，重庆市"中国近现代史"学科学术带头人。

主要从事抗战时期大后方历史文化、重庆大轰炸、第二次国共合作及民国科技史的研究，先后主持国家、省部级项目10余项，发表《抗战时期西南后方社会变迁研究》、《抗战时期重庆大轰炸日志》、《国共合作重庆谈判图史》等论著50余部（篇），研究成果曾获重庆市"五个一工程"入选作品奖、重庆市优秀科研成果二等奖、三等奖等。

日本惨无人道的无差别轰炸

日军轰炸后的废墟

《国家哲学社会科学成果文库》
出版说明

  为充分发挥哲学社会科学研究优秀成果和优秀人才的示范带动作用，促进我国哲学社会科学繁荣发展，全国哲学社会科学规划领导小组决定自2010年始，设立《国家哲学社会科学成果文库》，每年评审一次。入选成果经过了同行专家严格评审，代表当前相关领域学术研究的前沿水平，体现我国哲学社会科学界的学术创造力，按照"统一标识、统一封面、统一版式、统一标准"的总体要求组织出版。

全国哲学社会科学规划办公室
2011年3月

目　　录

导　言 ……………………………………………………………………… 1
　一、研究价值 ………………………………………………………………… 1
　二、研究概况 ………………………………………………………………… 6
　三、研究所涉问题 …………………………………………………………… 17

第一章　日军全面侵华与重庆地位的变化 …………………………… 24
　第一节　日军发动全面侵华战争 …………………………………………… 24
　第二节　战争初期日军的战略轰炸 ………………………………………… 32
　第三节　重庆战时首都地位的确立 ………………………………………… 51

第二章　日军轰炸重庆的战略和战术 ………………………………… 68
　第一节　日军轰炸重庆的战略部署 ………………………………………… 68
　第二节　日军轰炸重庆策略的变化 ………………………………………… 83
　第三节　日军轰炸重庆的主要战术 ………………………………………… 101

第三章　日机轰炸重庆的过程与特点 ………………………………… 109
　第一节　1938年的试探性轰炸 …………………………………………… 111
　第二节　"100号作战"轰炸及其特点 …………………………………… 115
　第三节　"101号作战"轰炸及其特点 …………………………………… 128
　第四节　"102号作战"轰炸及其特点 …………………………………… 153
　第五节　太平洋战争爆发后的零星轰炸 …………………………………… 177

第四章　日机轰炸造成的人员伤亡与财产损失 ························ 185
　　第一节　日军轰炸造成的人员伤亡 ································ 185
　　第二节　日军轰炸造成的财产损失 ································ 198
　　第三节　重庆大轰炸人员伤亡和财产损失特点 ···················· 226

第五章　重庆各界民众的反轰炸斗争 ································ 232
　　第一节　重庆反轰炸体系的建立与完善 ···························· 233
　　第二节　重庆反轰炸斗争中的积极防空 ···························· 251
　　第三节　重庆反轰炸斗争中的消极防空 ···························· 269

第六章　重庆大轰炸的国际国内影响 ································ 327
　　第一节　在战略轰炸发展史上的定位 ······························ 327
　　第二节　对重庆社会变迁的影响 ·································· 336
　　第三节　对重庆民众社会心理的影响 ······························ 342
　　第四节　对中国抗日战争的影响 ·································· 353
　　第五节　对中国国际形象和远东各国军事战略的影响 ············· 363

结　　语 ·· 375

参考文献 ·· 377
索　　引 ·· 384
后　　记 ·· 391

Contents

Introduction ·· 1
   1. Research value ··· 1
   2. Research results ··· 6
   3. Main topics ··· 17

Chapter 1 Japan's full-scale aggression against China and the change of Chongqing's position ·· 24
   1.1 Japan's launch of full-scale war of aggression against China ··· 24
   1.2 The Japanese strategic bombing in the early part of the war ··· 32
   1.3 The establishment of Chongqing's position as the wartime capital ··· 51

Chapter 2 Japan's bombing strategy and tactics ············· 68
   2.1 The strategic plan of Japan ···································· 68
   2.2 The strategic change of the Japanese bombing ············· 83
   2.3 The main tactics of the Japanese bombing ················ 101

Chapter 3 The process and characteristics of the Japanese bombing ······ 109
   3.1 The exploratory bombing in 1938 ··························· 111
   3.2 The No. 100 Combat and its characteristics ·············· 115
   3.3 The No. 101 Combat and its characteristics ·············· 128
   3.4 The No. 102 Combat and its characteristics ·············· 153

3.5　The sporadic bombings after the Pacific War broke out …… 177

Chapter 4 The population casualties and property losses caused by the Japanese bombing raid to Chongqing …………………… 185

4.1　The population casualties ……………………………… 185

4.2　The property losses …………………………………… 198

4.3　The characteristics of the population casualties and property losses …………………………………………… 226

Chapter 5 Chongqing's anti-bombing struggle ……………… 232

5.1　The establishment and consummation of Chongqing's anti-bombing system …………………………………… 233

5.2　Chongqing's positive air defense ………………………… 251

5.3　Chongqing's passive air defense ………………………… 269

Chapter 6 The domestic and international influences of Japan's bombing raid to Chongqing ………………………………… 327

6.1　The positioning of the bombing in the developmental history of strategic bombing ………………………………… 327

6.2　The influence of the bombing on city and social change of Chongqing ………………………………………………… 336

6.3　The influence of the bombing on people's social psychology …… 342

6.4　The influence and impact of the bombing on China's Anti-Japanese War …………………………………………… 353

6.5　The influence of the bombing on China's international image and the military strategy of the far-east countries ………… 363

Conclusion ………………………………………………… 375

References ………………………………………………… 377

Index ……………………………………………………… 384

Postscript ………………………………………………… 391

导　言

抗日战争时期，随着国民政府迁都重庆，重庆战略地位迅速提升，成为中国的战时首都和大后方政治、经济、军事和文化中心，因而也成为侵华日军的重要军事目标。为了摧毁中国抗战的大后方基地，动摇大后方人民的抗日意志，迫使重庆国民政府妥协投降，从1938年至1944年，侵华日军集中陆军和海军的主要航空兵力，对重庆及其周边地区进行了长时间的战略轰炸，当时的政府和重庆人民则奋起反轰炸，在中国人民抗日战争史上留下了重要的一页，史学界将这一事件总体称为"重庆大轰炸"。

日军对重庆实施的战略轰炸是一种主要针对城市市街的无差别轰炸，轰炸时间之长、次数之多、手段之残忍、造成灾难之深重，都是人类战争史上大规模、无差别轰炸的罕见之例，制造了与南京大屠杀、731部队细菌战等同样非人道的血腥暴行，给中国人民造成了巨大的人员伤亡和财产损失，对抗日战争和世界反法西斯战争进程产生了重要的影响。面对日军的狂轰滥炸，重庆人民展开了英勇的反轰炸斗争，挫败了日本"摧毁中国抗战意志，迅速结束中国事变"的狂妄企图，成为中国人民不屈不挠、坚持抗战的重要象征。

一、研究价值

重庆大轰炸，既是日本法西斯侵华暴行的血腥罪证，也是中国人民不屈不挠反对外来侵略的悲壮事例，是抗日战争时期一个吸引国内外多方关注的焦点事件，一个既有学术价值又极具现实意义的重大课题。

（一）有助于揭露日本军国主义的残暴罪行，**戳穿日本右翼势力歪曲历史、美化侵略的谎言。**

抗日战争时期，侵华日军集中陆军和海军的主要航空兵力，对重庆及其周边地区进行了长时间的狂轰滥炸。从1938年2月18日日机空袭巴县广阳坝机场始，至1944年12月19日轰炸梁山、万县止，持续时间长达6年零10个月。而大规模的无差别轰炸持续3年时间（1939—1941年），造成重庆巨大的人员伤亡和财产损失。

战后，由于中国政府"以德报怨"的政策和复杂的国际国内政治斗争，在东京审判中，仅对南京大屠杀以及日本在广州市、汉口市、长沙市、衡阳市、桂林市、柳州市等城市非法屠杀中国平民等罪行进行了起诉。由于种种原因[①]，重庆大轰炸的罪行被排除在诉讼之列，致使日本在重庆犯下的残暴的非人道罪行未得到任何的梳理和清算。轰炸重庆的策划者和实施者，也因此未受到应有的惩处。

在日本，几乎人人知道广岛、长崎原子弹爆炸和东京、大阪大轰炸，并以受害者的名义举办各种各样的纪念活动，然而却极少有人了解重庆大轰炸，更不了解日本对重庆的轰炸是为了扩大侵略战争，而盟军对东京、广岛、长崎的轰炸则是制止侵略战争的手段，前者是因，后者是果，是侵略者的自食其果。更有甚者，在日本，一些人只强调自己是受害者，却故意掩盖、抹煞自己加害其他国家人民的罪行；一些人只是一味渲染广岛、长崎的惨祸，却闭口不谈造成这种惨祸的原因。特别是日本右翼势力为当年侵略战争翻案的活动愈演愈烈，他们一再参拜靖国神社，一再掩饰甚至美化侵略罪行，严重威胁着世界的和平与安全。这不仅不能正确总结历史教训，而且还将误导未经历过战争洗礼的年轻一代。

在中国，不仅大部分民众对日军战略轰炸的历史知之甚少，即便是专业学者也存在着不少错误的论断，甚至有学者认为，日本受传统思想的束缚，轻视战略轰炸的作用，在第二次世界大战期间基本上没有组织过具有重大影响的战略性轰炸突击[②]。同时，相关研究论著也极其薄弱。

---

① 在东京审判中实际上奉行了"彼此同犯不究"的原则，因为美国在战争后期对日本进行了大规模轰炸并投下了原子弹，同时也为了隐瞒其对日本城市的轰炸罪行，因而没有追究日本对盟军各国的战略轰炸。
② 戴金宇主编：《空军战略学》，国防出版社1995年版，第101页。

日本军国主义给重庆人民所带来的惨痛牺牲和巨大损失,是日本军国主义发动侵华战争对中华民族所犯滔天罪行的不容抵赖的铁证。李长春同志在纪念中国人民抗日战争暨世界反法西斯战争胜利60周年学术研讨会开幕式上的讲话中明确指出,要深入研究日本侵略中国和亚太各国的历史,揭露日本军国主义的残暴罪行,戳穿日本右翼势力歪曲历史、美化侵略的谎言[①]。加强对重庆大轰炸的研究,把日本所犯罪行的证据完好地发掘和保存下来,有助于揭露日本法西斯的侵略暴行,让世界人民看清日本右翼势力歪曲历史、美化侵略的反动本质,防止历史悲剧的重演。

(二)有助于弘扬以爱国主义为核心的民族精神。

面对日军的狂轰滥炸,重庆人民展开了英勇的反轰炸斗争,谱写了可歌可泣的爱国主义篇章,在一定程度上体现了中国人民"坚持国家和民族利益至上,誓死不当亡国奴的民族自尊品格,万众一心、共赴国难的民族团结意识,不畏强暴、敢于同敌人血战到底的民族英雄气概,百折不挠、勇于依靠自己的力量战胜侵略者的民族自强信念,坚持正义、自觉为人类和平进步事业贡献力量的民族奉献精神"[②]。

当年《国民公报》的一篇社论曾有如下论述:

我们觉得重庆市民真是最好的国民,在迭次的轰炸中已充分反映出来:

第一,重庆市民是绝端镇静以应付当前的苦难。他们在敌机的残暴烧杀政策之下,在血火交织中,在废瓦颓垣里,然而不计较私产的损失,忍受着个人的悲哀,他们只是沉痛的严肃的愤怒者,他们对于抗战的信心矢志不移,他们的声音传到社会上就是:以热情鲜血和忠诚的服务,报效国家,无稍改更。这种情形,能不令人感动?这种情形,达到古今中外一切优秀民族的顶点。

第二,轰炸虽使重庆市民遭受惨痛的牺牲,但同时每个人均在轰炸中求得优良的锻炼和进步。青年壮年不消说,他们已经百炼成钢,他们经常

[①] 李长春:《纪念中国人民抗日战争暨世界反法西斯战争胜利60周年学术研讨会开幕式上的讲话》,《人民日报》2005年9月5日,第二版。

[②] 胡锦涛:《纪念中国人民抗日战争暨世界反法西斯战争胜利60周年大会上的讲话》,《人民日报》2005年9月4日。

都是敏捷的活跃者,他们敏捷的到防空洞,敏捷的进办公室,敏捷的使用其智力与体力,使他们辛勤的工作在抗战中发生直接的效用。就是老弱妇孺也锻炼得和平时的青年人一样,我们常常看见重庆儿童的特有机智,看见妇女的强健行为,看见老弱者的可爱的优点。这些都无一不是民族兴旺的兆征,而这正是重庆市民的优点。

第三,无限的同仇敌忾之心,使苦难中的重庆愤怒、沸腾。要知道敌人的滥炸,丝毫未能夺去我们抗战到底不屈不挠之心,反之,敌人绝灭人性的暴行,促起了我们无限的愤怒和仇恨。这些仇恨在重庆人世世代代一定要"中心藏之,无日忘之",直到我们获得加倍加利的报复为止。仇恨往往是非常事业的动力之源,不愧重庆是抗战的中心机构之所在地,重庆市民实已具备担当非常事业的根本条件。[①]

正是重庆人民的反轰炸斗争,培育了不屈不挠、忠贞为国,艰苦奋斗、团结互助,慷慨捐输、毁家纾难的重庆抗战精神,激发了重庆人民支持抗战的爱国热情。重庆抗战精神,是抗日战争时期爱国主义精神的重要组成部分,是中华民族传统美德在反对日本残暴侵略中的继承和发扬,是中华民族自尊、自强、自信、自立的具体体现,是在特定时期特定地域表现出来的民族精神。

重庆大轰炸中表现出来的伟大的民族精神,不仅成为激励中国人民团结一心、血战到底的坚实思想基础和强大精神支柱,而且在抗战的烽火中得到了新的丰富和升华。这是伟大的抗日战争留给重庆人民的最宝贵的精神财富,值得我们去研究,去发掘,去弘扬。

(三)有助于加强对台、对外的交流与合作,促进祖国统一和对外开放的进一步发展。

胡锦涛总书记在纪念中国人民抗日战争暨世界反法西斯战争胜利60周年大会上的讲话中指出:"中国人民抗日战争的胜利,是同世界所有爱好和平与正义的国家和人民、国际组织及各种反法西斯力量的同情和支持分不开的。"[②]重庆人民反轰炸斗争的胜利,是与苏联、美国、英国等世界反法西斯国

[①] 《镇静奋斗,救济难胞》,《国民公报》1940年8月22日。
[②] 胡锦涛:《纪念中国人民抗日战争暨世界反法西斯战争胜利60周年大会上的讲话》,《人民日报》2005年9月4日。

家和海外侨胞的支持分不开的,也是与中国国民党、中国共产党以及全国各族各界群众的团结协作分不开的。不同国家、不同党派、不同地域汇集重庆的人,在反轰炸斗争中结下了深厚的友谊,对重庆人民的反轰炸斗争也留下了深刻的印象。

重庆大轰炸的历史,是联系重庆与台湾、重庆与世界的重要历史资源,加强对重庆大轰炸历史的研究,发掘重庆大轰炸的历史资源,有助于加强对台、对外的交流与合作,促进祖国统一和对外开放的进一步发展。

(四)有助于更加全面和实事求是地评价重庆在抗日战争中的地位和作用。

重庆是抗战时期中国大后方的政治、经济、军事、文化中心,是当时国际社会广泛承认的中国的战时首都,是世界反法西斯战争远东指挥中心,是以国共合作为基础的抗日民族统一战线的重要活动舞台。正是由于如此重要的战略地位,重庆才遭受了日本军国主义长时期的战略轰炸。

重庆大轰炸是抗日战争历史的重要组成部分。为了保卫重庆这一反法西斯战争的远东中心,在抗战期间尤其是重庆大轰炸期间,重庆人民为抗战所作出的重大贡献和遭受的巨大损失,是应当永远记录在历史的丰碑上的。因此加强对重庆大轰炸的研究,挖掘重庆大轰炸的历史资源,有利于更加全面和实事求是地评价重庆在抗日战争中的地位和作用。

(五)有助于伸张正义,妥善处理历史遗留问题,为重庆大轰炸的受害者讨回公道。

在重庆大轰炸中,重庆人民遭受了惨重的损失和牺牲,一些幸存者至今仍受到轰炸造成的生理和精神创伤的折磨,而日本政府对重庆大轰炸和侵华历史的漠视又在不断地折磨着他们。牺牲者的鲜血不应该白流,幸存者的创伤不应该被忽视。加强对重庆大轰炸的研究,让日本军国主义在重庆犯下罪行的证据全面地呈现在世人面前,有助于伸张正义,妥善处理历史遗留问题,特别是为轰炸的受害者讨回公道。

前事不忘,后事之师。铭记历史,不是为了咀嚼苦难,更不是为了延续仇恨,而是为了正确认识历史,以史为鉴,面向未来,避免历史悲剧的重演。只有不忘过去,吸取教训,才能避免历史悲剧重演;只有加强对重庆大轰炸的研究,才能还历史一个真实,给世人一个交代,留后人一笔财富。

二、研究概况

（一）学术研究回顾

国内外最早对重庆大轰炸进行系统研究的,是日本学者前田哲男。1987年,日本朝日新闻社出版了前田哲男的专著《战略轰炸的思想——格鲁尼加—重庆—广岛之轨迹》一书①。该书从世界战略轰炸发展史的角度,比较系统地考察了日军对重庆战略轰炸的行动决策、实施过程、作战特点、战略地位等诸多问题,指出日军对重庆的轰炸是"以城市为攻击对象,是惨无人道的大规模的无差别杀戮;杀人者与被杀者之间看不到对方的眼神,是自动的麻木不仁的攻击;使轰炸机与炸弹在20世纪成为来自空中的恐怖的新式武器"②。作者从第二次世界大战及战后无差别轰炸产生和发展的进程中论述了重庆大轰炸的典型个案意义,认为"重庆轰炸是战争进化史上的重大转折点","空中侵略是从重庆轰炸发起和发展的"③。不了解重庆发生的历史,就不能理解"广岛、长崎的意义",也就不能追究美国已经日常化的随随便便的城市轰炸的犯罪性④。他还指出,日本一直没有正视从空中实施过的恐怖历史,在道义上也就不具备审判有核国家的资格。在无差别大量杀戮的历史上,重庆轰炸是被丢失的链条上的一环,从这个意义上说,它就不应该具有法律意义上的"时效"概念⑤。

在中国,抗日战争胜利后近40年间,学术界基本没有关于重庆大轰炸的研究成果问世。直至抗日战争胜利40周年前夕,经过有关学者的努力,重庆大轰炸被列为中共中央宣传部为揭露帝国主义侵华罪行拟定的研究选题之一,重庆大轰炸的学术研究才正式起步。1992年西南师范大学历史系黄淑君主编的《重庆大轰炸》⑥一书,便是此项研究的一个重要成果。

---

① 该书的中译本最新版是由王希亮翻译、中华书局2007年8月出版的《从重庆通往伦敦、东京、广岛的道路——二战时期的战略大轰炸》。
② 前田哲男:《重庆轰炸的现实意义》,《中日学者重庆大轰炸论文集》,中国三峡出版社2004年版。
③ 前田哲男著、王希亮译:《从重庆通往伦敦、东京、广岛的道路——二战时期的战略大轰炸》,第322页。
④ 同上书,第3页。
⑤ 同上书,第401页。
⑥ 西南师范大学、重庆市档案馆编:《重庆大轰炸》,重庆出版社1992年版。

据统计,1978年至1988年间,直接论述、介绍和回忆重庆大轰炸的文章不到20篇,其中学术论文仅有《日机对重庆的战略轰炸及其后果》①、《重庆大轰炸与日军侵华战略》②、《日机对重庆的大轰炸》③、《重庆人民的反空袭斗争》④等4篇。抗日战争胜利50周年前后,重庆大轰炸研究取得了一批成果。在学术论文方面,有《日机轰炸陪都和陪都人民的反空袭斗争》、《日机对重庆的"战略轰炸"和重庆的反空袭斗争》、《陪都首届防空节和国民政府的防空建设》⑤、《试论抗战时期重庆反空袭斗争的地位和作用》⑥、《抗战时期日机空袭重庆和重庆反空袭斗争述论》⑦、《日机轰炸重庆纪实》⑧、《日机对重庆的大轰炸》⑨、《重庆大隧道惨案死亡人数辨析》⑩等。在学术专著方面,由唐守荣主编的《抗战时期的重庆防空》作为"重庆抗战丛书"的一种于1995年8月由重庆出版社出版,该书从重庆防空的角度第一次较系统地论述了日军对重庆的空袭和重庆人民的防空建设与反空袭斗争。

在日军开始实施重庆大轰炸60周年之际,又有一批研究成果相继问世。著作方面,徐朝鉴、王孝询主编的《重庆大轰炸》一书于2002年由西南师范大学出版社出版,该书也是重庆市九五社科规划项目"重庆大轰炸研究"课题的最终成果。此前,罗泰祺先生编辑的《重庆大轰炸纪实》也于1998年由内蒙古人民出版社出版,此书虽然算不上是严格的学术著作,但在资料的收集方面还是花了相当的心血。论文方面,先后有潘洵、杨光彦的《论重庆大轰炸》⑪,杨

---

① 余凡等:《日机对重庆的战略轰炸及其后果》,《重庆社会科学》1985年增刊。
② 余凡等:《重庆大轰炸与日军侵华战略》,载《重庆抗战纪事》,重庆出版社1985年版。
③ 唐守荣:《日机对重庆的大轰炸》,《民国春秋》1985年第4期。
④ 刘志健:《重庆人民的反空袭斗争》,载《抗日战争中的重庆》,西南师范大学出版社1986年版。
⑤ 王显乾:《日机轰炸陪都和陪都人民的反空袭斗争》;温贤美:《日机对重庆的"战略轰炸"和重庆的反空袭斗争》;唐守荣:《陪都首届防空节和国民政府的防空建设》,均收入《中国重庆抗战陪都史国际学术研讨会论文集》,华文出版社1995年版。
⑥ 杨光彦、潘洵:《试论抗战时期重庆反空袭斗争的地位和作用》,《西南师范大学学报》1995年第3期。
⑦ 杨光彦、潘洵:《抗战时期日机空袭重庆和重庆反空袭斗争述论》,载《庆祝抗战胜利50周年两岸学术研讨会论文集》,台湾近代史学会1996年版。
⑧ 杨耀健:《日机轰炸重庆纪实》,《党史博览》1996年第2期。
⑨ 魏励勇:《日机对重庆的大轰炸》,《航空史研究》1997年第3期。
⑩ 程雨辰:《重庆大隧道惨案死亡人数辨析》,《民国档案》1996年第4期。
⑪ 潘洵、杨光彦:《论重庆大轰炸》,《西南师范大学学报》1999年第6期。

筱的《关于重庆"大隧道窒息惨案"两个问题的补充讨论》①,徐建明的《重庆"大隧道窒息惨案"死亡人数考析》②等相继发表。2003年12月在西南师范大学召开的殖民主义研究第6届年会暨重庆大轰炸65周年纪念国际学术研讨会上,潘洵的《论重庆大轰炸对重庆城市社会变迁的影响》、张守广的《重庆大隧道惨案始末》、王康的《抗战陪都与重庆大轰炸》、胡振京的《大轰炸中的重庆教育概探》、木村朗的《投放原子弹与狂轰滥炸式空袭——从重庆到广岛、长崎》在研讨会上进行了交流。③

在抗日战争胜利60周年之际,又有一批研究重庆大轰炸的书籍和论文发表。在专著方面,有曾小勇、彭前胜、王孝询等著的《1938—1943:重庆大轰炸》④、李金荣主编的《烽火岁月:重庆大轰炸》⑤、谢世廉主编的《川渝大轰炸——抗战时期日机轰炸四川史实研究》⑥,并出版了《中日学者"重庆大轰炸"论文集》⑦,该论文集收录了2004年4月在重庆召开的中日"重庆大轰炸"学术研讨会交流论文20余篇,包括刘重来的《文化名人耳闻目睹重庆大轰炸纪实》、许增纮的《日本军国主义凶残本性的又一次大暴露——日本侵略军对重庆各类学校的疯狂轰炸》、唐润明的《愈炸愈坚——抗战时期日机轰炸重庆与重庆陪都的建立》等。在学术论文方面,发表了《重庆大轰炸在红岩精神形成中的作用》⑧、《重庆大轰炸及其遗留问题》⑨、《论重庆大轰炸对重庆城市社会变迁的影响》⑩、《论重庆大轰炸对重庆市民社会心理的影响》⑪、《抗战时期重庆大轰炸的损失及其遗留问题》⑫、《在轰炸的阴影下——抗战时期重庆民

---

① 杨筱:《关于重庆"大隧道窒息惨案"两个问题的补充讨论》,《抗日战争研究》2000年第2期。
② 徐建明:《重庆"大隧道窒息惨案"死亡人数考析》,《抗日战争研究》2001年第3期。
③ 张诗亚主编:《直面血与火殖民主义研究第六届年会暨重庆大轰炸65周年纪念国际学术研讨会论文集》,内蒙古大学出版社2006年版。
④ 曾小勇、彭前胜、王孝询著:《1938—1943:重庆大轰炸》,湖北人民出版社2005年版。
⑤ 李金荣主编:《烽火岁月:重庆大轰炸》,重庆出版社2005年版。
⑥ 谢世廉主编:《川渝大轰炸——抗战时期日机轰炸四川史实研究》,西南交通大学出版社2005年版。
⑦ 王群生主编:《中日学者"重庆大轰炸"论文集》,中国三峡出版社2004年版。
⑧ 王进:《重庆大轰炸在红岩精神形成中的作用》,《重庆邮电学院学报》2005年第3期。
⑨ 潘洵:《重庆大轰炸及其遗留问题》,《光明日报》2005年8月23日。
⑩ 潘洵:《论重庆大轰炸对重庆城市社会变迁的影响》,《西南师范大学学报》2005年第6期。
⑪ 潘洵:《论重庆大轰炸对重庆市民社会心理的影响》,《重庆师范大学学报》2005年第4期。
⑫ 潘洵、彭兴华:《抗战时期重庆大轰炸的损失及其遗留问题》,[日]《战争责任研究》2005年冬季号(总第50号)。

众对空袭的心理反应》①,2005年8月在重庆召开的抗日民族统一战线与抗日战争胜利学术研讨会上,唐润明的《第二次世界大战时期的重庆大轰炸及其遗留问题》,曾小勇、王孝询的《日军对重庆的无差别轰炸及其影响》,古琳晖的《试论日本对华战略空袭与中国军民反空袭斗争》等论文在会上进行了交流。

随后,重庆大轰炸的调查与研究工作受到重庆市委、市府的高度重视,召开了重庆大轰炸调查与研究工作座谈会,启动了重庆大轰炸调查与研究重大课题,秉承"中国立场,国际视野,学术标准"的基本原则,从基础的档案文献史料搜集、整理入手,开始了重庆大轰炸的深入研究,编辑出版了《重庆大轰炸档案文献史料丛书》之《伤亡人员档案》和《证人证言》两卷,并于2007年9月在西南大学召开了重庆大轰炸暨侵华日军暴行国际学术研讨会。此次研讨会,是第一次集中探讨有关重庆大轰炸研究的国际学术会议,来自日本、韩国、美国和中国海峡两岸的80余位专家学者参会,直接论述重庆大轰炸的论文近40篇,在档案史料的发掘上取得了新收获,在基本问题的认识上取得了新进展,在研究领域的拓展上取得了新突破,是重庆大轰炸研究的一个重要里程碑②。

为了发掘和利用重庆大轰炸历史资源,1998年年初,原西南师范大学③历史系成立了重庆大轰炸研究室,由原西南师大历史系教授、重庆市政协委员王孝询向市政协提交了《挖掘重庆大轰炸历史资源,为我市两个文明建设服务》的提案。3月,重庆市政协委员牵头又向全国政协提交了《建立重庆大轰炸纪念馆》的提案。与此同时,"重回烽火岁月,山城青少年在行动"寻访活动在全市迅速开展起来。5月5日,一册真实记录重庆大轰炸的老相册被发现,150幅记录1941年6月5日"重庆大隧道惨案"发生前后日机轰炸重庆的照片首次向世人披露。5月,重庆大轰炸受害者董德芳第一个向日本政府提出索赔。到5月底,仅原西南师范大学学生寻访小组就采访到大轰炸幸存者和目击人30余名,整理形成了近6万字的资料、10余小时的采访录音和近百幅人证物证图片。寻访活动受到中央电视台、《人民日报》、《光明日报》、《中国青年报》

---

① 张瑞德:《在轰炸的阴影下——抗战时期重庆民众对空袭的心理反应》,载《近代国家的应变与图新》,唐山出版社2006年版,第261—278页。
② 会后编辑出版了《给世界以和平——重庆大轰炸暨日军侵华暴行国际学术研讨会论文集》(重庆出版社2008年10月),集中反映了此次研讨会取得的学术成果。
③ 2005年与西南农业大学合并,组建为西南大学。

等国内主要媒体的报道。

为了推动研究工作的深入开展,原西南师范大学1998年7月7日成立了"重庆大轰炸研究中心"。暑假期间,原西南师范大学学生利用暑期社会实践再次组织"重庆大轰炸寻访团"开展寻访。100多名寻访团员不畏酷暑,穿街过巷,深入渝中区、南岸区、合川县、梁平县等9个区县寻访大轰炸的幸存者和见证人,累计采访500余人次,搜集到了大量的录音和文献资料,帮助组织了"重庆大轰炸难友会",并筹备组建了"重庆大轰炸幸存者联谊会"和"重庆大轰炸受害者民间对日索赔原告团"。2001年5月重庆市文化局等编的《重庆大轰炸图集》由重庆出版社出版,2002年中央电视台完成5集电视纪录片《重庆大轰炸》。从2002年开始,中国细菌战受害者民间索赔诉讼日方律师濑敬一郎先生开始关注重庆大轰炸受害者的民间索赔行动,先后邀请了王群生、高原、王孝询、徐勇、潘洵等重庆大轰炸的受害者和研究者访问日本,向日本民众介绍重庆大轰炸的真实历史,并开始调查取证工作,搜集了近300位重庆大轰炸受害者的证言。2006年3月30日,重庆大轰炸受害者在东京地方法院正式向日本政府提起谢罪赔偿诉讼。

(二) 主要学术成果

总体而言,目前对于重庆大轰炸的研究基本处于起步阶段,但经过20余年的努力,相关问题的研究仍取得了不错的成果。

1. 关于重庆大轰炸起因的研究

对重庆大轰炸起因的认识,学术界基本达成了共识,余凡、陈建林分析了重庆大轰炸与日军侵华战略的关系,认为重庆大轰炸不仅是出于日本侵略者血腥的屠杀欲望,更重要的是出于日本帝国主义侵略中国和亚洲地区的战略需要[1]。黄淑君等认为,日机对重庆的轰炸,是抗日战争进入相持阶段后,日军迫于兵力不敷使用和侵略战争的需要而选择的一种战略进攻手段,而重庆是国民政府和军队坚持抗战的主要依托,也就成为了日机轰炸的主要目标[2]。潘洵、杨光彦认为,重庆大轰炸既是日本帝国主义调整对华侵略方针的必然产物,也是日本帝国主义对重庆战略地位认知提升的必然反映[3]。

---

[1] 余凡等:《重庆大轰炸与日军侵华战略》,载《重庆抗战纪事》,重庆出版社1985年版。
[2] 黄淑君主编:《重庆大轰炸》,重庆出版社1992年版,第2—3页。
[3] 潘洵、杨光彦:《论重庆大轰炸》,《西南师范大学学报》1999年第6期。

2. 关于重庆大轰炸的过程及特点研究

关于重庆大轰炸的过程,学术界比较一致地认同三个发展阶段。第一阶段,1938年2月至1939年1月,日军试探性轰炸阶段,主要是通过空中侦察和试探性进攻,了解重庆的地理环境和防空力量。第二阶段,1939年5月至1941年8月,日军大规模轰炸阶段,此为日军轰炸重庆最疯狂时期。日军凭借其空中优势,先后采用"小编队重点进攻轰炸"、"地毯式轰炸"、"疲劳式轰炸"等轰炸战术,发动了代号为"100号作战"、"101号作战"、"102号作战"的轰炸,制造了震惊中外的1939年的"五·三"、"五·四"轰炸、1940年的"八·一九"、"八·二〇"轰炸和1941年的"较场口大隧道窒息惨案"等。第三阶段,1941年9月至1944年12月,日军零星轰炸阶段。此时期因日本忙于南进,发动太平洋战争,而无力继续发动大规模的空中攻击,日机只是零星几次轰炸重庆,至1943年8月最后一次空袭重庆城区、1944年12月最后一次轰炸重庆周边的梁山、万县为止,日机对重庆的大轰炸终于结束。

关于日机轰炸重庆的特点,前田哲男从三个方面进行了分析,一是以城市为攻击对象,是惨无人道的大规模的无差别杀戮;二是杀人者与被杀者之间看不到对方的眼神,是自动的麻木不仁的攻击;三是使轰炸机与炸弹在20世纪成为来自空中的恐怖的新式武器①。潘洵、杨光彦则从五个方面分析了日机轰炸的特点:第一,与日军侵略战略的变化密切相关。从1939年至1941年三次大规模轰炸,一次是在战争进入相持阶段、汪精卫集团投降之后,一次是在德国法西斯进攻欧洲各国、急欲乘机扩大对外侵略之时,一次是在日本准备发动太平洋战争之际。第二,轰炸持续时间长。轰炸时间多集中在5月至9月,持续时间长达6年多,其中大规模的轰炸持续3年。第三,轰炸规模大。日军集中了侵华陆军和海军的主要航空兵力,特别是在1940年"101号作战"中,有近40天袭渝机数超过50架,有25天袭渝机数超过90架,最多的时候超过150架。第四,具有明显的大屠杀性质。每次轰炸不仅投下许多爆炸弹,而且还投下大量燃烧弹,目标直指人口稠密和繁华地区。第五,造成损失严重。②

---

① 前田哲男:《重庆大轰炸的现实意义》,载《中日学者重庆大轰炸论文集》,中国三峡出版社2004年版。
② 潘洵、杨光彦:《论重庆大轰炸》,《西南师范大学学报》1999年第6期。

3. 关于重庆大轰炸损害研究

关于日机轰炸给重庆造成的损失情况,各种文献的记载和相关研究颇有出入,据《重庆大轰炸》一书统计,从1938年至1941年的4年中,日机轰炸重庆127次,出动飞机5940架次,投弹约15677枚,炸死9990余人,炸伤10233人,毁坏房屋建筑8250栋、33300间[1]。又据《重庆市防空志》一书不完全统计,在5年半时间中,日机轰炸重庆203次,出动飞机9166架次,投弹17812枚,炸死炸伤人员24004人,其中死亡11148人、重伤12856人,炸毁、焚毁房屋17452栋、37182间[2]。余凡、陈建林根据有关资料综合计算认为,抗日战争时期日机空袭重庆218次,出动飞机9513架次,投弹21593枚,炸死市民11889人,伤14100人,焚毁房屋17608栋,损失资产难以计数,仅市区工商界的直接经济损失即达500万美元[3]。潘洵、彭兴华通过对各方分歧的比较研究,认为分歧的主要原因是统计的时间范围、地域范围和依据资料不一致导致的,并在重新界定重庆大轰炸内涵的基础上,得出重庆大轰炸伤亡总数54731人的结论[4]。徐光煦通过大量档案资料,对重庆大轰炸的社会财产损失和居民财产损失分别进行了论述,认为过去有关房屋损毁和市属机关损失的统计远远不是重庆大轰炸损失的全部[5]。

4. 关于重庆大隧道窒息惨案研究

关于大隧道惨案发生的原因,20世纪80年代的研究重点在于揭露国民党的腐败,更多强调防空机构管理上的疏漏;而在80年代以后,学者在分析大隧道窒息惨案原因时,无论是隧道工程本身的问题、隧道避难管理制度的问题,还是执事者的迟钝与麻木,都只是灾难发生的导火线而已,而灾难发生的最根本的原因,则是日本侵略者的突然夜袭和连续不断的疲劳轰炸,日本侵略者才是大隧道惨案的罪魁祸首[6]。

---

[1] 西南师范大学历史系、重庆市档案馆编:《重庆大轰炸》,重庆出版社1992年版,第26页。
[2] 重庆市人民防空办公室编:《重庆市防空志》,西南师范大学出版社1994年版,第135页。
[3] 余凡、陈建林:《日机对重庆的战略轰炸及其后果》,《重庆社会科学》1985年增刊。
[4] 潘洵、彭兴华:《抗战时期重庆大轰炸的损失及其遗留问题》,[日]《战争责任研究》2005年冬季号(总第50号)。
[5] 徐光煦:《重庆大轰炸财产损失探略》,载《给世界以和平——重庆大轰炸暨日军侵华暴行国际学术研讨会论文集》,重庆出版社2008年版,第138页。
[6] 杨筱:《1941年6月5日"重庆大隧道窒息惨案"的再探讨》,载《给世界以和平》,重庆市出版社2008年版;郭伟波:《重庆大隧道惨案亲历记》,载中国人民政治协商会议广东省委员会文史资料委员会编:《广东文史资料选辑》第24辑。

大隧道惨案中到底死伤了多少人,各种资料分歧也很大。当时大隧道窒息惨案审查委员会发表的《大隧道窒息案审查报告》,认定死亡人数992人、重伤入院者151人。而郭伟波在《重庆大隧道惨案亲历记》一文中认为"一夜之间因窒息而惨死市民近万人"①。刘绍唐主编的《民国大事日志》认为"日寇飞机夜袭重庆市,较场口大隧道发生窒息惨案,市民死伤约三万人"②。《翁文灏日记》记载,惨案窒死人1000人以上,在蒋介石报告死亡及重伤人数不超过1000人当天所作日记中,认为"为地方官所欺蒙也。……其实死者绝不至此数,被难家属及市民所发紧急号外言亡尸总登记有7200余具……"③。张季鸾说抗战期中两大丢脸事,即长沙大火和重庆隧道死人。对大隧道窒息惨案的研究,杨筱认为,由于警报时间长、只休息了一次;入洞者超量,致使发生骚乱;防空组织混乱,防空洞设计与质量的缺陷。综合各方因素,认为惨案死亡人数为992人是可信的④。徐建明认为,一方面固然主要是为了平息民怨、推卸责任;另一方面也不排除出于避免影响陪都乃至整个大后方军民士气的考虑,国民党官方公布的"百人说"掩盖了惨案死亡人数的真相。而"万人说"主要是一些幸存者的回忆,缺乏必要的统计依据。作者在充分占有档案和资料的基础上,结合有关论述,进行重新考证,认为惨案死亡人数应在1200人左右⑤。

5. 重庆大轰炸的影响研究

前田哲男认为,重庆大轰炸即战略轰炸,是日本走向珍珠港之路的导火索。它不仅给中国人民和外来人士带来了巨大的灾难,还使日本引火自焚,引发了英美轰炸日本东京等城市的战略回应,更甚者酿成了广岛、长崎的原子弹爆炸之人间悲剧⑥。

张瑞德根据大量回忆性质史料、日记、报章杂志以及对40名受害者及其家属的问卷调查,对重庆大轰炸下民众的心理反应进行了考察分析,发现轰炸

---

① 郭伟波:《重庆大隧道惨案亲历记》,载《广东文史资料选辑》第24辑。
② 刘绍唐主编:《民国大事日志》第一册,传记文学出版社1973年版,第634页。
③ 《翁文灏日记》(1941年),《近代史资料》总102号,2002年12月。
④ 杨筱:《关于重庆"大隧道窒息惨案"两个问题的补充讨论》,《抗日战争研究》2000年第2期。
⑤ 徐建明:《重庆"大隧道窒息惨案"死亡人数考析》,《抗日战争研究》2001年第3期。
⑥ 前田哲男著、王希亮译:《从重庆通往伦敦、东京、广岛的道路——二战时期的战略大轰炸》,第1—5页。

对于重庆民众所造成的心理冲击包括恐惧、焦虑、愤怒等,愤怒导致国家观念和社群意识的强化,有助于抗战;经过长时间的轰炸,重庆民众逐渐适应,对于轰炸的反应也由恐惧、焦虑、愤怒转为逆来顺受;轰炸对于重庆民众个性形塑的影响既有正面影响,也有负面影响①。鲁克亮等以《国民公报》等报刊为主体考察了重庆民众对大轰炸的意识演变,认为1938年2月日机开始对重庆实施轰炸之初,虽然引起了重庆民众的惶恐不安,但由于盲目迷信观念和侥幸心理作祟,在对待政府所倡导消极防空最善之法——疏散人口上,市民遵从政府的劝导者不多,而徘徊观望者众。经过1939年5月至1941年9月间的狂轰滥炸后,民众的反应仍然呈现出两种截然不同的倾向:一为镇静有序、遵命而行;一为听天由命、罔顾政令。至1941年10月后,随着日机对重庆轰炸次数的逐渐减少,随着时间的流逝,重庆民众对于轰炸惨状似乎逐渐淡忘,重新回到关心自己当下的、琐碎的、现实利益的生活轨道,对防空等战时公共事务不再多加关注。②潘洵认为,重庆大轰炸利用现代科技进行非人道屠杀的暴行事件,对重庆市民社会心理产生了巨大而深远的影响:一方面造成了巨大的心理恐慌和精神紧张,另一方面又激发了民族复仇的心理和抗战到底的精神,对于幸存者而言,留下了至今无法愈合的心理创伤。大轰炸不仅给重庆人民造成极大灾难,还对重庆城市发展和市民生活产生了重要的影响。在一定意义上加快了重庆政治地位的提高和城市规模的扩张,推动了重庆的城市化;造成了大量市民的非正常死亡和非正常流动,在加速城市郊区开发的同时,产生了严重的社会问题,给市民生活带来了难以想象的困难,同时也大大激发了重庆人民的无限愤怒和仇恨,增强了广大市民的民族意识和爱国热情。③

此外,关于重庆大轰炸影响研究的还有,潘洵关于重庆大轰炸对重庆城市发展、人口变动、市民生活和民众意识等方面影响的探讨,扶小兰关于重庆大

---

① 张瑞德:《在轰炸的阴影下——抗战时期重庆民众对空袭的心理反应》,载《近代国家的应变与图新》,唐山出版社2006年版。
② 鲁克亮、刘琼芳:《重庆民众对大轰炸的意识演变》,载《给世界以和平——重庆大轰炸暨日军侵华暴行国际学术研讨会论文集》。
③ 潘洵:《论重庆大轰炸对重庆市民社会心理的影响》,《重庆师范大学学报》2005年第4期。

轰炸对城市建设影响的论述,张守广关于大轰炸对后方企业影响的分析,常云平等对大轰炸下中央大学师生日常生活的考察,刘重来对大轰炸下重庆市民心态的考察、彭星霖等关于大轰炸对重庆文化人影响的论述等。①

6. 关于重庆反轰炸斗争研究

黄淑君等通过对反轰炸斗争的考察,认为重庆的反轰炸斗争是全民族反侵略战争中的一个组成部分,他们不畏艰难困苦,不怕流血牺牲,顽强奋战,在日机的狂轰滥炸下,使重庆始终巍然屹立,保证了首都领导职能的正常发挥,并成为国民党正面战场的依托和根据地。重庆的反轰炸斗争,作为国民党正面战场的一个重要组成部分,其历史功绩是不可磨灭的,但疏漏和教训也是令人难以忘记的。②

潘洵、杨光彦探讨了重庆人民反轰炸斗争的特点,认为反轰炸斗争是在敌我力量非常悬殊的情况下进行的,消极防空工作受到防空当局和社会各界的高度重视;国民政府和重庆地方政府在主持与组织反轰炸斗争中发挥了积极作用;反轰炸斗争得到在渝各党派、各团体和各界群众的热烈响应、广泛支持与积极参加,具有较广泛的群众性。③

其他研究还包括黄虹对重庆大轰炸中卫生应急机制的研究,汪荣、荣霞对国民政府防御措施的探析,李桂芳对陪都空袭救护委员会及其空袭救济的研究等。④

(三) 研究存在的问题及展望

近30年来,海内外学术界对重庆大轰炸历史的研究呈现出逐步深入的总体态势,无论是史料的整理、刊布,还是史实的探讨研究,都得到较大的推进,人们认识重庆大轰炸历史的深度和广度有了一定的突破,特别是对重庆大轰炸的起因、特点和过程,重庆人民反轰炸斗争的特点、地位和作用等方面有了较多的研究。但总体而言,研究基本上还处于起步阶段,基础工作较差,视野不够宽广,范围比较狭窄,成果数量有限,低水平重复现象比较严重,相当一部

---

① 相关论文均见:《给世界以和平——重庆大轰炸暨日军侵华暴行国际学术研讨会论文集》。
② 黄淑君主编:《重庆大轰炸》,重庆出版社1992年版。
③ 潘洵、杨光彦:《论重庆大轰炸》,《西南师范大学学报》1999年第6期。
④ 相关论文均见:《给世界以和平——重庆大轰炸暨日军侵华暴行国际学术研讨会论文集》。

分成果缺乏文献档案材料的支撑,真正有开拓性、独创性或确能把相关的史实挖深、把史事说透的论文或著作并不多见。特别是与南京大屠杀、731部队细菌战等同类课题相比,重庆大轰炸的研究还相当薄弱,此种状况与深化抗日战争史学术研究和正确处理重庆大轰炸历史遗留问题的现实需要极不相称。

(1)至今还没有出版一部有分量的研究专著,在已出版的关于重庆大轰炸的著作中,多为介绍性的通俗读物,黄淑君主编的《重庆大轰炸》和徐朝鉴、王孝询主编的《重庆大轰炸》,虽有对日军轰炸重庆和重庆人民反轰炸斗争的综述性分析,但主体部分仅为大量原始资料(占全书2/3以上)的汇编,内容主要限于轰炸的缘起和经过。

(2)没有深入发掘和有效利用档案文献。关于重庆大轰炸,目前公布的档案资料极其有限,主要见于由西南师范学院历史系与重庆市档案馆联合编辑并于1992年重庆出版社出版的《重庆大轰炸》。在已有的研究论著中,相当数量的研究未曾利用档案资料,抗战时期的档案、文献资料和大轰炸亲历者、幸存者的口述资料没有得到发掘和利用。由于缺乏档案方面等原始资料的支撑,不少论著只能是低水平重复。

(3)某些研究结论未达成共识,存有较大歧义,还需要作进一步的研究。如对重庆大轰炸人员伤亡和财产损失研究、重庆大隧道惨案的研究等,都还有较大分歧,以人员伤亡研究为例,目前就有10余种不同的统计数据[①],还需要进一步发掘档案资料,作深入的研究。还有关于重庆大轰炸的研究对象和研究的区域问题,学术界也有不同的认识。

(4)许多课题没有引起人们足够的关注。如重庆大轰炸对反法西斯同盟国军事战略影响的研究、重庆大轰炸对国民政府军事战略影响的研究、重庆大轰炸对受害者及其家庭影响的研究、重庆大轰炸对市民心态变迁影响的研究、重庆大轰炸与日本的战略选择研究、重庆大轰炸受害者民间索赔及其法律问题研究、重庆大轰炸与抗战精神研究、重庆大轰炸与当今无差别轰炸关系的研究等。

---

① 潘洵、彭兴华:《抗战时期重庆大轰炸的损失及其遗留问题》,[日]《战争责任研究》2005年冬季号(总第50号)。

三、研究所涉问题

（一）研究的对象和内容

以大规模轰炸后方城市为特征的战略轰炸，是第二次世界大战中出现的一种新型的战略打击方式。它是一种以摧毁军事与经济实力、瓦解作战意志为目的，不区别军事设施和民间地区、军队活动和市民生活的"无差别轰炸"。日军对重庆实施的大轰炸，便是第二次世界大战中日本侵略者实施的持续时间最长、造成损害最为严重的一次残暴的非人道的战略轰炸。

轰炸与反轰炸是一对矛盾。自从19世纪末航空飞行器出现并用于军事目的后，与之相对应的防空活动也就随之登上了军事斗争的舞台。轰炸与反轰炸，是相互影响、相互制约的关系。轰炸的变化会引起反轰炸的变化；反之，反轰炸的变化也会影响轰炸的变化。

研究重庆大轰炸，不仅要研究日军对重庆实施的轰炸，研究日军轰炸重庆的由来、战略和战术、过程和特点、造成的损害和影响，而且要研究重庆国民政府和重庆人民进行的反轰炸斗争，研究重庆反轰炸体系的建立、积极防空和消极防空、反轰炸斗争的发展历程、成果与影响、地位和作用，等等。

严格地讲，轰炸无疑是一种军事行为，应当属于军事学和军事史研究的范畴。但是，战略轰炸又不同于一般意义上的军事轰炸：一方面，战略轰炸不仅仅是针对军事目标，更重要的是达成政治上的目的；另一方面，战略轰炸所产生的影响也是多方面的，被轰炸国家或地区采取的反轰炸举措也不仅是军事上的。

因此，对重庆大轰炸的研究，不能仅仅局限于军事行动中的轰炸与反轰炸。事实上，战略轰炸与反轰炸的较量，体现的是敌对双方综合实力的较量，是政治、军事、外交、经济、社会、文化、精神等多方面因素作用的结果。因此，在研究的内容上，必然会广泛涉及军事以外的内容。

重庆大轰炸虽然早已成为历史，但是重庆大轰炸的史实正在被人们有意无意地遗忘和歪曲，大轰炸的诸多遗留问题至今没有解决，大轰炸暴行的罪责也没有得到应有的清算，幸存者的心理创伤不仅至今无法愈合，而且还一直受着历届日本政府和右翼势力漠视甚至歪曲侵华历史的折磨，大轰炸受害者的民间索赔也备受关注。

"历史问题"是中日两国间非常特殊而极具敏感性的一个问题,也一直被认为是阻碍中日关系发展的一大障碍。基于以上认识,本书将以直面暴行、揭示真相、认清罪责、伸张正义、提高认知、实现和平为指导思想,重点研究日军全面侵华与重庆地位的变化、日机轰炸重庆的战略和策略、日机轰炸重庆的过程与特点、重庆大轰炸的人员伤亡与财产损失、重庆人民的反轰炸斗争、重庆大轰炸的地位与影响等。

(二) 研究的区域范围

"重庆"作为一个地域概念,在不同时期它的辖区是不同的。

重庆于1929年正式建市,为四川省辖乙种市。抗战爆发前夕,市区面积不到100平方公里,人口不到30万[1]。抗日战争爆发后,特别是随着国民政府迁都重庆,大量党政军机构、工商企业、文化教育单位和络绎不绝的难民纷纷迁渝,外来人口急剧增加,到1937年年底,重庆全市人口已增至47万余人,并开始拥入大量流动人口。从1939年2月起,为躲避日机轰炸,部分市区机关、学校和商店开始向重庆周围地区撤迁。3月底,国民党中央、国民政府各机关组成迁建委员会,决定各机关迁散至重庆附近100公里范围内,同时将成渝、川黔公路两侧重庆周围80公里范围划归重庆市区,其行政权力仍由当地县政府掌握。重庆卫戍区也将江北、永川、璧山、铜梁、綦江、江津、南川等县划为卫戍范围[2]。特别是1939年的"五·三"、"五·四"轰炸后,市区已很不安全,大量机关、学校、工厂及所住居民迅速向郊区疏散,郊区人口迅速增加,并畸形地发展起来。1939年5月5日,国民政府将重庆市升格为行政院特别市,同月,重庆辖区也进行了大的调整,将原来的6个区改设为12个区。6月14日,蒋介石手令"沙坪坝、磁器口、小龙坎等处,均应划归重庆市管辖"[3]。此后,江北、巴县位于城郊的区域陆续划归重庆市区,8月,市政府在小龙坎设立沙磁区临时办事处。1940年9月6日,国民政府明定重庆为陪都后,重庆市政府与四川省政府正式办理省市划界事宜,划定重庆市与四川省的边界,巴县划归重庆市的有龙隐、新丰、高店、石桥、崇文、大兴6乡,江北县划归重庆市的

---

[1] 《陪都十年建设计划草案》,重庆市档案馆,档案0075-1-123,第1页。
[2] 重庆市人民防空办公室编:《重庆市防空志》,西南师范大学出版社1994年版,第15页。
[3] 郑洪泉等主编:《中华民国战时档案文献》第一卷,重庆出版社2008年内部版,第34页。

有回龙、石马2乡和恒兴、石坪、龙溪3乡的各一部分。1941年2月,巴县划入的新丰、高店2乡建为第13区,龙隐乡在沙磁区临时办事处的基础上建为第14区,崇文、大兴2乡建为第15区,石桥乡先是建为石桥直辖镇,1942年2月又改建为第17区。江北县划入的龙溪乡一部分和石马乡并入第10区,回龙乡和恒兴、石坪各一部分建为第16区,行政区划由12个区扩大到17个区,市区面积"北达北碚、南至南温泉、东迄大兴场、西达大渡口,而市廛所及,法定区域约达300方公里,迁建所及,则约1940方公里"[①]。据1944年市工务局实测,市区面积为294.3平方公里。其后几年,仅小有变动,重庆市辖区扩大到18个,观音桥地区又划入市区,市区面积增加到295.78平方公里。

抗战时期重庆市区面积的扩大和辖区的调整,对重庆大轰炸相关情况统计的影响较大,导致不同时期统计区域范围的不同,这是我们在研究利用当时的统计资料时要注意的一个问题。

除了重庆市辖区调整的影响外,重庆市防空司令部的管辖区域和监视区域的变化也对重庆大轰炸相关情况统计有一定的影响。从大量档案材料中发现,有关重庆大轰炸的统计,主要是按当时重庆市辖区范围进行统计的,但也有部分资料是根据重庆防空司令部监视范围进行统计的。而重庆防空司令部的监视范围要远大于重庆市的管辖区域,在1938年2月,国民政府、军事委员会重庆行营将此前隶属于四川省防空司令部的重庆市防空司令部升格为重庆防空司令部,直隶航空委员会,此后,对空监视范围也由重庆市区扩大到重庆周围的32县[②]。1940年11月15日,重庆卫戍总司令部进行调整,下设第一警备司令部,辖重庆市区、巴县、江北县;第二警备司令部,辖长寿县、涪陵县、丰都县、垫江县、邻水县;第三警备司令部,辖江津县、綦江县、南川县;第四警备司令部,辖合川县、铜梁县、璧山县、永川县、嘉陵江三峡乡村建设试验区。

中华人民共和国成立以后,重庆行政区划的调整和区域的变化也同样影响到重庆大轰炸的研究。如20世纪80年代,有的学者在开展重庆大轰炸研究的时候,主要根据当时的四川省辖市的重庆所辖范围进行统计和研究。这一时期,重庆辖区已扩大到北碚、巴县(今巴南)、江北、合川、铜梁、璧山、江津、

---

① 《陪都十年建设计划草案》,重庆市档案馆,档案0075-1-123,第1页。
② 大足、合江、江津、合川、武胜、岳池、广安、渠县、营山、仪陇、巴中、南江、通江、达县、大竹、邻水、垫江、长寿、綦江、南川、涪陵、丰都、彭水、秀山、酉阳、黔江、石柱、永川、荣昌、铜梁、江北、巴县。

綦江等地。因此,《重庆大轰炸》和《重庆市防空志》①中,人员伤亡和财产损失的数据较1945年重庆市政府统计的数量就有所增加。1997年重庆直辖以后,有的学者认为研究重庆大轰炸不能仅仅局限于抗战时期的市区范围,一方面,日军为扫除轰炸重庆的障碍,对重庆周边的梁山(今梁平)、万县、奉节、合川等地区进行了残暴的轰炸,即使是一些没有任何政治和军事目标的重庆周边县城和乡镇也未能幸免,日机在飞往重庆或是返回基地的途中,只要发现城镇目标,常常会投下炸弹,制造新的灾难。可以说对这些地区的轰炸,也是重庆大轰炸的重要组成部分。另一方面,今天的重庆市,辖区面积已扩大到抗战时期重庆的这些周边地区。因此,为了更全面地体现重庆大轰炸的内涵,在研究重庆大轰炸的时候,应当将日机对重庆周边地区的轰炸一并纳入②。

当然,重庆大轰炸的研究是一个重大而严肃的历史课题,必须按学术性规范的要求,实事求是地进行研究。不可随着"重庆"管辖范围的扩大而随意扩大"重庆大轰炸"研究的地域范围,更不能一味地追求损失数量而把一个严肃的历史课题随意化。

但是,必须指出的是,长期以来,我们对重庆大轰炸的内涵、外延缺乏应有的认识,研究视野基本局限在重庆地方史的角度,完全从重庆的角度看日军对城市的轰炸,即把重庆大轰炸仅仅局限于重庆市区的范围。如果考虑到重庆是中国的战时首都,无论是日军轰炸的战略部署,还是国民政府的反空袭举措,都不可能仅仅只是围绕重庆市区范围来进行。日军为了达到攻击重庆的目的,必然首先要扫除轰炸重庆沿途的军事障碍。而国民政府为了保障战时首都的安全,减少日军轰炸的损失,也必然要加强重庆周边地区的军事防御,从军事行动的角度讲,在重庆周边地区进行的轰炸与反轰炸的斗争,同样应当是重庆大轰炸的重要组成部分。

因此,重庆大轰炸的地域范围就不能局限于当时的重庆市区。根据行政区划和管理权限,大致可以将重庆大轰炸涉及的地域范围分为三类区域:一是核心区域,即重庆市区地域;二是监视区域,即重庆防空司令部的对空监视地

---

① 西南师范大学历史系、重庆市档案馆编:《重庆大轰炸》;重庆市人民防空办公室编:《重庆防空志》,西南师范大学出版社1994年版。

② 潘洵、彭兴华:《抗战时期重庆大轰炸的损失及其遗留问题》,[日]《战争责任研究》2005年冬季号(总第50号)。

域,包括大足、合江、江津、合川、武胜、岳池、广安、渠县、营山、仪陇、巴中、南江、通江、达县、大竹、邻水、垫江、长寿、綦江、南川、涪陵、丰都、彭水、秀山、酉阳、黔江、石柱、永川、荣昌、铜梁、江北、巴县共计32县;三是外围战略防御区域,包括四川省防空司令部所辖的梁山、忠县、万县等日军轰炸重庆必经地区。这三类地区基本包括了目前重庆直辖市所辖地区和与重庆相邻的四川省部分县市,考虑到日军轰炸的重点主要集中在重庆直辖市所辖地区,也考虑到重庆大轰炸研究的现实价值,本项目确定的重庆大轰炸地域范围也就主要集中于目前重庆直辖市所辖地区,在必要时兼顾重庆防空司令部监视区域的四川省部分地区。

(三)研究的时间跨度

在以往的研究中,日机轰炸重庆的时间有的以1938年至1941年为限,有的以1938年至1943年为限。这一方面是由于资料所限,另一方面也与研究的区域不同有关。

根据对研究"重庆大轰炸"地域范围的界定和近年来档案史料的陆续公布,1938年2月18日,日军飞机空袭巴县广阳坝机场,是目前档案文献记载日军飞机第一次对重庆的轰炸①。1944年12月19日,日机轰炸梁山(今梁平)、万县(今万州)、开县,是目前档案文献记载日军飞机最后一次对重庆周边地区的轰炸②。因此,日机轰炸重庆及其周边地区的时间范围可以确定为1938年2月至1944年12月,共6年零10个月。

需要说明的是,如果仅从当时重庆市区的角度来考察,日军对重庆的首次轰炸时间是在1938年10月4日,最后一次对市区是轰炸则是1943年8月23日,而集中的大轰炸主要集中在1939年至1941年的3年时间。

(四)研究的损害范围

日机对重庆的轰炸所造成的中国人员伤亡和财产损失是全面的、巨大的。但是,由于研究时间、地域和损失内容的不尽规范,许多研究成果的结论都不够全面和系统,因而也缺乏权威性。

---

① 《九寇机昨袭广阳坝》,《新蜀报》1938年2月19日。
② 《梁山、开县呈报轰炸和损失情况》,四川省档案馆,档案41:6156;《为呈报三十三年十二月十九日被炸情形由》,梁平县档案馆,档案1-10-13;中共梁平县委党史研究室编:《梁平县抗战资料选编》,中国文史出版社2008年版,第85页。

在以往的调查与研究中,涉及日机轰炸重庆造成的损害范围主要集中在两个方面:一是人员伤亡,二是房屋损毁。对各行各业所造成的财产损失研究却少有涉及[①]。在目前公布的档案中,也只反映了重庆市的人员和市属部门、单位的伤害和损失,如重庆市档案馆、台湾"国史馆"藏有关于重庆市1938年至1941年人员伤亡和财产损失统计数据档案,均注明"中央主管者概不列入"[②],即中央部门和中央部门所管辖的机关、学校和企事业单位均不包括在内。而在现今的档案史料中,这类驻渝"中央主管者"所受到的伤害和损失损害占有相当的比例[③],但至今没有一份较为详细和系统的人员伤亡和财产损失的统计面世。此外,美国、英国、苏联、法国等国驻重庆的使领馆和军舰、通讯社、教堂、医院等也遭受了巨大的损失。

因此,我们认为,日机轰炸重庆造成的伤害范围首先应包括人员伤亡和财产损失两大类;其次,这两大类损失都包括直接和间接损失;第三,在财产损失方面,包括社会财产损失和居民财产损失两方面。房屋损毁只是其中的一部分,更多的还在于工业、农业、财政、商业、交通、文化、教育、公共事业、人力资源等方面的损失;第四,损失既包括重庆市的人员和政府各部门所受到的伤害,也包括中央政府驻渝各部门所受到的伤害,还包括外国人员和机构的伤亡及财产损失。

(五)研究的基本思路

对重庆大轰炸的研究,其基本思路是坚持"学术标准、中国立场和国际视野"。

所谓"学术标准",就是在研究中要高度重视第一手资料的搜集、整理和利用,仅仅或主要靠第二手资料实际上算不上真正的学术研究,而在重庆大轰炸的研究中,真正从搜集详尽的第一手资料下手、从事独创性研究的并不多见,

---

[①] 20世纪90年代出版的《重庆抗战丛书》虽然有《抗战时期重庆的军事》、《抗战时期重庆的兵器工业》、《抗战时期重庆的防空》、《抗战时期重庆的教育》、《抗战时期重庆的文化》、《抗战时期内迁西南的工商企业》、《抗战时期西南的金融》等研究成果,但均侧重于行业史,而对受日机轰炸所造成的损失涉及甚少。

[②] 《重庆市警察局呈报敌机空袭损失统计》,重庆市档案馆,档案0061-15-4001;0061-15-3995。《四川重庆市政府人员伤亡及财产损失》,台湾"国史馆":302—1431。档案说明:根据重庆卫戍总司令部、重庆防空司令部、重庆市警察局、工务局、教育局、财政局、防空洞管理处所送之资料编制,数据以市区所受空袭损害为主,中央主管者概不列入。

[③] 重庆是中国的战时首都,集中了大量的中央机构和主管企事业单位,在大轰炸中损失巨大。

而只靠几本现成的著作(国内的及国外的),从中摘抄若干条材料,综合一下前人成说而撰写文章者却是不少。这样的文章很难有高水平,有时似乎有某种"新意",但因根底不深,往往经不起严格的检验,结果还是与前人论著在同一水平上重复。研究工作注意吸收前人成果是必要的,但最重要的是一定要建立在充分的第一手资料的基础之上。因此,要深化重庆大轰炸的研究,必须坚持学术标准,重点发掘一批在过去研究中没有利用的重庆市档案馆(主要是过去没有开放的防空司令部档案)、重庆各区县档案馆、四川省档案馆、中国第二历史档案馆和台湾"国史馆"的档案资料、日本防卫厅防卫研究所战史室的航空作战史资料、美英等国媒体反映大轰炸的文献资料、《中央日报》、《国民公报》、各地防空杂志等资料以及大轰炸亲历者、幸存者的口述史料。在此基础上,对相关史实进行考证和分析,从而达到还原历史、弄清真相的目的。

所谓"中国立场",就是要以史为鉴,面向未来,站在中国外交大局和中日世代友好的立场上开展研究。历史问题是中日关系中敏感的政治问题,重庆大轰炸研究虽然是一个历史问题,是一个学术问题,但是,由于它涉及历史遗留问题,此项研究就不能是一个单纯的学术问题。

所谓"国际视野",就是不要把重庆大轰炸的研究局限于重庆地方史的研究,也不要局限于中日关系史的研究,而是要立足于宏观视野下的研究。在纵向上将重庆大轰炸置于人类战略轰炸演进历程之中进行考察,在横向上把重庆大轰炸置于抗战时期日军侵华战略和对大后方战略轰炸的总体背景中进行分析。

第 一 章

日军全面侵华与重庆地位的变化

关于日军轰炸重庆的原因,王淑君主编的《重庆大轰炸》[1]和徐朝鉴等主编的《重庆大轰炸》一书[2]均作过一些初步的探讨,潘洵、杨光彦在《论重庆大轰炸》[3]一文中也有简要的分析。毫无疑问,日军对重庆的大轰炸,既是日本军国主义侵华战争不断升级、企图实现其解决"中国事变"的战略选择,也是日本军国主义对重庆战略地位认识提升的必然反映。为进一步深化对重庆大轰炸本质的认识,有必要更进一步探讨日军轰炸重庆的起因。

第一节 日军发动全面侵华战争

日本是一个岛国,地狭人稠,资源贫乏,本地无法供应其工业所需之原料,战略物资亦必须依赖外国,同时国内市场有限,需要向外拓展。19世纪中叶,日本通过明治维新,成为亚洲最早走上资本主义道路的国家,从而摆脱了沦为西方殖民地半殖民地的命运。明治维新固然给日本带来了近代化,但对资源和市场的迫切需要,受资本主义经济自身固有矛盾的制约,以及传统的武士道等多种因素的影响,使得日本在摆脱自身危机后,迅速走上了军国主义道路,与日本一衣带水的中国自然成为其最主要的侵略目标。

一、近代以来日本对中国的侵略

日本军国主义发动以中国为对象的侵略战争,图谋已久。19世纪60年

---

[1] 西南师范大学、重庆市档案馆编:《重庆大轰炸》。
[2] 徐朝鉴、王孝询主编:《重庆大轰炸》,西南师范大学出版社2002年4月。
[3] 潘洵、杨光彦:《论重庆大轰炸》,《西南师范大学学报》1999年第6期。

代"明治维新"以后,日本资本主义快速发展,在各种原因的交织下,走上了军国主义道路,极具扩张性和掠夺性,大陆政策是其近代军国主义的主要特征和表现。关于日本大陆政策形成的时间,有人认为形成于明治初年,明治天皇要"开拓万里波涛,布国威于四方"的"御笔信",定下了对外扩张的基调。也有人认为,大陆政策形成于山县有朋内阁时期,其标志是1890年山县有朋的《施政方略》提出的日本的"主权线"和"利益线"理论,即把日本国疆域称为"主权线",把朝鲜、中国等邻国的疆土视为日本的"利益线"。在列强争雄的时代,仅仅防守主权线已不足以维护国家的独立,必须进而保卫利益线——朝鲜、中国[①]。大陆政策的提出和形成,为日本的对外侵略扩张奠定了理论和政策基础,直接推动了日本的对外侵略战争。

早在1874年,日本就以杀害冲绳渔民事件为借口,发动侵略中国台湾的战争,向清政府勒索赔款50万两白银。1879年,日本正式以武力吞并琉球,改为冲绳县。到了19世纪八九十年代,随着日本资本主义的急速发展,日本统治集团的对外侵略、扩展欲望日益增强。1885年日本近代著名思想家福泽谕吉发表《脱亚论》,极力主张应该学习西方的文明,更要学习欧美国家对他国的殖民侵略和殖民掠夺。他指出:"今日如欲成事,则我国不应犹豫不决地等待邻国文明开化,共兴亚洲;而应脱离其行列,与西洋之文明共进退;对待中国、朝鲜之方式,亦不必因邻国之故而特别友善,应按西洋人对待之法予以处置。"[②]1894年,中日甲午战争爆发,日军攻占平壤,占领朝鲜;同年侵入中国辽宁,占领大连、旅顺、海城等地,日军侵占旅顺时,不分军人平民、男女老幼,见人就杀,先后屠杀6万余人,旅顺城仅有36人活了下来。清政府惨败,被迫签订了《马关条约》,日本除割占我国台湾岛、澎湖列岛,迫使清政府允许其在华开埠通商、开设工厂外,还获得2.3亿两(内含0.3亿两赎辽费)高额赔款,相当于1894年中国岁入的2.5倍和日本岁入的4.5倍[③],成为《南京条约》以来最严重的丧权辱国条约。1898年,日本将福建作为势力范围。1900年日本伙同列强干涉义和团运动,又从中国勒索"庚子赔款"3479万两巨款。日本是当

---

① 米庆余:《近代日本大陆政策的起源及其形成期的特征》,中国日本史学会编:《日本史论文集》,辽宁人民出版社1985年。
② 福泽谕吉:《脱亚论》,[日]《时事新报》1885年3月16日。
③ 徐勇:《征服之梦——日本侵华战略》,广西师范大学出版社1993年版,第11页。

时列强中唯一的亚洲国家,且出兵最多,达2.2万多人,占八国联军兵力的2/3,参加攻陷天津、北京。八国联军侵略中国的最终结局是迫使清朝政府签订《辛丑条约》,按当时中国人口计算,每人一两,共赔款达4.5亿两白银,加上年息4厘,本息共计9.82亿两,分39年还清。日本仅"本利"一项就分得3479.3万两,日军在侵入天津、通州、北京等地时抢劫白银共367万两,并取得在中国天津、北京等华北心脏地区的驻兵权,其驻军称作"清国驻屯军"(后改称"中国驻屯军")。巨额的战争赔款推动了日本资本主义工业化的发展,更加剧了日本对中国的侵略。

1904年,日俄在中国境内开战,俄国战败,日本获得俄国在中国的特权,将中国的东北北部及内蒙古东部划为日本的势力范围,并将这一地区称为"满蒙地区",视为自己的领土。日本从沙俄手中夺取了中国东北南部的殖民权益,吞并了辽东半岛。1905年,日本在辽阳成立关东总督府,1906年,迁至旅顺,改为关东都督府,强化对东北的殖民统治。1912年,日本策划"满蒙独立",企图分裂中国。1914年8月,日本借第一次世界大战爆发之机,以对德宣战为名,于同年9月派一个混成旅在山东半岛北岸登陆,旋即占领济南,夺取了胶济铁路经营权。11月7日侵占了海军基地青岛。1915年1月18日,日本利用袁世凯急欲称帝的心理,以支持袁世凯称帝为条件,向中国提出了臭名昭著的"二十一条",企图将中国完全变为日本的附庸国。至此,日本以侵略中国为主要目标的"大陆政策",已由参与西方列强侵华进入了企图独霸中国的新阶段。1916年,日本第二次策划"满蒙独立"运动,同沙俄签订第四次密约,妄图直接统治满蒙地区。1919年,日本在我国东北成立了"关东军司令部",统一指挥驻扎在东北的日军,驻屯旅顺、大连地区及南满铁路沿线,加强对东北的控制。1922年,由于美国等国的干预,日本被迫从山东撤兵,但借机向中国政府勒索4000万日元国库券和2100万日元移交"偿金"。1927年5月,国民革命军攻占长江一线,北洋军阀势力败退山东、河北等地。日本借口所谓侨民问题,实为支持北洋军阀势力,出兵侵占济南。1928年4月,国民党政府再度宣布"北伐",日本急调天津驻屯军和国内第6师团,先于国民党军进占济南,企图阻止国民革命军北伐,并先后于5月3日、8日在济南进行大屠杀,使千余家房屋烧毁,中国军民死伤7800余人[1],制造了震惊中外的"济南惨案"。

---

[1] 张宪文等著:《中华民国史》第二卷,南京大学出版社2006年版,第23页。

总之，日本通过上述一系列对华侵略行径，成了在中国大陆拥有最大殖民势力的帝国主义国家，特别是在东北地区，建立了以旅顺、大连为中心的关东州强大殖民机构，主要有：一是关东都督府，下设民政部与陆军部。1919年改民政部为关东厅；1920年改陆军部为关东军，司令官由现役陆军上将或中将充任，直属天皇。二是南满洲铁道株式会社（简称"满铁"），它主要以从事经济侵略活动为主。三是日本驻奉天总领事馆，它以外交为掩护，从事各种秘密的特务活动。

二、开始武装入侵中国东北

1931年9月18日，日本关东军在沈阳郊外的柳条湖附近故意炸毁南满铁路，反诬中国军队破坏，以此为借口，炮轰中国东北军北大营，向中国守军进攻，蓄意挑起战争。由于中国方面为避免事态扩大，不予抵抗，致使日军在几乎没有遇到有效抵抗的情况下，在5天之内占领了辽宁、吉林两省。到11月，日军占领了整个东北三省。忍让的政策丝毫不会使日军停止入侵的步伐，1932年1月，日军攻占了热河省；1月28日，发动对上海军队的进攻；3月，日本扶植清朝末代皇帝溥仪在东北建立傀儡政权——"满洲国"。

"九·一八"事变是日本帝国主义长期以来推行对华侵略扩张政策的必然结果，也是它企图把中国变为其独占的殖民地而采取的重要步骤。考察日本在20世纪30年代初疯狂发动对中国的侵略战争，除了其长期奉行的侵华国策外，大致还有以下几方面的原因：

首先，中国国民革命的兴起与中国的"统一"。进入20世纪以后，中国社会和世界格局都发生了重要变化。尤其是1914年第一次世界大战的爆发和1917年俄国十月革命的爆发，对整个世界格局产生了巨大的影响。在社会主义革命的推动下，民族解放运动出现了蓬勃发展的局面，这极大地推动了中国革命的进程。自鸦片战争订立中英《南京条约》以来，各国通过与中国订立不平等条约，享有治外法权、固定关税、租界的特权；这种特权又根据最惠国待遇条款，各国都得到均沾，使中国几乎处于半殖民地状态。在各侵略国看来，中华民族的国民运动是将中国从各国特权中解放出来，具有强烈的排外色彩。1911年中国爆发辛亥革命，清朝垮台，中国社会进入北洋军阀统治时期。1919年的五四运动，开启了前所未有的大规模的反帝爱国斗争。中国共产党的成立，更高扬起反帝反封建的伟大旗帜。1924年国民革命的兴起和1926年北伐战争的开展，使中国的民族民主革命又进入了一个新的发展阶段。日本为了阻止中国的民族民主革命,1927年4月至1928年5月先后三次出兵山东,加紧对中国的武装干涉。1927年以蒋介石为首的国民党在南京成立国民政府。西方各帝国主义重新审视中国的形势,英国为适应中国新形态体系制定了新的外交政策,即承认国民政府,接受中国的要求,改订不平等条约,并具体商议将租界及其他权利交还中国的问题。美国及欧洲各国,也同英国步调一致[1]。外交部长王正廷在中国外交形势有利条件下,发表他的外交方案:第一期关税自主和收回海关,第二期收回法权,第三期收回租界和租借地,第四、五期收回内河和沿海航行权、铁路以及其他权利。对日本而言,不仅要收回其占领的满洲,而且要收回旅顺、大连的租借权与满洲铁路部分经营权。这一方案严重刺激了日本的军部。为牢固确立对东北地区的控制权,1928年6月4日,日本军部策划、制造了皇姑屯事件,暗杀奉系军阀首领张作霖,并采取各种措施,企图阻止张学良实行东北易帜,但未能成功。中国逐步走向统一,打破了日本经营满蒙、侵略中国的企图,这是日本军国主义者所不愿意看到的。

其次,第一次世界大战后日本军部法西斯势力的崛起。日本"军部"包括陆军省、海军省、参谋本部、海军军令部、关东军和其他军事机关,作为一种"特殊的政治势力",其形成与发展是与近代天皇制的形成与发展相伴随的[2]。第一次世界大战结束后,帝国主义建立了重新分割世界的凡尔赛—华盛顿体系,一方面抵御社会主义国家苏联,一方面继续奴役殖民地半殖民地国家。但是,在社会主义革命和民族解放运动的冲击下,这一体系并未解决世界资本主义面临的危机。一些带有浓厚的军国主义、封建主义色彩的资本主义国家,开始走上了法西斯主义的道路。它们主要是德国、日本和意大利等国。由于各国社会历史条件不同,法西斯在各国呈现不同的特征。日本法西斯主义的根本特征是,法西斯主义与近代天皇制的结合,促使统治阶级内部的军部、官僚、政党等政治力量向法西斯化转变。军部势力是法西斯化的主导力量,通过对外发动战争、对内进行恐怖政变,把近代天皇制推向"高度国防国家"的法西斯主义战争轨道[3]。

1927年,日本组成以田中义一为首的新内阁,军部势力迅速抬头,并开始

---

[1] 重光葵:《日本侵华内幕》,解放军出版社1987年版,第29—30页。
[2] 关捷:《日本侵华政策与机构》,社会科学文献出版社2006年版,第66页。
[3] 史丁:《日本关东军侵华罪恶史》,社会科学文献出版社2005年版,第70页。

推行对华"积极政策"。1927年6月,田中义一在东京召集了以与中国有关的军人和外交官为主的第一次"东方会议",制定了《对华政策纲领》,公开宣布其拥有的巨大在华权益,特别强调了其在满蒙地区的"特殊地位",并明确提出了根据需要采取断然自卫措施予以维护[①]。会后田中整理了一份呈奏天皇的题为《帝国对满蒙之积极根本政策》的文件(即《田中奏折》),文件提出了日本对外扩张政策的总战略:"惟欲征服支那,必先征服满蒙;如欲征服世界,必先征服支那。倘支那完全被我国征服,其他如小亚细亚及印度南洋等异服之民族,必畏我而降于我,使世界知东亚为我国之东亚,永不敢向我侵犯。"《田中奏折》1929年12月就披露于南京出版的《时事月报》,立刻引起世界各国的关注,日本方面当时即矢口否认。关于《田中奏折》的真伪,学界也多有讨论。但不容置疑的事实是,在奏折披露后不到两年,日本就发动了侵华战争,且侵略的方向与奏折的叙述几乎一致[②]。很明显,《田中奏折》集中体现了其对外侵略的新方针,日本将其征服亚洲乃至世界的野心首先对准了中国,成为其以后发动全面侵华战争的既定方针。依据既定方针,日本向中国开始了有计划的入侵,在东方会议后不久,再次出兵山东,阻挠国民革命军北伐,并制造了血腥的济南惨案,武力占领济南城。标志着日本军国主义重新走上了武力侵略中国的道路。

再次,日本国内矛盾空战激化,在"满蒙危机"的喧嚣声中加紧准备发动侵华战争。1929年10月在美国开始爆发的经济危机席卷了整个资本主义世界,日本经济也陷入了空前的危机中。工业总产值从1929年的77亿日元降低到1931年的51亿日元,降低了30%以上;1931年的对外贸易额只有23.8亿日元,比1929年的43.6亿日元减少近一半。国际收支出现巨额赤字,黄金大量外流,蚕丝和米价急剧下降,工业品价格猛跌一半,中小企业纷纷倒闭,失业半失业人口达300万人。严重的经济危机,激化了国内阶级矛盾,仅1930年和1931年,劳资争议就达4700多起,涉及整个产业部门。农村租佃纠纷不断,仅1931年就达3400余起,社会呈现出严重不安。此外朝鲜、中国台湾地区的民族运动也日趋激化。为摆脱危机,日本部分军国主义分子竭力主张"确

---

① 中国社会科学院近代史研究所:《日本侵华七十年史》,中国社会科学出版社1992年版,第265—266页。

② 徐勇:《征服之梦——日本侵华战略》,广西师范大学出版社1993年版,第34页。

保满蒙先行论"、"满蒙是日本的生命线",大肆鼓吹所谓"中国排日运动"和"收回路权"下的"满蒙危机",不断制造事端,积极准备发动武力侵略。①

"九·一八事变"以后,日本对华侵略有两个发展:一是占领我国东北,组建伪满洲国;一是由关外向关内推进,阴谋分离华北。伪满洲国的存在实际上是日本对东北殖民统治的一种形式。日本由关外向关内的扩张,以1933年侵占热河、发动长城之战为始,逼迫国民政府签订《塘沽协定》,进而以冀察为重点,策动华北"自治",订立所谓《何梅协定》、《秦土协定》,制造华北特殊化,等等。1936年,德日订立《反共产国际协定》,日本完全成为二战的亚洲战争策源地,日本军国主义最终发动了全面侵华战争。

三、发动全面侵华战争

"九·一八事变"后,日本帝国主义继续扩军备战,不断扩大对中国的侵略。由于军费支出激增及片面发展军事工业,很快招致新的财政经济危机,再次造成通货膨胀,物价上涨,人民生活状况恶化,国内矛盾激化。1936年2月26日,在日本军国主义分子的策动下,一批少壮军官在东京发动兵变,要求建立军人政府。军阀集团由于内讧,未能得逞。但军国主义势力利用"二·二六事件",推举同军阀集团有密切联系的前外相广田弘毅组阁。广田内阁上台后,全面实行军国主义化,积极策划全面侵华政策。

1937年,资本主义世界爆发了新的经济危机,同时,日本与英美在争夺亚洲和太平洋地区霸权方面的矛盾日益尖锐。为此,日本在国内又着手策划全面侵华战争,扩充军事力量。到1937年上半年,日本陆军已发展到17个常备师团,共约38万人,此外还有预备役和后备战斗兵160万人,作战飞机2700架。海军舰艇总排水量为190余万吨,其中航空母舰6艘。为发动战争,寻找作战借口,1937年7月7日,日本借口一名日本士兵失踪,要求进入北平附近的宛平城搜查,遭到中国方面的拒绝。日本乘机向宛平城射击,炮轰卢沟桥,发起了全面侵华战争。日军的侵略激起了全国人民的抗日怒潮,上海、南京、武汉等地的工人和各界爱国群众纷纷开展抗日救亡运动。日本为了麻痹中国人民,制造虚假舆论,以"不扩大事态"为幌子,拖延时间等待增援部队,于7月

---

① 中国社会科学院近代史研究所:《日本侵华七十年史》,中国社会科学出版社1992年版,第304—318页。

8日起与国民党政府举行了一系列谈判,且在19日签订了就地停战协定。日本待援军调齐后,26日即向中国政府提出最后通牒,要求中国军队在7月28日正午以前撤离北平及其附近地区,且不等中国方面作出答复,就开始发兵进攻。由于日本军事方面经过蓄谋已久的准备,进攻猛烈,在7月19日和30日,北平和天津先后被日军占领。

随后,日本又在上海进行挑衅,中国军队积极应战,爆发了中日全面战争爆发以来最大规模的一次战役。淞沪会战之初,日军企图以2个师团兵力速战速决,取得会战胜利,但在中国军队的顽强抗击下,日军陷入苦战,不得不渐次投入兵力达9个多师团、30余艘军舰、500余架飞机、300多辆坦克,中国方面也投入73个师的精锐部队,250架飞机和海军主力。会战历时三个多月之久,虽然11月12日上海最终失陷,但中国军民的顽强抵抗彻底粉碎了日军速战速决、三个月灭亡中国的企图。

日本占领上海后,为短期内逼迫蒋介石投降,兵分三路,水陆并进。11月15日,占昆山;19日,下常熟;25日,夺无锡;12月1日,日军以8个师团的兵力,沿京杭、京沪及长江多路并进,直逼南京。8日,日军对南京形成三面合围之势,展开进攻。13日,南京沦陷,日军随即展开灭绝人性的南京大屠杀。

日本虽攻占上海、南京等地,但并未达到迫使中国政府投降的目的,遂决定按全面持久战方针指导战争。1938年1月,日本军部制定了《昭和十三(1938)年以后战争指导计划大纲草案》,规定以后日军的作战方针应首先指导当前之对华持久战争,尽量使"中国事变"在1938年内大致结束[①]。为此,日本军部先后在华发动了徐州战役、武汉战役和广州战役。

至1938年年初,日本已控制江浙、河北、察哈尔、绥远等地。之后,日本又占领山东兖州、济宁,兵临陇海沿线,形成对重镇徐州的南北夹攻之势。为进行这场战役,日军先后集中8个师团、5个旅团共约24万人,南北夹击徐州。第五战区司令长官李宗仁先后调集了11个集团军和军团共64个师约60万人,兵分两路防守徐州。战争1月中旬即开始,4月中国军队在台儿庄战役取得大胜。5月中旬,由于战略失误,由鲁西、淮北夹攻的日军,对徐州完成包围之势。5月15日,国民政府最高军事会议决定放弃徐州。19日,徐州失陷。

---

① 关捷:《日本侵华政策与机构》,社会科学文献出版社2006年版,第105页。

徐州失守后,日军决定扩大徐州会战成果,迅速以华北派遣军、华中派遣军为南北两翼,向中原交通枢纽郑州进军,意欲夺取郑州后南进武汉,控制汉口以下的长江下游流域地区,在华掠夺战略物资,达到以战养战的目的。1937年11月,南京国民政府部分机构迁至武汉,使武汉成为中国军事、政治、经济重心之一,战略位置十分重要。因此,日本军部6月18日下令实施武汉作战计划,日军以9个师团25万余人、各种舰只120艘、飞机约300架的强大兵力,从大别山北侧和长江沿岸夹击武汉。8月22日军部下达攻占汉口附近的命令。10月24日,中国军队在武汉外围全线撤退。10月26日,汉口、武昌相继沦陷。至此,武汉三镇失守。

华南地区,从9月开始,日军发动了广州作战。军部从东北、华北、华中抽调3个师团组建第21军,于10月12日在大亚湾登陆。由于中国守军阻敌不利,日军仅用9天时间,相继攻陷淡水、惠阳、博罗、增城等地,21日占领广州。

从卢沟桥事变到武汉、广州会战结束,历经16个月,日军共投入兵力24个师团计100万人以上,国内只剩下一个近卫师团,其国力已无法支持更大规模的战争。此后,日军被迫停止对正面战场的进攻,转入以维守占领区为主,抗日战争进入相持阶段。

第二节 战争初期日军的战略轰炸

日军在不断扩大对中国侵略的过程中,也开始了对中国各地的战略轰炸,虽然前期的轰炸主要是围绕日军的军事进攻而进行的,但对城市的无差别轰炸却最终演化为规模空前的对以重庆为重点的抗战大后方的战略轰炸。在某种程度上讲,日军在战争初期的轰炸是相持阶段以后对战时首都重庆轰炸的预演和准备。

一、日军航空部队的发展及对中国的早期轰炸

早在1908年,日本即在陆军省下设兵器局,负责武器的研制、装备等事务。1911年日本的军用飞机试飞成功,随即用于实践。1914年日本进攻德国在中国山东的基地青岛,即编有临时航空队,担任侦察、轰炸等任务,并以海军的"若宫"舰为母舰,载4架水上飞机参战。而美国是1913年才有一个装备8架双翼的柯蒂斯型飞机的航空中队,1916年派到墨西哥执行侦察与通讯任

务。由此可见,日本对航空武器的使用一直处于世界的先进水平。

1919年日本正式设立陆军航空部,组建航空队、气球队以及陆军航空学校。1920年内阁设航空局,归陆军大臣管理,1923年移属递信省,此外又在东京帝国大学办航空研究所。为协调陆海军各自所属的空中力量,1920年建立航空协定委员会,并于1920年12月24日召开第一次会议①。

第一次世界大战期间,飞机成了重要的作战工具,用来负责侦察和观测炮击的着弹点,在极短的时间里就发展为"空中的炮兵"和"空中的骑兵"。人们第一次看到"带有翅膀的炮兵和骑兵"的战斗是在第一次世界大战的欧洲战场上。此后,各交战国竞相提高飞机的性能,但是没有在轰炸城市上花费过多的时间。第一次世界大战产生的新战法是立体发展,即所谓"垂直和立体的城市攻击",利用飞机直接向居民的头上投掷炸弹,就开始了战争的新纪元。持轰炸思想的意大利军事理论家杜黑认为,"要消灭鸟类,不能只击落飞翔的鸟,还包括留下的鸟卵和鸟巢"。1921年,杜黑在《制空权》一书中提出"空军攻击、陆军防御"的新战略理论,他认为战场上的敌兵不过是假目标,真正攻击对象应该是城市、产业、铁路和桥梁等。"交战员和非交战员的观念落后于时代,今天进行战争的不是军队,而是全体国民,因此所有的民间人都是交战者,所有的人都暴露在战争的危险之中","为了获得胜利,要摧毁国民的物和心两个方面,所有的地方只要有战争就充满了恐怖和变化,直至社会组织的彻底崩溃,这样的战争使民间人成为决定性的被打击对象,因为他们在交战国中是最没有承受能力的,尽早地决断至少是慈悲的。"②美国"空战之父"威廉·米切尔在其《空中国防论》一书中也曾预言:"将来必有单机或机群的空战;将来必有飞机在高空投掷炸弹和有防御普通步枪子弹的装甲保护的低空飞行的飞机用机枪来突袭地面部队;将来必有对大城市、军事中心和制造中心、交通运输线的轰炸,已经估计到飞机将来用投毒气弹,不仅对敌方军队投,也对战略后方和人口中心投,远程轰炸也将进行。炸弹不仅限于爆破弹和毒气弹,也可能内装细菌以传播疾病和瘟疫。"③由此可看出,所谓"战略轰炸",是集中使用大规

---

① 徐勇:《征服之梦——日本侵华战略》,广西师范大学出版社1993年版,第24—25页。
② 前田哲男著、王希亮译:《从重庆通往伦敦、东京、广岛的道路——二战时期的战略大轰炸》,第17页。
③ 威廉·米切尔著、李纯等译:《空中国防论》,北京解放军出版社1989版,第161页。

模的空中攻击力量,对交战国的政治、军事、工业和交通中心实施的无差别的大规模连续轰炸,摧毁交战国指导和支撑战争进行的政治中枢和工业、交通能力,并造成大规模的平民死亡,从而使交战国在物质和精神两方面丧失继续战争的基础,最后取得战争的胜利[①]。

20世纪30年代,德、日、意作为后起的殖民帝国不满既得利益,要求重新瓜分世界。1936年2月,日本军部发动"二·二六兵变"事件,被镇压后,日本便走上了对内独裁、对外扩张的道路,与德国的纳粹、意大利的法西斯日益接近。1936年6月,意大利外交部长齐亚诺访问柏林,三国开始接触。11月,德、意承认西班牙佛朗哥政权,同月,日、德缔结防共协定,第二年意大利加入,形成柏林、东京、罗马轴心国集团。三国都预测到航空作战的重要性,并都将战略轰炸思想运用到了对外的侵略、扩张当中。1935—1936年意大利对埃塞俄比亚进行轰炸,1937年4月德国对西班牙格尔尼卡进行轰炸,是世界战争史上战略轰炸的早期案例,而更早的1931年,日本即将有计划、有目的的"战略轰炸"付诸实践,制造了锦州、上海等地的无差别轰炸。

1931年9月18日,日本蓄意挑起战争,故意破坏南满铁路,借口向中国守军发起进攻,制造了"九·一八事变"。背负家仇国恨的少帅张学良为抵抗日本的侵略,于9月下旬下令将东北防军司令长官公署和辽宁省政府迁至锦州,将东北军集结在锦州作为反攻基地。在这种情况下,已驻扎在奉天的日本关东军地面部队鞭长莫及,石原莞尔中佐决定以关东军独立飞行第10中队为主力,实施长距离的锦州轰炸。10月5日下午,日本关东军突然出动了2个飞行团、6架八八式侦察机以及5架缴获东北军的轻型轰炸机组成编队,轰炸了锦州市内的政府大楼和兵营等重要目标。这种飞机既无投弹瞄准器,又无炸弹悬挂装置,每架飞机在发信管上用绦带各捆绑4枚25公斤炸弹吊在机外,到达上空时目测目标然后松开绦带把炸弹投下。一天之内,向锦州投掷了75枚炸弹。10月8日,飞机从奉天机场起飞,下午1时40分到达锦州上空,从1300米高度向交通大学、第28师兵营(东部)投下了炸弹。张学良的东北边防军司令部设在锦州市西北部的交通大学。据机上观察,交通大学中弹10发,兵营中弹23发,另外还有一半以上的炸弹偏离了目标,落在锦州车站医院和社区内。"炸

---

① 林成西、许蓉生:《国民党空军抗战实录》,中国档案出版社1994年版,第233页。

弹发出尖啸向下落去。黑压压的房屋之间立即迸发出强烈的闪光,卷起巨大的烟尘。几秒钟后,地面传来闷雷般的爆炸声。巨大的恐怖笼罩了锦州。城中烈火熊熊、浓烟滚滚,到处是断垣残壁。被炸得残缺不全的肢体血淋淋地挂在树枝上、电杆上和房顶上。锦州市民被从天而降的灾难惊得手足无措。"①

据中国方面发表的死亡数字,因日军炸弹和机枪扫射,计有1名俄国教授、1名士兵、14名市民死亡,20余人负伤。另据翌年进入东北的李顿调查团的报告,许多炸弹落在市区,甚至命中了医院和大学。该报告对日本的无差别轰炸进行了谴责,策划并发动空袭的石原莞尔却在日本战败之后,在向远东军事法庭提交的供述书中称,日本对锦州的轰炸属于"误炸","关于对锦州的轰炸,是为了侦察占据锦州的东北军的情况,出动了6架八八式战斗机、5架房获的包特式飞机到该地附近侦察,因遭遇射击,不过向军政官厅的东北大学和28兵营以及张作相私宅投掷了75枚炸弹,炸弹如同7厘米山炮的炮弹大小,因为没有投弹装置,都是用手投掷的,也许有些炸弹散落在他处,但比起德国空军对伦敦的轰炸,这次大战中美国B29对日本城市的轰炸以及向广岛、长崎投掷原子弹,简直不能称作问题"②。

1931年10月5日,锦州成为中国第一个遭受日本飞机空袭的城市,也是第一次世界大战后,全球第一个遭到轰炸的城市。石原莞尔是在中国发动无差别空袭战的始作俑者,接下来,日本更是变本加厉地对中国进行惨烈的轰炸,上海、南京、广州、武汉、重庆等地相继成为日本战略轰炸的试验场。此次锦州轰炸,实际上铺设了一条后来通往重庆,然后通向广岛、长崎的战略轰炸的起点。

1932年1月28日,日本发动上海事变,出动航空母舰"加贺"号、"凤翔"号以及水上飞机母舰"能登吕"号,利用舰载飞机,对上海进行轰炸。29日,"能登吕"号出动水上飞机轰炸了北停车场,并用机枪扫射路面。进入2月,停泊在距上海30公里的两艘航空母舰出动飞机策应日军地面作战,进行了无差别轰炸。两艘母舰分别载有41架和26架战斗机,另有一三式攻舰机和三式舰战机等双翼飞机。据美国记者斯诺《远东战线》一书记载:"空袭进行了近1小时30分,水上飞机各投掷了四五枚炸弹,为了补充返回了基地。空袭时还

---

① 林成西、许蓉生:《国民党空军抗战实录》,中国档案出版社1994年版,第8页。
② 前田哲男著、王希亮译:《从重庆通往伦敦、东京、广岛的道路——二战时期的战略大轰炸》,第29—30页。

投下了高性能的空中鱼雷以及装有 50 至 100 磅硫黄的燃烧弹,在中国民众密集居住区投下。这次空袭没有任何预告,居民们躲藏不及,有数十人粉身碎骨,还有些人丧生在火海中。"①

1937 年 11 月,日本制定了《航空部队使用法》,其中第 103 条规定,政略攻击的实施,属于破坏要地包括重要的政治、经济产业等中枢机关,并且至关重要的是直接空袭居民,给敌国国民造成极大的恐慌,挫败其意志②。日本军队对中国轰炸的规模和残忍程度,远远超过了德国对西班牙和意大利对埃塞俄比亚的轰炸。

日本没有独立的空军,航空部队分隶于陆、海军。全面侵华战争前,日本航空兵力计有陆军航空队第一、二线飞机约 800 架,海军航空队飞机约 730 架。陆军航空队之下有航空兵团,辖有飞行团及直属飞行联队,每飞行团辖二至三个联队,每联队辖有大队一级,大队辖有三至五个中队。战时中队之兵力,有重轰炸中队 9 架,轻轰炸中队 12 架,驱逐中队 15 架,侦察中队 12 架。海军航空队分陆上和舰上两种,军令统辖于军令部,军政于海军航空本部,陆上航空队均以驻地为番号,分隶于海军横须贺等三个镇守府,舰上航空队分隶于各舰队,包括加贺等 5 艘航空母舰、能登吕等 3 艘水上机母舰和神川丸等 3 艘补助水上机母舰。日本全面侵华战争开始后,陆军航空队立即改为战时体制,共有飞机约 700 架,初期来华作战飞机约 200 架,大部分用于华北作战。海军航空部队隶属于中国方面舰队,有飞机 250 架,专门负责淞沪及战略轰炸的任务③。日本发动全面侵华战争后,即开始对中国各地的乱轰乱炸,无论是军事目标,还是民用设施,都成为日军肆虐的对象。轰炸首先从华北开始,1937 年 7 月 29 日,日军轰炸天津,重点轰炸了南开大学及其附属中学,并派兵纵火,使南开大学成为一片废墟。随后,轰炸的重点转向上海、南京、武汉、广州等地。据不完全统计,从 1937 年 8 月至 1938 年 5 月,日军在华空袭达 2446 次,投弹 22020 枚,造成 4275 人死亡,6238 人受伤,损毁房屋 8836 间④。

---

① 前田哲男著、王希亮译:《从重庆通往伦敦、东京、广岛的道路——二战时期的战略大轰炸》,第 31—32 页。
② 林成西、许蓉生:《国民党空军抗战实录》,中国档案出版社 1994 年版,第 223 页。
③ 何应钦:《八年抗战之经过》,金文图书有限公司 1982 年 8 月增订本,第 302—303 页。
④ 《空袭下的中国难民》,《日本在华暴行录》(1928—1945),台湾"国史馆"1985 年编印,第 721 页。

二、对上海、南京等地的轰炸

日本发动对中国的全面侵略战争后,在陆军大举进攻华北的同时,日本海军也在上海挑起事端。1937年8月13日,淞沪会战爆发。14日,日军飞机18架自台湾袭击杭州笕桥航校、广德机场,中国空军第4大队27架战机起飞分途拦截,双方发生全面抗战以来的首次空战,中国空军当场击落日军96式轰炸机3架,击伤5架,其中1架在降落时损毁,中方无空中损失,起飞时损失飞机1架,地面阵亡1人,开创了中国空军史上空中作战胜利的先河①。下午,日机轰炸上海。炸弹落于南京路外滩,华懋饭店及汇中饭店被炸毁。南京路一带尸骸狼藉,在炸毁的建筑物残迹中,受伤者被压在下面,呻吟惨号。虞洽卿路与爱多亚路交叉点也遭到轰炸,附近的房屋大都被炸毁或震塌,停在路边的20多辆汽车全部起火燃烧,电缆被炸断垂落地面,又引起大火,使灾情倍加惨烈。此次轰炸炸死无辜平民1742人,炸伤1873人。8月23日中午,日机轰炸南京路闹市区和浙江路,先施公司被炸,215人被炸死,570人受伤②。

8月28日,日本飞机疯狂轰炸上海南火车站,当时正有1800多人准备撤往内地,其中多数是妇女和儿童。上海原有南北两个火车站,"八·一三"以后,北站处于战区,交通完全断绝,南站就成了陆路交通的唯一出口。据田伯烈《外国人所见到的日军暴行》记录,日军对南市火车站的轰炸,最保守的估计死伤也有200人以上,而其中大部为难民。当时,"南站有千人以上难民,而其中大多数为妇女,被害相当悲惨。"③日机投掷的燃烧弹使车站和站外的外揭旗、郑家桥燃起大火,一时间烟雾弥漫,哭声四起,惨不忍睹。上海南站远离交火地区,根本没有军事设施,日军对南站的轰炸,完全是有计划的野蛮屠杀。9月18日,日机轰炸东区杨树浦等地,投下多枚燃烧弹,致使那一带的工厂和居民区大火遮天,损失惨重。这天上午8时,怡和纱厂厂房中弹,接着东百老汇路、公平路的八所住宅中弹,大火很快蔓延。此外,兆丰路仓库、百老汇路东一片住宅,培林洋行蛋厂等工厂和居民区大火熊熊,被烧成焦土④。

9月16日,国联行政院开会,议决将中国申诉交付顾问委员会处理。21

---

① 陈应明、廖新华编著:《浴血长空——中国空军抗日战史》,航空工业出版社2006年版,第35—36页。
② 军事科学院外国军事研究部:《日本侵略军在中国的暴行》,解放军出版社2005年版,第89页。
③ 《日本侵华暴行录》,台湾"国史馆"1985年编印,第726页。
④ 军事科学院外国军事研究部:《日本侵略军在中国的暴行》,第90页。

日,顾问委员会开会,中国代表顾维钧照会该委员会,首先要求采取措施制止日本对中国不设防城市及平民的狂轰滥炸。然而,英法代表不同意宣布日本为侵略者。中国代表团作了多方努力。27日,顾维钧在顾问委员会会议上再次呼吁,"如果国联在强权面前不能捍卫公理,它至少可以向全世界指出谁是为非作歹的人。如果它不能制止侵略,它至少可以斥责侵略。如果它无力执行国际公法和盟约的原则,它至少可以让人们知道,国联并未弃之不顾。如果它不能防止对无辜男女老少的残酷屠杀和对财产的疯狂毁坏,它起码可以表示它愤怒的感情,并借以加强文明世界的普遍要求,立即停止这种非法的、灭绝人性的空袭兽行的行动"①。当日,顾问委员会通过了谴责日本飞机滥行轰炸中国平民决议案。次日,国联大会也一致通过了这一决议,宣布"对于日本飞机在中国不设防之城市从事空中轰炸一事,予以紧急之考虑,并严正地予以谴责"②。

"八·一三"事变发生后,中苏外交谈判得以加速。8月21日,外交部长王宠惠和苏联驻华大使鲍格莫洛夫在南京签署《中苏互不侵犯条约》。苏联是太平洋战争爆发前,在军事上、财政上积极援助中国的唯一大国。七七事变后,与对日本侵华采取绥靖政策的英美法诸国不同,苏联政府采取各种措施,积极支持中国抗战。应国民政府要求,苏联对中国提供了大量的财政和军事援助。以杨杰为团长的中国实业考察团赴苏后,受到斯大林和伏罗希洛夫热情接待。当时,中国最需要的是飞机,蒋介石曾密电斯大林、伏罗希洛夫:"飞机一项,实迫不及待,中国现只存轰炸机不足10架,需要之急,无可与比。"中方要求"飞机须先设法运往敝国,其他兵器之运搬,可于研究路线及方法外再行决定"。苏方立即决定自1937年9月15日起每隔10天起运一个大队。当这些苏联飞机出现在中国上空时,日本空军的气焰立即受到沉重打击③。

从1937年10月至1939年9月,苏联总共向中国提供了985架飞机,1940年又提供了250架飞机④。1937年年底,中国空军的飞机已在三个月的对日作战中消耗殆尽,日军完全控制了制空权,在中国上空肆意横行,狂轰滥

---

① 顾维钧:《顾维钧回忆录》第2分册,中华书局1985年版,第502—503页。
② 石源华:《中华民国外交史》,上海人民出版社1994年版,第506页。
③ 同上书,第525页。
④ 同上书,第526页。

炸，使战局对中国非常不利。苏联政府及时派出了志愿航空队。阿沙诺夫将军率领四队战斗机和两队轰炸机来华，直接参加对日作战。他们和中国空军密切配合，在南京、武汉、归德、广州、南海等地进行多次空战，并远征台北，威震长空，给予日本空军、海上运输船舶以及地面部队以沉重打击。1938年4月29日，根据预先制定的周密计划，40架苏联志愿航空队飞机在汉口以东30公里上空痛击已经很疲惫的日本飞机，击落39架日机中的36架，使日本以空袭汉口来庆祝"天长节"的意图彻底破产。苏联志愿航空队的英勇战斗，部分夺回了制空权。此前，日本的轰炸机基地设在离我前沿阵地50公里以内的地方，经此打击不得不转移至五六百公里以外的后方去。苏联志愿航空队还帮助中国训练空军人员。他们中有100多人血洒中国长空，其中包括轰炸机大队长库里申科和战斗机大队长赫曼诺夫等。新中国成立后，在武汉万国公墓建有苏联空军烈士纪念碑，以永远纪念这些伟大的国际主义战士①。

　　蒋介石的不抵抗政策以及依靠国联调解的幻想在日军的暴行面前完全无效。日本做好全面侵华准备后，就迫不及待地发动了卢沟桥事变。1937年7月11日，近卫内阁发表《派兵华北的声明》，在日本和中国东北地区迅速扩充军队，同时将关东军的两个旅团、驻朝鲜的一个师团、国内的三个师团派往华北。接着又将18个中队飞机编成临时航空兵团，由国内派往山海关、锦州、大连地区，妄图三个月灭亡中国。卢沟桥事变发生次日，中共中央就向全国发出通电，号召"全中国同胞、政府与军队，团结起来，建筑民族统一战线的坚固长城，抵抗日寇的侵掠！"②全国迅速掀起了抗日救亡运动的高潮。7月17日，蒋介石在庐山发表谈话，表示准备抗战。他说："我们知道全国应战以后之局势，就只有牺牲到底，无丝毫侥幸求免之理，如果战端一开，那就是地无分南北、年无分老幼，无论何人，皆有守土抗战之责任，皆应抱定牺牲一切之决心。"③由于日本对全面侵华早有蓄谋，军事准备充分，再加上国民政府抗战初期的片面作战路线，使得7月29日和30日，北平、天津相继沦陷。日军的侵略暴行，并

---

　　① 石源华：《中华民国外交史》，上海人民出版社1994年版，第526页。
　　② 《中共中央为日军载卢沟桥通电》，《中共中央文件选集》第十册，中共中央党校出版社1985年版，第278页。
　　③ 蒋介石：《对于卢沟桥事件之严正表示》，《总统蒋公思想言论总集》卷十四，中国国民党中央委员会党史委员会1984年印，第585页。

未使中国人民及政府退让。7月31日,蒋介石发表《告抗战全体将士书》,宣布:"现在和平既然绝望,只有抗战到底。"①中国共产党方面也积极呼吁国共合作,促建抗日民族统一战线,和国民党进行了6次正式谈判。经过双方的共同努力,8月22日,国民政府正式发布将红军改编为国民革命军第八路军的命令。9月22日,国民党中央通讯社发表《中国共产党为公布国共合作宣言》,这标志着国共第二次合作宣告成立,抗日民族统一战线正式形成。

面对中国政府和人民强硬的抗日态势,1937年8月15日,日本政府发表声明:"帝国的忍让已经达到限度,为着膺惩支那军之暴戾,促使南京政府之反省,现今不得不采取断然之措施。"②当日,日本海军木更津航空队20架九六式陆上攻击机从日本本土出发,对中国首都南京进行了"跨海轰炸"。虽然中国空军的战斗机升空拦截,地面高射炮也猛烈射击,但日机仍强行冲入市区上空,轰炸了南京明故宫机场和光华门外的大校场军用机场,两处均遭到250公斤重磅炸弹的轰炸,第一公园附近也遭到轰炸,日机还对一些目标进行了猛烈的扫射。这是日本飞机首次空袭南京③。

据日本方面记载,"8月15日,我机队对南京城内外敌航空基地的飞机库实施轰炸,炸毁了3栋飞机库及其指挥所,还有库外的飞机8架以上。19日,下午1时半左右轰炸了南京火药厂,随着一次巨大爆炸,该厂发生了火灾。晚8时左右轰炸了南京参谋本部和军官学校,分别击中了约10枚炸弹,该本部和学校内各处燃起大火。对抗日的国民政府首都南京的空袭,已如前边所述,从8月15日起至9月19日前,共进行了9次。帝国海军航空队将对南京及其附近的中国军队及其他与作战和军事行动有关的一切设施进行认为有必要的行动,因为我军能力所限,此期间可能对中国非战斗员产生危害,希望非战斗员远离军事目标附近。此后各人安危自负,如果造成危害,我军不能负责。"(昭和12年9月20日第3舰队司令长官长谷川清)19日以后,只要天气允许,就连续对南京进行白昼空袭。20日上午,轰炸了国民政府、参谋本部、无线电信所等处,从早到晚反复进行了7次白天空袭,对航空委员会、防空委员

---

① 蒋介石:《告抗战全体将士书》,《总统蒋公思想言论总集》卷三十,中国国民党中央委员会党史委员会1984年印,第221页。
② 藤元彰著、陈鹏仁译:《解读中日全面战争》,水牛出版事业有限公司1996年版,第112页。
③ 南京师范大学南京大屠杀研究中心主编:《魏特琳传》,南京出版社2001年版,第53页。

会、中央党部、北停车场、炮台等处和其他重要军事设施进行轰炸,炸得面目全非①。

同样是日本官方记载:1937年9月,日本海军第2联合航空队下达的作战命令指出:"轰击无需直击目标,以使敌人恐怖为着眼点。"②这清楚地表明,日军飞机空袭并不限于南京的军事目标,它可以肆意滥炸任何与军事无关的工厂、商店、医院、学校、民房、车站及码头,杀害手无寸铁的平民,以达到使中国人"恐怖"的目的。《中央日报》于9月24日发表社评《敌人的暴行》,指出:"连日敌机对我后方城市与军事无关的平民区域,大肆轰炸,屠杀妇孺及非战斗员,其行为之卑劣,手段之残酷,充分暴露其野蛮习性……(南)京市之被轰炸,被害的也大半是城南人烟稠密的贫民住宅区。"③国民社12月6日电称:2000余难民集中在下关火车站之空地上,日机投弹后,"铁轨四周,尸身累累,惨不忍睹,有一苦力躺于其间,勉力举起其无力之手臂,欲图扑灭烧及衣服之烈火,但终于失败焚死……更见一手抱小孩之妇人冀图拖曳旁之已死丈夫,但毫无效果。此种惨状,记者仅见一斑。"④据英国《曼彻斯特报》记者田伯列写的《外国人目睹之日所见日本军暴行》记载:"9月25日南京轰炸的结果,市民死伤者达600人,从上午9时到下午4时半,日本飞机五次侵入南京上空,投下炸弹500枚。下午的空袭以中央医院和卫生署为目标,投下15枚炸弹,但未命中。"此前的9月22日,日机两次轰炸南京,第一次出动50余架飞机,从上午10时35分到正午。第二次出动15架飞机,短时间后退去,城南区和新住宅区是美意德各国大使馆和外国人集中居住的地区,有300处以上平均每天落下二三枚炸弹。路透社报道,第二次空袭时下关的难民收容所中弹,死伤百余人⑤。美国《时代周刊》报道,1937年10月4日,上午10时35分,令人焦躁的南京响起了凄厉的防空警报。日本轰炸机从上海起飞,13名中国年轻的飞行员驾驶着美国制造的柯蒂斯—霍克飞机呼啸起飞,向西北方向飞去以迎

---

① 高晓星编译:《日本海军航空队空袭南京史料(1937年8月15日—12月13日)》,《民国档案》2004年第4期。
② 日本防卫厅防卫研修所:《中国方面海军作战(1)》,朝日新闻社1974年,第405页。
③ 《敌人之暴行》,《中央日报》1937年9月24日。
④ 陈安吉:《侵华日军南京大屠杀史国际学术研讨会论文集》,安徽大学出版社1998年版,第61页。
⑤ 《日本侵华暴行录》,台湾"国史馆"1985年编印,第729、730页。

战侵略者。就在中国飞机从人们视野中消失时,第一波日本飞行编队从相反的方向——南方飞来。在大约离地面 2 英里的上空,约有 40 架飞机组成的嗡嗡作响的机群,在刺眼的蓝天中有些模糊不清。11 时 15 分,第二波日本飞机飞临南京上空,这一次来自西北方向,轰炸了中国首都的鼓楼住宅区。在总共四个小时期间,一波又一波的日本飞机不断飞来,日本飞行员丢下了各种炸弹,从能够摧毁整个街区、并使地面颤抖的 500 磅巨型炸弹到和手榴弹差不多大小的燃烧弹,它们能够点燃所碰到的任何可燃物资。美国大使约翰逊在长江的炮艇上清楚地看到了日本飞机对南京火车站及沿江贫民窟的轰炸。在那里,那些年纪太小、太老、太穷、病得太重或是什么都不懂而没有离开南京的中国人被大批屠杀。日本的炸弹炸毁或是焚烧了他们可怜的棚屋,将其变为碎片,将活人烤焦,将死人焚化。第二天日本出动了 80 架轰炸机对南京进行了今年规模最大的一次轰炸,使本星期被炸身亡的南京市民超过 500 人,并在一次最大规模的空袭中,摧毁了中国首都价值 100 万美元的发电厂。日本飞机还轰炸了两所中国医院,每一医院都标有巨大的红十字标记,南京的供水系统也遭破坏,停止供水[①]。

从 1937 年 8 月 15 日至 10 月 15 日的两个月中,日军对南京前后空袭 65 次,投弹 523 枚,城市建筑遭到严重破坏,人民生命财产损失惨重,全市被日军飞机炸死、炸伤的居民达 830 人,其中 392 人死亡。被炸毁的机关、学校、商店、文化团体和居民的房屋,共有 1949 间。以后日机又不断地轰炸市区,10 月 19 日,日机十余架次对南京轰炸,23 日,日机 20 余架次来南京轰炸。26 日,日机 12 架次到南京轰炸。12 月 5 日,日机十余架次又猛炸南京贫民区,在逸仙桥一带投掷硫黄弹及爆炸弹 20 余枚,炸死 14 人,炸伤 20 余人,毁房 50 余间。6 日,日机 30 余架轮番轰炸南京,在浦口投弹十余枚,炸死 20 余人。[②]

从卢沟桥事变到翌年 10 月 27 日占领武汉三镇,在一年半时间里,海军航空队共出动飞机 1 万架次,投弹 3.5 万枚,重量达 3000 吨,另消耗机枪子弹 32 万发。从 1937 年 9 月到 10 月,日军对南京和广东进行了激烈的攻击,海军空

[①] 任荣、张开森:《美国〈时代周刊〉1937—1941 年有关日军轰炸南京和大屠杀的报道》,《民国档案》2006 年第 4 期。

[②] 胡菊蓉:《中外军事法庭审判日本战犯——关于南京大屠杀》,南开大学出版社 1988 年版,第 20 页。

袭部队计投下4950枚炸弹,其中60公斤、80公斤和120公斤的炸弹3937枚。不过,此时还没有使用燃烧弹。据海军航空本部教育部长大西泷治郎称:"对南京的空袭次数是36次,出动飞机600架,投下约300吨炸弹。对广东出动360架,投下约101吨炸弹。"另据其他资料,在广东攻略战中"仅半个月期间,活跃的我海军飞机出动2000架次,投弹6900枚,重量达560吨"[①]。

三、对武汉、广州等地的轰炸

武汉在南京陷落后一度成为当中国抗战的战时首都,因而也成为日军进攻的新的战略中心。日军企图通过攻占武汉摧毁国民政府的政治中枢,迫使国民政府投降。1937年9月24日,日机开始轰炸汉口,路透社记者电告:"两旁贫民住宅,尽成瓦砾。残缺肢体,遍处都是。尤其惨者,残垣破壁,常挂着一臂一腿,见者辄为之心悸。受重伤由人抬过者,有一百二十余起,有作凄楚呻吟声者,亦有气息已断者。其最令人见之惊心动魄伤感不已者,为满载伤亡婴儿之救护车,灾区遍地,死者与半死者混合,多数伤者裸体无衣,血从创处流出。幼孩死尸,似较成人为多。记者见一年约十龄之华童,肩负母尸,直至医院,而置之于司阍者之前,请其予以安葬。渠则往觅其失踪之弟妹。复至一小屋前,向内视察见男子三人,端坐如生,细视之,则皆死尸也。其中有一人,怀中尚抱一死孩。"汉口被轰炸的地带是五井庙,"附近若干里内,未有军队。而兵工厂则在四里之外",都是贫民集中的地方,毫无军事设备[②]。

1938年1月16日,近卫内阁发表声明:"帝国政府攻陷南京后,仍给支那政府最后反省的机会,但时至今日国民政府仍不理解帝国的真意,肆意采取抗日之策,置人民涂炭之苦而不察,弃东亚全局之和平而不顾。为此,帝国政府尔后不以国民政府为对手,期待与帝国提携之新兴支那政权的出现和发展,致力调整和更新两国之国交,协力新支那之建设。"企图以军事手段置国民政府于死地,以武力解决中国的抗日政权。

1938年1月4日,日机39架炸汉口机场,6日,又炸武汉;3月14日,袭汉口机场[③]。1938年3月27日仅一日就向武昌投弹近150枚,地面顿成火海,当地居民死伤惨重,其中绝大部分是行动迟缓、抵抗能力较差的妇女和儿童。

---

① 前田哲男著、王希亮译:《从重庆通往伦敦、东京、广岛的道路——二战时期的战略大轰炸》,第37页。
② 阿英:《阿英全集》第五卷,安徽教育出版社2006年版,第121—122页。
③ 郭廷以:《中华民国史事日志》第四册,"中央研究院"近代史研究所1984年编印,第2、17页。

3月29日,日机突袭汉阳,在炸弹投完毕之后,日军倚仗此地未部署防空炮火,竟拨转机头反复俯冲以航空机枪扫射人群,据统计,此处共有400多人死伤。汉阳兵工厂、汉冶萍炼铁厂等华中重要的工业生产制造基地也毁于日机轰炸中。5月31日,日机39架袭武汉。7月19日,数十架飞机投下了大量的燃烧弹,致使大武汉地区不少老式民居特别是下层百姓以大棚搭建而聚居的生活区,顿时成为火海。8月6日,日机50余架袭武汉;11日,日机70余架袭武汉,死伤600余人;12日,日机60余架袭武昌,蒋介石卫士死伤20余人[①]。8月份,日机共对大武汉地区执行轰炸任务12次,投弹近2000枚,造成3100人伤亡,特别是"八·一一"与"八·一七"大空袭中,不少学校遭袭,上百大学生、中学生遇难,黑板、书桌血肉遍布,惨不忍睹。武汉会战期间,日军共空袭武汉超过70次,投弹数千枚,直接造成死伤近9000人,近5000间房屋被毁[②]。

日机轰炸广东,始于1937年8月31日。9月23日,日本飞机三次轰炸广州。据路透社记者记载轰炸的惨状:"郊外之东贫民房屋,有全街破碎,无一完栋者,有数处死尸尚未移去,堆积地上,如吸蝇纸上之死蝇,残肢剩骸,已具不可辨认。而妇女一面号泣,一面扒动死尸,以寻觅其亲属。并有若干丧家之人,漫游街道,神经似均已错乱。……所到之处,莫不哭声震野,而如痴如狂之小儿也,奔走呼号其父母,尤为惨切。"[③]

1938年春,日机的袭击更猛,专注于摧毁交通线,轰炸粤汉、广九、广三铁路和沿线各站,郊外许多工厂也遭到袭击。4月10日,日机4架进袭市区,位于宝华正中路的一家工厂被一枚50磅的燃烧弹击中,焚毁楼房三幢,次日挖出尸体98具,重伤120多人。17日又轰炸大北路、小北路一带,多所中、小学被炸,死伤200多人。自5月后,日机几乎天天来袭,市区经常全日处于警报之中,其中5月28日来袭的日机达71架,投掷300磅至500磅的炸弹150多枚,中山纪念堂、昌华大街、逢源三巷、田庆新街、荔湾北区、中央公园、合华路等地灾情最重,燃毁房屋600余间,炸死平民600余人,炸伤1000余人。沿河岸一带停泊的大小船只有20多艘被炸沉,水面上漂浮着100多具肢体残缺的

---

① 郭廷以:《中华民国史事日志》第四册,第48、49页。
② 高鹏:《武汉会战》,团结出版社2005年版,第73、75页。
③ 阿英:《阿英全集》第五卷,安徽教育出版社2006年版,第121页。

尸体，还有不少受伤者在血泊中呼号挣扎，十分凄惨①。29日，日机再袭广州，肆意滥炸。30日，日机狂炸广州市区，死伤2000余人②。

六七月间，日机连续十多天狂炸广州，每天数十架飞机对市区实行地毯式轰炸，大学、公园、酒店、医院和市场成为轰炸的目标③。6月4日，日机40余架空袭广州，轰炸约40分钟，市民伤亡惨重。5日，又34架轰炸广州，死伤市民600余人，中山大学文、理、法学院均被炸毁。6日，日机三批共41架，轰炸广州市区，投掷炸弹、燃烧弹100多枚，炸毁房屋700余间，炸死1200余人，灾区遍及全市。汉中路、文明路、东川路、长庚路、王仙路、中华南路等地，落炸弹50多枚。④ 7日，日机昼夜三度狂炸广州，并以机枪扫射平民⑤。8日，日机50余架分批昼夜狂炸广州，西村电厂被炸，全市停电。路透社记者对当天日机轰炸广州的惨状有如下记录："今晨10时50分，又有日机32架袭广州，西村电厂中弹，房屋被毁一部，电厂院内落八弹，电厂被毁，全市停电，各医院因施手术及爱克斯光等均需用电，致此乃告束手无策。伤者数千人，皆需立即医治，今停电，其惨状不堪胜言。"⑥ 7月12日，日机轰炸广州，死伤民众300余人⑦。8月8日，日机惨炸广州，死伤极重。9日，日机40余架袭广州，死伤200余人⑧。10月上、中旬，日机又对广州等地实行疯狂，出动的飞机每天达100多架。从1937年8月31日至1938年10月广州沦陷，日机在广州投弹2630枚，炸死1453人，受伤2926人，毁房2004间⑨。

由于广州人口众多，超过除伦敦之外的任何英国城市。因而，日军对广州的轰炸引起的国际影响超过了日军对中国首都南京的轰炸，也引发了国际社会广泛而激烈的抗议。国联远东顾问委员会在日内瓦严厉谴责了日军的军事

---

① 军事科学院外国军事研究部：《日本侵略军在中国的暴行》，解放军出版社2005年版，第91页。
② 郭廷以：《中华民国史事日志》第四册，第34页。
③ 曾庆榴、官丽珍：《侵华战争时期日军轰炸广东罪行述略》，《抗日战争研究》1998年第1期。
④ 军事科学院外国军事研究部：《日本侵略军在中国的暴行》，第91页。
⑤ 郭廷以：《中华民国史事日志》第四册，第36页。
⑥ 军事科学院外国军事研究部：《日本侵略军在中国的暴行》，第91页。
⑦ 中国抗日战争史学会、中国人民抗日战争纪念馆：《中国抗日战争大事记》，北京出版社1997年版，第253页。
⑧ 郭廷以：《中华民国史事日志》第四册，第49页。
⑨ 广东全省防空司令部：《广东省空袭损失统计表》，引自曾庆榴、官丽珍：《侵华战争时期日军轰炸广东罪行述略》，《抗日战争研究》1998年第1期。

行动,并宣称它们已经激起了全世界的震惊和义愤。英国的外交部次长克兰伯恩勋爵更加直截了当地表示:"言辞无法表达整个文明世界在听到这些空袭消息后那种极度震惊的感觉。日本人经常轰炸那些远离真正发生军事冲突的地区。而军事目标则似乎完全退居一个次要的地位。其主要目标似乎是通过不分青红皂白地屠杀平民来引发人们的恐惧。……日本对于中国轰炸的广度代表了一种威胁,这种威胁不仅仅是针对那些在今天深受空袭之苦的不幸人民,而且是针对全世界的。假如这种倾向继续下去,甚至变本加厉,那么文明本身还能存在吗?英国政府希望日内瓦会议记录该政府对于中国现在正在发生的轰炸开放城市的行为所感到的极度震惊,并且希望国际联盟的远东顾问委员会以明确无误的语言来谴责日本的这种做法。我认为,对于世界舆论所产生的效果是那些有责任心的国家所必须加以考虑的。"①

四、抗战初期日军轰炸的主要特点及影响

何应钦在《日军侵华八年抗战史》中详细记载了当时日军在华空军情况:"自二十八年十月间,日本在华空军兵力,计有陆军航空队10个,战斗队4个,独立战斗中队29个,各型飞机300余架。海军航空队有第11、13、14、15、16 5个航空队,及加贺、龙骧、苍龙3艘航空母舰,及能登吕、神威、香九丸、神川丸、千岁5艘水上机母舰,计各型飞机300余架。"②日本在中国轰炸的主要目标是摧毁中国空军,取得制空权,以协助陆海军作战,破坏中国军事、政治、经济及工业中心,以打击中国抗战的物质基础,同时,对城乡滥施轰炸,引起恐怖,以动摇中国的抗战意志。抗战初期日军对中国的轰炸,主要呈现两大特点。

第一,轰炸区域广泛。初期日军除对上海、南京等地进行轰炸外,其他地区也不同程度遭到日机侵袭。据何应钦《日军侵华八年抗战史》,截至1937年12月止,仅首都南京一地被空袭就达118次之多,使用机数1178架次,投弹1357枚,达160吨。除首都南京外,"江苏、杭州、安徽、冀察、太原、归绥、汴洛、济南、广州、南昌、武汉、湖南、西安、兰州各地均遭空袭,计二十六年度全国各地共受空袭1269次,机数2254架次,投弹10740枚。"③

---

① 《伦敦新闻画报》1937年10月2日,沈弘编译:《抗战现场:〈伦敦新闻画报〉1937年—1938年抗日战争图片报道选》,中国社会科学出版社2005年版。
② 何应钦:《日军侵华八年抗战史》,黎明文化事业公司1982年版,第309页。
③ 同上书,第332页。

另据上海文化界国际宣传委员会1938年7月根据各省市的调查及各种报纸所载的材料,统计编制的《一年来敌机轰炸不设防城市统计》(1937年8月—1938年5月),轰炸区域遍及16省共275个城市及交通线路。

表1—1　1937年8月—1938年5月日机轰炸中国不设防城市地域统计表[①]

省名	被轰炸城市及交通线名称	数量
江苏	枫泾、周泾港、青德、宜兴、金坛、南通、徐州、上海、南京、镇江、吴县、无锡、武进、江阴、阳山、刘堤圈、旧县、萧县、丹阳、平望、真如、句容、新安镇、海州、如皋、浦东、江都、常熟、淮阴、运河站、连云、溧水、昆山、南翔、吴江、戚堰墅	38
浙江	杭州、鄞县、衢州、诸暨、丽水、玉环、永嘉、义乌、金华、临浦、瑞安、兰豁、建德、镇海、富阳、萧山、王店、绍兴、嘉善、嘉兴、硖江、长安、临平、桐乡、崇德、闸口、艮山门	28
安徽	合肥、广德、蚌埠、宿县、六安、蒙城、符离集、安庆、南陵、舒城、桐城、寿县、永城、津浦县、阜阳、曹县、大通、武城、和县、含山、枣树庄、贵池、繁昌、东流、至德、铜陵、黄山、正阳关、徽州	29
江西	九江、弋阳、吉安、马当、南城、玉山、赣县、南昌、永丰、新淦、彭泽、星子、湖口、广昌、龙南、乐安	16
福建	漳州、石龙、福州、长乐、厦门、泉州、建瓯、浦城、漳浦、古田、澳门、龙岩、王庄乡	13
广东	广州、汕头、新会、北浦、石臼、蕉岭、惠阳、南海、黄埔、清远、海口、顺德、中山、白博赞港、马尾、石岐、梅县、长堤、曲三灶岛、潮安、高要、翁源、虎门、博罗、佛山、樟木头、南雄、洪山、从化、增城、韶关、容可、龙市尾、北海、府城、市桥、太平、乐昌、源潭、西塘翔、饶平、阳曲、宝安	44
河北	北平、天津、保定、大名、赤城、固安、卢沟桥、青县、廊坊、通县、顺德、琉璃河	12
山东	王庄、莒县、沂水、曲阜、蒙阴、台儿庄、兖州、宁阳、枣庄、德州、济宁、济阳、两下店、临城、临沂、鄂城、巢县、滕县、桑梓店、福兴集	20
山西	大康、晋城、芮城、垣曲	4
湖南	长沙、衡阳、醴陵、株洲、新桥、耒阳、奉化	7
湖北	武昌、汉口、濮阳、襄阳、孝感、宜昌	6
甘肃	兰州	1

---

① 江西省政府秘书处统计室编印:《江西统计月刊》第1卷第7期,中华民国二十七年七月号,第60—61页。山东省数原表记12,应为20,径改。然表中地名于省区之分布似有不确者,如"山东"栏内之巢县、鄂城,"湖南"栏中之奉化,"湖北"栏内之濮阳等,唯原表如此,或为当时制表者所误,仍留以存其原。

		续表
广西	石龙、桂林、梧州、柳州、南宁	5
河南	郑州、兰封、安阳、洛阳、淮阳、新乡、珠玑里、汴城、商邱、永城、杞县、南阳、漳河头、汜水县、孝义、密县、八海、信阳、许昌、洧川、驻马店、赵口	22
四川	重庆、安县	2
陕西	西安、潼关、偏关、陕县、朝邑、咸阳、华阴、阌乡、清水河	9
交通线	粤汉路、广九路、宝太路、潮山路、广济路、省港路、平汉路、津浦路、陇海路、广花公路、平绥路、同浦路、宁阳路、京沪路、粤桂交通路、沪杭路、苏嘉路、浙赣路	18
总计		275

1939年轰炸区域也达15省之多。而日机在中国各地的轰炸情形，下面两个表便是最好的说明。

表1—2　1939年度日军对中国各省空袭概况统计表①

省别	城市 次数	城市 机数	乡镇 次数	乡镇 机数	机场 次数	机场 机数	交通 次数	交通 机数
广东	249	1195	476	1068	1	1	40	120
河南	121	699	114	293	19	71	29	134
江西	142	714	27	95	18	99	74	236
广西	106	847	51	292	35	472	35	207
浙江	105	372	101	361	6	23	8	34
福建	119	379	43	92				
安徽	46	176	105	264				
湖南	83	834	14	70	26	400	21	160
陕西	121	1142	14	59	3	46	4	26
湖北	82	687	44	251	11	174		
四川	41	757	3	21	26	470		
甘肃	23	464			9	177		
云南	1	19			2	35	1	27
宁夏	2	42	1	15				
贵州	1	18						
总计	1242	8345	993	2282	156	1978	212	944

① 航空委员会防空总监部编印：《二十八年度全国空袭状况之检讨》，中国第二历史档案馆，档案28-170。

表 1—3 1939年度中国各地遭受空袭损害统计表①

省别	空袭次数	敌机次数	投爆炸弹数	投燃烧弹数	人员死亡	人员受伤	房屋炸毁间数	房屋震倒
广东	766	2384	8320		2048	3101	7438	
河南	283	1197	6433		2215	2101	23933	15
江西	261	1144	4002	206	2025	2819	3609	811
广西	227	1818	7483	232	1230	1985	4495	2702
浙江	220	790	2732	40	782	1325	8689	3031
福建	162	471	1142	6	300	488	1938	62
安徽	151	440	2019		898	1055	3558	877
湖南	144	1464	8679	289	4977	4631	11119	850
陕西	142	1273	5552	59	1499	1599	10674	906
湖北	137	1112	4334	374	2716	2975	8875	2331
四川	70	1248	3653	481	8561	7273	13922	2769
甘肃	32	647	3179	75	317	324	21755	21
云南	4	81	421		137	236	893	510
宁夏	3	57	338		237	108	1152	
贵州	1	18	125		521	1526	1326	
总计	2603	14138	58412	1762	28463	31546	123286	14885

第二，开始实施无差别轰炸策略。抗日战争初期，日军对中国的战略轰炸目标，由轰炸军事目标兼非军事目标迅速转向无差别轰炸，对不设防城市和大量非军事目标进行狂轰滥炸，轰炸地点也由战区逐步过渡到后方城乡。无数民宅和文化机关悉被炸毁，无辜平民在轰炸中惨遭不幸。"本期敌空军作战，以政略袭击为主，战略袭击为辅，对我国重要城镇，文化商业中心，采取普通轰炸政策，以摧毁我国民战斗意志。"②日本企图以残酷无情的轰炸尤其是后期对西南大后方的无差别轰炸，企图毁灭中国人民的抗日意志，达到无法用地面作战解决的中国坚持抗战问题。

关于抗战初期日军对不设防城市的轰炸，国民政府内政部根据各省市损失报告，于1938年8月编制的损失统计显示，从1937年8月到1938年5月，日军飞机对中国城乡空袭计2204次，投弹26951次，炸死10482人，炸伤

---

① 航空委员会防空总监部编印：《二十八年度全国空袭状况之检讨》，中国第二历史档案馆，档案28-170。

② 何应钦：《日军侵华八年抗战史》，第309—310页。

13319 人,炸毁房屋 42087 间(栋)①。另据上海文化界国际宣传委员会根据各省市的调查及各种报纸所载的材料统计编制的《一年来敌机轰炸不设防城市统计》,同期日军对中国各不设防城市及交通线轰炸 2473 次,投弹 33192 枚,炸死 16532 人、炸伤 21752 人(表 1—4)。无论是官方的统计,还是民间的调查,其轰炸造成的损失都是极其惨重的。

表 1—4　1937 年 8 月—1938 年 5 月日机轰炸不设防城市损害统计表②

省份	飞机数	次数	投弹数	受伤人数	死亡人数
江苏	2379	408	5489	5420	4183
浙江	1091	195	2186	2897	2484
安徽	357	74	1132	738	953
江西	1203	122	2961	668	348
福建	363	68	948	298	235
广东	6492	903	11801	8901	4845
河北	86	26	191	1031	1012
山东	249		565	195	18337
山西	53[18]	9	204	20	24
湖南	100	15	369	241	160
湖北	497	44	1572	1082	821
甘肃	20	2	15	1	28
广西	87	18	238	22	18
河南	501	88	1131	478	573
四川	20	2	14	6	
陕西	219	32	1050	100	96
交通线	2993	429	3326	654	571
总计	16710	2473	33192	21752	16532

武汉、广州失陷后,日军大本营决定对中国的"战略要地实施轰炸",即对大后方城市进行轰炸。根据这个决定,侵华日军开始大力扩编轰炸机部队,着手修整汉口和运城的航空基地,组织远程轰炸和战略要地轰炸的训练,很快就开

---

①　江西省政府秘书处统计室编印:《江西统计月刊》第 1 卷第 8 期,《全国各地空袭损失统计表》,中华民国二十七年八月号,第 44 页。

②　江西省政府秘书处统计室编印:《江西统计月刊》第 1 卷第 7 期,中华民国二十七年七月号,第 60 页。

始了对大后方城市连续不断的狂轰滥炸①。惨烈的重庆大轰炸随即拉开帷幕。

日军对沿海、沿江各城市的大规模轰炸,虽然给中国人民造成了重大的人员伤亡和财产损失,但日军轰炸所产生的战略影响却是相对有限的。首先,中国军民的抗战意志,不仅没有因残暴的轰炸而削弱,反而更加激发了同仇敌忾的决心;其次,国际上鉴于日军轰炸之暴行,对中国的同情与援助也越发增强;第三,除了轰炸平民、市区及中外人民的产业外,并不能摧毁中国的防御和抵抗力;第四,通过轰炸企图影响伪组织及汉奸之"和平运动",以轰炸来动摇人心,其影响也是极其有限的;第五,轰炸虽然损坏了中国许多文化机关和公私财产,但也让日本付出了巨大的战争消耗②。

第三节　重庆战时首都地位的确立

重庆遭受日军的战略轰炸,与抗战时期重庆地位的变化息息相关。重庆战时首都地位的确立,是国民政府策定四川为抗日战争后方基地的必然结果。四川作为抗战后方基地,则是1935年前后四川局势发生重大变化后逐步形成的。

一、蒋介石四川抗日根据地思想的初步形成

1931年"九·一八"事变后,特别是1932年"一·二八事变"爆发后,国民政府曾将中原和西北地区作为对外战争的后方基地。在"一·二八事变"爆发后的第三天,国民政府即发布《移驻洛阳办公宣言》,揭露"日本军队向我进攻,使用无限制之飞机轰炸政策,同时首都及长江上下游各重要市镇亦有日本军舰到处挑衅,其用心不过欲威胁我政府,使屈服于丧权辱国条件之下",表示"政府为完全自由行使职权,不受威胁,决定移驻洛阳办公"③。此时国民政府迁都洛阳,乃是应急之策。因国民政府设于南京,靠近上海,一旦对外战争爆发,在敌人强大的陆军、海军和炮火的攻击下,毫无坚守的余地和希望,如果国民政府在对外战争中不甘于屈辱求和、不想与敌人作城下之盟,迁都并建立稳固的后方基地便势在必行。因此,1932年3月1日至6日,在洛阳召开的国民

---

① 军事科学院外国军事研究部:《日本侵略军在中国的暴行》,第91页。
② 卢豫东:《中国抗战军事发展史》,《近代中国史料丛刊》三编,文海出版社有限公司印行,第18—19页。
③ 《国民政府发表迁都洛阳宣言》,中国第二历史档案馆藏档案:1(1)-653。

党四届二中全会决定:"一、以长安为陪都,定名西京。二、以洛阳为行都。三、关于陪都之筹备事宜,应组织筹备委员会,交政治会议决定。"①同时,国民党四届二中全会还通过了"开发西北案",决定"以陕、甘、绥、宁、青、新各行省全境及外蒙西部、唐努乌梁海、科布多、阿尔泰等处"为"开发范围,在不妨害各地方政府行政之施行,特由中央政府划出建设事业之一部,用中央之政治及经济力量以经营之",并"于国民政府行政院直辖之下,设西北拓殖委员会……负一切事务进行之责"。之后,国民政府即加强了对西安和西北的建设,并取得了一定成绩。由此可见,在"一·二八"事变后,当时的南京国民政府是以西安为陪都、以西北为战略后方准备对日作战的。

但是,国民政府选择洛阳为行都、长安为陪都,只是根据当时具体的历史情况和政治经济环境决定的,是国民政府尚未将西南诸省真正纳入统治范围之内时所作的迫不得已的决策。事实上,由于西北地区经济落后,物产不丰富,文教相对落后,人力资源不足;在地理上西安靠近华北,一旦华北沦陷,西安和西北地区容易受到威胁,也不利于作为抗战陪都和后方基地;再加之西北地区接近社会主义国家苏联,对于坚持反苏、反共的国民政府来说,其感受到的威胁并不小于日本;另外,统治新疆的盛世才,也一直未被国民政府控制,对于国民政府来讲,也是一块不小的心病。因此,将西安作为未来的战时首都,将西北作为未来抗战的后方基地并不是一个理想的选择。

地处西南的四川,自古即有"天府之国"之称,土地肥沃,物产丰富。早在民国初年,蒋介石就开始关注四川,只是在较长时间内,由于军阀割据及与中国共产党进行战争,还无暇也无力顾及四川。1934年年底,由于中央红军在第五次反"围剿"中失败而转移到贵州、四川,以四川为中心的西南地区开始引起国人的关注,不少有识之士鉴于日本军国主义对中国侵略的不可避免和中国当时的政治、经济、军事状况,逐渐认识到四川在未来战争中的重要地位以及与国家治乱、民族复兴的关系。国民党势力也乘机进入并逐步控制了以四川为中心的西南地区。随着国民党势力的逐步深入,四川的防区制趋于解体,川政归于统一,川军整编也渐次推进,特别是1935年3月以后,蒋介石两度入

---

① 荣孟源主编:《中国国民党历次代表大会及中央全会资料》下册,光明日报出版社1985年版,第156页。

川;1936年4月,蒋介石又到四川住了半月。在四川期间的多次讲话中,蒋介石谈到以四川为后方基地的问题,在此背景下,蒋介石和国民政府理想中的国防中心逐步由西北转向西南地区。

关于蒋介石与四川抗日根据地的策定问题,学术界观点不一。前期研究大都以1935年蒋介石入川追剿红军为起点,认为蒋介石3月2日开始长达半年之久的西南之行,一方面是追剿红军、统一四川及西南诸省于国民党中央势力的控制之下,另一方面,则初步策定以四川为中华民族对日抗战的根据地。持这一观点的代表作有吴相湘《第二次中日战争史》、周开庆《四川与对日抗战》、刘敬坤《重庆与八年抗战》、张弓等《国民政府重庆陪都史》、唐润明《试论蒋介石与四川抗日根据地的策定》[①]等。张国镛在《关于国民政府择迁重庆问题的再探讨》[②]一文中则认为,蒋介石在1935年入川追剿红军时没有选定四川这一抗日复兴的最后根据地,更没有"想定"重庆就是未来国民政府的基地。蒋介石选定四川为抗战的最后根据地是在1936年及其以后,而国民政府选定并正式决定迁都重庆则是在1937年10月以后[③]。

事实上,确定四川或西南地区为未来对日战争根据地,或选定重庆为未来战时国民政府的基地,必须要有一定的法律程序,而完成这一法律程序无疑是在1937年以后。但是,不容否认的是,由于蒋介石在国民党和国民政府中的地位,他的思想和认识对此项战略决策具有重要的甚至是决定性的影响,而蒋介石在1937年10月提出国府迁渝,并不是一个没有思想基础的临时动议,按他本人的说法,"国府迁渝并非此时才决定的,而是三年以前奠定四川根据地时早已预定,不过今天实现而已。"[④]在抗日战争胜利后,国民政府还都南京前夕,蒋介石在成都发表《告别四川同胞》,追述其确定四川为抗战基地的过程:"因为四川人口众多,物产丰富,都在任何各省之上。……所以我们若能以四川为革命的根据地,就更能使革命早日成功,这是我民初以来未到四川以前始

---

① 唐润明《试论蒋介石与四川抗日根据地的策定》(《历史档案》1994年第4期)对此作了较系统的论述。
② 张国镛:《关于国民政府择迁重庆问题的再探讨》,《西南师范大学学报》1997年第1期。
③ 同上。
④ 蒋介石:《国府迁渝与抗战前途》,重庆市档案馆、重庆师范大学合编:《中华民国战时首都档案文献》第一卷,重庆出版社2008年版(内部发行),第4页。

终一贯的理想。后来本人民国二十四年初到四川的时候,目击四川当时的情形,同来的人员皆觉得离我们的理想太远,大失所望。但我认为如果四川不能统一,则抗战就无基础,所以我们如要抗战,非先统一四川不可。……本人认定我们中国在对外抗战的形势上,四川地位的重要性实远胜于广东。因为广东僻处海隅,而我国海空防御力量薄弱,敌人的海陆空军随时可以到达,中央若再认广东为抗战的根据地,则随时可能被敌人消灭。而四川则远处西陆,形势天成,估计当时的敌人实力,绝不可能深入到四川省来。……因此本人仍认四川为抗战唯一的根据地。"①当然,我们不能以蒋介石自己的说法来进行论断,但是,1935年蒋介石的西南之行,留下了大量的演讲和报告资料,通过对西南之行时期蒋介石相关思想的分析,是可以厘清其内在的思想关联的。

1935年3月2日,蒋介石由汉口飞抵重庆,4日,在四川省党务特派员办事处扩大纪念周会上作《四川应作复兴民族之根据地》的讲话,"就四川地位言,不仅是我们革命的一个重要地方,尤其是我们中华民国立国的根据地。无论从哪方面讲,条件都很完备。人口之众多,土地之广大,物产之丰富,文化之普及,可以说为各省之冠,所以自古即称天府之国,处处得天独厚。""四川同胞对于革命的成败与国家民族兴亡存灭的责任,非常重大。"②讲话的主题是四川应作复兴民族的根据地,强调的是"应该"。1935年8月11日,蒋介石在峨眉山军官训练团又讲《川滇黔三省的革命历史与本团团员的责任》,不仅讲了"川滇黔三省在革命史上有最光荣的历史,居最重要的地位,实为我们国家和民族托命之所、复兴之基",而且特别强调"四川既为革命的发祥地,就应该作革命永远的根据地"③。10月6日,蒋介石在成都出席国民党四川省党部扩大纪念周讲演《建设新四川之要道》时又说:"四川在天时地利人文各方面,实在不愧为我们中国的首省,天然是民族复兴最好的根据地","四川之治乱,即中国兴亡之关键,四川绝不能乱,一乱国家就要亡",要"努力将四川建设起来,以造成国家健全的首脑,奠定复兴民族的基础"④。蒋介石还特别强调了四川在解决今后"外患"问题中的重要地位。同一天,蒋介石在成都行辕对四川高级

---

① 周开庆:《四川与对日抗战》,台湾商务印书馆1971年版,第13—14页。
② 《蒋中正总统档案:事略稿本》卷三十,台湾"国史馆"2008年印行,第32、34页。
③ 《蒋中正总统档案:事略稿本》卷三十二,第215页。
④ 《蒋中正总统档案:事略稿本》卷三十三,第506、508、510页。

将领讲《四川治乱为国家兴亡之关键》,提出:"今后的外患,一定日益严重,在大战爆发以前,华北一定多事,甚至要树立伪政府都不一定。但是我们可以自信,只要四川能够安定,长江果能统一,腹地能够建设起来,国家一定不会灭亡,而且定可以复兴!日本人无论在东四省或者将来再在华北弄什么伪组织,都不相干,都不足以致我们的死命。我们今后不必因为在华北或长江下游出什么乱子了,就以为不得了,其实没有什么!只要我们四川能够稳定,国家必可复兴!"①应当讲,此时的蒋介石已不再是孤立地谈论四川在复兴民族中的重要地位,而是对日本发动全面侵华战争已有较充分的认识,将外患的日益严重与四川的安定结合起来,以四川为对日抗战根据地的思想已完全形成。这为后来蒋介石提出国府迁渝奠定了重要的思想基础。

在蒋介石游历四川及西南诸省的同时,四川及西南地区的建设也正式提上了议事日程,在行政、军政、财政等方面,逐步实行了改革和统一,大规模的交通建设也全面展开。所有这些,在客观上为日后国民政府迁都重庆奠定了一定的基础。可以肯定的是,抗日战争爆发后,国民政府作出西迁重庆的决定,与蒋介石关于四川是民族复兴之根据地的思想有着密切的联系,是这一思想的在新的形势下的进一步发展和必然结果。

二、国民政府移驻重庆及其影响

重庆是一座具有悠久历史的文化名城,位于长江和嘉陵江交汇处,襟带双江,控驭南北,素有"天险"之称。公元前11世纪,巴国曾建都于此,秦时设巴郡,隋唐时称渝州,南宋始称重庆。近代以后,1891年开埠,1929年南京国民政府批准建市。1931年局部抗日战争发动后,国民政府曾经营西北地区作为未来对外战争的后方基地。1935年后,随着以四川为中心的西南各省的统一问题渐趋解决,国民政府逐渐将国防中心转向西南。由于重庆是西南地区最大的工商业城市和经济中心,与西南各省联系密切,具有丰富的人力、物力资源;地形险要,三面环山,具有绝佳的天然屏障,在战争中易守难攻;且有西南西北两大国际交通线为依托,一旦东部沿海地区遭敌封锁,仍能对外交通联络。因此,重庆具有作为战时首都的得天独厚的条件。

全面抗战爆发后,首都南京的安全问题,开始引起国民党高层的关注。7

---

① 《先总统蒋公思想言论总集》卷十三,中国国民党中央委员会党史委员会印,第480页。

月20日,匆匆由庐山返回南京之后的蒋介石手令:"各院、部、会实施动员演习及准备迁址办公。"①7月27日,行政院召集各部、会举行会议,就迁址办公问题作出决议:

(一)第一步各机关办公地点疏开,即假定敌机轰炸或敌舰开炮时,各机关在城内或城外,准备民房秘密办公,并先登记负责人和电话号数等,以资联络。

(二)万不得已时,则迁移他处办公(如衡阳)。凡须永久保存之重要文件,先行迁地保管,至各机关之实行迁移,则须候命实施。②

随着平津等重要城市的陷落与华东局势的紧张,国民党高层也越来越感到迁都是一个紧迫的任务。军事委员会于8月4日举行卢沟桥事件第25次汇报会,主持会议的军政部部长何应钦即要求与会者对战时政府所在地加以慎重、周全的考虑,并讨论是否以武汉为宜。8月6日,国民政府有关部门曾提出"大战爆发后,如首都遭受敌人空军之激烈袭击,则迁往衡阳衡山"。虽然如此,直到上海"八·一三"事变爆发前夕,国民党中央对迁都虽有考虑,但在"政府究竟应迁往何处"的问题上,仍未作出最后决定。8月14日国防最高会议成立后的第一次会议,甚至作出决定:"外侮虽告急迫,为稳定军心、民心,政府仍应暂时留住首都,不必迁移。"③

8月13日,日军大举进攻上海,淞沪会战爆发。当天晚上,蒋介石即对四川省政府主席刘湘转呈的建议中央迁川、长期抗战的意见"甚表嘉许"。8月29日,蒋介石在日记中明确表示,"如迁都则应在重庆。"④嗣后不久,他又明确告知国民党内的高级幕僚何廉等,"我们将迁都四川重庆",并令何廉"以此为基础计划同各部开会商议"。虽然此时尚未正式作出迁都的决定,但国民政府内获知内情的高级官员,均已开始作西迁重庆的准备工作了⑤。

---

① 蒋顺兴、孙宅巍:《民国大迁都》,江苏人民出版社1997年版,第184页。
② 同上书,第184—185页。
③ 同上书,第185页。
④ 《蒋介石日记》(手稿本),1937年8月29日。
⑤ 蒋顺兴、孙宅巍:《民国大迁都》,第186页。

10月下旬,淞沪战事急转直下,日军不仅突破了中国守军防线,向沪西包抄推进,而且日机更加频繁疯狂地轰炸南京,首都南京危在旦夕,政府已不能正常办公,转移国都已迫在眉睫。10月29日,在中国军队在淞沪会战处于不利、南京日益受到威胁的紧急情况下,国防最高会议主席蒋介石召集国防最高会议,作了题为《国府迁渝与抗战前途》的讲话,强调"军事上最重要之点,不但胜利要有预定计划,即挫败亦要有预见的打算。不但胜利要立于主动地位,就是退却也要有主动地位。然后一时的挫折,不致有全盘溃退之虑,而可以把握最后的胜利。今天我们主动而退,将来可以主动而进"①。报告指出,在全局主动退却后的时期,"四川为抗日战争的大后方",并提出应择定"重庆为国民政府驻地"。10月30日,国民政府举行国务会议,确定了迁都重庆的具体事宜。11月12日,上海沦陷,首都南京岌岌可危。11月16日,国防最高会议举行常会,作出决定:"国民政府及中央党部都迁重庆。军事委员会迁移地点,由委员长酌定;其他各机关或迁重庆,或随军委会设办事处,或设于长沙以南之地点。"当晚,林森率国民政府文官、参军、主计三处的官员,乘坐"永绥"号军舰离开南京,驶向重庆。11月20日,国民政府公开发布《国民政府移驻重庆宣言》,内称:

  自卢沟桥事变发生以来,平津沦陷,战事漫延,国民政府鉴于暴日无止境之侵略,爰决定抗战自卫。……为国家生命计,为民族人格计,为国际信义与世界和平计,皆已无屈服之余地,凡有血气,无不具宁为玉碎、不为瓦全之决心。国民政府兹为适应战况,统筹全局,长期抗战起见,本日移驻重庆。此后,将以最广大之规模,从事更长久之战斗。以中华人民之众、土地之广,人人本必死之决心,以其热血与土地凝结为一,任何暴力不能使之分离,外得国际之同情,内有民众之团结,继续抗战,必能达到维护国家民族生存独立之目的。②

《宣言》阐明了迁都重庆、继续抗战、争取国家民族生存独立之决心。同

---

① 李守孔:《八年对日抗战真相》,台北正中书局1979年版,第121页。
② 《国民政府移驻重庆宣言》,《四川省政府公报》第100期。

日,四川省政府主席刘湘代表全川民众致电林森,"顷读我政府宣言,知为适应战况,统筹全局,长期抗战起见,移驻重庆,有此坚决之表示,益昭抗战之精神;复兴既得根据,胜负终自我操。不特可得国际之同情,抑且愈励川民之忠爱。欣诵之余,谨率七千万人,翘首欢迎。"①国府迁渝,意义重大,正如国民政府主席林森所讲,"一为表示长期抗战,政府已下最大决心,二为建设四川、云南、贵州后方国防"②。26日下午,林森一行抵达重庆,重庆各界举行了隆重的欢迎仪式。12月1日,国民政府开始在重庆新址正式办公,国民党中央党部也于12月7日开始办公。但自1937年11月到1938年10月武汉失守,国民政府中枢机构主要集中于武汉,此时的武汉实际上处于中国战时首都的地位。武汉失守后,国民政府的党政军所有机关陆续迁到了重庆。1938年12月8日,蒋介石率军事委员会办公厅、委员长侍从室及其他有关军事人员迁驻重庆办公。不久,其他各军事机关也相继迁抵重庆。直至此时,国民政府迁都重庆的过程才得以最终完成,重庆也才成为名副其实的中国战时首都。

　　国民政府迁都重庆,具有极其重要的影响,重庆由一座偏处内陆的商埠小城逐渐发展成为一座具有现代化工业的经济重镇,由僻居西陲的一座古老城市一跃成为国民党统治区的政治、经济、军事、文化、外交和社会活动中心。

　　第一,国民政府迁都重庆,粉碎了日本帝国主义要挟国民政府妥协投降的企图。在华北、华东战事失利的背景下,国民政府作出迁都之举,继续抵抗日本的侵略,顺应了全国军民抗日救亡的要求,得到了全国各界的拥护和支持,也极大地鼓舞了全国军民的抗战士气。正如监察院长于右任所说,国民政府移驻重庆,"一则防为城下之盟,一则更坚定抗战之决心,俾便从容为广大规模之筹计,使前方将士、后方民众感知政府无苟安求和之意念,愈加奋励"③。《大公报》1938年11月21日发表社评《恭读国府宣言》,认为国民政府发布移驻重庆宣言,"一纸宣言,足以抵百万生力军。因为自失太原、退淞沪,接着敌军一面攻济南,一面攻苏嘉,一部分人心上不免有忧郁的暗影。而这个宣言发表后,顿时把这个忧郁一扫而空,全国士气之振奋,人心之感激,是不可言语形容的。"国民政府迁都重庆以后,重庆成为国民政府指挥对日作战的重要基地,

---

① 周开庆:《四川与对日战争》,台湾商务印书馆1971年版,第39页。
② 《恭迎林主席》,《国民公报》1939年11月26日。
③ 《中央社南昌廿一日电:中央要人纷赴湘鄂》,《国民公报》1937年11月22日。

成为中国抗战大后方的政治中心和军事中心。在重庆时期，虽然国民党和国民政府在抗战时并没有抗战初期那样积极，也曾经制造了令亲者痛、仇者快的反共摩擦，正面战场的抗战也屡有失利，但从总体上讲，重庆国民政府坚守了国内特别是国共两党的团结，始终坚持抗战，没有屈服投降。

第二，国民政府迁都重庆，建立了一个长期抗战的战略后方基地，对支撑长期抗战、争取抗战最后胜利奠定了坚实的基础。重庆优越的地理位置不仅保证了国民政府中枢机构的战时安全，而且依托四川、贵州、云南等大后方丰富的人力、物力、财力支持，经过艰苦奋斗，终获对日抗战的胜利。正如1946年5月1日《国民政府还都令》所言，"若非依恃我西部广大之民众，凭借其丰沃之地力，何以能奠今日胜利之弘基？"①而战时的西南战略后方，不愧为"国家力量的中坚"②，仅以征兵征工征役为例，抗战八年中，四川输送壮丁257万多人，约为全国同期实征壮丁的1/5，加上特种部队、军事学校等所征人数，实征壮丁数接近300万人。而云南征兵约40万人，贵州征兵约70万人。战时四川征用民工在340万人以上，贵州征工亦近100万人。云南虽没有统计数字，但仅滇西民众参加滇缅公路修筑的民工就超过20万人。滇缅作战中，又出动30万民众组成运输队和担架队，给军队运送粮食、弹药和救护伤员等③。西南地区还有"数在百万计的人被强征来，从征集中心向各分配站运送税粮和军粮"④。而四川在抗战中的贡献尤大，出钱、出粮，为全国之冠。在整个抗战时期，四川负担了国家总支出的1/3，在抗战最困难的时期，四川负担了国家总支出的50%以上。四川供给的粮食，从1941年到1945年，购、借、捐献的食粮总额在八千万石以上，占同期全国总数的1/3⑤。以重庆为中心的四川及西南地区，在抗战中真正发挥了战略后方基地的作用。

第三，国民政府的西迁，带动了中国沿海和中部地区工厂、企业、高校、文化机构等大规模内迁，给中国西部经济、科技、文化的发展创造了一个特殊的、

---

① 《国民政府还都令》，《中华民国战时首都档案文献》第一卷，重庆出版社2008年版（内部发行），第147页。
② 张群：《抗战胜利纪功碑文》。
③ 潘洵、杨光彦：《抗战时期西南地区农村的社会变迁》，载《二十世纪中国社会史研究》，当代世界出版社1998年版。
④ 易劳逸：《蒋介石与蒋经国》，中国青年出版社1989年版，第70页。
⑤ 《感谢四川人民》，《新华日报》1945年10月8日。

前所未有的机遇。据不完全统计,从 1937 年 8 月工厂开始内迁到 1940 年年底基本结束,内迁的厂家达 639 家,其中经国民政府工矿调整处协助内迁的有 448 家,闽浙两省自行内迁的 191 家,拆迁机器材料总重量约 12 万吨,资本总额在 1 亿元以上[①]。通过内迁企业的复工、发展,并带动新企业的建立和当地旧有企业的改造,西南地区的工业化程度迅速提高。1940 年时已初步形成重庆、川中、广元、川东、桂林、昆明、贵阳和宁雅 8 个工业中心区。这 8 个工业中心区,有的已粗具规模,有的开始起步,为以后的进一步发展打下了基础。此外,其他地区的工业也逐步发展起来,使西南地区的产业资本渐趋普及、不断增加。西南各省从 1937 年的 237 家工厂、1500 多万元的资本,增加到 1942 年的 3188 家工厂、2.9 亿元(战前币值)资本;再增至 1944 年的 4665 家工厂、4.55 亿元资本,分别是 1937 年的 19.6 倍和 30 余倍[②]。这不仅为国民政府的正面战场的抗战提供了物质基础,也在一定程度上调整了全国工业布局不均的状况。同时,内迁还刺激并推动了重庆、成都等西南城市的近代化进程,带动了西部地区的经济发展。其他如文化、教育及人口的内迁,对后方地区的社会文化的发展也起到了极其重要的影响,改变了西部地区文化教育的不平衡状况,推动了大后方地区文化教育事业和社会事业的发展。总之,抗战时期的内迁,对西部不发达地区的发展的影响是深远的,对整个中国的社会、经济、文化事业的不平衡格局也作了相对的调整,尽管不符合常规,却在某种意义上造就了历史的进步。

  第四,提升了重庆和中国在国际社会的知名度和影响力。国民政府迁都重庆后,30 余家外国使馆云集重庆,韩国临时政府移驻重庆,各友好国家对中国的支援大多通过重庆来进行。太平洋战争爆发后,中美英三国军事同盟的形成、中国战区的设立,重庆更成为国际反法西斯战争同盟国中国战区的指挥中心,中外人士络绎来访,中国的信息也从重庆通过种种渠道迅速传往海外,重庆也就成为举世瞩目的重要城市,成为沟通中外的重要桥梁。在反法西斯斗争的合作与交流中,重庆赢得了国际社会的广泛赞誉,成为与华盛顿、伦敦、莫斯科并驾齐驱的国际名城。在重庆时期,中国的国际地位也得到的空前的

---

  ① 虞和平:《中国现代化历程》,江苏人民出版社 2001 年版,第 634 页。
  ② 杨泽:《四川金融业之今昔》,《四川经济》第 1 卷第 3 期,1944 年。

提升:1942年1月1日,美、英、苏、中四国代表正式签署《联合国家共同宣言》,中国成为国际反法西斯四强之一;1943年,中美、中英平等新约签字,晚清以来饱受屈辱的不平等条约宣告废除。1945年抗战胜利,中国人民取得了近百年来民族解放战争中第一次完全的胜利,重庆见证了中华民族由衰败走向振兴的重大转折。

三、重庆战时首都地位的强化

国民政府迁都重庆,特别是武汉沦陷后国民政府中枢汇聚重庆,重庆战时首都的地位正式确立。但是,此时的重庆,还只是一个国民政府正式设立不久的四川省辖市[①],市政府组织机构规模较小,财政收入完全上交,这种状况完全无法适应战时首都的要求。参政员胡景伊等21人提议国民政府改重庆为特别市,并提交行政院第384次会议讨论。鉴于中央势力与地方势力之间的尖锐矛盾,行政院最后决定采取过渡措施,重庆市在隶属关系上仍属四川省政府管辖,但市政府组织暂准按照中央特别市之规模设置,提高市长及所属各局行政首长的待遇;在财政上除营业税外其他收入均归市财政,另由中央政府酌情予以补助,会计独立,重庆市政府在必要时可直接函达行政院转呈核示,同时呈报四川省政府[②]。

但过渡办法仍无法适应抗战的要求,经过一段时间的酝酿,行政院院长孔祥熙正式向国防最高委员会提议:"重庆市向为西南重要商埠,现已蔚成政治文化中心,该市政府虽系援照直属市组织,因事务日繁,其行政系统及职权,亟须明确规定,以资运用。兹为促进行政效率,适应实际需要,拟即将该市改为直隶于行政院之市。"[③]1939年4月,国防最高委员会第五次常务会议通过了这项提议。随后,日军航空队对重庆进行了野蛮而疯狂的"五·三"、"五·四"轰炸,造成了重大人员伤亡和财产损失,中外为之震惊。5月5日,国民政府正式发布训令,公布"重庆市著改为直隶于行政院之市"[④],任命贺国光为市

---

① 重庆市原属四川省巴县、江北两县分辖地区,1927年11月经川康边务督办公署同意改重庆商埠为重庆市。1929年2月经二十一军部批准成立重庆市政府,重庆正式建市。1936年5月国民政府行政院第259次院会正式通过重庆设市。钱端升等著:《民国政制史》下册,上海人民出版社2008年版,第743页。
② 《魏道明为行政院通过〈重庆市准援照直属市组织案〉致重庆市政府笺函》,重庆市档案馆、重庆师范大学合编:《中华民国战时首都档案文献》,重庆出版社2008年版(内部发行),第28页。
③ 《国民政府为改重庆市为直属市给行政院训令》,同上书,第34页。
④ 同上。

长,同时拨款 100 万元救济灾民,组织车辆船只疏散市民,迅速稳定局势。

在日本的狂轰滥炸下,重庆市区损失惨重,人心惶惶。为安定民心,坚定抗战大业,1940 年 9 月 6 日,国民政府发布命令:

> 四川古称天府,山川雄伟,民物丰殷,而重庆绾毂西南,控扼江汉,尤为国家重镇。政府于抗战之始,首定大计,移驻办公。风雨绸缪,瞬经三载。川省人民,同仇敌忾,竭诚纾难,矢志不移,树抗战之基局,赞建国之大业。今行都形势,日臻巩固。战时蔚成军事、政治、经济之枢纽;此后更为西南建设的中心,恢弘建置,民意佥同。兹特明定重庆为陪都,着由行政院督饬主管机关,参酌西京之体制,妥筹久远之规模,借慰舆情,而章懋典。①

重庆的陪都地位从此确立。重庆之被确定为陪都,不仅是因为"绾毂西南,控扼江汉,在战略上有进攻退守之便利,在经济上有自足自给之宝藏,在交通上有水陆空运之建设"②,而且是在重庆成为战时首都的三年中,"重庆数十万同胞肩负着民族解放战争的重大责任,在血与火的锻炼中,使大家的民族意识,格外加强;重庆的内外形势已经一天一天的巩固起来,使重庆成了军事、政治、经济、文化的总枢纽,更要成为将来建设西南的中心"③。国民政府正是因为这些客观条件,明定重庆为陪都,给予重庆以久远的地位。重庆也由一个地区性的商埠发展成为中国的战时首都,成为全国抗战大后方的政治、军事、经济、文化和外交中心。

在政治、军事方面,1937 年 11 月 16 日,在国防最高会议作出国民政府迁都重庆的正式决议后,国民政府中枢机构纷纷迁渝办公。国民政府主席林森率文官处、参军处及主计处最先抵达重庆,并于当年的 12 月 1 日在重庆曾家岩正式办公。国民党中央执行委员会秘书长叶楚伧、中央监察委员会秘书长王子庄及国民党中央委员吴稚晖、丁惟汾、钮永建等也抵达重庆。武汉会战开

---

① 《国府明令定渝为陪都》,《新华日报》1940 年 9 月 7 日。
② 《庆祝重庆陪都建立宣传大纲》,重庆市档案馆、重庆师范大学合编:《中华民国战时首都档案文献》第一卷,第 64 页。
③ 刘峙:《重庆永远是我们中国的陪都》,同上书,第 68 页。

始后,国民政府军事委员会紧急命令国民政府及国民党中央驻武汉的党政军机关,限五天内全部移驻重庆。1938年7月18日,中央社会部移渝并开始办公;27日,外交部政务次长徐谟、常务次长曾养甫抵渝;29日,行政院蒙藏委员会委员长吴忠信、侨务委员会委员长陈树人等抵渝;8月1日,汪精卫代表国民党中央在武汉宣布:中央党部及国民政府各院部会驻汉办事处一律撤销,限期迁移重庆。8月2日,内政部部长何建、财政部次长徐堪及中国青年党主席曾琦等抵渝;3日,行政院副院长张群、中央赈济委员会代委员长许世英等抵渝;4日,行政院秘书长魏道明抵渝;5日,国民党副总裁、国民参政会议长汪精卫、行政院院长兼财政部部长孔祥熙及邵力子、王世杰等抵渝。至此,国民政府、国民党中央驻武汉各机关全部迁到重庆(除军委会下属有关机构迁长沙外),并相继开始办公。1938年10月,重庆市警察局对迁渝的中央党政军各机关进行了调查(表1—5),从机构的设立情况来看,在武汉沦陷时,重庆已经成为了中国的政治中心。

表1—5 迁渝中央党政军机关调查表[①]

机关名称	主官 职别	主官 姓名	工作人员数量	驻地
国民政府	主 席	林 森	700	国府路259号
行政院	院 长	孔祥熙	70	中四路138号
立法院	院 长	孙 科	96	中一路384号
司法院	院 长	居 正	55	中一路384号
考试院	院 长	戴传贤	75	中四路57号
国民参政会	议 长	汪精卫	16	油市街4号
中央政治委员会	主 席	汪精卫	32	上清寺112号
内政部	部 长	何 健	188	中一路384号
外交部	部 长	王宠惠	120	公园□□□
财政部	部 长	孔祥熙	300	中二路27号
经济部	部 长	翁文灏	—	新街口29号
教育部	部 长	陈立夫	154	康宁路13号
审计部	部 长	林云陔	90	中四路57号
铨叙部	部 长	钮永建	85	中四路57号
蒙藏委员会	委员长	吴忠信	61	张家花园63号

---

① 《四川省重庆市中央党政军机关学校部队调查表》,重庆市警察局1938年10月编印。

续表

赈济委员会	委员会	许世英	80	柑子堡15号
侨务委员会	委员长	陈树人	36	公园路16号
考选委员会	委员长	陈大齐	28	中四路57号
导淮委员会	委员长	蒋中正	12	中陕西街29号
中央救灾准备金保管委员会	委员长	朱庆澜		柑子堡15号
中财公务员惩戒委员会	委员长	王用宾	40	小巷子22号
司法行政部	部　长	谢冠生	94	曹家巷特号
最高法院	院　长	焦易堂	160	审判厅7号
行政法院	院　长	茅祖权	18	中四路142号
司法院法规研究委员会	委员长	覃振	4	中二路24号
最高法院检察署	检察长	郑烈	16	保节院67号
经济部资源委员会	主任委员	翁文灏	40	上清寺107号
经济部农业局	总经理	何廉	86	中一路62号
财政部盐务局	总办	朱庭祺	82	中三路114号
军政部兵工署	署　长	俞大维	150	勤居巷23号
财政部关务署	署　长	郑策	85	白象街31号
财政部税务署	署　长	吴启鼎		下石板街32号
内政部卫生署	署　长	颜福庆		下石板街特号
工业标准委员会	局　长	郑礼明	13	大田湾50号
财政部贸易委员会	主任秘书	黄晨曦	98	油市街4号
华北水利委员会	主　任	王宗堂		第一模范市场13号
中央通讯社	主　任	何树源	26	铁板街2号
中央社电台	工务员	邱熔	4	罗家湾37号
国立中央图书馆筹备处	主　任	蒋复璁	2	康宁路13号
国立翻译馆	馆　长	陈可忠	42	中三路115号
国立中央研究院总办事处	院　长	蔡元培	13	聚兴村8号
中央广播事业管理处	处　长	吴保丰	25	聚兴村6号
新生活运动促进总会	总干事	黄仁霖	20	公园内
中央银行信托局	副经理	王华	78	太平顺城街2号
国立中央北平故宫博物院	院　长	马衡	17	高家庄12号
军事委员会参事室	主　任	王世杰	27	油市街4号
军事委员会政训室	科　长	李溪柏	13	武库街63号
中央宪兵司令部第三团团部	团　长	袁家佩	570	上陕西街12号
中国国民党中央党部	副总裁	汪精卫	78	国府路310号
中国国民党中央执行委员会社会部	部　长	陈立夫	116	九道门7号
中国国民党中央执行委员会组织部	部　长	张厉生	96	回水沟3号
中国国民党中央执行委员会宣传部	部　长	周佛海	40	美专校7号

续表

中国国民党中央执行委员会海外部	部　长	陈树人	60	九道门7号
中国国民党中央执行委员会统计局	局　长	朱家华	12	羊子坝1号
国民政府军事委员会委员长行营	主　任	张　群	300	镇守使特号

武汉失守后，国民革命军第八路军（后改为第十八集团军）办事处和《新华日报》迁来重庆。随即，中共中央南方局在重庆成立，作为中共中央在战时首都重庆的派驻机构。重庆成为国共合作的重要政治舞台。

军事委员会主要机构从武汉撤出后，曾一度迁到长沙。长沙沦陷后，迁往南岳，并在南岳召开了军事会议。会后，军事委员会全部迁往重庆，重庆作为中国后方军事指挥中心的地位得以确立，此后国民政府在正面战场组织的多次对日战役，都是国民政府军事委员会在重庆指挥和领导的。

在经济方面，抗战前，中国工业主要集中在沿海和东北地区，上海是全国最大的经济中心，集中了民族工业的精华。抗战爆发后，资源委员会迅速组织沿海重要工厂迁往内地，并对搬迁的民营工厂进行拨款补助。截至1940年年底，由资源委员会工矿调整处协助迁往内地的民营厂矿共448家，内迁物资12万吨，技工1.2万人。迁往四川的254家（其中重庆243家），湖南121家，陕西27家，广西23家，其他地区23家。这些内迁厂中机械厂占40.4%，纺织厂占21.65%，化学工厂占12.5%，教育文具厂占8.26%，电器厂占6.47%，食品厂占4.91%，钢铁厂占0.24%，其他厂占5.57%。此外，其他沿海地区自动内迁的工厂还有191家。直属国民政府军委会兵工署、军需署的兵工厂和军需厂也先后迁往内地[1]。主要兵工企业都迁往重庆，如金陵兵工厂、济南兵工厂、汉阳兵工厂以及钢铁厂迁建委员会（含武汉的上海炼钢厂和汉阳钢铁厂及大冶炼铁厂等）[2]。到1940年，重庆拥有159家机械厂、17家冶炼厂、23家电力厂、120家化工厂、62家纺织厂；其他行业40家，共429家，成为大后方唯一的门类齐全的综合性工业区[3]。

同时，重庆还迅速成为大后方的金融中心。国民政府迁渝后，为了控制和

---

[1] 吴文建：《中国工矿业之内迁运动》，《新经济》第7卷第9期，1942年8月1日。引自军事科学院军事历史研究部：《中国抗日战争史》中卷，解放军出版社1994年版，第383页。
[2] 军事科学院军事历史研究部：《中国抗日战争史》中卷，解放军出版社1994年版，第383页。
[3] 徐朝鉴、王孝询：《重庆大轰炸》，第15页。

管理金融，明令中央银行、中国银行、交通银行、农民银行的总行迁到重庆，并准许各省地方银行在重庆设立分支机构，中央信托局等也迁到重庆。1939年9月，为进一步控制金融以适应战时需要，在重庆改组并加强了原中、中、交、农四行联合办事总处，负责办理政府战时金融政策，并加强理事会，蒋介石兼任理事会主席。四行联合办事总处成为控制全国金融的最高权力机关，重庆金融业的地位获得空前的提高。

国民政府迁都重庆，为适应战争形势，交通设施建设也有很大进展。在公路建设方面，中国与印度、缅甸、苏联的国际公路线连接。1940年，中航公司已开辟了重庆至香港、成都、宜昌、乐山、贵阳、西安等10余条国内航空运输线。1941年年底，重庆至河内、仰光、加尔各答、阿拉木图等国际航空线也先后开辟。

工业中心、金融中心和交通枢纽的形成及大量人口迁渝，使重庆在抗战时期的商业极为繁荣，商业门类齐全，经营品种繁多，并形成以重庆为中心，辐射到四川及西南、西北各省的庞大商业网络，从而确立了重庆作为中国抗战时期大后方商业中心的地位。

在文化方面，抗战爆发后，高校及科研文化机构也惨遭破坏，纷纷内迁重庆，使得重庆迅速成为大后方的文化中心。1937年"八·一三"战役爆发后，国立中央大学率先迁渝。1938年，私立复旦大学、国立中央政治学校、国立药学专科学校、蒙藏学校（后改为国立边疆学校）、戏剧专科学校、私立医药技士专门学校、国立中央工业职业学校、私立武昌文华图书馆学专科学校、私立两江女子体育专科学校和军政部兵工专门学校迁来重庆。1939年至1940年，又有国立江苏医政学院（后与南通学院医科合并改为江苏医学院）、私立武昌中华大学、私立武昌艺术专科学校、国立吴淞商船专科学校、中央国术馆体育专科学校、军政部陆军大学、国立上海医学院、南开大学经济研究所等迁来重庆。内迁单位和个人还创办了立信会计专科学校、国立女子师范学院、国立音乐学院、中国乡村建设育才院、求精商业专科学校等高校[①]。到1940年年底，迁渝的高等院校加上重庆原有的重庆大学和四川省立教育学院，不包括部分

---

① 张成明、张国镛：《抗战时期迁渝高等院校的考证》，《抗日战争研究》2005年第1期；四川省志教育志编辑组：《抗战中48所高等院校迁川梗概》，《四川文史资料选辑》第13辑。

系科迁渝高校,在重庆的高等学校达到 26 所。内迁重庆的科学研究学术单位、文化机构也很多,如国民政府国史馆、中央广播电台、兵工署导弹研究所、中央工业实验研究所、中央农业实验研究所、国立中央研究院动物研究所、植物研究所、物理研究所等、中国地理研究所、中国地质调查所、永利化工研究所、中山文化教育馆、国立编译馆、国立礼乐馆、商务印书馆、正中书局、国立中央图书馆、中央电影制片厂等 100 多个单位①。大量报社也纷纷迁渝,当时国民党的主要大报《中央日报》《扫荡报》《大公报》等,以及共产党的《新华日报》都在重庆印行。在战时四川的"文化四坝"中,重庆就占据了"文化三坝"(北碚夏坝、市区沙坪坝、江津白沙坝),重庆出现文化机构云集、文人荟萃的局面,大大推动了重庆文化的繁荣。

在外交方面,重庆成为中国的战时首都后,苏、美、英、法、波、荷、比、西等30多个反法西斯战争的国家先后在重庆增设或加强使领馆,与国民政府建立外交关系的国家达 40 多个。设立了中苏文化协会、中英文化协会、中缅文化协会、中越文化协会等中外文化协会 10 多个。据 1943 年 10 月底国民政府公布的统计数字,当时单是常驻重庆的外国人员就有 1129 人,其中英国 329 人,美国 168 人,苏联 163 人。这些外国人中,有政治、经济、军事、外交、文化、医务、教育、商业等各方面的人士,尤以军政要人为最多②。各国政要也纷纷考察访问重庆。1939 年 8 月,印度国民大会领袖尼赫鲁到重庆访问,这是抗战爆发以来,国外第一个政党首脑来华,进一步凸显了战时首都重庆外交中心的地位。

---

① 徐朝鉴、王孝询:《重庆大轰炸》,第 15 页。
② 彭承福:《重庆人民对抗战的贡献》,重庆出版社 1995 年版,第 16 页。

第 二 章

日军轰炸重庆的战略和战术

所谓战略,是指筹划和指导战争全局的方针和策略,是为达到战争和军事作战的目的,根据战争形势和战争双方政治、经济、军事、地理诸因素情况,确立作战方针,制定目标计划,筹划战争准备,指导战争实施的一系列措施的总和,具有全局性和长远性的特征。而战术则是战时运用军队作战的具体部署和谋略,是实现战略目的的手段和方法,具有局部性和短期性的特征。[①] 日军对重庆及大后方轰炸的战略,是服从和服务于日军对华侵略的总体战略的,而对重庆的轰炸战术则主要根据轰炸战略的变化、双方空中力量的消长及地理、气候条件而调整。

第一节 日军轰炸重庆的战略部署

一、全面抗战初期日军侵华战略的变化

日军侵华的总体战略是日本对外扩张、追求世界霸权战略的重要组成部分。《田中奏折》所述"惟欲征服支那,必先征服满蒙;如欲征服世界,必先征服支那"[②]

[①] 阎涛主编:《军事战略导论》,中国社会科学出版社1992年版,第29—37页。
[②] 《田中奏折》,原件称《帝国对满蒙之积极根本政策》,于1929年年末经南京《时事月报》披露以来,其真伪问题已争论了半个多世纪。第二次世界大战后,除日本前外交官森岛守人、重光葵等著文否认其存在外,60年代中叶以来,日本一些历史学者发表文章认定《田中奏折》是"伪物"。70年代末以来,不少中国学者认为《田中奏折》原始抄件来自日本,"伪造"说不能成立,也有论者强调《田中奏折》是"伪件"。但不容置疑的事实是,《田中奏折》与东方会议制定《对华政策纲领》的基本内容是一脉相通的,只是在措辞上一个含蓄隐晦、一个赤裸露骨而已,而田中侵华政策的实践,更是与《田中奏折》同出一辙。

之狂言,清晰勾勒出日本的对外侵略的战略目标和步骤,先征服中国满蒙,继而占领全中国,最后称霸世界。1936年8月7日日本五相会议通过的《国策基准》,更具体明确地制定了向大陆和海洋同时扩张的全面侵略计划,具体制定了侵吞中国、进犯苏联、待机南进的战略方案。首次把北进和南进两个方面并列为国策,"一方面确保帝国在东亚大陆的地位,另一方面向南方海洋发展",妄图独占东亚大陆,控制西、南太平洋,争霸世界①。满洲丰富的矿产和可以容纳大量移民的优势,让日本心驰神往,而盘踞北方的苏联始终是其难除的心腹之患,为确保满洲权益,必须北防苏联,同时占领内蒙古和华北;而南太平洋的军事价值和东南亚丰富的石油资源,也是日本称霸世界的重要保障。日本制定侵占中国、"南进"、"北进"或"南北并进"的陆海战略,既因经济、军事和国防的需要,又因陆海军政见不同,"陆军的态势是北进,海军的态势是南进。"②无论是南进或是北进,都须以侵占中国为跳板,占领中国是日本实现陆海战略的第一步,征服中国、以中国的人力物力增强日本的国力,是日本对外扩张战略的核心和基石。

当满洲成其囊中之物后,日本为建设国防国家和实现国防资源的自给自足,"认为只靠满洲的资源无论如何是不够的,因此绝对需要开发华北资源。"③随后"九·一八事变"扩大至华北事变,终演化成全面侵华战争。战争之初,中国实力本不如日本,再加之长达十年之久的内乱也给日本以可乘之机。日本考虑其兵力、物力和财力有限,并且自信其武力强大,由此在战争初期制定了速战速决的战略计划。日本陆相杉山元甚至向天皇夸口,"中国事变一个月就可解决"④。关东军司令官本庄繁等在给日本天皇的奏折中也表示"臣等敢放言之,对支那领土,可以三个月内完全占领也"⑤。

日本占领平津后继续发动对华北其他地区的进攻,国民政府为争取战略主动,减轻华北战场的压力,并寄希望于英美的调停,冒"上海若陷南京难保"

---

① 复旦大学历史系日本史组编译:《日本帝国主义对外侵略史料选编(1931—1945)》,上海人民出版社1975年版(内部发行),第184—185页。
② 重光葵:《日本侵华内幕》,第82页。
③ 同上书,第64页。
④ 军事科学院、军事历史研究部:《中国抗日战争史》(中卷),第9页。
⑤ 陈觉:《"九·一八"后国难痛史资料》第四卷,上海书店1996年版。

之危险,决定在淞沪与日决战①。日本海军也认为"需要有华中长江流域,特别是上海的用兵计划"②,而日本陆军的既定战略意图就是首先迅速占领华北,将中国沿海的有生力量分割于京广线以东逐一围歼,与中国军队主力在华东决战,以达到速战速决的预想。陆军最终采用"必要时得向上海出兵"③的提议,在上海实现陆海军的并肩作战。

淞沪战衅一开,日本内阁会议决定"放弃以前所采取的不扩大方针,筹划战时形势下所需要的各种准备对策"④,妄图在三个月内灭亡中国,实现其速战速决的战略。然而事与愿违,中国军队仅在上海就坚持了三个多月,日本的既定计划落空,遂决定直捣南京,逼国民政府投降,终结"中国事变"。针对日本的速战速决战略,南京国民政府依据中国地广人众,制定"以空间换时间,积小胜为大胜"的持久消耗战略,却在具体战术上采用阵地消耗战、焦土抗战,没有灵活运用运动战、游击战,致使国民党军队节节后退,危及南京。但也正是得益于持久消耗战略,国民政府用丧失"空间"来换取了溯长江西进武汉、重庆的"时间"。

攻陷徐州后,日本首相近卫文麿控制下的一个智囊团——昭和研究会中国问题研究所在1938年6月提出的《关于处理中国事变的根本办法》中,认为"大陆政策当前的目标,在于迅速解决中国事变,当务之急就是把一切国策集中统一于此"⑤。"但残败的国民政府现在还在叫喊坚决抗日,毫无投降之意。从事变以来的经过、中国国内的政治经济情况和列强对国民政府支援的实际情况看来,事变的长期化已经不可避免。而且世界上的国际形势特别是东亚的国际形势越来越险恶,我国的国民负担越来越加重。""对于国民政府,必须以击溃为根本方针,明确除此以外别无有效的解决办法。""为此,首先必须在军事行动方面确保很多的成果。为了彻底打击国民政府,使它在名义上、实质上都沦为一个地方政权,必须攻下汉口、广东以及其他敌人的抗战中枢。同

---

① 余子道认为,"中国统帅部以大量兵力集中淞沪,既削弱了华北抗日战力,又未保住京沪杭地区;而上海、南京失守,长江门户洞开,对武汉和华中腹地威胁极大。这不能被视为是战略上的成功。"参见余子道:《论中国正面战场初期的战略作战方向问题》,《军事历史研究》1999年第1期。
② 重光葵:《日本侵华内幕》,第82页。
③ 同上书,第83页。
④ 复旦大学历史系日本史组编译:《日本帝国主义对外侵略史料选编(1931—1945)》,第240页。
⑤ 同上书,第262页。

时,随时将沿海岸线的军事的、经济的要地逐个占领,发挥海上封锁的效果。另一方面,更必须对中国内地的重要都市和军事设施加强轰炸。"①

从1937年7月发动卢沟桥事变到1938年10月占领武汉、广州,日军虽然在军事上取得了一些胜利,侵占了中国华北地区、华中地区、华南地区共13个省的100多万平方公里的土地和340多座城市,但这些胜利并没有给日本带来胜利结束战争的结果。相反,战争的全局却呈现出与日本速战速决的战略初衷完全背离的状况,日本的军力、国力已难堪重负。到1938年年底,日本已在中国战线上投入兵力达20个师团,陆军总兵力由开战前的30万人增加到100万人,并付出了近45万人伤亡的代价,军事力量严重削弱。

随着战局的扩大、战线的延长,日本兵力不足的问题更加突出,在占领地区只能局促于主要城镇和主要的交通沿线地区;战争使日本军费开支急剧增加,严重妨碍了日本经济的正常运行,极大地加重了日本人民的负担,导致人民生活日益恶化,反战情绪不断高涨;战争的长期化也破坏了日本的世界战略,使其"北进"、"南进"的扩张战略无法实施;在国际上,苏联与中国签订互不侵犯条约,缔结军事航空协定,在直接、间接地支援中国的同时,又秘密地在远东地区准备了20个师、1500架飞机和1500辆坦克②。美英等国因不满日本侵华威胁其在华利益,对中国抗战表示了一定程度的支持,并借助国联理事会制裁日本,日本在外交上处于孤立地位。

同时,中国抗日阵线并未因南京、武汉等要地的失守而解体,相反却是越来越坚强,中国政府虽然撤出了首都南京,但依然保持着中央政府的地位与权威,中国方面虽然在战争初期遭受了严重损失,但抗日力量仍在不断成长。全面抗战开始后不久,中国的抗日战争就形成了正面和敌后两个战场。日军占领武汉、广州后,在绥远、山西、陕西、河南、安徽、湖北、湖南、江西、江苏、浙江、广东一线约4000公里的正面地区,仍面临着200多个师的中国军队,国民政府以西南、西北地区为根据地仍在继续抗战。而在日本占领区的后方,中国共产党领导的八路军、新四军和部分国民党军队广泛开展游击战争,开辟抗日根据地,严重威胁着日本对占领区的统治,并同正面战场相配合形成对日军的夹

---

① 复旦大学历史系日本史组编译:《日本帝国主义对外侵略史料选编(1931—1945)》,第262—263页。
② 堀场一雄:《日本对华战争指导史》,军事科学出版社1988年版(内部发行),第117页。

击态势。

国力军力的制约、外交上的孤立和战争的长期化,使日本当局深感"以抗战情绪日益旺盛的中华民族为对手,在辽阔无垠的大陆上,以派遣军的有限兵力,欲期急速结束事变,几乎是不可能的事了"[①],"如果再扩大战区或增添兵力,无疑要大量消耗国力"[②]。因此,在占领武汉、广州后,日本一改以往"不以国民政府为对手"的狂妄姿态,在11月3日发表政府声明,一方面强调"国民政府仅为一地方政权而已。如该政府坚持抗日容共政策,则帝国决不收兵,一直打到它崩溃为止";另一方面又不得不表示,"如果国民政府抛弃以前的一贯政策,更换人事组织,取得新生的成果,参加新秩序的建设,我方并不予以拒绝"[③]。11月18日日本大本营决定《(昭和)十三年秋季以后指导战争的一般方针》中,虽然仍然坚持"中国事变的处理,要尽量采取各种办法,因势利导,努力使之早日解决",但又不得不面对现实,"期望早日达到解决的希望是不大的,因为内外都出现长期持久的态势"[④]。在继续坚持灭亡中国的总方针下,日本被迫放弃了速战速决的战略方针,确立了以政略进攻为主、军事打击为辅的侵华新方针。

随着侵华方针的变化,日本对华战略也进行了相应调整,停止了对正面战场的战略进攻。早在1938年7月8日,日本内阁五相会议决定:"占领重要地区后,中国现在的中央政府仍不投降时,帝国今后不用直接急于以武力解决事变,主要运用政略和策略,更加促进新中央政权的扩大和加强。同时,在政治、外交、经济和思想上,逐渐压迫中国现在的中央政府,促使中国现在的中央政府毁灭。"[⑤]7月19日至22日,五相会议制定《从内部指导中国政权的大纲》,从军事、政治、外交、经济、交通以及救济工作、文化、宗教及教育等多方面确立了方针、政策,如在军事上"促使中国军队投降,加以笼络,使其归顺,并发挥其反蒋反共意识,支持新政权。为消灭抗日容共军队,尽量使众多的中国军队同日军合作,尽早把民族矛盾引向主义的对立"。在政治上,"在联合委员会或新

---

① 今井武夫:《今井武夫回忆录》,中国文史出版社1987年版,第123页。
② 日本防卫厅防卫研究所战史室编:《中国事变陆军作战史》(译稿)第2卷第1分册,第96页。
③ 复旦大学历史系日本史组编译:《日本帝国主义对外侵略史料选编(1931—1945)》,第276—277页。
④ 同上书,第283页。
⑤ 丁则勤:《抗战时期的日本侵华政策及其演变》,《近代史研究》1987年第4期。

中央政府之下,在华北、华中、蒙疆等各地,各自组织适应其特殊性的地方政权,给予广泛的自由治权,进行分治合作。各个政权的首脑以下的官吏,由中国人担任,但必要时,在关键的位置上配置少数日本顾问,或招聘日本人担任官吏,便于从内部进行指导。使各个政权进行以下工作:努力打倒和摧毁抗日容共政权,特别是要拉拢反蒋反共分子,以激起他们之间的内讧。"①11月30日,日本御前会议决定《调整日华新关系的方针》,强调"日华满三国应在建设东亚新秩序的理想之下,作为友好邻邦互相结合,并以形成东亚和平的轴心为共同目标",其战略重心已转向"以华制华"、"以战养战"之上,其手段涵盖非军事的政治、经济、外交、舆论宣传、意识形态等各个方面,具体方策包括:(1)促进占领区的治安和建设;(2)进行建立新中央政权的工作;(3)酝酿反蒋、对日和平气氛和争取民众等工作;(4)进行反共宣传;(5)促使抗日军队内部崩溃;(6)利用高宗武一派,争取新官僚和民众;(7)进行西南独立工作;(8)收买和利用杂牌部队及各种武装团体;(9)促使第三国(特别是德、意、波兰)否认蒋政权;(10)促使第三国(特别是英、美、法)放弃援蒋政策;(11)加强对苏谋略②。其目的就是巩固占领区,建立伪政权,实行"以华制华";挑拨国共关系、国民党内部关系,使中国内部分崩离析;外交上断绝援助,孤立中国,最后达到灭亡中国的目的。

在军事战略上,确定从1938年到1939年上半年为对华消极持久作战,"在完成对华持久战略态势的同时,在作战指导上应采取纯粹消极持久战方式,把国力特别是军力的消耗减少到最低限制,以加强对苏、中两线作战的准备。"③强调为减少消耗而限制战争的规模和强度,要以坚强的军力为背景进行政略和谋略工作,将军事打击的重心移向对付后方的抗日游击战争。在日本看来,"对被压缩中之中国政府若放任不顾,则仍为重大之祸根,必贻后患,故仍须适宜促使其崩溃"④。因此,在将军事打击的重点转向敌后战场的同时,企图通过非军事的政略工作并辅之以军事打击,动摇国民政府坚持抗战的意志,迫使其放弃抗战立场,实行对日妥协。

---

① 复旦大学历史系日本史组编译:《日本帝国主义对外侵略史料选编(1931—1945)》,第270—271页。
② 军事科学院、军事历史研究部:《中国抗日战争史》(中卷),第413页。
③ 堀场一雄:《日本对华战争指导史》,第119页。
④ 浙江省中国国民党历史研究组(筹)编印:《抗日战争时期国民党战场史料选编(一)》,1986年版(内部发行),第9页。

对重庆的大轰炸,就是适应这一战略调整的具体迫降行动。

二、轰炸重庆的战略决策与政略、战略意图

日本陆军进击至武汉后停下步伐,没有提出继续前进的方案。在距武汉西 270 公里的宜昌,大巴山脉扼守东部门户,不适合正规军作战。而海军若从宜昌逆流而上,面对"长江三峡"的峡谷地带,其作战根本没有价值,所以,海军方面也在武汉构筑据点,窥视重庆。唯有日本航空部队能突破险峻险滩,直击重庆。

早在武汉作战时,日军大本营就下达"大陆令第 169 号",改编侵华航空部队,把陆军"临时航空兵团"改为"航空兵团",实行空中地面分离制,确立航空兵独立使用,有利其行动。日军把航空兵团的配制由华北转入华中,编入华中派遣军战斗序列,在南京设司令部指挥所;将华北方面飞行队编入华北方面军战斗序列。10 月,日军占领武汉、广州后,地面部队停止进攻步伐,华中派遣军司令部决定:"今后除以空军进行作战外,不谋求大规模作战。"[①]其理由就是"以空军不断消耗敌兵力,挫败其士气,也是促使蒋政权崩溃不可或缺的行动"[②]。10 月底,日本大本营就对中国内地进行战略轰炸问题与华中派遣军进行讨论,决定把航空部队作战方针,由以前的以协助地面部队作战为主改变为以直接攻击中国大后方的战略、政略要地为主,利用空中优势,"单用空军获得决定性成果"。

12 月 2 日,日本以天皇名义向侵华日军下达最高指示——"大陆命第 241 号",由参谋总长闲院宫载仁亲王向现地军司令官华北方面军司令官杉山元、华中派遣军司令官畑俊六、第 21 军司令官安藤利吉宣布敕令:"大本营的意图在于确保占领地区,促使其安定,以坚强的长期围攻的阵势,努力扑灭抗日的残余势力。"华中派遣军司令官的任务是"主要担任华中及华北的制空进攻战,特别要压制和扰乱敌之战略及政略中枢,并须和海军紧密合作,努力歼灭敌人航空作战力量"[③]。分析这道命令,至少透露了以下几方面的信息:第一,大本

[①] 日本防卫厅防卫研究所战史室:《中国事变陆军作战史》(译稿)第 2 卷第 2 分册,中华书局 1980 年版,第 53 页。

[②] 同上书,第 54 页。

[③] 同上书,第 70—71 页;复旦大学历史系日本史组编译:《日本帝国主义对外侵略史料选编(1931—1945)》,第 276—277 页。

营工作的重点转向了"确保占领地区,促使其安定",战略重心已不再强调大规模的军事进攻;第二,命令明确指明了航空作战的主要目的是"要压制和扰乱敌之战略及政略中枢",而不是一般的以消灭对方军队或扩大占领地为目的的军事进攻,明确提出了战略、政略进攻的任务;第三,命令虽然是参谋总长向现地司令官宣布的,但是以天皇的名义发布的,毫无疑问,此命令的内容得到了天皇的批准,也就是说,对大后方战略、政略中枢的轰炸是由天皇批准实施的;第四,明确指出了战略轰炸的任务主要由华中派遣军担任,并由陆海军紧密配合完成,由于日军没有独立的空军,命令实际上是要集中日军在华的所有航空兵力,对中国战略、政略中枢实施战略轰炸。因此,中国抗日根据地的四川自然成为日军航空作战的重点,而战时首都的重庆则成为日机轰炸的主要目标。12 月 6 日陆军省、参谋本部决定《昭和十三年秋季以后对华处理办法》,也明确提出"对于战略上特别是政治上的重要地点,继续顽强地进行空战"①。

"大陆命第 241 号"还规定,"参谋总长可根据需要,运用、指挥并安排在华航空部队,可对有关军司令官发布指示",并明确指出"有关细节由参谋总长指示"。在接受命令的当天,参谋总长闲院宫载仁亲王即向现地军三司令官下发"大陆指第 345 号"命令,具体下达关于航空进攻作战的指示:"关于对全支那实施航空作战的陆海军中央的协定,另行制定。攻击敌战略与政略中枢须抓准时机,集中战斗力,特别要捕捉敌最高统帅及最高政治机关,一举歼灭之。"②由此可见,日本将航空作战放在了极其重要的地位,强调航空部队要抓住时机,集中兵力,投入优良的飞机,攻击敌战略与政略中枢,一举歼灭中国最高统帅及最高政治机关。

日本发动侵华战争,原想速战速决占领中国,然后腾出手来"北进"或向南方海洋发展。但在武汉、广州战役之后,一方面,日军希望"利用攻占汉口、广州之余势,努力解决事变";另一方面,由于国力、军力的限制,已无力进行大规模的进攻作战,对四川为中心的大后方地区只能望洋兴叹,由此被迫确立所谓"政略进攻、战略持久"的战略,决定由陆海军航空部队对大后方战略基地实施

---

① 复旦大学历史系日本史组编译:《日本帝国主义对外侵略史料选编(1931—1945)》,第 286 页。
② 前田哲男著、王希亮译:《从重庆通往伦敦、东京、广岛的道路——二战时期的战略大轰炸》,第 55 页。

反复的大规模战略轰炸。其战略意图是显而易见的：政略上可以震慑中国，谋求以炸迫和的结果，通过轰炸动摇中国政府的抗战决心和后方人民的抗战意志，最终迫使重庆国民政府屈膝投降。战略上可以由空中对中国大后方施加直接打击，摧毁中国抗战的后方基地，弥补地面部队不能达及的不足。特别是对于切断中国后方交通线问题，这是当时日军特别关注的问题。简言之，日本想从精神和物质上双重打击中国，使中国军队成为孤立无援之师，尽快实现其灭亡中国的目的。

　　战略轰炸，不仅袭击军事目标，而且对后方的生产设施、交通机关，甚至包括一般居民区，也都进行彻底的攻击，目的是为了全部摧毁对方国家的战争能力，使对方政府和国民丧失继续战斗的意志。日军对中国的战略轰炸，萌芽于1931年10月8日对锦州的轰炸[①]。日军开始全面侵华战争以后，利用其空中力量的优势对上海、南京、广州等地进行了"世界航空史上前所未有的大空袭"（海军省发表语）[②]。1937年9月，日军对南京实施战略轰炸，在《空袭计划命令书》中，明确提出"轰炸不一定要直接击中目标，对敌人造成心理上的恐慌才是要点"[③]。1937年11月制定的《航空部队使用法》第103条明确规定："政略攻击的实施，属于破坏要地内包括重要的政治、经济、产业等中枢机关，并且至关重要的是直接空袭居民，给敌国民造成极大的恐怖，挫败其意志。"[④]1939年7月24日，侵华日军参谋长在对陆军大臣板垣征四郎提出的形势判断中强调，陆军航空部队对内地的战略轰炸，"不但要给予敌军及其军事设施以物质上的损害，更要对敌军及其普通民众形成精神上的威胁，让他们在极度恐慌之余产生精神衰弱，期待着他们掀起狂乱的反蒋和平运动。"[⑤]为达此目的，在"大陆指第345号"中甚至提出："在支那各军可以使用特种烟（包括赤弹、赤筒和绿筒），但在使用时须避免在第三国人居住的市街使用，严格保密使用瓦斯的事实，注意不留任何痕迹。"这里的"特种烟"是指毒瓦斯，赤筒和赤弹装有砒

---

　　① 前田哲男认为，轰炸锦州是日本飞机首次轰炸城市的行动，"如果追索日本军事史上战略轰炸的起源的话，不能忽略满洲事变后的锦州轰炸。"同上书，第28页。
　　② 同上书，第36页。
　　③ 伊香俊哉：《对日本空战法规与重庆大轰炸的认识》，《中日学者重庆大轰炸论文集》，中国三峡出版社2004年版，第338页。
　　④ 林成西、许蓉生：《国民党空军抗战实录》，中国档案出版社1994年版，第223页。
　　⑤ 伊香俊哉：《对日本空战法规与重庆大轰炸的认识》，《中日学者重庆大轰炸论文集》，第339—340页。

霜类的二苯氰砷,是喷嚏性毒气;绿筒是催泪瓦斯的代号①。虽然受多方面因素的制约,在对重庆的轰炸中没有大规模使用毒气炸弹,但日军不择手段地公开违反国际法规的残暴性和恐怖性则是有目共睹的,以城市为轰炸目标,对包括毫无军事目标的住宅区、商业区、文化区等在内的所有区域进行狂轰滥炸;针对重庆城市多为木质结构建筑的特点,每次轰炸不仅投下大量爆炸弹,而且还投下许多燃烧弹,目标直指人口稠密和繁华地区,对城市平民和设施进行大屠杀大破坏,甚至低空使用机枪对密集人群进行扫射。

需要说明的是,同样是战略轰炸,但在战争相持阶段到来前后仍有重大的不同。在相持阶段到来以前,日军对城市的轰炸更多的是为了扫除其军事占领的障碍,是为了配合地面作战和军事占领服务的,日军实施轰炸的城市也基本上都是计划占领的城市。在相持阶段到来以后,日军对大后方城市的轰炸则完全不是出于地面进攻和军事占领的目的,在实施大规模轰炸的三年时间里,日军也从来没有制定实施过进攻或占领后方城市的作战计划(后来曾酝酿过的四川作战计划并没有得到批准)。也正因为如此,日军将相持阶段到来以后的轰炸明确界定为"政略、战略轰炸"。

1939年5月16日,蒋介石发表告各省市政府与全国同胞书,明白地指出,日军对后方城市的轰炸,"其目的不外乎三点:其一,欲以不断的轰炸,威胁吾全国民众抗战之精神,希翼吾同胞之屈膝投降;其二,欲以猛烈之轰炸,断绝吾同胞之生活,企图吾同胞于流离失所之中,减少生产,影响抗战之前途;其三,欲以集中的轰炸,妨害我社会之安宁,妄想扰吾之秩序。"②由此可见,深陷泥潭的日军妄图通过大规模轰炸,破坏大后方的经济,扰乱大后方的社会秩序,影响后方人民的正常生产生活,摧毁中国人民继续抗战的意志和决心,破坏中国抗战建国的前途,使国民政府妥协成为日本的伪政权,达到"以炸迫降"、"以炸迫和"的目的,从而变中国为其独占殖民地。

三、轰炸重庆的作战方针及兵力部署

"大陆指第345号"命令中提到的"另行制定",指的就是大本营陆军部和海军部共同制定的《陆海军中央关于航空的协定》,该协定详细规定日军轰炸

---

① 前田哲男著、王希亮译:《从重庆通往伦敦、东京、广岛的道路——二战时期的战略大轰炸》,第55页。
② 璞君:《渝市惨遭轰炸》,《东方杂志》第36卷12号(1939年),第57页。

重庆等后方城市的作战方针和要领：

作战方针：
1. 陆海军航空部队协同在全中国各要地果敢地进行战略、政略的航空作战，挫败敌人继续战斗的意志。
2. 在直接配合地（水）上作战时，由陆（海）军航空部队分别担任之。

作战要领：
1. 战略、政略的航空作战：(1)陆军航空部队以航空兵团主要对华北、华中要地进行战略、政略的航空作战。(2)海军航空队主要担任对华中、华南要地战略、政略的航空作战。(3)根据情况不要拘泥于上列区分，陆海军航空兵力可相互增援。(4)为实施战略、政略的航空作战，华北、华中、华南的区分暂规定如下：

华北：山东、河南、陕西、甘肃省以北。
华南：福建、广东、广西、云南省。
华中：以上的中间各省。

2. 地（水）上直接协同作战：直接协同地（水）上作战时，华北、华中、华南，由陆（海）军航空部队分别担任之。但根据情况可相互增援。①

从这份协定可以看出，日军航空部队的作战方针主要强调了三方面的内容：

一是协同作战。日军航空部队不是一个独立的军种，分属陆军和海军，但在日本军队内部，陆军和海军常常因主张不同而难以协调，而该协定强化了两者的紧密配合，陆海军航空部队可不分地域相互增援、协同作战。

二是实施战略政略轰炸。在相持阶段到来以前，日军航空部队的进攻作战主要以直接配合地面部队作战为主，特别是陆军航空部队，历来是以近距离、中低空参加作战，而实施战略政略轰炸，在作战方式、方法上都会发生重大变化，更加强调远距离、独立作战。

三是挫败继续战斗的意志。虽然从文字上没有对普通民众和市街进行无

---

① 日本防卫厅防卫研究所战史室：《中国事变陆军作战史》（译稿）第2卷第2分册，第71—72页。

差别轰炸的规定,但至少预示着轰炸的残暴性和恐怖性。

协定还规定了各自的具体任务,陆军航空部队在华北、华中进行政略战略轰炸,海军航空队担任对华中、华南的政略战略轰炸,重庆所在的四川划入华中地区,是陆海军航空部队共同进行政略战略轰炸的重点地域。

早在日本全面侵华之初,日本大本营就将陆军航空部队编成"临时航空兵团",包括侦察机、战斗机、轻重轰炸机等共 18 个中队,派往中国东北的山海关、锦州、大连等地区[①];将海军航空部队编成"特设航空队",其配备是:在华北方面有第 2 联合航空队、第 21 航空队,在华中、华南方面有第 1 航空战队、第 2 航空战队、第 1 联合航空队、第 12、22 航空队,"八·一三"后又增加第 23 航空队。[②]

1938 年 12 月 9 日,航空兵团在接到华中派遣军关于轰炸重庆等后方城市的指示后,预计在 12 月 24 日以后,开始对重庆进行轰炸[③],并随即作出兵力部署:陆军派遣飞行第 59 战队(战斗机 20 架)、第 12 战队(战斗机 15 架),航空兵团的第 1 飞行团(侦察机 18 架、战斗机 12 架、重轰炸机 45 架)、第 3 飞行团(侦察机 9 架、战斗机 24 架、轻轰炸机 45 架),共计飞机 188 架。海军协同轰炸派出第 1、第 2 联合航空队和第 3 航空战队,其中舰载战斗机 54 架、舰载攻击机 24 架、舰载轰炸机 12 架、中攻机(陆上轰炸机)50 架、水上侦察机 24 架,共 164 架。陆海军航空部队共 352 架飞机[④]。

为实施对中国内地特别是重庆的轰炸计划,日军航空部队加强了作战的准备。首先是派出侦察中队对重庆等地进行空中侦察,积累轰炸资料,特别是掌握了重庆地区的气象特点,根据中午气象较稳定的情况,确定轰炸重庆的最佳时间是中午 1 时左右。其次是抓紧建设轰炸基地,集中武汉的日本陆海军航空部队,将其据点设在武汉,飞机基地设在汉口地区的长江边上。将万国赛马场和华商赛马场改建为大飞机场,观众席被改建成司令部和兵营,其他如维修工厂、弹药库、通讯所等补给设施也开始建设。此后,日本用三年时间不断完善"定期轰炸重庆"的汉口 W 基地。此外还确定了运城、包头机场等机场也

---

① 日本防卫厅防卫研究所战史室:《中国事变陆军作战史》(译稿)第 2 卷第 2 分册,第 169 页。
② 同上书,第 220—221 页。
③ 王辅:《日军侵华战争(1931—1945)》,辽宁人民出版社 1990 年版,第 966 页。
④ 日本防卫厅防卫研究所战史室:《中国事变陆军作战史》(译稿)第 2 卷第 2 分册,第 72 页。

作为轰炸机的出击基地。再次,加强长途轰炸训练。从武汉到重庆,单程距离约780公里,航程远,加之大量新补充的飞行员驾驶、领航、通讯等技术水平低,而战斗机只能在出航的前段和返航的后段进行空中直接护航,因此日军重点加强了轰炸、射击、航行、夜航以及密集编队等训练。

四、天气对日机轰炸重庆的影响

重庆地处川东盆地的边缘,四面群山环抱,两江在此交汇,江水蒸发不易扩散,潮湿的空气处于饱和状态,易于凝结成雾。因此,重庆多雾,素有"雾重庆"之称,因抗战成为战时首都,故又被誉为"雾都"。考重庆抗战爆发前后14年(1929年至1942年)有雾日数,一年中最多有雾日数在1938年,高达181天,有雾日数最少之年系1937年,则仅有23天,14年中平均有雾日数年为77天(表2—1)。

由表2—1知,重庆历年各月最高之有雾天数,大致皆在冬季,只有1930年

表 2—1 重庆1929—1942年各月有雾日数[①]

月份	1	2	3	4	5	6	7	8	9	10	11	12	全年
1929	6	7	0	1	0	1	0	1	4	2	4	3	29
1930	7	7	5	1	2	1	9	2	1	5	5	6	51
1931	6	3	3	2	0	3	3	2	3	8	4	21	58
1932	19	4	4	4	6	3	2	0	10	11	7	6	76
1933	4	9	9	6	6	7	1	2	1	5	11	10	71
1934	6	8	3	3	2	0	3	0	0	5	2	14	47
1935	6	2	6	2	3	1	2	0	2	7	2	2	35
1936	1	3	1	1	4	7	3	4	3	3	3	3	42
1937	3	4	0	0	0	0	2	0	0	5	2	7	23
1938	24	21	16	12	25	17	8	19	8	11	13	7	181
1939	12	3	6	4	9	9	17	9	9	10	7	24	119
1940	16	6	9	4	3	18	4	6	8	17	15	19	125
1941	15	9	5	3	5	2	3	3	6	16	20	21	108
1942	13	16	16	14	6	7	4	8	6	6	9	6	111
平均值	9.6	7.3	5.9	4.1	4.9	5.4	4.9	3.9	4.6	7.9	7.4	10.6	76.9

---

① 郑子政:《重庆之雾》,《气象学报》1943年(Z1),第88页。注:原文表格中的平均值有误,此表格中的平均值系笔者改正后之数。

和 1936 年例外,由于 1930 年与 1936 年为重庆年雨量最少之年,两年有雾日最多月份分别集中在 7 月和 5 月。重庆之平均每月有雾日数以 12 月为最多,1 月次之,最少在 8 月。重庆之冬雾(12 月至 2 月)占年总数的 36%,春雾(3 月至 5 月)占 19%,夏雾(6 月至 8 月)占 18%,秋雾(9 月至 11 月)占 26%。可见重庆秋冬有雾日数居全年有雾日数 60% 以上。① 重庆的有雾日数,自 1938 年以后,显有增进之倾向。自 1929 年至 1937 年重庆年平均有雾日数仅有 48 天,而 1938 年至 1942 年平均有雾日数达 77 天,以两平均有雾日数而论,相差达 29 天。抗战爆发以后,重庆有雾天有增加,其主要原因是大量工矿企业的内迁,"1938 年重庆适为鼎定陪都之年,同时工厂内移人口骤增,重庆附近空气中微尘之数量虽未曾加以实测,但微尘量之增加,可以想见。此点或为重庆近年雾日与雾时数增多之主因。"②

表 2—2 四川省敌机行动统计表(1939 年)③

月份	进袭次数	敌机架数	起航地点(架)		行动概况(架)				
			武汉	运城	前线作战	后方轰炸	侦察	运输	调动	其它
1	4	76	75			75				
2	1	18	18			18				
3	1	18	18			18				
4										
5	5	126	99	27		117				9
6	7	143	143			143				
7	10	115	115			111	4			
8	10	179	179			176	3			
9	19	220	213	7		213	7			
10	23	228	224	4		224	4			
11	5	83	82	1		54	2			27
12	10	106	106			99	7			
合计	95	1311	1272	39	6	1248	27			36

① 郑子政:《重庆之雾》,《气象学报》1943 年(Z1),第 87 页。
② 同上书,第 89 页。
③ 航空委员会防空总监部编印:《民国二十八年度全国空袭状况之检讨》,成城出版社录印。

平时觉得烦闷的雾,战时却成为躲避日机轰炸的保护伞。每年10月至翌年4月是重庆的雾季,雾季里大雾弥漫,浓雾给山城笼罩着一层天然的防空保护网,能见度极低,日军根本无法从空中寻找轰炸目标。

由表2—2可知,1939年前三个月日机共派出112架飞机6次进袭大后方。4月底,重庆地区的浓雾逐渐散淡,日军亟不可待地命令航空部队实施"五月攻势",决定集中力量,对重庆进行猛烈打击,仅在5月就派遣飞机126架五次轰炸后方,之后的五个月里除7月略有减少外,日机进袭次数和飞机架数节节攀升,且大部分飞机从武汉起飞直击后方。11月雾季来临,日机轰炸强度减弱,但其规模和次数仍大于前三个月。

在1940年,雾季的1—3月没有一次轰炸,而11—12月也只有四次进袭,当年的轰炸主要集中在少雾季节的5—10月。

表2—3 四川省敌机行动统计表(1940年)①

月份	进袭次数	敌机架数	起航地点(架)		行动概况(架)					
			武汉	运城	作战	轰炸	侦察	运输	调动	其它
1										
2										
3										
4	9	102	102			102				
5	28	630	630			630				
6	44	1356	1068	288		1356				
7	28	841	733	108		841				
8	22	933	789	144		933				
9	20	337	337			337				
10	20	354	354			354				
11										
12	4	33	33		27	6				
合计	175	4586	4046	540	27	4559				

---

① 航空委员会防空总监部编印:《民国二十九年度全国空袭状况之检讨》,成城出版社录印。

表2—4　四川省敌机行动统计表(1941年)①

区别月份	进袭次数	敌机架数	起航地点(架)			行动概况(架)				
			武汉	宜昌	运城	作战	轰炸	侦察	运输	调动	其它
1	3	46	27	19			46				
2	2	9	9				9				
3	4	49	37	12		9	21				19
4	1	9	9				9				
5	16	451	451			4	429				18
6	20	665	655				655				
7	38	727	727			12	714				1
8	78	1465	1230		235		1456	9			
9	4	34	27		7	6	27	1			
10	1	2		2			2				
11	4	4		4			4				
12	1	1		1			1				
合计	171	3452	3172	38	242	31	3368	15			38

从表2—4可见,1941年日军对以重庆为中心的四川省的轰炸主要集中在5—8月,而11—12月没有一次轰炸,1—4月和10月轰炸次数也不多。而对重庆市区的轰炸,1月、3月和9月分别只有一次,2月、4月和11月、12月均没有对市区的轰炸,而这几个月刚好是重庆的雾季。可见雾对重庆的天然保护确实发挥了重要的作用。

第二节　日军轰炸重庆策略的变化

从总体而言,摧毁中国抗战的后方基地,动摇后方人民的抗战意志和决心,最终迫使重庆国民政府屈膝投降,彻底解决"中日事变",是日军实施对重庆轰炸始终不变的战略目的。但是,日军对以重庆为中心的大后方的轰炸策略并不是一成不变的,世界形势的变化、中日关系的发展以及日军的扩张需要在一定程度上对其轰炸策略产生着重要的影响,并在不同时期呈现出不同的特征。1939年国民政府内部汪精卫集团的分裂投降和欧洲战争的爆发、1940

---

① 航空委员会防空总监部编印:《民国三十年度全国空袭状况之检讨》,成城出版社录印。

年德军横扫欧洲东进苏联、1941年日本准备发动太平洋战争,是日军轰炸策略变化的催化剂。太平洋战争爆发后,日军在东南亚的"玉碎战"致使其兵少力绌,最终放弃轰炸重庆的作战计划。

一、迫降性小编队重点轰炸

日军占领武汉、广州前后,侵华战略已作出重大调整,核心是强调"政略攻势、战略持久",包含两方面的内容,一是加强对华"谋略"工作,二是为配合其"谋略"工作,实施有限军事打击。为加强对华"谋略"工作,日本还先后成立了"对华特别委员会"和"兴亚院",分别以"瓦解蒋政权"和"树立新政权"为工作重点,先后进行了"吴佩孚工作"、"唐绍仪工作"、"广东广西工作"和"高宗武工作"等。在"倒蒋立新"的谋略工作中,诱降汪精卫是一项最为重大的活动。从1938年2月,日本参谋本部次长多田骏、中国班长今井武夫、谋略课长影佐祯昭等人,在东京与中国外交部亚洲司科长董道宁的秘密会谈开始,日本进行了一系列策动汪精卫一派叛国投日活动。经过同年3月在香港浅水湾的会谈,在11月上海虹口重光堂的会谈中,签订了被称为"重光堂密约"的《日华协议记录》和《日华协议记录谅解事项》。同年12月18日,国民党副总裁汪精卫逃离重庆,经昆明至河内。22日,日本发表第三次近卫声明,一方面强调"始终一贯以武力扫荡抗日的国民政府",另一方面明确表示"和中国同感忧虑、具有卓识的人士合作,为建设东亚新秩序而迈进","日满华三国共谋实现善邻友好、共同防共和经济合作"①。29日,汪精卫发表"艳电",表示接受近卫的三项条件为"和平原则",公开投降日本,日本对汪精卫集团的诱降"谋略"获得成功。

在日本发表第三次近卫声明后,汪精卫向日本方面趁机提出四点"希望",其中包括"为在政治上收到效果,希望日军对北海、长沙、南昌、潼关实行作战行动;对重庆可施以致命的轰炸"②。日本当局自以为汪精卫的叛逃会引起大后方人心动摇,主和派势必抬头,国民政府内部分崩离析,此时是轰炸重庆、迫使国民政府屈服的绝好机会。为"攻击重庆市街,震撼敌政权上下"③,日本陆军第一飞行团团长寺仓正三下达轰炸重庆的命令,确定攻击时间为12月26

---

① 复旦大学历史系日本史组:《日本帝国主义对华侵略史料选编(1931—1945)》,第287—288页。
② 日本防卫厅防卫研究所战史室:《中国事变陆军作战史》(译稿)第2卷第2分册,第48页。
③ 唐守荣主编:《抗战时期重庆的防空》,重庆出版社1995年版,第21页。

日,攻击目标为重庆中央公园及其周边地区,企图通过对战时首都的轰炸,炫耀日军的武力,制造恐怖气氛,"震撼"重庆国民政府,扩大市民的厌战情绪,达到迫降的目的。

但是,由于此时的重庆已经进入雾季,12月26日,日军出动第60战队的12架九七式重型轰炸机和第98战队的10架伊式重型轰炸机对重庆实施轰炸,由于受云雾影响而没有取得预期战果。

进入1939年,日军为"不失时机",竟不顾重庆云雾天气,冒险对重庆进行进攻,1月份实施了3次轰炸。在1939年至1941年的轰炸中,日军在1月份对重庆的轰炸只有5次,而在1939年就有3次,可见当时日军轰炸的迫切。

此后,由于受多雾、低云天气影响,日军被迫停止了对重庆的轰炸,并将陆军航空部队主力调往山西运城,先后对兰州进行了3次大的轰炸行动。而在重庆方面,2—4月没有一次对市区的轰炸。① 5月以后,重庆天气转好,日军又加入海军航空部队继续实施对重庆的轰炸。

汪精卫集团的叛国投敌,曾一度使日本决策层对"以汪代蒋,另立中央"的计划产生了颇为热切的期望,并发动了"五月攻势",狂炸重庆。侵华日军参谋长在对陆军大臣板垣征四郎提出的形势判断中明确强调,陆军航空部队对内地的战略轰炸,"不但要给予敌军及其军事设施以物质上的损害,更要对敌军及其普通民众形成精神上的威胁,让他们在极度恐慌之余产生精神衰弱,期待着他们掀起狂乱的反蒋和平运动。"②然而,没过多久,日本当局终于醒悟到这条路是不可能走得通的。汪精卫曾寄予厚望的粤系军事首领张发奎、阵济棠,原改组派重要骨干顾孟余、谷正刚,都对汪的叛国行为嗤之以鼻。汪精卫原来要竭力争取的桂系李宗仁、白崇禧和身居中枢的何应钦、张群等,更是对汪的行径严词声讨。汪精卫原先设想的依靠南方某一地方实力派的地区,在没有日军占领的环境下建立"和平政府"的计划,很快成了泡影,只落得在日军的直接卵翼下,在上海、南京等地拼凑傀儡政权。加之此时的欧洲局势正在发生重大变化,一场大战正在迫近。日本当局为应付世界局势的变化,力求及早解决中国问题。但要实现中日两国的停战,只能是日本与重庆之间的问题,只有将

---

① 3月29日重庆曾发布空袭警报,当天日军轰炸了梁山和万县,但没有进入重庆市区。
② 《远东国际军事审判判决记录》,引自伊香俊哉:《对日本空战法规与重庆大轰炸的认识》,《中日学者重庆大轰炸论文集》,第339—340页。

重庆政府的力量吸收进"新中央政府",才可能"实现停战,解决事变"。因此,1939年6月,日本五相会议否定了此前以汪精卫集团为"新政权""唯一主体"的设想,强调"新中央政府"应包括"悔悟后的重庆政府"①。而加强对重庆的战略轰炸,正是日本迫使国民政府"悔悟"的重要举措。

中美、日美关系的变化和欧洲战争的爆发也对日本的轰炸策略产生了一定的影响。1939年7月26日,美国政府向日本发出了在半年后"中止美日通商航海条约"的通告,标志着美日矛盾的激化和美国对日政策的重大改变。对于在经济上和战略物资上严重依赖美国的日本来说,这无疑是一个极其重大的打击。同时,在此前后,美国对华援助正在逐步增强,中美关系日趋密切。9月3日,欧洲大战爆发后,日本最高决策层正逐步酝酿战略方针的重大改变——实行"南进政策"。4日,阿部首相发表声明:"值此欧洲战争爆发之际,帝国不予介入,决定专向解决中国事变迈进。"②9月中旬,为统辖对中国的政略、战略,以适应汪精卫新政权的施政,特别是促进重庆工作,在南京新设中国派遣军总司令部,统帅在华全部陆军部队,撤销过去的华中派遣军司令部。总司令官由教育总监西尾寿造大将、总参谋长由前陆相板垣征四郎中将担任③。23日,日本以"大陆命第363号"明确其基本任务:"大本营企图迅速处理中国事变。为此,应尽力摧毁敌继续作战之企图,并迅速根据形势变化增强对第三国之战备。""中国派遣军司令官应……摧毁敌继续作战之企图。""应适时实施航空进攻作战,压制、扰乱敌之战略及政略中枢,并防止敌空军之再建。""为了促进抗日势力之衰亡,应加强有效的谋略压力。"④因此,实施对中国政略和战略中枢的重庆的战略轰炸,是急欲尽早结束中国事变,以便从中国战场的"泥潭"中拔脚,去对付美英和应付欧战后的国际局势的重要举措。

在1939年全年,日军航空部队共计轰炸重庆市区30次,其中8月轰炸次数最多,达6次,其次是5月5次,7月、9月、10月均为4次,1月3次,6月2次,3月和12月均为1次,只有4月没有轰炸(表2—5)。这样的轰炸次数分布,既体现了重庆天气对日军轰炸的影响,也充分表现了日军对国民政府的政策变化。

---

① 余子道、雇锡俊:《中日战争期间日本对国民政府的政策》,《军事历史研究》1998年第1期。
② 《日本军国主义侵华资料长编》(上),四川人民出版社1987年版,第493页。
③ 同上书,第494—495页。
④ 同上书,第495—496页。

表 2—5 1939 年日机轰炸重庆批次架次表①

月份	日期	轰炸次数	轰炸批次	飞机架次
1	7	1	2	21
1	10	2	2	21
1	15	3	2	36
5	3	4	2	45
5	4	5	3	27
5	8	6	2	18
5	12	7		27
5	25	8	3	39
6	9	9	3	27
6	11	10		27
7	5	11	4	21
7	6	12	3	18
7	24	13		18
7	31	14	2	18
8	2	15	2	18
8	3	16	2	18
8	4	17	2	18
8	23	18	2	26
8	28	19	3	36
8	30	20	2	24
9	1	21	3	27
9	3	22	3	54
9	28	23	3	31
9	29	24	2	18
10	4	25	1	9
10	5	26	5	25
总计			58	667

在 26 次对重庆市区的轰炸中，出动飞机最多的一次是 9 月 3 日的 54 架，轰炸架次在 40 至 50 架之间的有 1 次，30 至 40 架之间的有 4 次，而其余各次轰炸都在 30 架以下，而且每一批次的飞机也不多，最多一批次的飞机是 27 架。

---

① 根据重庆市档案馆重庆防空司令部市区相关档案综合整理，轰炸次数不包括发布空袭警报而日机未进入市区投弹的次数。

1939年,日军轰炸重庆的飞机出发基地远在汉口W机场,由于航程太远,战斗机无法护航,轰炸机只有通过编队飞行达到相互之间的保护。因此,在当年对重庆的轰炸中,日军采用了小编队重点进攻的策略,主要以5架、9架或12架飞机为一个编队,发起对重庆市区重点目标或市街的轰炸。

在轰炸具体策略上,日本还根据重庆城市的特点不断进行调整。由于重庆房屋建筑多为竹木结构,日机在"五·三"轰炸中首次使用大量燃烧弹,轰炸时先投下炸弹将建筑物炸毁,再投下燃烧弹纵起大火,在此后的22次轰炸中,每次均投下大量燃烧弹,以造成更大的破坏,引起更大的恐慌;轰炸的地理范围也由繁华的旧市区扩展到新市区及郊区;袭击的重点目标由机场、政府机构驻地逐步扩大到繁华市街和住宅区,首先是实施对重庆防空力量的打击,对广阳坝、白市驿等后方重要空军基地进行了轮番轰炸,其次是对繁华市街进行轰炸,驻华使领馆、外国人教会和医院、学校等也都在轰炸目标之内;针对中国空军缺乏夜间航行经验的情况,日军逐步将轰炸时间安排在傍晚或夜间进行。

1939年的轰炸,特别是"五·三"、"五·四"轰炸,给重庆造成了极其惨重的损失,但是,在残酷的轰炸面前,大后方人民没有动摇,抗战司令部没有屈服。雾季来临,重庆穿上天然"防弹衣",日机11月18日窜入市空骚扰之后,本年度暂时停止对重庆的轰炸。而轰炸重庆的所谓"战果",使日军更加相信通过连续不断的轰炸,一定能够让国民政府屈服。大本营海军报导部长在"五·三"、"五·四"轰炸后发表谈话:"海军航空部队在5月3、4两日果断迅速对重庆进行了大轰炸,国府狼狈、民心动摇已达到极点。""风闻蒋介石准备放弃重庆,迁往四川省的成都……时至今日,无论是逃往成都还是其他什么地方,我海军航空队优秀的轰炸机队的能力都能把他们找到,迟早免不了我军之空袭,号称400余州的中国,蒋介石没有藏身之地乃是实情。"他还警告重庆市民,"只要抗日政权存在,选择首都的各地市民的麻烦就要多得多。"[①]日军被轰炸的假象所迷惑,认为这是对重庆政权的心脏给予的巨大打击。以此为契机,日军更强化了轰炸的力度,期待反蒋派叛蒋和对日和平派的势力抬头。无论是在华航空部队或是日本大本营,都明确地坚定了继续轰炸的方针,增强压迫的力度,挫折重

---

① 前田哲男著、王希亮译:《从重庆通往伦敦、东京、广岛的道路——二战时期的战略大轰炸》,第139—140页。

庆市民的抗战意志,使厌战舆论上升,分化、孤立和削弱重庆国民政府,使其不得不坐在和平交涉的谈判桌前。新一轮更加猛烈的轰炸计划又出笼了。

二、"既砍肉又断骨"的地毯式轰炸

1940年日军企图进行"彻底强化的真正攻击",以配合世界形势,充分利用列强对华军事援助减少时机,谋求"最高的政略战略效果"。政略方面推出新举措,阿部内阁的方针是,一方面与汪精卫秘密谈判,准备建立"新中央政府",利用汪精卫作为威胁国民政府的手段,甚至直接扶植汪精卫于1940年3月30日在南京正式建立汪伪"国民政府",发布所谓的《还都宣言》,举行声势浩大的"国府还都"典礼和活动,企图以此扰乱国际视听并争取部分国家的承认;另一方面加紧实施对国民政府的诱降工作与和平攻势,多方建立直接同重庆国民政府接触的线索,抗战时期中日关系史上著名的"桐工作"谈判,就是在此背景与条件下的产物。日方极力设法与国民党接触,争取在"新中央政府"建立前(或不得已在建立后),促使国民党投降,实现汪蒋政权合流[①]。"汪蒋合流"是在日本陷入既无力消灭重庆国民政府,又无望另立名副其实的"新中央政权"加以取代的困境后被迫作出的决策。其实质是在保持对重庆国民政府的武力威慑的基础上,恢复与蒋介石方面的联系与谈判,以保留蒋氏及重庆政府当权人物在"新中央政府"中的地位为交换条件,诱使蒋方停止抗战,然后按照日本提出的条件,同日方"全面解决"中国事变,以便其从中国战场拔出脚来,去进行世界范围的新的扩张行动。

1939年年底,日本方面就开始了对蒋介石诱降的"桐工作"谋略,并曾寄予很大的希望,而且不顾汪精卫等人的反对,一再延迟汪精卫"国民政府"的成立。1940年3月上旬,日蒋双方代表在香港举行谈判,日本企图以废除在华治外法权、交还租界等为诱饵,使蒋承认"满洲国",给予日本在华驻军等特权,并希望蒋汪协力合作。但由于双方分歧较大,谈判陷入僵局。3月30日汪精卫在南京建立伪国民政府后,日本当局仍然坚持把"努力获得重庆和收揽人心"作为"指导新政权的要谛",而将正式承认汪伪政府的时间一再推迟,以"防止过早地导致新旧两政府对立的观念和事态",争取实现"事后合流"[②]。1940

[①] 军事科学院、军事历史研究部:《中国抗日战争史》(中卷),解放军出版社2005年版,第558页。
[②] 中国派遣军司令部:《新中央政府指异方针》(1940年5月5日),《现代史资料》第9卷,第591页。

年6月初,日蒋在澳门重开谈判,蒋方代表提出,谈判重点应放在讨论汪精卫问题上。日方代表仍持原来立场,双方争执不休。日方建议,为打开僵局,使会谈升格为"巨头会谈",即板垣、蒋介石、汪精卫会谈,但在会谈地点问题上意见不统一,会谈未能举行。

与此同时,日本还加紧与英美诸国谈判,迫使他们减少甚至断绝对中国的援助,因而有了1940年7月英国政府封锁滇缅公路三个月的不义之举。

为了实现"汪蒋合流"的政略目的,"中国派遣军体会到中国军至今还保持着不可轻视的抗战力量,只有打垮敌战斗力量才是解决事变的先决条件,并坚决认为不给敌以沉重的压力就不可能收到政治谋略(当时中央部把这看作瓦解敌人的主要手段)的效果。"①而对日军轰炸重庆策略产生重大影响的是宜昌战役。宜昌位于长江三峡出口,乃重庆门户,1940年5—6月,日军第11军以20余万人的兵力,实施枣宜作战,目的是"通过作战的胜利,进一步削弱蒋军,并为推动对华政治谋略的进展作出贡献"②。6月14日,日军占领宜昌。17日,日军第11军为节省兵力,从宜昌撤退,但此时日本大本营看到11日意大利参战,12日德军攻占巴黎,这对陷入侵华战争泥潭的日本法西斯是一个巨大的鼓舞和刺激。他们认为占据宜昌(距重庆只有480公里),以此为根据地,飞机可以日夜轰炸重庆,给重庆以更大威胁,更好地迫使国民政府妥协投降,因此又命令第11军重新占领宜昌。这对1940年日军对重庆的轰炸产生了重要的影响。

在欧洲战场德军高歌猛进的刺激下,日本政坛的"南进"论逐步占据上风,认为此时正是"南进"夺取英、法、美、荷在东南亚和太平洋的殖民地的好时机。当时,日本政界中普遍流传着"不要错过公共汽车"的暗语。"南进良机热"和军国主义情绪一齐高涨。日本急谋结束中日战争,以便抽出兵力南调③。

《日本海军航空史(4)》(战史篇)对这一时期的形势进行了分析,"根据内外的局势,派遣到大陆的陆上兵力已经超过可能派兵的界限,陆军掩盖削减兵力的企图,但已没有积极进攻的余力,以至停止了地面进攻"。"我方鉴于内有

---

① 日本防卫厅防卫研究所战史室:《中国事变陆军作战史》(译稿)第3卷第1分册,第112页。
② 姜克夫编:《民国军事史》第三卷(上),重庆出版社2009年版,第279页。
③ 《日本军国主义侵华资料长编》(上),四川人民出版社1987年版,第552页;徐朝鉴、王孝询:《重庆大轰炸》,第119页。

汪精卫政权树立运动,外有欧洲战乱发生,各国援蒋政策有可能低沉,所以发起十月攻势和十二月攻势应对。但是,如果地面部队如此作战下去,像事变初期那样担当积极作战的兵力惟有航空部队。逼迫敌人屈服的作战,大部分要依靠战略航空部队来承担。不过,地面部队在这个时期还要进行特别需要的地面进攻作战,目的是为了扩大航空攻击圈,延伸航空基地。陆海军必须互相协作,站在积极的使敌屈服的立场上进行作战。鉴于本年度赋予海军航空作战的任务,即,令敌人屈服的任务,海军必须高度重视摧毁蒋介石政权所在地的作战,确信以仅有的兵力能够实现目的,因为除此以外没有其他可以令敌人屈服的手段。"[1]日军非常清楚,除了对重庆实施大规模的战略航空作战,已经没有其他可以令重庆国民政府屈服的手段了。因此,由于具有单纯依靠航空作战迫使重庆政权屈服的强烈意图,1940年轰炸重庆动用的兵力和轰炸的强度都是前所未有的。

同时,随着日本重型轰炸机开发与生产的发展,出现了续航距离在2000公里以上、飞行高度为11340米的"司侦"飞机,同时又增加了从意大利购进的"意式"重型轰炸机,航空作战飞机数量不断增加,飞机的性能也得到加强。在此背景下,1940年5月13日,陆军第三飞行集团长木下敏和联合空袭部队指挥官山口多闻联合签订《关于百一号作战陆海军协定》,规定陆海军航空部队紧密协同进攻内地,以挫伤中国的抗战意志,首先压制中国的军事、政治中心的航空势力,然后摧毁其重要设施的行动方针。

作战计划自5月中旬起约三个月时间,攻击重庆的第一日预定为5月17日。分两期作战:第一期主要是对重庆方面作战,第二期主要是对成都方面作战,由海军中国舰队司令部参谋长井上成美中将、第二联合航空舰队司令官大西泷治郎少将和陆军第三飞行集团长木下敏中将共同指挥。

机场方面,陆军以运城的第二机场作为主力部队的基本机场,以汉口及包头为机动机场。飞行第44战队第1中队以汉口作为基本机场,以运城为机动机场。海军方面第一期作战期间以汉口及孝感作为基本机场,第二期作战期间以运城第一机场作为基本机场。

---

[1] 前田哲男著、王希亮译:《从重庆通往伦敦、东京、广岛的道路——二战时期的战略大轰炸》,第155—156页。

为了实现其作战目的,实施该计划的兵力配置,陆军第三飞行集团司令部派出:飞行第60战队(重轰:常用36架、备用18架)、独立飞行第16中队(司侦:常用6架、备用2架)、飞行第44战队第1中队(司侦:常用5架、备用2架)、独立飞行第10中队(战斗:常用9架、备用3架),其他的有在武汉的战斗队、地区航空部队、通信情报及气象部队等;海军第一联合航空队(联合空袭部队)司令部派遣:鹿屋航空队(中攻:常用18架、备用6架)、高雄航空队(中攻:常用18架、备用6架);第二联合航空队司令部派出:第13航空队(中攻:常用27架、备用15架、陆侦4架)、第15航空队(中攻:常用27架、备用15架、陆侦2架)、第12航空队(舰战:常用27架、备用9架、借用6架。舰轰:常用9架、备用3架。舰攻:常用9架、备用3架)、第14航空队华中派遣队(舰战:常用9架、备用3架)。① 日军集中了超过中国全部空军力量总数的兵力,并且强化了海军同陆军联合协同作战,如此强大的空中阵营是前所未有的。同时,日军还配备了新型的"司侦式"和"意式"重型轰炸机,对重庆展开逐段分区域的毁灭性的地毯式轰炸。

当然,日本航空部队兵力配备多寡,与其侵华企图与动向有关。"最显著者,如本年四至九月间,敌寇图以空军威力,闪击我陪都,即先将其在华之海军航空兵力,大部调集于武汉一带,根据确实情报,敌在华中各地活动之机数曾达五百架以上,迭经我防空部队,予以猛烈之打击,敌所自诩的空军闪击,遂告失败。嗣国际风云日急,敌寇又趁火打劫,策动南进,侵占越南,先是,将华中一带之空军兵力派于广东沿海,故自九月份以后,敌在华中所停机数锐减,综计各机种,都不及三百架。"②

华中战场全年飞机数平均为382架,华南310架,华北156架,日空军兵力主要配备在华中地区,华南战场次之,华北最少(表2—6)。从4月至8月,华中兵力最多,而7、8月尤为突出,其在飞机总数中所占比例分别为54%和57%,重点目标便是重庆、成都等后方城市。9月以后,华南战场的兵力开始超过华中,10月份华南战场所停飞机占飞机总数的56%,而华中只占30%,南进意图明显。为准备新一轮的内地轰炸,12月份华中战场停机数猛增。

---

① 日本防卫厅防卫研究所战史室:《中国事变陆军作战史》(译稿)第3卷第2分册,第32页。
② 航空委员会防空总监部编印:《民国二十九年度全国空袭状况之检讨》附表,成城出版社录印,第1页。

表 2—6　1940 年敌空军在华各战场兵力配备比较表[①]

月份＼战场	北战场(架)	中战场(架)	南战场(架)	总计(架)
1	130	364	287	781
2	147	315	315	777
3	275	209	212	696
4	233	476	184	893
5	91	432	207	730
6	136	436	231	803
7	123	515	316	954
8	157	514	230	901
9	173	348	351	872
10	138	288	542	968
11	118	263	439	820
12	153	432	303	888
平均	156	382	310	840

为最大限度地发挥战略轰炸威力,摧毁国民政府的抗战意志,还处于实验阶段的三菱"零式"战斗机匆忙登上轰炸重庆的舞台,在1940年和1941年对重庆的轰炸中,完全控制了制空权。"零式"战斗机具有以往战斗机不具备的长距离飞行能力(正常续航距离2220公里),能够往返重庆担负掩护中型攻击机的任务,除有两挺7.9毫米机枪外,还配备两门火力大的20毫米机关炮,并可外挂60公斤炸弹两枚,是当时世界上最先进的战斗机之一[②]。冠以"零式"系因该年是日本纪元的2600年(1940年),取末尾的数字为名。"零式"战斗机在六七分钟的时间内可以升到27000英尺的高度,而当时中国空军的飞机升到同样高度则需要15分钟,这种机动性能的差别在空战中充分体现出来,所以取得决定性的战果[③]。中国空军在与日机的对抗中,损失惨重,加之苏联

---

　① 航空委员会防空总监部编印:《民国二十九年度全国空袭状况之检讨》附表,成城出版社录印。
　② 前田哲男著、王希亮译:《从重庆通往伦敦、东京、广岛的道路——二战时期的战略大轰炸》,第205页;王辅:《日军侵华战争(1931—1945)》,辽宁人民出版社1990年版,第1512页。
　③ 前田哲男著、王希亮译:《从重庆通往伦敦、东京、广岛的道路——二战时期的战略大轰炸》,第209页。

志愿队陆续撤离中国,到1940年年底,中国空军仅剩飞机65架①。

为实施"101号作战",第一联合航空司令官山口多闻甚至提出了"既砍肉又断骨"②的训示,采取大规模、高密度的轰炸策略,不惜全军覆灭也要达到轰炸目的。从5月下旬开始,日军以大批量飞机对市中区、沙磁区、北碚、江北、南岸等大面积地区进行连续轰炸。6月,日机轰炸达到白热化程度,在13天的轰炸中,出动飞机1450架次,投弹2400余枚,平均每天袭渝机数达110架次、投弹200余枚。特别是8月19日、20日两天,日军共出动飞机289架次连续三次八批狂炸重庆,市区上百条街巷被炸,数十处起火,主要繁华大街被炸成一片瓦砾,主要商业场所和银行大都被毁,上万市民无家可归。"101号作战"对重庆的轰炸,是抗战时期日机轰炸重庆最猛烈最残暴的行动,集中的飞机和袭渝架次最多,轰炸规模最大,投弹的密度最强。轰炸战术也变化多端,先后使用集团袭击、连续轰炸、低空扫射、盘旋轰炸、迂回袭击、分进合击、回航轰炸、诱导轰炸、俯冲投弹、游击轰炸、蒙混轰炸、掩护轰炸、照明攻击等手段,日机飞行高度平均多在3500至5500米,其队形多采用人字及一字之密集队形,以构成强大防御火网,扩大其投弹范围③。重庆的主要商业区、工厂区、文化区等人口稠密地区惨遭蹂躏,连日本划出的所谓"安全地带"也未能幸免。直到9月初,日本因准备进攻印度支那,才结束了"101号作战"。

三、孤注一掷的不间断疲劳轰炸

1940年11月13日,日本御前会议决定《中国事变处理纲要》,强调"如至1940年年底与重庆政权之间仍不能实现和平,则不论形势如何……断然向长期战方略转移,务期重庆政权之屈服"④。大本营认为,"在扶植和建设新中国的同时,适时对敌后方实施大胆地奔放不羁地蹂躏作战,只要重庆政府不改变敌对态度,将穷追到底。"⑤尽管一方主张"欧洲战争的发展、各国从东亚的后退,特别是敌人大后方的动摇以及国共的矛盾,无一不是有助于解决事变的天

---

① 陈诚:《八年抗战经过》,无出版单位和年月,见超星数字图书馆,第34页。
② 前田哲男著、王希亮译:《从重庆通往伦敦、东京、广岛的道路——二战时期的战略大轰炸》,第173页。
③ 航空委员会防空总监部编印:《民国二十九年度全国空袭状况之检讨》,成城出版社录印,第14—18页。
④ 《日本军国主义侵华资料长编》(上),第587页。
⑤ 堀场一雄:《日本对华战争指导史》,第464页。

赋良机,故此时日本不应扩大对外的战争政策,而应一心一意处理对华战争,把国力和政策集中于解决事变这一点上"①,而另一方则主张把对华战争变成以南方为主体的所谓大东亚战争,但两者都仍然继续着力于促使国民政府屈服。

1941年1月16日,大本营陆军部会议通过《大东亚长期战争指导纲要》,并制定《对华长期作战指导计划》,其中规定:第一期在1941年秋季以前,大致不放松现行对华压力,在此期间采取一切手段,特别是利用国际形势的变化,谋求中国事变的解决;第二期自1941年秋季以后,转为长期持久战态势,于数年后确立在华兵力50万体制②。为此,日军决定"在1941年夏秋时期,发挥综合战力,给敌人以重大的压力,力求解决事变;不要放松空中进攻作战,继续加大压力;在整个期间,力求加强地面、海上及空中的封锁;要充分运用以对华压迫为目的的政治和谋略措施"③。2月14日,中国派遣军总司令部制定1941年的作战指导方针,包括(1)封锁;(2)加强治安;(3)空中进攻作战;(4)积极实行截击作战,消耗敌人战斗力④。中国方面舰队司令官岛田繁太郎大将认为,"值此欧洲动乱之际,在南方构筑坚实基础之事繁重,当前应在暂时修养国力的基础上举全力解决日中事变。日中事变已进入战略阶段的最后五分钟……为此,重庆攻略战的最有效方法是陆军进行更严密的封锁,海军航空兵力实行奇袭作战,对重庆及四川、云南等内地给予沉重打击。"⑤谋求中国事变的解决,尤其是对后方蒋介石政权的策略方面,突出强调了封锁和轰炸。

此时的国民政府正处在十分困难的境地,英美惟恐卷入战争旋涡,对日本采取姑息政策,并全部停止对中国武器器材的供应;中国沿海地区全部沦陷,失去输入渠道;苏联对中国的援助也在不断减少。特别是空军处在最艰难的时期,几乎到了油尽灯枯的地步。1941年后,中国空军虽然陆续补充了一批苏制轰炸机和战斗机,但其性能仍不如日军的"零式"战斗机,加上苏德战争爆发在即,苏联陆续撤离援华航空队,独力奋战的中国空军更难抵挡日军的肆虐。

① 堀场一雄:《日本对华战争指导史》,第483页。
② 《日本军国主义侵华资料长编》(上),第612—613页。
③ 日本防卫厅防卫研究所战史室:《中国事变陆军作战史》(译稿)第3卷第2分册,第101页。
④ 同上书,第105页。
⑤ 前田哲男著、王希亮译:《从重庆通往伦敦、东京、广岛的道路——二战时期的战略大轰炸》,第230页。

苏德战争爆发后,日本开始积极推进南进政策,与美英矛盾也日趋尖锐。日本为尽快结束对中国的战争,把中国变成其在太平洋战争中的后方基地,再次调动大批飞机,对以重庆为中心的大后方实施又一次战略轰炸(即第五次内地空中进攻,又称"102号作战")。其作战目的包括对中国后方军事基地、工厂、交通、城市进行系统的破坏,以削弱抗战能力和造成厌战心理;利用苏联对华军事援助减少、美国援华有限的机会削弱中国有限的军事力量;利用轰炸进行实战练兵,锻炼航空部队的机动能力,提高战术水平,为东南亚及太平洋战争积累经验;系统轰炸四川制盐工业。为此,日军动员了陆军第1飞行团、第3飞行团等的7个飞行战队和海军第11航空舰队所属的第21航空战队(重型轰炸机54架)、第22航空战队(重型轰炸机54架)、第23航空战队(重型轰炸机27架)等,共出动轻重轰炸机274架。其中陆军所属第1飞行团驻山西运城两个机场,第3飞行团驻汉口、荆门机场(后部分调整到运城机场),第11航空舰队驻汉口、孝感、荆门机场。第11航空舰队是1941年初新成立的,取代了过去的联合空袭部队,以地面基地航空兵力为骨干,为实施"102号作战",临时调配给日军中国方面舰队指挥,并将司令部转移到汉口基地。

日军的轰炸任务分为三期,第一期(8月上旬)连续攻击中近距离城市及交通要点,第二期(8月中及下旬)连续攻击内地机场及盐场,第三期(9月上旬及中旬)连续攻击重庆、成都等重要城市。实施攻击的兵力以第3飞行集团为主,计划在第二期以后调来在满洲的飞行第12、第98战斗队(均为重轰炸)加入作战。[①]

此次轰炸行动,日机采取多批次、长时间的疲劳轰炸策略连续攻击重庆,集中轰炸市民住宅、机关、学校、商店等人口稠密和繁华地区。在"102号作战"实施的近120天中,重庆有37天遭受日机轰炸,有时一天就达4次之多,重庆市民经常几小时、十几小时处于空袭警报中。从8月7日开始,日机不分昼夜,以不到6小时的间隙对重庆进行长达一周的持续轰炸。8月10日至13日,市区空袭警报达13次,长达96小时,市内水电皆断,市民断炊失眠。

与此前的几次轰炸比较,"102号作战"还对大后方实施专项轰炸,其中包括对大后方最大井矿盐生产基地自流井的专项轰炸和对重庆"中国要人住地"

---

① 唐守荣主编:《抗战时期重庆的防空》,重庆出版社1995年版,第55—56页。

的专项轰炸。1940年虽有轰炸自流井盐场的记录,但只是附属于"内地轰炸"的常规轰炸,而1941年作战计划中明确规定攻击盐场,并作为轰炸的重点对象,变为了独立的"盐遮断"专项轰炸,在1941年的7—8两月,日军4次共出动286架次对自流井、贡井等地区进行轰炸,投爆炸弹629枚、燃烧弹437枚,造成173人死亡、239人受伤,损失达1.09亿元[①]。而在对重庆的轰炸中,轰炸目标除居民区、商业区、军政机关、工厂、学校等外,也直指"中国要人住地","捕捉、消灭敌最高统帅和最高政府机关"[②]。8月30日,日军对蒋介石等要人住地的黄山官邸和国民政府进行了轰炸,正在召开军事会议的蒋介石等幸免于难,但2名卫兵被炸死,4人受伤,国民政府大礼堂也在当天的轰炸中被炸毁。

日军轰炸重庆的具体战略、战术,除因袭上年的故技外,间亦有所变化,主要有疲劳轰炸、心理攻击、破坏交通、蒙混轰炸。"敌空军对各种战略战术之运用,常随其进袭目的及我方防御力量而变更,其队形高度与速度亦然,查敌机侵袭我重要城市时,因畏我高射火炮之轰击,其高度常在3500米以上,常在5000至7000米之间,队形多采用品字之密集队形,既可构成强大之防击火网,以防我驱逐机之追击,又可集中其爆弹之威力,以达其彻底破坏之目的,至其投弹时之速度,普通每秒在100米左右,较前已有增进。"[③]

为配合空中作战,早日结束战事,侵华日军在地面采取多种策略多管齐下:在华北实行政治、经济、军事、思想文化一体化的治安强化运动;在华中发动清乡运动;对敌后抗日根据地采取囚笼政策,实施大扫荡;对国民党正面战场,既进行政治诱降,又加强沿海封锁,并发动豫南战役、晋南(中条山)战役、上高战役、第二次长沙战役。

日本的世界战略是先灭亡中国,取得有利的战略态势和充足的人力物力资源后,乘机席卷南北。日本在中国陷入僵局,为摆脱战略困境,一直窥视着有利的南、北进时机,企盼在新的冒险中寻找生机。因此,南进和北进始终是日本最重大的战略抉择。1941年6月22日,苏德战争爆发,陆相东条英机等主张先实施北进,解决北方问题之后再向南进。但海军方面认为应根据欧战

---

① 徐勇:《日军对自贡井盐基地的轰炸与中国的防御》,《抗日战争研究》1998年第1期。
② 唐守荣主编:《抗战时期重庆的防空》,第58页。
③ 航空委员会防空总监部编印:《民国三十年度全国空袭状况之检讨》,成城出版社录印,第3—4页。

的形势结局和苏军在远东保留兵力的多寡来决定是否北进,他们强调首先南进,对于北方的策略是"待柿子熟再摘"。

苏德战争爆发后,日军加速了南进侵略,经过激烈争论,日本大本营最终确定了南进政策,决定"不管德苏战争如何演变,在昭和十六年度内放弃解决北方的企图,专心集中注意南方"①。其战略企图在于掠取东南亚、荷属东印度群岛和澳大利亚的战略资源;攻占缅甸等要域,切断滇缅交通线以绝中国的外援;通过攻占菲律宾、香港、新加坡等要地来改善对华战争的僵局;遏制英美在东亚的势力。日军的南进,势必与英、法、美、荷在远东的利益发生冲突。

为了积极准备对英美的作战,日军航空部队纷纷调往南方。9月7日,中国派遣军根据大本营的指示,通知所属航军部队停止内地进攻作战。至此,1941年的"102号作战"结束。

四、地面作战计划的流产和袭扰性轰炸

1942年上半年,日军横扫东南亚,占领关岛、中国香港、马来半岛、菲律宾、印度尼西亚、缅甸等广大地区,其扩张达到极致。日军占领缅甸重镇曼德勒,切断了中国对外联系的主要交通运输线滇缅公路,完全断绝当时重庆与美英等国的唯一陆上交通联系。日本参谋本部认为这是处理对华问题的绝佳时机,鉴于连续多年的轰炸未能达到屈服重庆的目的,决定乘太平洋战场胜利之余威,集中相当的精锐兵力,对中国大后方发动大规模的地面进攻,歼灭中国陆军野战军主力,摧毁中国后方的抗日基地,迫使重庆国民政府投降,彻底结束对华战争。

为此,日军精心策划了从地面直接进攻重庆的作战计划。先是准备开展进攻西安作战,"在全面形势允许的情况下,今后在西安和宝鸡方面实行作战,摧毁敌之西北根据地,切断西北公路,同时加强对重庆的压迫态势。另一方面,大本营和政府不失时机地采取统一的措施,给重庆以反省的机会,从而根据形势发展,寻求事变的解决点。"②企图从西北压迫重庆,战略和谋略同时并举以解决中国问题。

此后,又由西安作战扩大到四川作战,"中国派遣军以主力从西安方面进

---

① 复旦大学历史系日本史组编译:《日本帝国主义对外侵略史料选编(1931—1945)》,第334页。
② 日本政府防卫厅防卫研究所战史室:《昭和十七、八年的中国派遣军》(上),中华书局1984版,第11页。

攻,以另一部兵力从武汉方面进攻,击溃敌中央军主力,攻克重庆,占领四川省。在上述作战期间,以最少限度的兵力维持和确保现有占领区。作战指导应同对重庆的政治谋略工作密切结合。"①并演变为独立的四川作战,目的"在于歼灭敌中央军主力,同时占领四川省要地,借以摧毁敌方的抗战根据地,迫使重庆政权屈服或崩溃"②。并拟分三期作战,自1943年春季开始,日军一路自山西突破黄河防线进入陕西,沿渭河南北发动攻势,攻占西安,然后兵分两路,北上攻占延安,西占宝鸡,南下控制汉中,攻占四川省北部广元地区;另一路自河南开封向西南进攻老河口,沿汉水西进安康地区,并越过大巴山进至四川省北部达县地区;同时,第三路日军自湖北宜昌沿长江两岸溯江而上,进占四川东部万县地区。当三路日军全部到四川北部、东部和东北部,并形成对成都、重庆正面包围进攻态势后,结束第一期作战。经过短暂休整后,立即转入第二期的进攻,预定作战大致需两个月。北部日军由广元向南发动攻势,经绵阳攻占成都,东北部日军由达县向西南发起攻势,策应其他两路日军对成都、重庆的进攻,东部日军则发动攻势进击重庆。第三期作战为巩固作战战果,将一部兵力向所需方面作战,消灭中国军事力量,并扫荡抗战基地。

1942年9月3日,参谋总长杉山和陆相东条一起,就进攻重庆的五号作战问题上奏天皇。天皇对抽调南方兵力存有疑虑,在得到总长自信的答复后,五号作战计划被批准实施。于是,大本营就实施对重庆作战准备以总长指示向中国派遣军总司令官发出"大陆指第1252号",中国派遣军总司令官应即按附件五号作战准备纲要实施对四川作战准备,并要求严格保密③,并于4日传达给中国派遣军总参谋长河边中将。同时,"大陆指第1252号"附件中进一步制定《五号作战准备纲要》,指出本次作战的方针是:"为求得迅速解决中国事变,预定将实施五号作战,目前应在可能范围内进行作战准备。"④随即日军开始了秘密的重庆作战准备。但不久,日军在南太平洋作战中遭到惨败,不得不推迟准备。12月以后,受南方作战不利形势的牵制,最终因兵少力支绌,无法

---

① 日本政府防卫厅防卫研究所战史室:《昭和十七、八年的中国派遣军》(上),中华书局1984版,第21页。
② 同上书,第34页。
③ 《日本军国主义侵华资料长编》(中),四川人民出版社1987年版,第555页。
④ 同上。

按照原定计划实施大规模的屈服重庆政权的地面作战,"重庆作战"遂成空中楼阁。至此,陆军统帅部和中国派遣军准备的重庆攻略作战,在三个月时间内昙花一现,兵力南调并陷入南方战场难以脱身。而日军航空部队重点用于太平洋战场与美军的作战,再也无力发动对中国内地的大规模轰炸行动,只能对重庆等后方城市进行有心无力的小规模零星轰炸。

表 2—7　四川省敌机行动统计表(1942 年)[①]

区分\月份	进袭次数	敌机架数	起航地点(架)			行动概况(架)				
			宜昌	武汉	运城	作战	轰炸	侦察	运输	调动
1	5	5	5					5		
2	1	1	1					1		
3	1	1	1					1		
4	6	6	6					6		
5	4	4	3	1				4		
6	1	1	1					1		
7										
8	3	3			3			3		
9	10	11		6	5			11		
10	15	17		10	5			15		
11	6	6		4	2			6		
12	2	6		6				6		
合计	54	59	17	27	15			59		

由表 2—7 可见,1942 年日机不但进袭次数减少,而且飞机架数也比往年减少很多。与此同时,日机飞临四川亦没有投掷一弹,只是进行侦察活动。其主要原因是日本"自偷袭珍珠港发动太平洋战争后,特将其停驻我国之飞机——尤其是长距离海军轰炸机,抽调一空,以应西南太平洋方面之需要"[②],已无力发动对内地的大规模空中攻击;加上中国空军力量和防空设施增强,日军也不敢轻易侵入以重庆为中心的大后方。

1943 年,世界反法西斯战争形势发生重大变化,在苏德战场、北非战场和太平洋战场相继出现转折点。"日本的陆海军与日本本土断绝了联络,兵员、

---

① 航空委员会防空总监部编印:《民国三十一年度全国空袭状况之检讨》附表,成城出版社录印。
② 同上书,第 1 页。

武器、粮食等的补充均不足,到处展开了玉碎战。"①国民政府的防空力量逐渐增强,美英等国也加大对中国的援助,致使日本不敢像以前一样肆无忌惮地空袭重庆。年内,日军虽不时对重庆周边地区进行轰炸,其中2月份1次,16架投爆炸弹28枚,死亡13人、伤17人,损毁房屋271间。3月份1次,27架投爆炸弹70枚,死亡41人、伤51人,损毁房屋57间,民船28只。5月份2次,18架敌机投弹126枚,死亡7人、伤12人,损害34人。6月份1次,13架投弹40枚,死亡10人伤8人,炸毁房屋4间。8月份4次,95架投爆炸弹106枚,燃烧弹62枚,死亡53人、受伤102人,炸毁房屋1441间,轮船3艘,汽艇1只。但对重庆市区的轰炸只有8月23日1次,其余时间都是对川东地区万县、梁山等地的空袭②。

"抗战以来,敌寇满以为空军威力可以慑服中国,故调遣大量飞机,发动空中攻势,企图一举而消灭我国民抗战意志,而完成其侵略目的,因之,敌空军侵袭战略,遂一贯的以政略轰炸为主,战略轰炸为副!"③六年半的轰炸,不但没有达到其摧毁抗战大后方人民的抗战意志、迫使重庆国民政府屈服投降的目的,反而增强了中国人民同仇敌忾的精神。日军的战略轰炸最终以失败而宣告结束。

第三节　日军轰炸重庆的主要战术

日军对重庆的轰炸,一般以多架飞机组成编队(有时3架,有时9架,有时27架)分批次实施攻击,其中海军航空部队配备有60公斤、250公斤、300公斤、800公斤陆用炸弹和九八式7番6号燃烧弹、陆军100式50公斤燃烧弹。陆军航空部队主要配备50公斤、100公斤和250公斤炸弹和陆军100式50公斤燃烧弹。最多使用的是60公斤和250公斤炸弹,而800公斤的炸弹则是当时世界上威力最大的炸弹之一,可以破坏高层建筑。一般情况下,日机到达空

---

① ［日］重光葵:《日本侵华内幕》,解放军出版社1987年版,第371页。
② 航空委员会防空处编:《民国三十二年度至三十四年度全国空袭状况之检讨》,中国国民党党史馆,档案515－592。
③ 航空委员会防空总监部编印:《民国三十一年度全国空袭状况之检讨》,成城出版社录印,(序)第1页。

袭区域,先派一架飞机飞至市区上空,一架飞至中国机场上空,以侦察中国空军起飞状况。如中国飞机已经起飞,日轰炸机即盘旋他处,待中国飞机油尽补充时,日机才一举侵入市空投弹①。日军轰炸各目标时,一般由指挥机瞄准投弹,他机即随之而投;投弹采取梯形方式进行;投弹前、投弹中、投弹后的情况,皆详细拍有照片带回,以作下次轰炸之参考。

对重庆的轰炸,从"五·三"、"五·四"轰炸开始,就具有典型的无差别轰炸的性质。正如前田哲男所言,"以重庆为开端的无差别地域轰炸的战法,转瞬之间变换了人与战争的关系,它不仅体现在高空轰炸造成大量人员的死亡,抹杀了前线与后方的界线,更深层次的是把人与战争的关系转换成完全不同的另类形态。"②"没有肉体与肉体的碰撞,也没有充满杀意的视线,完全是机械化杀人的世界,人们连看到杀人者面孔的机会都没有就死去了。空中的投弹者们也欠缺杀人的感觉,痛苦的面孔、求助的哀号、烧焦肉体的恶臭都不会传递到飞机上的士兵们,这是极端失去知觉的战争行为,是产生极大落差的杀戮世界,也孕育出未来战争的新的战法。"③

在这种无差别轰炸的背景下,日本"空军对各种战略战术之运用,无不以其袭击目标,以及我方防御力量如何而决定"④。根据战时国民政府防空委员会的分析检讨,日军在轰炸中使用的战术包括集团袭击、连续轰炸、回航轰炸、掩护轰炸、分进合击、诱导轰炸、照明攻击、低空扫射、疲劳轰炸、心理攻击、空中游击、蒙混轰炸、毒气轰炸,等等⑤。

一、地毯式轰炸

地毯式轰炸,顾名思义就是大面积的密集型轰炸,即对目标地区进行大面积盲目轰炸,像耕地一样把目标区的整个土地翻个身,希望能一个不剩地将敌方全部消灭。此种轰炸不仅可以大面积地杀伤对方,而且持续不断的爆炸声对于动摇抗战意志,涣散对方的军心、民心会产生一定的影响,轰炸造成的心

---

① 四川省档案馆编:《川魂——四川抗战档案史料选编》,西南交通大学出版社2005年版,第19页。
② 前田哲男著、王希亮译:《从重庆通往伦敦、东京、广岛的道路——二战时期的战略大轰炸》前言,第12—13页。
③ 同上书,前言第13页。
④ 航空委员会防空总监部编印:《民国二十九年度全国空袭状况之检讨》,成城出版社录印,第19页。
⑤ 航空委员会防空总监部编印:《民国二十八年度全国空袭状况之检讨》;《民国二十九年度全国空袭状况之检讨》;《民国三十年度全国空袭状况之检讨》,成城出版社录印。

理影响比造成的物质破坏更为严重。因此,地毯式轰炸不仅是一种大规模杀伤的战术,也是一种心理战术。

为了确保对重庆的全面轰炸,日军早在轰炸之前,就将重庆划分为 A、B、C、D 等轰炸区域,并逐次加以轰炸;区与区之间连接处,日机还要重复轰炸,以免脱漏①。其中 A 区是嘉陵江对岸的江北地区,B 区是城内东半部,D 区是城内西半部等。据参加 1940 年"101 号作战"的鹿屋航空队分队长岩谷二三男大尉回忆:"6 月上旬之前的攻击专门瞄准飞机场和军事设施,重庆市内有相当数量的对空炮台,因此我方受害增大,作战指挥部决定对市街地域彻底轰炸。从市街东端开始依次划分为 A、B、C、D、E 区,对各地区进行地毯式轰炸。"②

抗战时期,重庆成为战时首都,许多国家的外交机关聚集于此,又因重庆开埠以来一直是四川省重要的商业中心,这里也集中了很多美英法德等国的公司、教会和医院。日军在实施对重庆的无差别轰炸时,总是打着"攻击重庆市内外军事设施"的旗号,如果炸到外国资产时,就宣称是"误炸"。

在抗日战争的前期,日军不希望与欧美各国发生正面冲突,特别是海军在攻击南京时有过误炸、炸沉美国炮舰"帕内号",造成日美关系紧张的教训,由此日军特别注意不能把第三国公使馆、领事馆作为攻击对象。因此在轰炸重庆时,海军航空队命令书中第一项明确指示:"轰炸时注意不要危及第三国的权益",重点是对中国人居住的"全部市街"制造没有限度的恐慌。因此,为了避免与第三国产生纠纷,日军海军轰炸重庆时制定对中国人和对第三国的"双重标准",即一面顾忌维护美英权益的国际法,一面以中国人和城市为对象进行违反国际法的狂轰滥炸。日军实行对中外的两种轰炸标准,也带有一定的战略的考虑,其实质就是企图通过对中国的无差别轰炸,迫使中国政府妥协投降,然后再与苏联、美国等其他国家开战。

"双重标准"的轰炸在执行中是很困难的。正像参加轰炸重庆的鹿屋航空队分队长岩谷二三男大尉所讲,在军政民混居的首都重庆,要想避开第三国权益的所在地事实上是不可能的③。特别是市中区旧城的 B、D 区,弹着点无论

---

① 四川省档案馆编:《川魂——四川抗战档案史料选编》,第 18 页。
② 前田哲男著、王希亮译:《从重庆通往伦敦、东京、广岛的道路——二战时期的战略大轰炸》,第 181 页。
③ 同上书,第 182 页。

如何难以避开第三国权益地区。不仅如此,轰炸高度又要考虑中国空军的迎击和地面炮火,要尽量在较高位置投弹,所以这一方针对于飞行员来讲,如同烧山偏要留下杉树一样,是难以实现的命令①。

尽管日本方面一再要求在轰炸中要尽量避免对第三国权益的损害,但日军实施的地毯式轰炸,又不可避免地会造成对第三国权益的破坏。为此,日本政府于1940年6月14日,发出有田书简,单方面划定所谓安全区,劝告各国在重庆的国民撤退到安全区。这实际上是明目张胆地宣布对重庆实施更大规模的无差别轰炸。

地毯式轰炸给重庆带来灾难性的后果。"敌机漫无目标的狂炸,使我万千同胞骨肉横飞,使我数十万城市居民流离失所,使我百万间的崇楼杰阁化为丘墟。"繁华市区,顿成焦土,据1940年6月美联社观察,全市的建筑物有20%全毁,80%受到不同程度的损害,没有一条市街未受到损害。商店有80%—90%停业。物价猛涨,人们不得不在防空洞里躲藏六七个小时,通风不良,患病者增多②。轰炸同时也给部分市民造成了严重的心理恐惧,但从总体而言,并没有造成大批市民的恐慌。

二、突袭轰炸

"突袭轰炸"也称"傍晚偷袭轰炸",此战术与《孙子兵法》所道"攻其无备,出其不意"如出一辙,即行动出乎人的意料。1938年年底,日军即开始实施以重庆为轰炸目标的"100号作战",由于国民政府加强了重庆的积极防空,特别是雾季的到来,日军在1939年年初进行了几次白天轰炸以后,就基本上停止了对重庆的进攻。但是,日军第一飞行师团为了集中攻击重庆等主要目标,从2月下旬又开始进行充分的准备,除补充装备和进行远距离飞行外,还故意减少空袭次数,采用麻痹战术。进入5月以后,日军对重庆市区的轰炸在停顿三个多月后,终于在突然袭击中重新恢复。5月3日、4日两天,日军空军以突袭战术连续轰炸重庆,制造了震惊中外的血腥大屠杀——"五·三"、"五·四"轰炸。

1939年5月4日,日机在傍晚6时20分偷袭重庆。日机首次选择在傍晚

---

① 前田哲男著、王希亮译:《从重庆通往伦敦、东京、广岛的道路——二战时期的战略大轰炸》,第185页。

② 同上书,第200—201页。

偷袭轰炸重庆,一方面是为了减少损失,另一方面是此时在重庆上空待命的中国飞机数量减少。因中国方面十数架战斗机早已在上空待命,但由于过早升空耗费了燃料,中国飞行员又缺乏夜间航行的经验,所以失去了头一天顽强阻击的充裕时间。利用地面高射炮击退敌机的计划也未能实现,因为日本飞机保持5000米的高度,小型的高射炮只能隔靴搔痒①。这种傍晚偷袭轰炸战术,是趁我方不注意,突然进行攻击,投完炸弹立即就逃逸,既轰炸目的地,又减少损失。因此,日机在以后几个月的轰炸中改变战术,多选择在傍晚、月夜或凌晨侵入重庆上空,以尽量逃避中国空军和地面高射部队的打击,最大限度地达到破坏的目的。

突袭轰炸的战术在以后的轰炸中还多次使用。如1941年6月5日的轰炸,因在1940年8月日军投入"零式"战斗机后,完全控制了重庆上空的制空权,此后日军便毫无顾忌地进行白天轰炸,但在6月5日,日军突然改变轰炸战术,在一个雨后初晴没有月光的黑夜,对重庆实施了突然袭击,结果造成了震惊中外的大隧道窒息惨案的发生。

三、欺骗轰炸

为减少轰炸损害,国民政府一方面在重庆市区周边增设迁建区,一方面将大量市区的人口疏散至乡下或各区县,而滞留市区的人员则躲避于防空洞中。日军见轰炸效果甚微,于是进行虚假宣传,谎称不轰炸该地区,诱骗群众前往躲避,然后再图攻击,实现大屠杀的目的。1940年8月3日,日军出动36架飞机狂炸铜梁,投弹250余枚,其中有多达100多枚的燃烧弹,致使铜梁县城成为一片火海,财产损失巨大②。"盖敌人残暴成性,素不知信义人道为何物,决无将其轰炸地点,明白告人之理,况敌人狡计百出,过去所谓不炸某地而事实适得其反者,比比皆是。在不久以前,敌人亦曾声称,重庆以外之城市皆不炸,但最近合川、铜梁、广安、綦江、南川、涪陵、隆昌等县,莫不被炸,可知敌人宣传之荒诞。"③

回航轰炸也是一种欺骗轰炸,如1940年7月5日,日机90架分三批轰炸

---

① 前田哲男著、王希亮译:《从重庆通往伦敦、东京、广岛的道路——二战时期的战略大轰炸》,第104页。
② 徐朝鉴、王孝询主编:《重庆大轰炸》,第191页。
③ 《敌机昨袭铜梁,防空部斥敌荒诞宣传,空袭时市民应避入洞》,《国民公报》1940年8月4日。

重庆,其第二批日机26架于中午12时44分经綦江西飞,12时47分到达江津,13时05分在荣昌盘旋,14时07分又回永川,14时16分折回綦江投弹。其用意十分明显,"以为我綦江居民,猜度敌机回航投弹已罄,乃趁我防护管制稍形松懈之时,忽然折返投弹"①。此外声东击西进行轰炸亦属欺骗轰炸,即忽东忽西,即打即离,制造假象,引诱对方作出错误判断,然后乘机进行轰炸的战术。此种战术有混淆视听、出其不意掩其不备之效。日军为达到给重庆致命一击的轰炸效果,有时采用此种战术,一部分日机在郊外盘旋投弹,另一部分则窜入市空进行轰炸。

四、夜间不定时轰炸

进入夏季,天气晴朗,重庆上空的浓雾慢慢散去,尤其傍晚以后,皎洁的月光成为日机攻击重庆的"义务探照灯"。因此,夜间不定时轰炸也称为月光轰炸。此种轰炸战术尤以1939年使用较多(表2—8)。

从表2—8看,1939年日机多选择夜晚轰炸重庆,主要分两个大的时间段,

表2—8 1939年度日军空袭后方城市时间频度表②

单位:架、次

地点 \ 机数与次数	0—6时 机数	0—6时 次数	6—12时 机数	6—12时 次数	12—18时 机数	12—18时 次数	18—24时 机数	18—24时 次数
重 庆	255	24			63	2	314	22
成 都	18	1	54	2			27	1
兰 州	48	4	292	8	113	6	9	1
桂 林			120	9	79	4		
梆 州	36	4	95	8	215	11		
西 安			309	24	154	12	5	1
贵 阳			18	1				
昆 明					23	1		
衡 阳			162	15	100	8		
合 计	357	33	1050	67	747	44	355	25

---

① 航空委员会防空总监部编印:《民国二十九年度全国空袭状况之检讨》附表,成城出版社录印。
② 同上。

一是下午 6 时至晚上 12 时,日机共 22 次 314 架轰炸重庆;二是午夜至次日凌晨 6 时,24 批次共 255 架日机轰炸重庆。因为此时人们的警惕性降低,而且状态低迷,尤其是经过白天一整天的精神高度紧张后,人们在夜间就容易放松。日机选在晚上攻击,就是为了让重庆市民不能得到休息,同时又进行不定时的轰炸,让市民不知道什么时候就会突然来袭,使人们的精神高度紧张,整晚都不能安睡。日本就是想利用此种战术,摧毁重庆市民的抗战意志,企图达成使国民政府屈服的野心。

五、疲劳轰炸

1941 年日本调走大量飞机进行南方作战,于是对重庆的轰炸主要采取以批次多、时间长为特点的"疲劳轰炸"战术,即以小批机群持续轮番实施骚扰和间歇性轰炸。其目的在于通过持续的轰炸,使重庆人民无法进行正常的工作、生产及生活,使战时首都陷入全面瘫痪,从而实现其"以炸迫和"、"以炸迫降"的战略目的。这种不分昼夜出没在重庆上空的隆隆轰鸣和投掷的炸弹,迫使人们只好躲在防空洞里的战术,日军飞行员称为"收拾重庆日课"或"重庆定期",也称"神经轰炸",中国方面称之为"疲劳轰炸"[①]。

1941 年 6 月 5 日傍晚发生的震惊中外的"较场口大隧道窒息惨案",便是日军实施疲劳轰炸战术造成的悲剧。从 6 月到 8 月,日军经常在一天之内分多批对重庆进行空袭,如 7 月 7 日,日机 41 架分两次共六批轰炸重庆及其周边地区,其中有五批轰炸重庆市区,多则 17 架飞机,少的只有 3 架,轮番在重庆投弹,空袭警报时间长达 6 小时 49 分。8 月,疲劳轰炸达到白热化的程度,从 8 月 8 日到 8 月 14 日,日机对重庆的轰炸"昼夜不停者,曾达一周,在此一周内,寇机均循湘西湘北及鄂西川东而来,空袭频繁,前所未有"[②]。"自 8 日起至月底,敌机不分昼夜轰炸重庆,无六小时以上之间隔,市内饮水与灯光皆断,市民断炊失眠"[③]。

---

① 前田哲男著、王希亮译:《从重庆通往伦敦、东京、广岛的道路——二战时期的战略大轰炸》,第 175 页。
② 航空委员会防空总监部编印:《民国三十年度全国空袭状况之检讨》,成城出版社录印,第 1 页。
③ 周开庆:《民国川事纪要》,四川文献研究社 1972 年印行,第 156 页。

表 2—9　1941 年 8 月日机轰炸重庆市区次数及空袭警报时间表①

轰炸日期	轰炸次数	每次空袭警报时间	空袭经过时间总计
8月8日	2	(1)13:16—15:40;(2)0:45—2:00	3 小时 39 分
8月9日	2	(1)7:48—9:55;(2)11:27—15:25	6 小时 05 分
8月10日	4	(1)6:48—11:45;(2)14:05—16:05 (3)17:45—19:24;(4)20:50—01:12	12 小时 58 分
8月11日	3	(1)6:55—16:00;(2)14:43—16:10 (3)0:34—4:59	14 小时 57 分
8月12日	3	(1)7:25—9:35;(2)11:27—13:05 (3)15:04—16:42	5 小时 26 分
8月13日	2	(1)3:55—7:09;(2)7:10—14:54	10 小时 58 分
8月14日	3	(1)1:41—3:38;(2)4:56—6:44 (3)10:56—14:12	8 小时 01 分

日军实施疲劳轰炸，目的仍是"在达成种种幻想而欲使我屈服。(1)摧毁我大后方之生产力;(2)打击我抗战民众之坚韧性;(3)动摇我抗战司令台重庆之安定与强化力"②。日军对重庆的疲劳轰炸虽然给广大市民造成了重大的影响,但其战略和战术的目的并没有实现。

此外,日机在轰炸重庆时,还经常采用集团袭击、照明攻击等战术。集团袭击战术主要是在初期轰炸中使用。此时日军尚没有完全控制重庆上空的制空权,由于日军顾虑重庆上空中国空军和高射部队的攻击,日机一般先在市区外围高空集结,然后再轮番侵入市空。在 1940 年 5 月下旬,日机 46 架至 99 架不等分两到三批飞抵涪陵或长寿上空后即辗转飞行,以待次批到达后,再集结侵入市空实施轰炸。再如连续轰炸,只要天气条件允许,日军即连续不断实施轰炸,1940 年 5—8 月,日军对重庆就实施了连续轰炸,"几无日中断"③。照明攻击战术主要是在夜间轰炸中使用,由于重庆实施灯火管制,在日机侵入重庆市区时,城市一片漆黑,日军为提高投弹命中率,以一架飞机先在市区投照明弹若干(照明时间约五分钟),然后轰炸机群随即跟进在照明区内投弹。

---

　　① 《重庆防空司令部办公室调制重庆空袭损害统计表(1943 年 3 月)》之(3)《重庆空袭次数总表(1938—1941 年)》。
　　② 航空委员会防空总监部编印:《民国三十年度全国空袭状况之检讨》,第 19 页。
　　③ 航空委员会防空总监部编印:《民国二十九年度全国空袭状况之检讨》,第 14 页。

第 三 章

日机轰炸重庆的过程与特点

　　为了摧毁大后方人民的抗战意志,迫使国民政府妥协投降,自武汉、广州失守至太平洋战争爆发,日军航空部队对中国大后方先后发动实施了5次航空进攻作战。第一次,1938年12月24日至1939年2月末,主要针对重庆和兰州进行了轰炸。第二次,1939年10月1日至31日,轰炸目标除四川各要地外,尚有西安、宝鸡、洛阳、平凉、延安等数十处。第三次,1939年12月10日至31日,主要攻击目标为兰州,使用飞机百余架。第四次,1940年4月29日至9月10日,主要攻击目标为重庆市和四川省,重点是重庆市,其他包括成都、梁山、自流井、万县、奉节、合川、涪陵、乐山、泸县等。第五次,1941年8月至9月,主要目标为军品生产工厂,对重庆实施疲劳轰炸。[①]

　　对重庆及其周边地区的轰炸,自1938年2月18日首次空袭巴县广阳坝(今南岸区广阳坝)机场起,至1944年12月19日最后一次对梁山(今梁平)、万县(今万州)、开县进行轰炸止,轰炸时间长达6年零10个月。其过程大致可划分为三个阶段:第一阶段,1938年2月至1939年1月为日军的试探性轰炸阶段,目的是通过空中侦察和试探性进攻,了解重庆的地理环境和防空力量;第二阶段,1939年5月至1941年8月为日军的大规模轰炸阶段,是日军对重庆轰炸最集中和严重之时期;第三阶段,1941年9月至1944年12月为日军零星轰炸阶段。自1941年9月后,因日美关系日益紧张,日本陆海军航空部队大批南调,全力准备发动太平洋战争,基本结束了对重庆的大规模空袭,只

---

　　① 关于日军实施的5次航空进攻作战的时间,根据《支那方面航空作战记录》,第一复员局1947年2月,第43—82页。

剩下一些零星轰炸。1944年12月最后一次空袭重庆，日机对重庆及其周边地区的轰炸终于结束。

日本陆海军航空部队对重庆的轰炸，持续时间之长、次数之多，造成人员伤亡和财产损失之惨重，不仅居于中国各大城市的首位，而且在世界反法西斯各国城市中也排在前列。关于日军轰炸重庆及其周边地区的过程，在此前的一些论著中已有较详细的论述，但由于大量档案和文献资料记载的分歧和矛盾，史实不清、史实不明的情况普遍存在，本章的重点在于通过对各种档案文献资料的比较分析，对轰炸史实进行具体的考证。

需要说明的是，考证依据的基础资料是重庆市档案馆馆藏重庆防空司令部档案的"重庆市防空司令部调查日机袭渝情况暨伤亡损害概况表"，其内容包括敌机经过路线（窜入路线、逸去路线）、空袭次数、被炸弹区次数（即遭到轰炸地区的被炸次数）、警报时间（空袭、紧急、解除、经过时间）、敌机架数、投弹地点、投弹种类枚数（爆炸弹、燃烧弹）、人员伤亡（伤、亡）、建筑物损毁（房屋、交通工具，其中房屋又分栋和间）、施救情形、备考和附记等13个大项；详细内容大多数是轰炸当天调查完成，"每次空袭警报时，即派员分赴市内各防护分团、警察局及空袭紧急救济联合办事处，准备视察联络，及至敌机空袭或解除警报之顷，即已将各区损害概况电话报告本部"[①]。概况表由当时主管重庆防空事务的重庆防空司令部调制而成，是有关重庆大轰炸最基础的材料，具有较高的可信度和权威性，而且保存非常完整，因此相关史实考证和后面一章关于人员伤亡和财产损失的研究均以此为基本史料。需要说明的是，该资料统计的敌机架次是以侵入重庆及监视县进行计算的，由于重庆天气多云雾，有时统计出入较大，投弹数目也是根据调查所得，投入江中或荒郊地区者无从查明，没有列入。同时，考虑到这批材料主要形成于轰炸的当天，关于伤亡损害的调查就很难能够准确，因此，在考证中又广泛综合了日本防卫厅防卫研究所战史室档案、重庆市政府档案、四川省防空司令部档案和航空委员会防空总监部编印的历年《全国空袭状况之检讨》。日本防卫厅防卫研究所战史室档案主要参考了历次"重庆攻击战斗详报"等[②]，重庆市政府档案主要参考了"重庆卫

[①] 《重庆市防空司令部工作报告》(1939年)，中国第二历史档案馆档案802-354。
[②] 此部分资料亦不完整。同时参考《中国事变陆军作战史》等。

成司令部调查敌机袭渝情况暨伤亡损害表",该表是在重庆防空司令部报送材料的基础上,在轰炸数天后调制形成的,其资料的可信度也很高,但由于此种资料并不像前类资料完整,缺失太多,只能作为补充材料。四川省防空司令部档案主要参考历年《四川各地空袭损害统计表》,该表虽然在1941年中没有重庆的记载,但在其他年份和有关重庆周边地区的记载也是重要的参考资料。

第一节 1938年的试探性轰炸

1939年以前,日军"可进行长距离飞行的国产重型轰炸机只有续航距离1500至2000公里的九七重型轰炸机,而且到1938年年底为止仅拥有100架。而武汉到重庆间距800公里,就算续航距离够了,但考虑到重庆上空的战斗时间,往返就很感紧张了"[①]。由于重庆地形地貌的特殊性,日军需要时日对其轰炸目标进行侦察和确认。因此,虽然1938年日军也曾对重庆进行了一定规模的轰炸,但总体而言,还仅仅只是小范围的试探性轰炸。

一、试探性轰炸史实考述

关于1938年日机对重庆及其周边地区的轰炸,档案资料主要有两种记载,第一种是重庆政府1945年根据重庆防空司令部及重庆市警察局所送资料编制调制的《重庆市敌机空袭损失统计》的数据。1938年空袭次数11次,敌机架次165,投爆炸弹95枚、燃烧弹22枚,造成死亡24人、受伤26人,损毁房屋4栋[②]。第二种是1945年2月重庆市防空司令部调制的《历年来渝空袭损害统计表》的数据,空袭次数11次,敌机进袭架次159,投爆炸弹3枚,造成死亡3人、受伤3人,无房屋损毁记载[③]。以下根据档案史料对本年度历次空袭史实略作考述:

[①] 小林文男:《抗战中苦难的重庆》,《重庆文史资料》第30辑,西南师范大学出版社1989年版,第75页。

[②] 《民国二十七年重庆市敌机空袭损失统计》,重庆市档案馆,档案0053-29-260;《二七年度内敌机扰川统计》,《国民公报》1939年1月13日。

[③] 重庆市防空司令部调制的《历年来渝空袭损害统计表》(1945年2月),重庆市档案馆,档案0044-1-14。

1月30日,日机首次袭扰四川,出动侦察飞机3架,在梁山一带侦察,重庆市第一次发布空袭警报①。

2月18日,日机9架自宜昌方向循长江西飞,首次空袭距重庆下游46里之广阳坝。据重庆市防空司令部当日调查,日军投"爆炸弹14枚",具体中弹地点有"广阳坝、汽船码头、机场右前方、莲池湾无线电台、陈家小学堂院子、桥头嘴、小河边、干塘堰"八处,造成3人受伤,房屋损毁3间②。但重庆防空司令部在1941年的统计中,曾有7人死亡、3人受伤的记载③。由于没有其他材料支撑,只能存疑。

2月21日,日机9架过宜昌循长江西飞,入巫峡、巴东、奉节之间进行侦察,未敢深入即折回东返,重庆发布空袭警报④。

2月23日,日机6架侵入忠县上空进行侦察,市区发出空袭警报⑤。

3月2日,日机数架经宜昌西飞,由巫山侵入奉节、云阳一带,万县发出空袭警报⑥。

10月4日,日机首次空袭市区。据重庆防空司令部调查,日机18架窜入重庆市区,分别在各处投弹,并用机枪扫射平民。共投爆炸弹36枚,具体中弹地点有"牛角沱、菜园坝、天星桥、南坪、三峰山、广阳坝"等10处,造成市民死亡24人,伤23人,损毁房屋2栋⑦。而《国民公报》记者现场的调查,日机在广阳坝投弹50余枚,死男女平民24人,伤39人,市区落3弹,死4人,伤4人,记者的现场调查更加可信⑧。同日,日机28架轰炸梁山,共投爆炸弹212枚,

---

① 《重庆防空司令部调制重庆空袭损害统计表》(1943年3月)附表《重庆空袭次数总表》(1938—1941)。
② 《重庆市防空司令部调查2月18日敌机袭渝情况暨伤亡损害概况表》。
③ 《重庆防空司令部调制1938年监视县空袭损害统计表》和《重庆防空司令部制有关年辖区空袭损害统计表》之空袭损害统计表(1941年)均统计为7人死亡、3人受伤。
④ 《寇机昨又飞川境,过宜昌时本市发出警报》,《国民公报》1938年2月22日。
⑤ 《昨日气候恶劣,又传敌机将袭渝,午后一时发出警报,历四十分钟解除》,《国民公报》1938年2月23日。
⑥ 《敌机九架屡图袭川,昨又飞至云阳奉节,雾阻折回渝未发警报,万县城闻清晰机声》,《国民公报》1938年3月3日。
⑦ 《重庆市防空司令部调查10月4日敌机袭渝情况暨伤亡损害概况表》。
⑧ 《渝市区首遭空袭,来往皆炸广阳坝投弹多枚,牛角沱一弹爆发死伤八人》,《国民公报》1938年10月5日。

造成2人死亡,10人受伤,民房损毁16间①。《防空月刊》表册记载为18架日机在梁山投弹212枚,造成5人死亡40人受伤,损毁房屋16间②。

10月5日,日机18架侵入石柱、奉节,因雾大仍沿来道折返,市区发出空袭警报③。在梁山投弹30余枚,伤2人,毁民房3院④。

10月8日,日机18架首次夜间偷袭重庆。市区早晨4时15分发布空袭警报。随后日机袭击成都后转袭重庆,在高射炮火的拦击下未能进入市区。在广阳坝投弹3枚、江北鱼嘴沱投弹2枚⑤。

10月11日,日机12架首次轰炸万县县城,投弹12枚,毁房400余间,江轮、木船受损,市民死伤多人⑥。

10月21日,日机18架空袭轰炸梁山机场,殃及机场北郊大坟垴、王家老院子一带,毁房9间⑦。

10月22日,日机18架袭梁山,在机场及附近投弹104枚,农民被炸死4人、炸伤14人⑧。在折返万县分水镇赶场坝投弹1枚,炸伤学生1人。⑨ 重庆发布空袭警报。

11月5日,日机九架轰炸梁山,投弹约30枚,炸毁房屋3栋,炸伤农民2人⑩。重庆发布空袭警报。

11月8日,日机18架袭扰重庆,防空司令部两次发布空袭警报。是日日机首次轰炸成都,在返回途中1架日机在广阳坝投弹3枚⑪。

12月26日,日军航空兵团第一飞行团22架重型轰炸机空袭重庆,因重

---

① 中共梁平县委党史研究室编:《梁平县抗战资料选编》,中国文史出版社2008年版,第75页。1952年12月,四川省梁山县改名梁平县。
② 《民国二十七年度四川各地空袭损害统计表》,《防空月刊》第2卷第4期。
③ 《寇机十八架,昨图袭川未逞,飞至奉节因雾大折回,本市正午发空袭警报》,《国民公报》1938年10月6日。
④ 《第十行政专员公署为日机"一〇·五"袭梁致省政府主席王陵基电》,中共梁平县委党史研究室编:《梁平县抗战资料选编》,中国文史出版社2008年版,第124页。
⑤ 《渝市警报》,《新民报》1938年10月9日。
⑥ 万县志编纂委员会编:《万县志》,四川辞书出版社1995年版,第546页。
⑦ 中共梁平县委党史研究室编:《梁平县抗战资料选编》,第76页。
⑧ 同上。
⑨ 《四川各地二十七年空袭损害统计表》,四川省档案馆,档案41-6151。
⑩ 同上。
⑪ 《渝市昨饱受虚惊,两度警报》,《国民公报》1938年11月9日。

庆浓云迷雾,日机第 60 飞行战队 12 架未能确认目标,放弃攻击。日机第 98 战队 10 架则对市区进行推测投弹轰炸,未造成伤害。这是日军档案记载的第一次对中国内地的攻击、但无成果的报告①。但前田哲男一书中认为"中方也没有损害报告"是不准确的。据四川省档案馆档案,当天日机 29 架重型轰炸机空袭重庆。合川被炸,投弹 28 枚,炸毁房屋 6 栋,伤 2 人②。另据《防空月刊》第 2 卷第 4 期《民国二十七年度四川各地空袭损害统计表》,也有日机 9 架轰炸合川的记载,投弹 6 枚,造成 1 人受伤③。

1938 年,日机对重庆及其周边地区袭扰和轰炸共计 14 次,其中重庆市区发布空袭警报 12 次。但从日方相关资料分析,日军正式开始有计划地对重庆等内地城市实施的轰炸,实际上是从 12 月 26 日开始的,而此前的袭扰和轰炸,基本上是属于侦察和训练性质。关于 1938 年日机对重庆及周边地区的轰炸,在四川省政府调制的《四川各地二十七年空袭损害统计表》中也没有任何记载,而在重庆市防空司令部调制的 1938 年渝市空袭损害统计表和监视县空袭损害统计表中,对重庆市的轰炸只有 1 次,15 架日机投爆炸弹 3 枚,造成 3 死 3 伤,毁房 3 间④,对监视县的袭扰和轰炸 4 次,63 架日机投弹 80 枚,造成 21 死 24 伤,损毁房屋 4 间⑤。相关调查统计均有遗漏。

二、轰炸的时空分布及特点

1938 年度日机对重庆地区所进行的袭扰和试探性轰炸,其时间与地域分布之情况如下:

1.时间与地域之分布。日机对重庆地区的袭扰和轰炸,据不完全统计,在时间分布上,其中 1 月份 1 次、2 月份 3 次、3 月份 1 次、10 月份 6 次、11 月份 2 次、12 月份 1 次,在时间分期上明显呈现出前轻(上半年 5 次)后重(下半年 9 次)的态势,与 1938 年下半年日军战略重心的西进和积极策动对战时首都的航空进攻作战正相吻合。在地域分布上,袭扰和轰炸涉及重庆市区(4 次)、巴县(4 次)、梁山(4 次)、奉节(3 次)、万县(2 次)、石柱、忠县、云阳、合川(各有 1

---

① 前田哲男著、王希亮译:《从重庆通往伦敦、东京、广岛的道路——二战时期的战略大轰炸》,第 65—66 页。
② 《四川各地二十七年空袭损害统计表》,四川省档案馆,档案 41-6151。
③ 《民国二十七年度四川各地空袭损害统计表》,《防空月刊》第 2 卷第 4 期。
④ 《重庆市防空司令部调制的 1938 年渝市空袭损害统计表》。
⑤ 《重庆市防空司令部调制的 1938 年监视县空袭损害统计表》。

次)等,均为长江沿岸地区,日机袭扰和轰炸之路线基本是溯长江而上,战略攻击目标是重庆和保卫重庆的两大机场,即巴县的广阳坝机场和梁山县(今梁平县)的梁山机场。

2.轰炸之特点。1938年10月以前,日军还没有占领武汉,日军航空部队对重庆地区主要是一些侦察的袭扰,而在占领武汉之后,日军加紧了对中国内地航空进攻作战的准备。

其一,侦察为主,轰炸为辅。鉴于重庆的地形地貌,有山川大河作屏障,日军地面部队难以有效攻击,在此形势下,日军将空中力量当成了对重庆施加军事打击的唯一手段。但要完成远距离航空作战和轰炸的训练任务,既要了解重庆的地理和气候状况,也要侦察重庆地区重要的政治与军事目标以及重庆地区的防空情况。因此,在1938年的历次袭扰和轰炸中,除了12月26日的轰炸外,其余历次均带有侦察的性质,尽管每次袭扰日机都带有炸弹。并在重庆市区、巴县和梁山、万县等地进行了轰炸,但都属于小规模试探性之轰炸,一击即去,不作滞留。

其二,以空军基地为轰炸目标。为了在轰炸之初削弱中国后方空军的抵抗力量,日军不断对保卫重庆的空军基地进行侦察和轰炸,梁山机场和广阳坝机场成为日机侦察和轰炸的重要目标,分别被轰炸了4次。

12月26日,日机正式开始了对重庆地区战略航空进攻作战,虽然当天的轰炸没有取得预期战果,但却拉开了更频繁、野蛮和大屠杀轰炸阶段的序幕。

第二节 "100号作战"轰炸及其特点

进入1939年后,日军航空部队不甘心于刚刚开始实施的第一次内地航空进攻作战的流产,在1月份,不顾重庆浓云密雾天气,又3次轰炸了重庆,但因天气影响,最终暂时放弃了对重庆的轰炸,转而轰炸兰州。但是,一个更大规模的第二次内地轰炸计划酝酿成熟。随着浓雾渐渐消失,重庆失去了天然的保护屏障。从5月份开始,日军整合其在华陆海军航空力量,对重庆开始了残暴的无差别轰炸。

一、轰炸史实考述

1月7日,日本陆军航空兵第一飞行团的第60战队、第98战队和第12战队共 31 架(中方调查为 21 架①),携带 250 公斤炸弹 24 枚、100 公斤炸弹 57 枚轰炸重庆②。中午 1 时 30 分左右,日军重型轰炸机经湖北境分两批飞临重庆上空,准备轰炸广阳坝和重庆市区,因重庆上空阴云密布,日机只能以长江和重庆金佛山山顶为坐标,从 4000 多米的高空进行了推测轰炸。据重庆防空司令部调查,日机 21 架在巴县土主场、青木关、鱼界滩、璧山蒲儿乡等地投爆炸弹 44 枚,造成巴县 2 人死亡、毁房 1 间,璧山 14 人死亡、毁房 12 间③。

1 月 10 日,重庆大雾弥漫,上午 9 时许,日军第一飞行团第 12 战队、第 60 战队、第 98 战队共 30 架④(中方调查为 21 架或 27 架)分两批空袭重庆。据四川省政府统计,日机 27 架投爆炸弹 10 枚,没有造成人员伤亡⑤。前田哲男依据四川省政府统计资料,认为日军夸大了战果。而实际情况并非如此,据重庆防空司令部调查,日机 21 架在巴县土主场、双河坝、鹿角场、马家岩等 4 处投爆炸弹 53 枚,造成平民 17 人死亡、38 人受伤,损毁房屋 103 间⑥。

1 月 14 日,日机 6 架轰炸万县,投爆炸弹 31 枚,造成 70 人死亡,92 人受伤,损害房屋 45 间⑦。

1 月 15 日,重庆天气晴朗,日军第 12、60、98 战队 29 架⑧空袭重庆市区。国民政府所在地国府路以及曾家岩、学田湾、中四路、三门洞街及江北青草坪、刘家台、溉澜溪、陈家桥、人和镇等地遭受轰炸。四川省政府统计,日机 27 架投弹 9 枚,造成 34 人死亡、55 人受伤⑨。但据重庆防空司令部调查,日机投弹

---

① 《重庆市防空司令部调制 1939 年 1 月渝市及监视县空袭损害概况表》、《四川各地二十八年空袭损害统计表》,四川省档案馆,档案 41-6151。
② 日本防卫厅防卫研究所战史室:《中国事变陆军作战史》(征求意见稿)第二卷第二分册,第 189 页;前田哲男著、王希亮译:《从重庆通往伦敦、东京、广岛的道路——二战时期的战略大轰炸》,第 66 页。
③ 《重庆防空司令部调查 1 月 7 日敌机袭渝情况暨伤亡损害概况表》和《重庆市防空司令部调制 1939 年 1 月渝市及监视县空袭损害概况表》。该表统计当日敌机架次为 21 架,投弹 44 枚。而《四川各地二十七年空袭损害统计表》统计当日敌机架次为 19 架,投弹 74 枚,造成 5 死 7 伤,损毁房屋 5 间。架次、投弹数和伤亡兵损害数仍以重庆防空司令部统计为准,但从中可以看出与日方数据的重大差距。
④ 日本防卫厅防卫研究所战史室:《中国事变陆军作战史》(征求意见稿)第二卷第二分册,第 190 页。
⑤ 《四川各地二十八年空袭损害统计表》,四川省档案馆,档案 41-6151。
⑥ 《重庆防空司令部调查 1 月 10 日敌机袭渝情况暨伤亡损害概况表》。而《四川各地二十八年空袭损害统计表》当天有轰炸而无损害统计。
⑦ 据振济委员会运送配置万县总站事后调查,《万县空袭急救处,振会拨准备费万元》,《新蜀报》1939 年 1 月 28 日。《四川各地二十八年空袭损害统计表》记载死亡 47 人,受伤 65 人,房屋损毁 45 间。
⑧ 日本防卫厅防卫研究所战史室:《中国事变陆军作战史》(征求意见稿)第二卷第二分册,第 190 页。
⑨ 《四川各地二十八年空袭损害统计表》,四川省档案馆,档案 41-6151。

共 69 枚，造成人员死亡 119 人、伤 166 名，损毁房屋 38 栋 54 间①。此次空袭是日机轰炸重庆以来死伤人数最多的一次，引起了一定程度的社会恐慌，"至市民惊骇之余，多不疏自散，昨晨起络绎出城者，不绝于途，各机关学校，亦纷纷准备迁徙，以免损害。"②

2 月 4 日，日机 18 架分两批空袭万县。在闹市区投掷炸弹 100 余枚，"其中颇多烧夷弹，当有房屋被炸焚毁，至午后 3 时，火势犹未熄灭，人员死亡损失，异常惨重，死亡平民难民三百余，伤倍之。"③据四川省政府统计，日机投弹 134 枚，市民死亡 229 人、受伤 219 人，损毁房屋 352 间④。这是日军在川东地区首次使用燃烧弹。同日，日机轰炸贵阳也大量使用燃烧弹，炸死炸伤市民 1223 人，毁房 1300 余所⑤。

2 月 6 日，日机 18 架分两批再次袭击万县，投爆炸弹 99 枚，造成 235 人死亡、150 人受伤，损毁房屋 155 间⑥。

3 月 29 日，日机 18 架空袭梁山、万县，重庆发布空袭警报。在梁山县城投弹 100 枚，低空扫射，毁损房屋 2840 栋，死亡 259 人，受伤 286 人⑦。至日机折返万县时，将余弹 1 枚投掷城内文化街，炸毁房屋 6 栋，无人伤亡⑧。

5 月 3 日，日军出动第一空袭部队 45 架⑨（中方调查为 36 架⑩）狂炸重庆。上午 9 时，日本海军 45 架 96 式中型攻击机从汉口机场起飞，以密集队形突袭重庆⑪。轰炸历时 1 小时 50 分钟，明显带有以摧毁城市建筑、设施，轰炸平

---

① 《重庆市防空司令部调制 1939 年 1 月渝市及监视县空袭损害概况表》。另据《国民公报》1939 年 1 月 17 日载，警察局调查，此次轰炸造成 124 人死亡，166 人受伤，又防护团员仍继续挖掘，发现尸体不少。《四川各地二十八年空袭损害统计表》记载损害为 34 死 55 伤。
② 《前日空袭伤亡惨重，全市 28 处被炸死伤 290 人尸体尚续有发现》，《国民公报》1939 年 1 月 17 日。
③ 《寇机昨疯狂肆虐，万县贵阳遭惨炸》，《新蜀报》1939 年 2 月 5 日。
④ 《四川各地二十八年空袭损害统计表》，四川省档案馆，档案 41-6151。
⑤ 贵阳市志编纂委员会编：《贵阳市志·军事志》，贵州人民出版社 1989 年版，第 133 页。
⑥ 《四川各地二十八年空袭损害统计表》，四川省档案馆，档案 41-6151。
⑦ 中共梁平县委党史研究室编：《梁平县抗战资料选编》，中国文史出版社 2008 年版，第 76—77 页。《四川各地二十八年空袭损害统计表》记载为投弹 100 枚，死亡 100 人，受伤 200 人，摧毁房屋 200 间，明显不准确。
⑧ 《四川各地二十八年空袭损害统计表》，四川省档案馆，档案 41-6151。
⑨ 《中支部队（第三舰队）战斗概报》之《战斗概报第 513 号》，日本防卫厅防卫研究所战史室档案。
⑩ 《四川各地二十八年空袭损害统计表》及周开庆编《民国川事纪要》，四川文献研究社 1972 年印行，第 72 页。《重庆防空司令部调查 5 月 3 日敌机袭渝情况暨伤亡损害概况表》统计来袭日机只有 26 架，疑误。
⑪ 前田哲男著、王希亮译：《战略轰炸的思想——从格尔尼卡到重庆、广岛的轨迹》，第 79 页。

民,扰乱城市金融和商业,达到造成更严重的社会恐慌为目的。轰炸重点目标是重庆商业、住宅集中,人口密度最大之一的老城区下半城,以朝天门—陕西街—望龙门—太平门—储奇门一带为中心。日机共投弹166枚,其中爆炸弹98枚、燃烧弹68枚,在对重庆市区的轰炸中首次使用燃烧弹。中弹地点达36处,下半城有19条主要街道被炸成废墟,41条街道被炸起火。此次轰炸共造成人员伤亡1023人,其中死亡673人、重伤350人。炸、焚毁房屋846栋222间,直接损失达国币42万余元①。

5月4日傍晚,日军第一航空部队27架②再度狂炸重庆市区。轰炸目标转移到重庆老城区上半城最繁华的商业中心,共投弹126枚,其中爆炸弹78枚、燃烧弹48枚。又有36处地方中弹,有38条街道被炸,都邮街、柴家巷等10条主要街道全毁尽毁。轰炸造成人员伤亡5291人,其中死亡3318人、重伤1973人,炸、焚毁房屋2840栋963间③,被炸后的市区"七处由轰炸引起的大火很快蔓延开来,全市陷入火焰的包围中"④。滚滚浓烟遮天蔽日,熊熊大火燃烧了近三天才被扑灭。上半城有38条街道被炸,丧心病狂的日军还在投弹时,"除抛掷星月牌毒质纸烟数十包外,并掷有白色棉花,在紫金门外,被一无知小孩拾得,手指顿时红肿,疼痛难忍。敌人之用毒物,残害我无辜民众,已经证据确实。"⑤该区商业集中,物资损失严重,仅都邮街一带被烧毁的绸缎布庄就达15家、绸缎16万多匹;全市37家私营银行、钱庄中的14家被烧毁。驻重庆的英法德使领馆均遭到不同程度的损失。一次轰炸死伤5000人以上,这在人类战争史上还是第一次,也是整个重庆大轰炸中直接死于轰炸人数最多的一次。

另据重庆空袭紧急救济联合办事处报告,在5月份的4天轰炸中,尸体掩

---

① 综合《四川各地二十八年空袭损害统计表》、《重庆防空司令部调查5月3日敌机袭渝情况暨伤亡损害概况表》等资料。重庆防空司令部调查制《敌机空袭各地统计表》(1939年5月),统计当天炸毁房屋918间,震倒房屋150间,房屋损失约值42万余元。重庆市档案馆,档案0053-12-95(二)。

② 《中支部队(第三舰队)战斗概报》之《战斗概报第514号》,日本防卫厅防卫研究所战史室档案。

③ 《重庆防空司令部调查5月4日敌机袭渝情况暨伤亡损害概况表》。重庆防空司令部调制《敌机空袭各地统计表》(1939年5月),统计当日爆毁房屋3259间,震倒房屋544间,房屋损失约值150余万元。重庆市档案馆,档案0053-12-95(二)。

④ 《史无前例的连续不断的猛烈轰炸,接连四次空袭重庆敌都召集已无生气》,《东京朝日新闻》1939年5月6日。

⑤ 《敌机昨续来渝肆虐,十万难民自动疏散》,《新华日报》1939年5月5日。

埋的数量即达到 4755 具(包括因伤致死的 524 具),其数量超过重庆防空司令部对这四天轰炸的死亡统计,其统计的"五·三"、"五·四"轰炸造成人员"死亡 4572 人,受伤 3637 人,炸、焚毁房屋 1949 幢"应更可信[①]。

5月7日,日军第一空袭部队第2飞行机队12架企图夜袭重庆,因天气急变,未能实施[②]。

5月8日,日机18架来袭,重庆空袭警报长达3小时30分[③]。

5月12日,日军第一空袭部队27架从运城机场夜袭重庆[④]。据防空司令部调查,日机在江北县属米亭子、文庙街、杨家渡码头、弹子石及新市区枣子岚垭等20余处地方投爆炸弹65枚,燃烧弹51枚,造成62人死亡、348人受伤,损毁房屋362栋[⑤]。但据重庆空袭紧急救济联合办事处《五月三、四、十二、二五·四日敌机投弹人物损失及救济工作汇报表》,其中伤亡人数略有出入,分别是376人和65人,比防空司令部调查数据略多[⑥]。

5月25日,日军第一空袭部队38架夜袭重庆市区和广阳坝[⑦]。傍晚,日机38架98式重型轰炸机分3批来袭,第一批27架轰炸市区,第二、三批各6架轰炸广阳坝、双河机场等地。据重庆防空司令部调查,日机在市区投爆炸弹91枚、燃烧弹19枚,中央公园、美丰银行、第一模范市场等50多处中弹,人员伤亡十分惨重,死亡139人、受伤708人,建筑物炸毁410间,震坏150间[⑧]。而据重庆市警察局督察处调察股调制的《本市历次空袭损害统计表》统计为日军投爆炸弹99枚,烧夷弹19枚,造成404人死亡、536人受伤,损毁房屋492间[⑨]。

---

① 振济委员会统计室编,《重庆市敌机袭炸损失统计表》(民国二十八年五月份),台湾"国史馆"藏:重庆市局财产损失 302—1440。
② 《中支部队(第三舰队)战斗概报》之《战斗概报第519号》,日本防卫厅防卫研究所战史室档案。
③ 《重庆防空司令部办公室调制重庆空袭损害统计表(1943年3月)之重庆空袭次数总表》。
④ 《中支部队(第三舰队)战斗概报》之《战斗概报第519号》,日本防卫厅防卫研究所战史室档案。《中支部队(第三舰队)战斗概报》之《战斗概报第524号》,日本防卫厅防卫研究所战史室档案。
⑤ 《重庆防空司令部调查5月12日敌机袭渝情况暨伤亡损害概况表》。
⑥ 重庆空袭紧急救济联合办事处《五月三、四、十二、二五·四日敌机投弹人物损失及救济工作汇报表》。
⑦ 《中支部队(第三舰队)战斗概报》之《战斗概报第537号》,日本防卫厅防卫研究所战史室档案。
⑧ 《重庆市防空司令部制有关年辖区遭受空袭损害统计表》(1941年)。重庆市档案馆,档案 0053-12-95。伤亡数据依据重庆空袭紧急救济联合办事处《五月三、四、十二、二五·四日敌机投弹人物损失及救济工作汇报表》作了修正。
⑨ 重庆市警察局督察处调察股调制的《本市历次空袭损害统计表》,重庆市档案馆,档案 0053-12-95(二)。

6月7日,日机36架轰炸万县,投弹25枚,造成2死6伤,损毁房屋92间①。中国空军起飞迎击中一架不幸坠落,造成8人死亡,1人受伤,亦为日军轰炸之间接致死②。

6月9日,日机27架分3批夜袭重庆。在市区临江门、小较场、朝天门、白象街,巴县磁器口和南岸海棠溪等40余处被炸。四川省政府统计,日军投弹69枚,造成12人死亡、21人受伤,损毁房屋92间③。而据重庆防空司令部事后统计,此次轰炸,日机投爆炸弹57枚、燃烧弹20枚,造成25人死亡、19人受伤,建筑物炸毁96间,震坏29间④。

6月11日,日机27架夜袭重庆。据防空司令部调查,在市区和南岸的劝工局街、牛皮凼、通远门、中四路、玄坛庙等近30处疯狂轰炸。投爆炸弹116枚、燃烧弹17枚,造成180人死亡、85人受伤,房屋损毁114间⑤。但四川省政府统计和重庆市警察局督察处调察股调制的《本市历次空袭损害统计表》统计,日机投弹139枚,造成181人死亡、90人受伤,损毁房屋119间⑥。应更为可信。

6月28日,日机27架分三批空袭奉节永安镇,投掷重型炸弹129枚,并以机枪扫射,城区2/3被炸毁,炸倒震垮房屋798间,炸毁、烧毁569间,炸死居民1013人,炸伤1264人,无家可归者1200多人⑦,这是奉节历史上一次罕有的浩劫。

6月30日,日机27架空袭梁平。投掷爆破弹、燃烧弹136枚,轰炸机场、县城、城西乡等地,炸死20人,炸伤50人,损毁房屋450间,造成灾民702人⑧。同

---

① 《四川各地二十八年空袭损害统计表》;重庆市档案馆,档案0295-1-822。
② 重庆市警察局《6月8日伤亡报告》,重庆市档案馆,档案0053-12-95。
③ 《四川各地二十八年空袭损害统计表》,四川省档案馆,档案41-6151。
④ 《重庆市防空司令部为送达1939年4月以后日机空袭重庆损害统计表致重庆市政府代电(1939年)附表〈敌机空袭各地统计表〉》和《重庆防空司令部调查6月9日敌机袭渝情况暨伤亡损害概况表》。
⑤ 《重庆防空司令部调查6月11日敌机袭渝情况暨伤亡损害概况表》(1939年6月11日)。《本市历次空袭损害统计表》统计为投爆炸弹122枚、烧夷弹17枚,造成181人死亡、90人受伤,损毁房屋119间,房屋损失约值五万五千元。重庆市档案馆,档案0053-12-95(二)。
⑥ 《四川各地二十八年空袭损害统计表》,四川省档案馆,档案41-6151。重庆市警察局督察处调察股调制的《本市历次空袭损害统计表》,重庆市档案馆,档案0053-12-95(二)。
⑦ 《奉节县损失情况报告》,四川省档案馆:41-2037;《奉节县志》(方志出版社1995年版,第28页)记载损害情况为死亡813人,受伤909人,损毁房屋1376间。
⑧ 中共梁平县委党史研究室编:《梁平县抗战资料选编》,中国文史出版社2008年版,第77页;《梁山县损失情况报告》,四川省档案馆,档案41-6165。

日,日机还在巫山县投弹2枚,炸伤3人,震倒房屋1栋①。

7月5日,日机约21架分两批夜袭重庆市区及广阳坝。据防空司令部调查,18架日机在市区夫子池、天主堂街、中央公园等20处共投掷爆炸弹26枚、燃烧弹11枚,造成市民42人死亡、71人受伤,炸毁房屋386间,震坏房屋51间②。而重庆市警察局督察处调察股调制的《本市历次空袭损害统计表》统计为投爆炸弹83枚,烧夷弹9枚,造成52人死亡、99人受伤,损毁房屋224间③。3架在巴县广阳坝投爆炸弹8枚,炸伤1人,损毁房3间④。

7月6日,日机约18架分3批再次夜袭重庆市区及广阳坝。12架在市区和南岸的水巷子、地母庙、朝天门、瓦厂湾、海棠溪等20余地,投掷爆炸弹30枚、燃烧弹16枚,炸死市民2人、炸伤92人,炸毁房屋98间,震倒房屋20间⑤。6架在巴县广阳坝投爆炸弹7枚,炸死1人⑥。

7月12日,日机18架于巫山县城区投弹61枚,炸死106人,炸伤168人,炸毁民房105间。⑦ 同日,日机多架轰炸奉节县城永安镇,投弹41枚,炸死5人,炸伤13人,毁损房屋121间。⑧

7月24日,日机18架夜袭重庆市区和江北。据重庆防空司令部调查,日机在镇江寺街、牛皮凼、夫子池、国府路、学田湾、江北刘家台、新槽坊等36处投掷爆炸弹101枚、燃烧弹31枚,造成市民29人死亡、58人受伤,损毁房屋85栋120间⑨。

---

① 《巫山县政府呈报损失情况》,四川省档案馆,档案41-2242。
② 《重庆市防空司令部为送达1939年4月以后日机空袭重庆损失统计表致重庆市政府代电(1939年)附表〈敌机空袭各地统计表〉》,《重庆防空司令部调查7月5日敌机袭渝情况暨伤亡损害概况表》中房屋损毁只有18栋32间,以后统计为准。
③ 《本市历次空袭损害统计表》,重庆市档案馆,档案0053-12-95(二)。
④ 《重庆防空司令部调制1939年7月渝市及监视县空袭损害概况表》。
⑤ 《重庆市防空司令部为送达1939年4月以后日机空袭重庆损失统计表致重庆市政府代电(1939年)附表〈敌机空袭各地统计表〉》。《本市历次空袭损害统计表》统计为投爆炸弹80枚,烧夷弹24枚,造成12人死亡、53人受伤,损毁房屋123间。重庆市档案馆,档案0053-12-95(二)。
⑥ 《重庆防空司令部调制1939年7月渝市及监视县空袭损害概况表》。
⑦ 《巫山县政府呈报损失情况》,四川省档案馆,档案41-2242。《四川各地二十八年空袭损害统计表》统计为投弹61枚,造成106人死亡、59人重伤,损毁房屋105间。
⑧ 《四川各地二十八年空袭损害统计表》,四川省档案馆,档案41-6151。
⑨ 《重庆市防空司令部为送达1939年4月以后日机空袭重庆损失统计表致重庆市政府代电(1939年)附表〈敌机空袭各地统计表〉》。

7月31日,日机18架分两批夜袭重庆市区和广阳坝机场。其中12架在上大梁子、段牌坊、大巷子、守备街、响水桥等市区投爆炸弹33枚、燃烧弹5枚,造成市民6人死亡、5人受伤,损毁房屋8栋14间。另6架在巴县广阳坝机场等地投掷爆炸弹11枚,炸伤2人①。

8月2日,日机18架夜袭重庆市区和巴县广阳坝。12架窜入市区李子坝、李家花园、龙家湾、遗爱祠、南岸中学附近等地投掷爆炸弹74枚、燃烧弹11枚,被炸地区多是居民住宅区域。损失惨重,炸死市民80人,炸伤134人,损毁房屋24栋21间、木船7艘,是本年度6月份以后伤亡最大的一次空袭。另6架袭击广阳坝机场,投爆炸弹14枚、燃烧弹1枚,炸伤1人,损毁房屋3间②。

8月3日,日机18架凌晨分两批夜袭重庆市区和巴县广阳坝。一批9架在市区重庆法国领事馆、顺城街、中一路、四德里、小龙坎等14处地投掷爆炸弹53枚、燃烧弹6枚,造成市民12人死亡、8人受伤,损毁房屋7栋14间。另一批9架轰炸巴县广阳坝,投爆炸弹24枚,致2人受伤,毁房4间③。

8月4日,日机18架分两批夜袭重庆市区和巴县广阳坝。第一批9架侵入市空在大水井、牛角沱、上清寺、大田湾、兜子背河坝等处疯狂投弹,计投掷爆炸弹74枚、燃烧弹7枚,造成市民22人受伤、4人死亡,损毁房屋18栋42间。第二批9架先袭击广阳坝,再侵入市区,在巴县广阳坝投爆炸弹18枚,炸伤1人④。

8月23日,日机26架分两批夜袭重庆。在巴县属之大堰塘、马家岩、周家坡、草树坝、新房子等处共计投掷爆炸弹11枚、燃烧弹2枚,造成市民4人受伤、3人死亡,房屋损毁2栋4间⑤。

8月28日,日机36架分两批夜袭重庆。第一批18袭沙坪坝一带,第二批18架袭迁建区。在茶亭平桥、庞家岩、黄桷堡大公路、南开中学、树人小学、蔡

---

① 《重庆防空司令部调制1939年7月渝市及监视县空袭损害概况表》。而《重庆防空司令部调查7月31日敌机袭渝情况暨伤亡损害概况表》只对市区轰炸进行了统计。
② 《重庆防空司令部调制1939年8月渝市及监视县空袭损害概况表》。而《重庆防空司令部调查8月2日敌机袭渝情况暨伤亡损害概况表》只对市区轰炸进行了统计。
③ 同上。
④ 同上。
⑤ 《重庆防空司令部调查8月23日敌机袭渝情况暨伤亡损害概况表》。

家湾、土湾、龙洞岩、土桥街山坡、陈家湾、龙井湾草浦、滴水岩、川王庙、沙坪坝、庙湾 15 处投爆炸弹 92 枚、燃烧弹 10 枚,造成 33 人死亡、47 人受伤,损毁房屋 42 栋 95 间①。当日,蒋介石与印度国民大会党领袖尼赫鲁会谈,因日机反复空袭,在会谈过程中,曾经三度避入防空洞避难②。

8 月 30 日,日机 24 架分两批夜袭重庆和南川。第一批 18 架在巴县白市驿机场、禹王庙后街、东仁井、衙门口正街、文昌宫、广阳坝机场等地投掷爆炸弹 108 枚、燃烧弹 43 枚,炸死 24 人、炸伤 29 人,房屋损毁 32 栋 62 间③。第二批 6 架在南川鸣玉镇投爆炸弹 1 枚,曹炳康一家 11 口人,5 死 6 伤,无一幸免。

9 月 1 日,日机 20 余架夜袭重庆、万县、梁山。在巴县广阳坝,投爆炸弹 28 枚,造成 2 死 1 伤,毁房 8 间④。在万县投爆炸弹 18 枚,造成 58 人死亡、78 人受伤,房屋损毁 51 间。27 架分 3 批空袭梁山县城、机场、城西乡、天竺乡、屏锦镇、和亲乡、万善乡,投掷爆破弹 285 枚、烧夷弹 5 枚,炸死 2 人,炸伤刘廷忠等 15 人,炸毁民房 158 间,造成灾民 372 人⑤。

9 月 3 日,日机 54 余架(或说 36 架⑥)分批夜袭重庆。在巴县地区土湾、中央广播电台、军政部纺纱厂、大岩口、九石岗、中央大学、重庆复旦中学、永利铁工厂、瓷器口、青草坡、董家碑、大水井、燕儿洞、朱家湾、红岩嘴、虎头岩防空洞、黄桷堡等 17 处投掷爆炸弹 65 枚、燃烧弹 23 枚。造成市民 27 人受伤、8 人死亡,炸毁房屋 2 栋 18 间⑦。

9 月 4 日,日机轰炸奉节,在城东菜园沱荒山上投掷炸弹 3 枚、燃烧弹 1 枚,未造成房屋破坏和人员伤亡⑧。

9 月 28 日,日机 48 架分 5 批夜袭重庆和梁山。第一批 9 架、第二批 9 架、第

---

① 《重庆防空司令部调查 8 月 23 日敌机袭渝情况暨伤亡损害概况表》。
② 古屋奎二:《蒋介石秘录》第四卷,湖南人民出版社 1988 年版(内部发行),第 163 页。
③ 《重庆防空司令部调查 8 月 28 日敌机袭渝情况暨伤亡损害概况表》。另《重庆防空司令部 1939 年度辖区空袭损害统计表》(1940 年 1 月)统计此次轰炸炸死 52 人,炸伤 31 人。
④ 《重庆防空司令部调查 9 月 1 日敌机袭渝情况暨伤亡损害概况表》。
⑤ 中共梁平县委党史研究室编:《梁平县抗战资料选编》,第 77 页。《梁山县损失报告》,四川省档案馆,档案 41-6165。
⑥ 周开庆:《民国川事纪要》,四川文献研究社 1972 年印行,第 77 页;《今晨空战敌机卅六架袭渝 我空军猛施攻击》,《国民公报》1939 年 9 月 4 日。
⑦ 《重庆防空司令部调查 9 月 3 日敌机袭渝情况暨伤亡损害概况表》。
⑧ 陈剑:《日机狂轰滥炸奉节城乡的暴行》,《奉节文史资料》第二辑,1991 年内部发行,第 102 页。

四批13架在巴县广阳坝投爆炸弹48枚、燃烧弹5枚,造成2人死亡、4人受伤,房屋损毁12间①。第三批9架、第五批9架袭梁山,炸死27人、炸伤44人②。

9月29日,日机18架夜袭重庆。在巴县广阳坝投爆炸弹29枚,造成1人受伤,损毁房屋2间③。同日,日机空袭梁山、奉节。日机两批17架,对梁山机场、县城、城西乡、天些乡进行轮番轰炸,投掷爆破弹、燃夷弹486枚,炸死30人、炸伤14人,烧毁民房1765间,炸毁民房65间④。多架日机在奉节城区西坪、小箭道、罗家沟一带投掷炸弹32枚,炸伤8人⑤。

9月30日,日机多架分两批夜袭奉节永安镇。投弹300枚,炸死120人、炸伤145人,损毁房屋265间⑥。规模宏伟的夔州府衙门毁于一旦,由于轰炸时城内居民早已入睡,警报拉响后,都来不及撤离,使得这次死伤尤为严重。

10月4日,日机9架夜袭重庆。据重庆防空司令部调查,日机在江北县石马乡的瓦厂嘴、石朝门、田家坝、包家岩及人和乡的沙嘴、黄金堡、大坪、王家湾投下爆炸弹53枚、燃烧弹11枚,造成1人死亡、2人受伤,损毁房屋2栋8间⑦。而重庆卫戍总司令部调查,9架日机在江北县石马乡、下土湾、化龙桥等地投爆炸弹53枚、燃烧弹2枚,毁屋14间,造成9人受伤、8人死亡⑧。卫戍司令部为10月8日的事后调查,应更为可信。

10月5日,日机25架分5批夜袭重庆。第一、三、五批各5架袭白市驿,第二批5架袭广阳坝,第四批5架袭永兴场,在三地共投爆炸弹47枚、燃烧弹8枚,造成人口11人死亡、12人受伤,损毁房屋8栋21间⑨。

10月10日,6架日机在秀山投弹,造成18人死亡、31受伤,损毁房屋1260间⑩。

---

① 《重庆市防空司令部调查9月28日敌机袭巴县情况暨伤亡损害概况表》。
② 中共梁平县委党史研究室编,《梁平县抗战资料选编》,中国文史出版社2008年版,第77页。
③ 《重庆市防空司令部调查9月29日敌机袭(巴)情况暨伤亡损害概况表》(1939年9月29日)。
④ 《梁山县损失报告》,四川省档案馆,档案41-6165。
⑤ 《奉节县损失情况报告》,四川省档案馆,档案41-2037。
⑥ 同上。
⑦ 《重庆市防空司令部调查10月4日敌机袭江北情况暨伤亡损害概况表》。
⑧ 《重庆卫戍总司令部调查敌机第二十二次袭渝情况暨伤亡损害报告表》。中国第二历史档案馆,档案769-1971。
⑨ 《重庆市防空司令部调查10月5日敌机袭巴县情况暨伤亡损害概况表》。
⑩ 《四川各地二十八年空袭损害统计表》,四川省档案馆,档案41-6151。

10月13日,日机18架进袭南川,重庆发布空袭警报。在南川东街、西街、下街、后街、中和街、县政府、县警察局、邮局、电政局、征收局、县党部投爆炸弹88枚、燃烧弹5枚,造成171人死亡、164人受伤,损毁房屋541栋330间[1]。

同日,日机36架空袭梁山。在机场、县城、天竺乡等地投弹314枚,炸死李贴心、罗伯川等29人,炸伤25人,炸毁、燃烧、震倒房屋1765间,造成灾民1843人[2]。

10月24日,日机夜袭巫山、奉节。日机多架在巫山投掷空中爆炸弹弹58枚,致13人死亡、21人受伤,损毁房屋4间[3]。日机10余架在奉节县永安镇投弹105枚,致亡38人、伤70人,房屋损毁400间[4]。

11月18日,27架日机夜间骚扰重庆。两个机群分别窜往江北上空和渝郊,盘旋窥探良久,未及投弹,向东遁去。重庆随即进入浓雾季节,日机不得不暂时中止对重庆的大规模轰炸。

12月9日,日机在奉节投弹一枚,炸毁一大片森林[5]。

12月18日,日机26架空袭梁山,共投弹170枚,致亡8人、伤14人,房屋损毁29间,另有148人受灾[6]。

12月19日,日机63架袭扰重庆,轰炸梁山、南川。其中18架在梁山机场投弹200余枚,炸伤1人[7]。18架在南川北门后堡、西外石牛渠投爆炸弹80枚、燃烧弹10枚,造成8人死亡、17人受伤,损毁房屋17间[8]。本次轰炸,是日机本年度对重庆的最后一次轰炸。

二、轰炸的时空分布

相较于1938年日机的袭扰和小规模试探性轰炸,1939年度日机的轰炸则进入频繁、野蛮、大屠杀阶段,在长达一年的时间内,日机对重庆地区共进行了40余次的狂轰滥炸和袭扰,其轰炸的时间与地域分布情况如下:

---

[1]《重庆市防空司令部调查10月13日敌机袭南川情况暨伤亡损害概况表》。
[2]《梁山县损失报告》,四川省档案馆,档案41-6156。
[3]《巫山县政府呈报损失情况》,四川省档案馆,档案41-2242。
[4]《奉节县损失情况报告》,四川省档案馆,档案41-2037。
[5] 陈剑:《日机狂轰滥炸奉节城乡的暴行》,《奉节文史资料》第二辑,1991年内部发行,第102页。
[6] 中共梁平县党史研究室编:《梁平县抗战资料选编》,第78页。
[7]《梁山县损失报告》,四川省档案馆,档案41-6156。
[8]《重庆市防空司令部调查12月19日敌机袭南川情况暨伤亡损害概况表》。

(一)轰炸的时间分布

从上述日机对重庆地区的轰炸史实可以明显看出,1939年度日机对重庆地区的空袭在整体的时间分布上呈现出橄榄球形态势,5月至10月6个月的时间内,日机对重庆地区的空袭次数竟达到了33次,占总空袭次数的75%,这个时段重庆处于非雾季时期,良好的视野条件为日机的狂轰滥炸提供了便利条件;而其余6个月雾季的空袭次数不及总数的25%。另外,即便是在两个轰炸时段内,轰炸的时间分布也存在前后差异。其一,1—4月及11—12月的雾季时期。日机延续了1938年年底加大对重庆地区进行轰炸的力度和强度,在1939年1月,日机对重庆地区共空袭4次,后因重庆浓云迷雾,能见度极低,并且轰炸效果不佳,故此日机自1月15日始暂时结束了对重庆地区的轰炸,但小规模的袭扰式轰炸还在不定时地进行,2月份两次,3月份一次,4月份无轰炸。随着4月底重庆雾季的结束,1939年大规模的轰炸时期来临,但10月底重庆新的雾季来临后,日机的对渝轰炸也暂告一段落,11月份一次,12月份两次。其二,5月至10月的非雾季时期。在1939年9月欧洲战争爆发前,日机在5—8月对重庆的轰炸次数分别为6次、5次、5次、6次,并且轰炸时间之选择无定,随意性很强。但9月后,尤其是9月23日日军编遣中国派遣军后,日机就加大了对重庆地区的轰炸,9月28日、29日、30日、10月4日、5日、10日、13日,时间不仅集中而且连续,出现了1940年、1941年日机对重庆地区经常采用的疲劳轰炸战术的端倪。

(二)轰炸的地域分布

在对重庆地区的轰炸实施过程中,对轰炸地点的选择呈现出如下状况:其一,以重庆市区为重心,兼及军用机场。在1939年对重庆及周边地区44次的轰炸中,有高达31次是针对重庆市区,占到总轰炸次数的70%以上,同时,为了削弱重庆市区的防空力量,日机还对市郊的白市驿和广阳坝两个军用机场分别进行了12次和3次针对性攻击。其二,对日机必经沿江县域的轰炸。在以重庆作为轰炸重心的同时,日机为减少自湖北沿江西飞袭渝必经县域的威胁,有目的地对巫山、奉节、万县和梁山进行了轰炸,并且为了清除轰炸重庆的障碍,日机特别对位于万县和梁山的机场各进行了4次轰炸。因此,从整体上可以看出,日机1939年度对重庆地区的轰炸地域分布呈榔头形,重庆市区为重点,同时兼顾沿江县域。

三、轰炸的特点

在长达一年的轰炸中,尤其是 5 月至 10 月日机对重庆地区进行的频繁而又疯狂的轰炸过程中,与 1939 年以前日机的轰炸相比,具有明显的特点:

第一,轰炸规模更大、范围更广。如果就 1939 年以前而言,日机的轰炸仅是一种小规模袭扰和试探性轰炸,那么 1939 年日机对重庆地区的轰炸从规模到范围显然有所增长。而 1939 年欧战爆发,尤其是 9 月 23 日日军中国派遣军的编遣,日机的轰炸力度显著加强,轰炸规模和范围也相应扩大。在规模上,据著者不完全统计,1939 年以前,日机对重庆地区侦察 7 次,轰炸 6 次,共出动 166 架次;1939 年则日机空袭重庆地区则达到 40 余次,出动 865 架次,投弹 1897 枚。空袭次数、架次和投弹数量都有成倍的增长。在范围上,1939 年以前的轰炸主要为重庆地区的空军基地,而 1939 年的轰炸则主要集中在市区和军事目标,同时近郊也成为攻击目标。如 1939 年 5 月 25 日,日机 39 架分 3 批空袭重庆,其中第一批 27 架日机轰炸了市区,第二、三批各 6 架则分别轰炸了广阳坝机场、双河机场等军事目标[①]。1939 年 1 月 10 日,日机 11 架侵入重庆市上空,在郊外投弹多枚后东飞。

第二,施行无差别轰炸。除了延续 1939 年以前以军事目标为轰炸目标外,1939 年日机还以重庆为重点,同时兼及一些重要市、县,如梁山、万县、奉节等。尤其自日机所谓的"五月攻势"以后,日机一般以每批 18—36 架的中等规模,频繁入渝滋扰,不仅攻击重要工厂、物资仓库、首脑机关和军事设施,而且对城市的商业区、文化区和居民住宅区也滥施淫威,每次空袭除使用爆炸弹外,往往还投掷大量燃烧弹[②]。如"五·三"、"五·四"轰炸,老城区上、下半城本是人口最稠密的城市中心区域,这里既无军事设施,也无军工企业,仅有成片的居民住宅、学校、商店和市民百姓生活的街区。仅 5 月 3 日当天,日机就对老城区下半城,以朝天门—陕西街—望龙门—太平门—储奇门一带为中心投掷炸弹 166 枚,其中爆炸弹 98 枚、燃烧弹 68 枚。同时,下半城 27 条主要街道有 19 条被炸成废墟,包括当时银行林立的金融区陕西街炸得七零八落,商业繁盛地区的商业场、西大街和新丰街一带几乎全部炸光;此外,针对重庆房

[①] 《重庆防空司令部调查 5 月 25 日敌机袭渝情况暨伤亡损害概况表》。
[②] 《抗日战争时期日机袭川纪实》,四川省地方志编纂委员会编:《四川省志·军事志》,四川人民出版社 1999 年版,第 640—645 页。

屋建筑多为木结构的特点,日机携带大量燃烧弹,目的是先投下炸弹将建筑物炸毁,再投下燃烧弹纵起大火,并促火灾蔓延,加大对城市的破坏力度,加深社会动荡。燃烧弹将朝天门、陕西街到中央公园两侧的41条街道烧成火海。同时,驻重庆的英法德使领馆均遭到不同程度的损失。

第三,夜间不定时轰炸。为了使重庆的民众时时处于惶恐不安的状态,从而达到其战略政略轰炸的目的,日机在1939年加大了对重庆的夜袭强度,在35次对重庆的空袭中,有21次是采取夜袭的方式,并且其中有17次是对市区进行夜袭。在实施夜袭时,日机往往选择月明星稀之夜,自鄂溯江西飞袭渝,时间或为傍晚新月初上之时,如5月12日、25日、7月24日等;或为月色皎洁之时,如7月31日、8月2日等;抑或为夜深熟睡之凌晨时分,如7月5日、8月3日、30日等。虽然日机采用了夜袭的方式企图利用偷袭来达到其轰炸的目的,但是"因夜色苍茫",无法准确找到轰炸目标,往往"旋即折回",成效并不理想[①]。

1939年日机对重庆的轰炸无论在空袭次数、出动飞机架次,还是在投弹数量等方面,都比1939年以前大有增加,因此在人员伤亡和财产损失方面也更加严重。虽然1939年的轰炸导致重庆损失惨重,但相对于随后两年的狂轰滥炸,1939年的轰炸仅是即将到来的大规模残酷轰炸开幕前的实战演练而已。

第三节 "101号作战"轰炸及其特点

1940年,日本一方面通过扶植汪精卫在南京正式成立汪伪"国民政府",以实现其"以战养战"、"以华制华"的目的,并以此作为威胁重庆国民政府的手段,甚至发布所谓的《还都宣言》,举行声势浩大的"国府还都"典礼和活动,企图以此扰乱国际视听并争取部分国家的承认;另一方面,日本帝国主义仍加紧实施对国民政府的诱降工作与和平攻势,多方建立直接与国民政府接触的线索,抗战时期中日关系史上著名的"桐工作"谈判,就是在此背景与条件下的产物;再一方面就是加紧对英美诸国的谈判和压力,迫使他们减少或断

---

① 《敌机昨夜两次袭川》,《新华日报》1939年10月25日。

绝对中国的援助,因而有了1940年7月英国政府封锁滇缅公路三个月的不义之举。

日本受欧洲战场德国法西斯接连取胜的刺激,为配合政治诱降活动,达到日本政府所企盼的"使重庆政府屈服"的目的,日本军队对重庆实施了更大规模的"101号作战",利用其空中优势,是世界战争史上一次规模最大、持续时间最长的战略轰炸计划。日本政府及日本军方非常重视,认为这是迅速解决"中国事变"的最佳途径。

一、轰炸史实考述

1940年4月,随着雾季的逐渐结束,日军再一次开始了对以重庆为中心的大后方的航空作战。首先对川东门户梁山机场展开轰炸,4月22日,重庆市区在新的一年里再次响起了空袭警报。

3月25日,日机轰炸梁山县城南正街县立女子中学(桂香书院)等处,房屋等损失严重[①]。

4月1日,日机9架袭梁山县,投弹73枚,轰炸新机场及附近八角庙、红朝门等地,炸死4人、伤1人,炸毁震倒民房12间,炸毁机棚2个[②]。

4月24日,日机10架分两批分袭遂宁、白市驿,其中第二批5架在白市驿投爆炸弹17枚、燃烧弹4枚,白市驿机场、白市驿正街、中街、下街所有房屋被炸。造成4人死亡、1人受伤,损毁房屋44间[③]。

4月25日,日机18架分两批进袭重庆,重庆发布空袭警报。第一批9架在长寿折返,第二批9架在万县折返[④]。

4月26日,日机26架袭梁山,轰炸机场、县城,投弹100余枚,炸死10人,炸伤30人,炸毁房屋100余间[⑤]。此前几次轰炸梁山,《四川各地空袭损害统计表》中均无记载。

4月30日,日机27架夜袭重庆广阳坝、白市驿、梁山和巫山。日机在巴县境广阳坝机场、白市驿、歇马台、白果树等20余处投弹,有关轰炸情形和损

[①] 中共梁平县委党史研究室编:《梁平县抗战资料选编》,第78页。
[②] 《梁山县损失报告》,四川省档案馆,档案41-6156。
[③] 《重庆市防空司令部调查4月24日敌机袭巴县情况暨伤亡损害概况表》。
[④] 《重庆市防空司令部调查4月25日敌机袭渝情况暨伤亡损害概况表》。
[⑤] 《梁山县损失报告》,四川省档案馆,档案41-6156。

害,重庆卫戍总司令部的调查与重庆防空司令部的调查有出入,防空司令部调查投弹155枚,造成27人死亡、36人受伤,房屋损毁28间,而卫戍总司令部在事后调查投弹95枚,造成40人死亡、47人受伤,损毁房屋28间①。事后调查的伤亡数据应更准确。在梁山,投炸弹69枚、烧夷弹4枚,轰炸新机场及附近八角庙、红朝门和屏锦镇笋子沟等地,炸死扩修梁山机场民工4人,炸伤1人,炸毁民房12间,炸毁机棚2个②。在巫山投弹30枚,造成37人死亡、66人受伤③。

5月18日,日机出动海军第二联合航空队(以下简称第二联空)、第十三航空队(以下简称十三空)21架和6架侦察机轰炸成都、遂宁等地机场④,正式拉开了日军针对重庆、成都等后方城市的"101号作战"的序幕。并首先对保卫重庆的梁山、白市驿、广阳坝等机场进行攻击。

5月19日,日军十三空11架中型攻击机夜袭梁山,投炸弹264枚、光明弹30枚,轰炸机场、县城西区,炸死秦朝贵、张毛等15人,炸伤朱玉发、熊玉贞等10人,炸毁房屋7间⑤。

5月20日,日军十三空24架夜袭梁山,海军第一联合航空队(以下简称第一联空)的鹿屋航空队(以下简称鹿空)9架、陆侦3架夜袭广阳坝,在开县投弹。在梁山投弹160余枚,轰炸机场及城西乡毛家河一带,炸死郭能等2人、炸伤1人⑥。炸毁停在机场来不及转移隐蔽的8架飞机。在广阳坝投爆炸弹75枚,造成1人受伤,损毁房屋5间⑦。在开县投爆炸弹3枚,造成1人

---

① 《重庆卫戍总司令部调查4月30日敌机袭渝暨伤亡损害表》(1940年5月2日)。《重庆防空司令部调查4月30日敌机袭巴县情况暨伤亡概况表》调查统计为投弹155枚,27人死亡,36人受伤,损毁房屋28间。
② 《梁山县损失报告》,四川省档案馆,档案41-6156。
③ 《四川各地二十九年空袭损害统计表》。
④ 因受天气等因素影响,中方调查数据不一定准确,以前相关著述中关于当天日机45架扑向重庆的记载有误,日军轰炸每次都有陆侦机随行,主要是侦察天气、军事情报。现根据日本防卫厅资料《百一号作战概要》附表《联合空袭部队及陆军航空部队攻击一览表》改正,以下1940年"101号作战"期间日军出动飞机数均作修改。
⑤ 《梁山县损失报告》,四川省档案馆,档案41-6156。《百一号作战概要》附表记载日机出动11架轰炸梁山机场。中方档案调查为18架,应是《附表》中出动轰炸成都的飞机。
⑥ 《梁山县损失报告》,四川省档案馆,档案41-6156。中方统计轰炸梁山飞机为27架,应当包括了3架侦察机。
⑦ 《重庆防空司令部调查5月20日敌机袭巴县情况暨伤亡概况表》(1940年5月20日)。

死亡、1人受伤①。

5月21日,日军海军第一联空的高雄航空队(以下简称高空)18架,鹿空9架和第二联空的第十五航空队(以下简称十五空)27架和陆侦2架共56架分三批夜袭白市驿、广阳坝和梁山三个机场。重庆卫戍总司令部的调查与重庆防空司令部的调查有出入,卫戍总司令部事后调查更为可信,在白市驿南端新飞机场附近、白市驿北端张家桥、白市驿东端张家坡、广阳坝机场内、广阳坝新市街等地投爆炸弹224枚、燃烧弹1枚,造成15人死亡、9人受伤,损毁房屋37间②。日机45架分两批轰炸梁山县城、机场,投弹492枚,炸死田永延、田青云等9人,炸伤陈鹏、李才仲等30人,炸毁房屋50间③。其中1架日机轰炸梁山后返回万县,投弹1枚,炸伤回龙乡农民刘正学④。另有日机在监视区达县投弹12枚,造成1死3伤⑤。

5月22日,日海军第二联空的十三空28架、十五空26架、陆侦2架共56架⑥轰炸白市驿机场。卫戍总司令部与防空司令部的调查有出入,防空司令部调查,日机54架投爆炸弹87枚、燃烧弹4枚,造成13人死亡、11人受伤,损毁房屋85间⑦。卫戍总司令部事后调查更为可信,在白市驿机场及街道共投爆炸弹140枚,造成37人死亡、10人受伤,房屋损毁280余间⑧,损毁飞机12架,机场受到严重破坏。

5月26日,日海军第一联空的高空18架、鹿空18架和第二联空的十三空32架、十五空27架、陆侦4架共99架,分3批轰炸白市驿和重庆市区。自本日起,日机将轰炸重心开始转移到重庆市区,集中轰炸工厂、机关、街道、学校等人口稠密的地区。重庆卫戍部司令部和防空司令部调查与四川省政府的

---

① 《四川省空袭损害调查统计表(一)》,四川省档案馆,档案41-6281。
② 《重庆卫戍总司令部调查5月21日敌机袭渝暨伤亡损害表》(1940年5月25日)。而《重庆防空司令部调查5月21日敌机袭巴县情况暨伤亡概况表》调查为19架日机在白市驿、广阳坝投弹75枚,燃烧弹2枚,炸死8人,炸伤8人,损毁房屋38间。
③ 《梁山县政府为日机"5·21"袭梁致省政府大竹专署电》,转引自《梁平县抗战资料选编》第143页。
④ 《四川省第九区损失情况报告》,四川省档案馆,档案41-2037。
⑤ 《四川省空袭损害调查统计表(一)》,四川省档案馆,档案41-6281。
⑥ 《重庆市防空司令部调查5月22日敌机袭□情况暨伤亡损害概况表》(1940年5月22日)统计敌机架数为54架。
⑦ 《重庆防空司令部调查5月22日敌机袭巴县情况暨伤亡概况表》。
⑧ 《重庆市卫戍总司令部调查5月22日敌机袭渝暨伤亡损害表》(1940年5月25日),其中调查来袭日机为46架。

统计有出入，以重庆卫戍总司令部统计更为可信。当日在市区化龙桥、红岩嘴、国民公报社、复旦中学、龙隐路等地投爆炸弹75枚，炸死市民64人，炸伤107人，损毁建筑25栋，木船20艘。在巴县白市乡、走马乡、白市驿机场附近投爆炸弹134枚、燃烧弹1枚，炸死5人、炸伤4人，损毁建筑20间[①]。

5月27日，日海军十三空30架、十五空26架、陆侦4架、高空、鹿空各18架共96架[②]分三批轰炸北碚、磁器口、浮图关一带，并在返回经过石柱时投1爆炸弹。关于轰炸和损害情形，卫戍总司令部和防空司令部的调查有出入，防空司令部调查有明显遗漏。第一批36架在北碚南京路、中山路、蔡锷路、武昌路、菜市场、体育场、复旦大学等处投弹，炸死复旦大学教务长孙寒冰等101人、炸伤126人，损毁房屋16栋17间；第二批27架在巴县磁器口、第三批36架在巴县小龙坎共投爆炸弹82枚、燃烧弹3枚，中弹地点有土湾豫丰纱厂、大鑫路、土湾大鑫厂、土湾宣社、小龙坎上土湾马路、小龙坎龙洞湾、磁器口江边、上土湾、磁器口对面桂花园等处。卫戍总司令部调查，当天日机共投爆炸弹125枚、燃烧弹12枚，共造成152人死亡、201人受伤，房屋损毁16栋100余间，损毁民船17艘[③]。

5月28日，日机十三空32架、十五空26架、陆侦5架及高空、鹿空各18架共99架轰炸重庆市区和巴县广阳坝等地。第一批36架和第二批27架先后侵入市空，在两浮支路政治部附近、三民主义青年团中央团部、中三路巴中、中三路财政部、中三路27号至127号、康宁路及康宁路后面、俄使馆、中二路川东师范教育部、南区公园、上清寺等处疯狂投弹。第三批日机36架在巴县

[①]《重庆防空司令部调查5月26日敌机袭渝巴情况暨伤亡概况表》，中方调查来袭日机99架，包括了侦察机4架。《重庆市卫戍总司令部为26日敌机袭渝事通报》(1940年5月26日)统计为99架日机投爆炸弹75枚，炸死市民64人，炸伤107人，损毁建筑25栋，木船20只。另据四川省档案馆档案资料，当日日机99架分三批轰炸巴县石桥乡、白市驿、和市区小龙坎等地，投弹810余枚，死亡男32人，女71人，伤1人，炸毁房屋29间。档案41-6155。

[②]《重庆市防空司令部调查5月27日敌机袭□情况暨伤亡损害概况表》(1940年5月27日)统计敌机架数为99架。

[③]《重庆卫戍总司令部调查5月27日敌机袭渝暨伤亡损害表》(1940年6月1日)，其中来袭日机为99架，日方资料为92架另4架侦察机。《重庆防空司令部调查5月27日敌机袭碚巴情况暨伤亡概况表》(1940年5月27日)统计日机投爆炸弹95枚、燃烧弹3枚，造成死亡71人、受伤78人，房屋损毁16栋25间，损毁木船24只。防空司令部的调查统计为当日统计，有明显遗漏，如该表统计此次轰炸造成北碚42死13伤，但稍后的有关档案材料统计为101死126伤，因此以下相关数据主要根据重庆卫戍总司令部调查统计材料，适当参考防空司令部的调查，损害统计数据仍然偏低。

广阳坝、麻柳湾等地滥炸。本次轰炸日机共投爆炸弹382枚、燃烧弹20枚,造成250人死亡、420人受伤,损毁房屋44栋387间①。

5月29日,日机十三空27架、陆侦2架及高空、鹿空各18架共65架②分两批空袭重庆磁器口、浮图关一带。轰炸及损害情形,卫戍总司令部与防空司令部调查有较大出入,以卫戍总司令部事后调查为更可信。第一批27架、第二批36架分别在沙坪坝、小龙坎、磁器口文化区疯狂轰炸。投掷爆炸弹171枚、燃烧弹9枚,四川省立教育学院、重庆大学、四川省立职校、沙坪坝川康银行等处中弹。造成市民67人死亡、95人受伤,损毁房屋6栋44间及沙坪坝25—28号、45—52号,小龙坎103—108号房屋全毁,重庆大学工学院炸毁一半③。

5月30日,日机十五空27架、陆侦3架共30架空袭广阳坝机场及涪陵、合川。没有查找到重庆卫戍总司令部调查材料,重庆防空司令部调查如下:在合川投爆炸弹35枚、燃烧弹4枚,并以机枪扫射,造成75人死亡、149人受伤,损毁房屋89间、木船12只。在广阳坝投爆炸弹27枚、燃烧弹26枚,损毁房屋6间。在涪陵投爆炸弹4枚、燃烧弹4枚,造成61人死亡、84人受伤,损毁房屋305间。④但四川省政府后来的调查统计与防空司令部也有重大出入,在重庆造成175人死亡、84人受伤,损毁房屋300间,在合川造成175人死亡、149人受伤,损毁房屋89间,在涪陵造成95人死亡、受伤89人,损毁房368间。⑤当日日机轰炸广阳坝并无人员伤亡统计,四川省政府统计的重庆伤亡数据可能是错将合川的数据进行了重复统计,但四川省政府对合川和涪陵的统计应当比防空司令部的调查更准确。

---

① 日机架次根据日方资料调整,另有5架侦察机。人员伤亡数据《重庆卫戍总司令部调查5月28日敌机袭渝暨伤亡损害表》(1940年5月28日),投弹数和损毁房屋根据重庆防空司令部统计数据,因是当天调查数据,损害统计仍有遗漏。另据《重庆防空司令部调查5月28日敌机袭巴县情况暨伤亡概况表》(1940年5月28日)统计,日机99架分三批轰炸重庆及市郊,在68处投下爆炸弹382枚、燃烧弹20枚,造成人员死亡208人(其中巴县5人),受伤373人(其中巴县6人),房屋损毁44栋387间(巴县15间),损毁汽车12辆、木船48艘。
② 《重庆市防空司令部调查5月29日敌机袭□情况暨伤亡损害概况表》(1940年5月29日)统计敌机架数为63架。
③ 《重庆卫戍总司令部调查5月29日敌机袭渝暨伤亡损害表》(1940年6月5日)。而《重庆防空司令部调查5月29日敌机袭巴县情况暨伤亡概况表》(1940年5月29日)统计,日机投爆炸弹167枚、燃烧弹9枚,死亡24人,受伤34人,损毁房屋49栋15间。
④ 《重庆防空司令部调查5月30日敌机袭合川等地情况暨伤亡损害概况表》(1940年5月30日)。
⑤ 《四川各地二十九年空袭损害统计表》,四川省档案馆,档案41-6151。

6月2日,据石大诚日记记载,日机轰炸涪陵,在接脉桥等处投弹,闻当时炸死者共78人,伤者共84人,伤者续死三四十人。骆姑爷院内中一弹,门窗尽震毁,厢房一妇人中碎片立死①。由于重庆防空司令部和日方资料均无记载,应是错记为6月2日轰炸了。

6月6日,日军出动高空16架、鹿空18架、陆军第三飞行集团航空部队(以下简称陆空)36架和陆侦4架共74架轰炸梁山和白市驿。据防空司令部调查,日机127架分四批空袭后方城市,其中一批27架空袭白市驿机场及武胜,一批36家空袭梁山机场,另两批空袭四川遂宁。在巴县含谷乡、虎溪乡、西永乡和白市驿机场等地投爆炸弹48枚,造成5人死亡、7人受伤,损毁房屋15间②。在梁山机场、县城、天竺乡、城西乡等地投弹348枚,炸伤2人,炸毁房屋12间。在武胜投弹1枚,炸伤1人③。

6月9日,日机99架轰炸重庆。因天气不好,大部分中途折返,只有中队长铃木清发现了白市驿机场,投下炸弹,炸毁飞机1架。其余僚机认错目标,将数百枚炸弹投在了梁山县④。

6月10日,日军十三空27架、十五空26架、陆空36架陆侦4架共93架⑤空袭重庆市区和梁山。据重庆防空司令部和卫戍总司令部调查,第一批到涪陵后折返,第二批27架在沙坪坝投弹,第三批27架在新市区一带投弹,第四批36架在梁山投弹。在沙坪坝磁器口、新市区国府路、枣子岚娅、罗家湾、大田湾、中二路、上清寺、张家花园等地投掷炸弹95枚、燃烧弹2枚,造成12人死亡、23人受伤,损毁房屋20栋200余间⑥。在梁山机场、天竺乡、仁贤乡等地投弹200余枚,炸死2人、炸伤4人,炸毁、炸燃民房163间、震毁79间⑦。

---

① 石大诚:《日本飞机轰炸涪陵城日记》,《涪陵文史资料选辑》(内部编印),第31页。
② 《重庆市防空司令部调查6月6日敌机袭巴情况暨伤亡损害概况表》(1940年6月6日);重庆市档案馆,档案0066-1-44。
③ 《巴县政府损害情况报告》,四川省档案馆,档案41-6155。
④ 中共梁平县委党史研究室编:《梁平县抗战资料选编》,第79页。
⑤ 《重庆市防空司令部调查6月10日敌机袭□情况暨伤亡损害概况表》(1940年6月10日)统计敌机架数为126架。
⑥ 综合《重庆卫戍总司令部调查6月10日敌机袭渝伤亡损害表》(1940年6月14日)和《重庆防空司令部调查6月10日敌机袭巴县情况暨伤亡概况表》(1940年6月10日)资料而成。
⑦ 《四川各地二十九年空袭损害统计表》,四川省档案馆,档案41-6151。中共梁平县委党史研究室编:《梁平县抗战资料选编》,第79页。

6月11日，日机十三空27架、十五空25架、鹿空18架、高空9架、陆空36架、陆侦2架共117架①分批对重庆市区进行残酷轰炸，并在江北和彭水投弹。据重庆防空司令部调查，下午1时许，日机分四批袭击集中轰炸重庆市区和江北地区，在市区神仙洞街、太平桥街、石盘街、王家坡、南区支路、罗家湾、枣子岚垭、中二路、中三路、飞来寺等118处投爆炸弹283枚、燃烧弹23枚，造成64人死亡、172人受伤，损毁房屋188栋470间、木船3艘。日军还在江北和彭水分别投下4枚和2枚爆炸弹②。其中苏联大使馆遭炸，苏法德在渝新闻机构房舍被毁。

6月12日，日军十三空27架、十五空23架、鹿空17架、高空8架、陆空36架和陆侦3架共计114架分批（中方调查为117架或154架③）继续对城市区、新市区和江北大片区域轮番轰炸。关于轰炸及损害情形，防空司令部和卫戍总司令部的调查略有出入，防空司令部调查，新市区国府门首等11处地方中弹，城市区临江门、五四路、中正路等27处中弹，江北区东升门，野猫洞等26处中弹，日机共投掷爆炸弹269枚、燃烧弹39枚，其中不少是800公斤的重型炸弹，炸死222人，炸伤462人，损毁房屋196栋1197间、木船15艘。另在渠县投弹7枚，广安投弹3枚。④卫戍总司令部也只有当日调查的通报材料，损害方面统计毁木船27艘、轮船2艘，死亡230人、受伤136人，但十八梯观音岩防空洞、都邮街重庆国货公司防空洞倒塌和窒息伤亡均未计入。而防空司令部统计中已计入观音岩防空洞窒息死亡61人、受伤282人⑤，但另据行政院给重庆市政府训令，十八梯观音岩防空洞发生窒息至少死亡73人、受伤140人⑥。都邮街重庆国货公司防空洞中弹倒塌，在重庆卫戍司令部的情况通报中只谈及已挖掘出30余人，没有死伤的报道。由于均是当日的调查，也没

---

① 《重庆市防空司令部调查6月11日敌机袭□情况暨伤亡损害概况表》（1940年6月11日）统计敌机架数为125架。
② 《重庆防空司令部调查6月11日敌机袭渝情况暨伤亡损害概况表》（1940年6月11日）。中方调查来袭日机为125架，与日方有出入。
③ 周开庆：《民国川事纪要》，四川文献研究社1972年印行，第109页。
④ 《重庆防空司令部调查6月12日敌机袭渝情况暨伤亡损害概况表》（1940年6月12日）。中方调查来袭日机均为117架，与日方资料略有出入。
⑤ 《卫戍总司令部调查重庆卫戍总司令部调查6月12日敌机袭渝情况通报》（1940年6月12日）。
⑥ 《行政院为本年6月十八梯观音岩大隧道案给重庆市政府的训令》（1940年6月18日）。

有查找到事后统计材料。可以基本确定的,以上调查数据均不完整,死亡人数应在 303 人以上,受伤人数也不会低于 462 人。

同日,宜昌失陷。日军发动对宜昌的攻击,其目的是为对中国内地实施航空进攻作战打开局面,建立配合汉口基地的空中进攻内地的前进基地①。

6 月 16 日,日军在停顿了 4 天之后,又开始了对重庆市街的大规模轰炸。日军十三空 27 架、鹿空 17 架、高空 9 架、十五空 24 架、陆空 36 架和陆侦 3 架共 106 架②分 4 批轮番轰炸市区。据重庆防空司令部当日调查,第一批 36 架、第二批日机 27 架、第三批敌机 27 架、第四批 27 架,轮流在市区投弹,轰炸地点包括林森路、国府路、酒行街、柑子市、双溪沟、张家花园、枣子岚垭、太平门、南岸陈家沟、玄坛庙、江北觐阳门等数十处,重庆防空司令部在事后的统计,日机 117 架,投爆炸弹 195 枚、燃烧弹 67 枚,造成 279 人死亡、104 人受伤,损毁房屋 371 栋 264 间③。而四川省政府统计投弹 263 枚,死亡 286 人、受伤 108 人④。而卫戍总司令部当日通报的调查均不完整。经比较分析,四川省政府统计数据应当更接近实际。经过几天的轰炸,重庆市大部分公厕、木厕、路灯、自来水管道受损严重⑤。

6 月 17 日,日军出动十三空 26 架、十五空 23 架、鹿空 9 架、高空 16 架,另有陆侦 2 架共 76 架分 3 批夜袭广阳坝和白市驿,并在经过涪陵时投下 2 枚炸弹。据重庆防空司令部调查,第一批 22 架和第三批 27 架在广阳坝投弹,第二批 26 架在白市驿投弹,损毁房屋 2 间,无人员伤亡。但据四川省政府统计,日军共投掷炸弹 370 枚,造成 12 人死亡、13 人受伤,损毁房屋 132 间⑥,未查到卫戍总司令部调查资料,故以四川省政府统计资料为准。当天各种规格造成白市驿机场全毁,不能使用。

---

① [日]前田哲男著、王希亮译:《从重庆通往伦敦、东京、广岛的道路——二战时期的战略大轰炸》,第 156 页。
② 《重庆市防空司令部调查 6 月 16 日敌机袭□情况暨伤亡损害概况表》(1940 年 6 月 16 日)统计敌机架数为 117 架。
③ 《重庆防空司令部调制 1940 年 6 月渝市及监视县空袭损害概况表》。
④ 《四川各地二十九年空袭损害统计表》,四川省档案馆,档案 41-6151。
⑤ 《重庆市公务局损失报告》,重庆市档案馆:0053-12-99。
⑥ 《四川各地二十九年空袭损害统计表》。《重庆防空司令部调查 6 月 17 日敌机袭巴县情况暨伤亡损害概况表》统计投弹 169 枚,没有人员伤亡,只有房屋损毁 2 栋,此表有明显遗留。未见重庆卫戍司令部调查档案。

6月24日,日军出动高空17架、鹿空18架、十三空27架、十五空26架、陆空36架及陆侦4架共128架分4批轰炸市区、江北、江津和北碚,返回途中并在丰都草沟投弹1枚。第一批36架、第二批27架在市区国府路、民生路、中正路、江北简家台官山坡等100余处地点投爆炸弹138枚、燃烧弹12枚,造成26人死亡、63人受伤,39栋又783间房屋损毁,英国总领馆全被炸毁,英国大使馆和法国总领馆中弹。第三批27架轰炸江津大中坝机场,投爆炸弹67枚、燃烧弹5枚,造成11人死亡、28人受伤,损毁房屋25间。第四批36架轰炸北碚,投爆炸弹85枚、燃烧弹4枚,并以机枪扫射,北碚市场烧去约及一半,造成44人死亡、28人受伤,损毁房屋4栋27间[1]。据《新民报》报道,北碚的轰炸,"投弹百余枚,内有燃烧弹甚多","一小学校长夫妇和学生五六十人惨遭非命,江苏医学院附设之医院亦中弹炸死病人20余"[2]。

6月25日,日军出动海军第一联空36架、第二联空52架、陆军陆空35架及陆侦4架共127架(防空司令部调查为151架,应为重复计算,当时中央社报道为125架[3])分5批空袭重庆市区、白市驿和梁山,并在开县投弹。据防空司令部调查,第一批36架、第二批27架、第三批27架先后在市区投弹,共投爆炸弹80枚、燃烧弹20枚、炸死20人、炸伤48人,损毁房屋200余栋、船4只车2辆。第五批25架在巴县白市驿投爆炸弹31枚、燃烧弹2枚,2人死亡、7人受伤,损毁房屋16间[4]。第四批36架在梁山投爆炸弹145枚、燃烧弹9枚,造成2人死亡,损毁房屋30间[5]。在开县投弹2枚,7人死亡、11人受伤,损毁房屋15间[6]。

6月26日,日海军第一联空36架、第二联空52架及陆侦3架共91架(防空司令部调查为90架、当日中央社报道为130余架)分两批空袭重庆市区和

---

[1] 《重庆防空司令部调查6月24日敌机袭重庆等地情况暨伤亡损害概况表》;重庆市档案馆,档案0066-1-44;四川省档案馆,档案41-6155。《重庆防空司令部调查6月24日敌机袭重庆等地情况暨伤亡损害概况表》统计北碚损害情况为投爆炸弹85枚,燃烧弹4枚,4死5伤,房屋损毁27间。江津损害情况为投爆炸弹67枚,燃烧弹5枚,造成11人死亡,28人受伤,25间房屋损毁。对照其他档案资料,统计明显偏少。
[2] 《兽机惨炸北碚,大屠杀小学生五六十人遇难》,《新民报》,1940年6月28日。
[3] 周开庆编:《民国川事纪要》,四川文献研究社1972年印行,第111页。
[4] 《重庆防空司令部调查6月25日敌机袭渝巴情况暨伤亡损害概况表》。
[5] 中共梁平县委党史研究室编:《梁平县抗战资料选编》,第91页。
[6] 《四川各地二十九年空袭损害统计表》,四川省档案馆,档案41-6151。

巴县。据防空司令部调查,日机共投掷炸弹213枚、燃烧弹12枚,投弹地点分散在第一、二、三、四、六、七、八、十二等区和巴县龙隐镇,位于市区的苏、德大使馆,青年会、美贵格教会、英年会及仁济医院均遭轰炸,造成19人死亡、34人受伤,损毁房屋59栋228间、汽车1部①。

6月27日,日出动海军第一联空36架、第二联空51架及陆侦3架共90架(防空司令部调查也是90架)分3批空袭重庆沙磁文化区,分5批轰炸梁山,并在万县投弹2枚,忠县和邻水各投弹1枚。防空司令部调查,日机在市区近郊李子坝、土湾、沙坪坝等地投掷爆炸弹105枚、燃烧弹8枚,重点轰炸了沙坪坝学校区,中央大学实验工厂、教职员宿舍均遭轰炸,损毁严重。本次日机轰炸共造成51人死亡、138人受伤,损毁房屋39栋5间、汽车6部。② 未查及卫戍总司令部调查材料。日机34架分5批袭击梁山,在县城、机场投弹200余枚,半为烧夷弹,半为炸弹,炸死2人,毁房10栋③;并在万县投弹2枚,邻水投弹1枚,在忠县投弹1枚并造成4人死亡、3人受伤和8间房屋损毁④。

6月28日,日海军第一联空36架、第二联空51架及陆侦3架共90架(防空司令部调查也是90架)轰炸重庆军事、政治中枢机关和水源地⑤。据防空司令部调查,日机分3批对重庆市区及近郊进行猛烈轰炸,市区及大坪、沙坪坝、江北新村、玉带街、兴隆街等地遭到狂轰滥炸。日机共投掷爆炸弹178枚、燃烧弹19枚,造成77人死亡、128人受伤,损毁房屋326栋323间、船3只⑥。未查到卫戍总司令部调查材料。

6月29日,日军出动海军第一联空35架、第二联空53架和陆军第三飞行集团35架及陆侦3架共126机(防空司令部调查为117架)。据防空司令部调查,日机分4批空袭重庆市区和巴县,第一批27架至南川折返,第二批36架和第三批27架侵入市区投弹,第四批27架轰炸白市驿,日机在市区两路口、小龙坎、牛角沱、菜园坝、观音岩、沙坪坝学校区(在中央大学投弹甚多)、

---

① 《重庆防空司令部调查6月26日敌机袭渝巴情况暨伤亡损害概况表》;《四川各地二十九年空袭损害统计表》中统计投弹270枚,死亡19人,受伤124人。
② 《重庆防空司令部调查6月27日敌机袭渝巴情况暨伤亡损害概况表》。
③ 《梁山县损失报告》,四川省档案馆,档案41-6156。
④ 《四川各地二十九年空袭损害统计表》,四川省档案馆,档案41-6151。
⑤ 《联合空袭部队机密第267号电》,日本防卫厅防卫研究所战史室档案。
⑥ 《重庆防空司令部调查6月28日敌机袭渝巴情况暨伤亡损害概况表》。

巴县石桥铺、龙隐乡等地投弹。在市区投爆炸弹161枚、燃烧弹35枚,造成12人死亡、19人受伤,房屋损毁448栋57间、木船17只。在巴县投爆炸弹10枚、燃烧弹3枚,致1人死亡,损毁房屋1间①。未查到卫戍总司令部调查材料。

6月30日,日机27架空袭梁山县,在机场、县城、天竺乡、城西乡投烧夷弹100枚,炸毁房屋40栋②。

7月3日,日军鹿空18架分两批轰炸巫山。投掷炸弹72枚,伤17人、死亡8人,损毁房屋46间③。

7月4日,日海军第一联空35架、第二联空52架及陆侦2架共89架分3批轰炸重庆市区。据防空司令部调查,第一批36架日机因中国空军拦截而转袭遂宁,第二批27架、第三批26架连续轰炸重庆市文化区沙坪坝。日机在重庆共投爆炸弹146枚、燃烧弹17枚,造成6人死亡、18人受伤,损毁房屋4栋51间、船只2艘。④ 四川省政府统计与防空司令部调查略有出入,日机63架共投掷炸弹203枚,造成亡12人、伤9人,房屋损毁18栋⑤。未查到卫戍总司令部调查材料。中央大学和重庆大学再遭浩劫,对重庆大学"集中狂炸,投弹200余枚,计炸毁理学院、大礼堂、图书馆、文字斋、行字斋、教员宿舍、女生宿舍等房,其余校舍悉被震塌,仪器、药品亦多损毁"⑥。中央大学亦有多间房屋被震塌。

7月5日,日海军第一联空36架、第二联空49架及陆侦1架共86架(防空司令部调查为90架)分三批轰炸重庆和自流井。据防空司令部调查,其中两批63架轰炸了重庆綦江县城。在县政府、通汇场、赵家湾、民众教育站、汽车站等地共投爆炸弹95枚,燃烧弹8枚,造成287人死亡、245人受伤,损毁房屋350间⑦。未查到卫戍总司令部调查资料。

7月8日,日出动海军第一联空36架、第二联空52架及陆侦5架共93架(中方观察为90架)分3批狂炸重庆市区。据防空司令部调查,第一批36架、第二批27架、第三批27架在上菜园坝公共防空洞、王家坡、第二监狱、曾家

---

① 《重庆防空司令部调查6月29日敌机袭渝巴情况暨伤亡损害概况表》。
② 《梁山县损失报告》,四川省档案馆,档案41-6165。
③ 《四川各地二十九年空袭损失统计表》,四川省档案馆,档案41-6151。
④ 《重庆防空司令部调查7月4日敌机袭巴县情况暨伤亡损害概况表》(1940年7月4日)。
⑤ 《四川各地二十九年空袭损失统计表》,四川省档案馆,档案41-6151。
⑥ 《重庆防空司令部调查7月4日敌机袭巴县情况暨伤亡损害概况表》(1940年7月4日)。
⑦ 《重庆防空司令部调查7月5日敌机袭綦情况暨伤亡损害概况表》(1940年7月5日)。

岩、遗爱祠、枣子岚垭、张家花园、国府路、学田湾、中二路、中三路、中四路等地投爆炸弹239枚、燃烧弹9枚,轰炸造成98人死亡、81人受伤,房屋损毁200栋又534间,汽车损坏2部①。未查到卫戍总司令部调查资料。

7月9日,日出动海军第一联空35架、第二联空54架及陆侦4架共93架(中方调查为90架)分三批空袭重庆市区和南川县。据防空司令部调查,第一批36架、第二批27架先后侵入市空投弹,第三批27架在巴县鱼洞投弹,后在返经南川时有9架轰炸南川,日机在市区中二路、南纪门、上下安乐洞街、天主堂街、忠和段、金厂沟、民生实业股份有限公司机器厂及江北等地投爆炸弹150枚、燃烧弹9枚。炸死36人、炸伤96人,损毁房屋67栋425间、木船12艘。在巴县渔洞溪、人和乡小沱投弹107枚,造成6死5伤,毁房1栋6间。在南川县立女小校等地投弹41枚,造成人员9人死亡、33人受伤,房屋损毁365间②。未查到卫戍总司令部调查资料。此后,因受天气影响,暂时停止轰炸重庆市区。

7月10日,日机18架在荣昌投弹2枚,造成83人死亡、127人受伤,损毁房屋573间③。

7月16日,日出动海军第一联空6架、第二联空53架及陆侦4架共64架(中方调查54架,其中夜袭日机因天气不良返航),分两批空袭重庆大溪沟地区和城内南半部。据防空司令部调查,第一批日机27架在上清寺、国府路一带投弹,第二批日机27架在朝天门一带投弹,两批共计投爆炸弹122枚、燃烧弹12枚,造成市民10人死亡、21人受伤,损毁房屋175栋又185间④。未查到卫戍总司令部调查资料。

7月22日,日海军第一联空27架、第二联空51架,陆空36架及陆侦4架共118架(中方调查为125架)分4批狂炸合川和綦江。据防空司令部当时调查,第一批27架、第三批36架、第四批35间在合川县政府、民生公司等处投爆炸弹484枚、燃烧弹18枚,造成630人死亡、300人受伤,损毁房屋210栋4300间、木船90艘,合川县城70%被炸毁。第二批27架在綦江城内、南

---

① 《重庆防空司令部调查7月8日敌机袭渝情况暨伤亡损害概况表》(1940年7月8日)。
② 《重庆防空司令部调查7月9日敌机袭渝情况暨伤亡损害概况表》(1940年7月12日)。
③ 《重庆防空司令部调查7月10日敌机袭(荣昌)情况暨伤亡损害概况表》(1940年7月10日)。
④ 《重庆防空司令部调查7月16日敌机袭渝情况暨伤亡损害概况表》(1940年7月16日)。

门、沱湾一带等地投爆炸弹 70 枚,造成 10 人死亡、15 人受伤,20 间房屋损毁①。四川省政府统计 99 架日机轰炸合川,投弹 500 枚,造成 642 人死亡、255 人受伤,损毁房屋 4000 间,死亡人数比防空司令部统计为多。

7 月 28 日,日出动海军第一联空 35 架、第二联空 52 架及陆侦 3 架共 90 架(中方调查轰炸日机 80 架)轰炸万县、南川并在奉节投弹。据四川省政府调查统计,80 架日机在万县投弹 321 枚,造成陈相善、陈占云等 367 人死亡,王兴文、张青泉等 422 人受伤,损毁房屋 99 栋,此为万县被炸投弹最多、损失最大的一次。另据《万县志》记载,28 日下午,日机 62 架向万县城二马路、环城路、西山公园、王家坡等 48 处投弹 327 枚,炸死市民 273 人、炸伤 352 人,房屋炸毁 1003 间,损失折款 91 万元②。25 架日机在南川投弹 225 枚,造成 24 人死亡、46 人受伤,损毁房屋 565 间。而防空司令部当日调查日机 27 架在南川东门外、南门外、城内、公园一带投爆炸弹 108 枚、燃烧弹 6 枚,造成 16 人死亡、9 人受伤,损毁房屋 500 间,调查应不完整。同时日机还在奉节永安镇水巷口、大南门外、九道拐、罗家巷共投弹 8 枚,造成 9 人受伤,15 间房屋损毁③。

7 月 31 日,日军出动海军第一联空 36 架、第二联空 52 架,陆空 36 架及陆侦 3 架共 127 架(中方调查 108 架)空袭重庆市区及北碚、铜梁、涪陵等地。据防空司令部当日调查,第一批 36 架日机在北碚、铜梁投弹,第二批 18 架在涪陵投弹,第三批 54 架在市区、江北、北碚一带投弹。在市区投爆炸弹 121 枚、燃烧弹 5 枚,造成 2 人死亡、28 人受伤,损毁房屋 32 栋 30 间、木船 25 艘;在涪陵投爆炸弹 141 枚、燃烧弹 20 枚,炸死 470 人,炸伤 340 人,损毁房屋 1400 间,是涪陵炸得最广、烧得最惨的一次;在北碚投爆炸弹 30 枚,造成 15 人死亡、40 人受伤,21 间房屋损毁;在铜梁投爆炸弹 75 枚、燃烧弹 17 枚,造成 85 人死亡、147 人受伤,损毁房屋 971 间。④ 而卫戍总司令部在市区、北碚轰炸事

---

① 《重庆防空司令部调查 7 月 22 日敌机袭渝情况暨伤亡损害概况表》(1940 年 7 月 22 日)。
② 万县志编纂委员会编,《万县志》,四川辞书出版社 1995 年版,第 546 页。
③ 《四川各地二十九年空袭损害统计表》、《重庆防空司令部调查 7 月 28 日敌机袭渝情况暨伤亡损害概况表》(1940 年 7 月 28 日)。
④ 《重庆防空司令部调查 7 月 31 日敌机袭(渝等地)情况暨伤亡损害概况表》(1940 年 7 月 31 日)。关于北碚轰炸死伤人数,区长卢子英在《为呈报本区北碚 7 月 31 日第三次被炸损失情形请予鉴核备查由》中报告为"在市区投弹约 20 余枚,郊外约 30 余枚,烧去街房 10 余户,被炸全毁者 10 余间,死亡 23 名,伤 30 余人,较前两次损失稍轻"。(重庆市档案馆,档案 0081 - 8 - 211)

后的调查与防空司令部出入较大,其中投弹数为爆炸弹320枚、燃烧弹8枚,62人死亡、226人受伤,建筑物损毁90栋又354间、木船47艘①。其中死伤人数分别比防空司令部调查多45人和158人。卫戍总司令部事后调查更为准确。

8月2日,日军出动海军第一联空35架、第二联空53架,陆空36架及陆侦3架共127架(中方调查为122架)分3批袭击重庆,由于遭中国空军拦截未能进入市空,转而袭击璧山、广安、隆昌、泸县、邻水等地。其中第二批一部窜至璧山,日机一面用机枪扫射,一面投放燃烧弹、爆炸弹,共投爆炸弹108枚、燃烧弹17枚,导致县城13处起火,县政府中弹4枚,炸伤57人,炸死40人;炸毁房屋82间、桥梁2座。炸毁璧山县城兴记电灯厂1座;四川省银行璧山办事处被炸,损失金额5000元;171人无家可归。县政府抚恤96人,发放抚恤金1905元,房屋损失40万元,物件损失50万元,财产损失共90万元。②同日,日机26架袭击广安,分三批在县城上空交叉低飞俯冲投弹,撒传单,并用机枪扫射,投弹107枚,城南王爷庙、南园、渠江东岸沙背山等地被炸,炸死37人,炸伤46人,炸毁房屋193座③。

8月3日,日机36架轰炸铜梁县,并在合川用机枪扫射,又潜入邻水投弹。在铜梁共投爆炸弹132枚、燃烧弹115枚,造成7人死亡、8人受伤,损毁房屋61栋又332间。在邻水投爆炸弹8枚,造成1人受伤④。但在日本《百一号作战概要》附表《联合空袭部队及陆军航空部队攻击一览表》,没有当日的记载。这也是"101号作战"空袭重庆及其附近地区唯一一次在日方资料中没有记载的轰炸。具体情况尚待考证。

8月9日,日海军第一联空33架、第二联空54架及陆侦4架共91架(中

---

① 《重庆卫戍总司令部调查7月31日敌机袭渝情况暨伤亡损害概况表》(1940年8月4日)。
② 《重庆防空司令部调查8月2日敌机袭广邻璧情况暨伤亡损害概况表》(1940年8月2日)。
③ 广安县志编纂委员会编:《广安县志》,四川人民出版社1994年版,第19页。贺公藩整理,《日机轰炸广安的罪行》一文记载此次轰炸造成101人死亡(《广安文史资料选辑》第4辑,1990年4月,第102页),而《四川各地二十九年空袭损害统计表》记载死亡17人,受伤46人。
④ 《重庆防空司令部调查8月3日敌机袭铜梁情况暨伤亡损害概况表》(1940年8月3日)。另据《铜梁县29年8月3日日机空袭情况暨伤亡情形报告表》(四川省档案馆,档案180-2919)记载:敌机36架窜入市空,投弹多枚,命中市区域内中正街东街、太保街、明月街、南门外街、小街等处。并在南郭乡、东郭乡等处投弹。在18处投弹,投爆炸弹132枚、燃烧弹115枚,炸毁房屋62栋332间,震毁房屋108间,震坏房屋744间,死亡7人(其中2女),受伤7人(其中3女),财产损失估计895200元(炸弹重量在500磅以上者11枚)。

方调查为90架)分两批空袭重庆市区。据防空司令部调查,第一批63架、第二批27架分别对市区朝天门、行街、储奇门、小什字、大梁子、民族路、机房街、大阳沟、林森路、中正路、民权路、曾家岩、国府路及南岸海棠溪、龙门浩、江北陈家馆、刘家谷等地进行密集投弹轰炸。共投爆炸弹237枚、燃烧弹41枚,造成197人死亡、173人受伤,损毁房屋332栋又948间;并在经秀山时投弹1枚,造成4人受伤、2间房屋损毁。① 四川省政府统计损害与防空司令部略有出入,死亡为199人,受伤173人,房屋损毁为1798间(栋)②。未查到卫戍总司令部调查材料。

8月11日,日海军第一联空36架、第二联空51架及陆侦2架共89架(中方调查为90架)分两批空袭重庆市区。据防空司令部调查,在高朝门、忠和段、上河街、佛来祠、陈家馆官山等地投爆炸弹165枚、燃烧弹17枚,造成48人死亡、65人受伤,损毁房屋170栋又55间③。防空司令部调查中无左营街医护委员会门前大隧道被炸损失,8人窒息身亡,54人重伤,其中一人不治身亡,94人轻伤④。未查到卫戍总司令部调查材料。

8月17日,日海军第二联空的十五空27架轰炸永川,12架轰炸万县(因在夜间,中方调查为6架),在永川西门外、骑龙街、文明路、昌州路、民生路、大南门外、木货街、中孚路、中山路、同文巷、北外郊、东外郊等数十处投爆炸弹130枚、燃烧弹9枚,造成147人死亡、257人受伤,损毁房屋253栋又1002间⑤。日机轰炸万县,投爆炸弹70枚、燃烧弹1枚,造成60人死亡、70人受伤,损毁房屋200余栋⑥。未查到卫戍总司令部调查材料。

8月18日,日海军鹿空6架及陆侦3架共9架轰炸重庆市区。防空司令

---

① 《重庆防空司令部调查8月9日敌机袭秀山情况暨伤亡损害概况表》(1940年8月9日);周开庆编:《民国川事纪要》,四川文献研究社1972年印行,第117页。
② 《四川各地二十九年空袭损害统计表》,四川省档案馆,档案41-6151。
③ 《重庆防空司令部调查8月11日敌机袭渝情况暨伤亡损害概况表》(1940年8月11日)。《四川各地二十九年空袭损害统计表》数据相同。
④ 《重庆市公务局损失报告》,重庆市档案馆,档案0066-1-44。
⑤ 《重庆防空司令部调查8月17日敌机袭(永川)情况暨伤亡损害概况表》(1940年8月17日)。另据《四川省空袭损害调查统计表(一)》记载(四川省档案馆,档案41-6281),8月16日,日机轰炸永川,投爆炸弹70枚,造成20人死亡、70人受伤,但无其他材料佐证。
⑥ 《重庆防空司令部调查8月17日敌机袭(万县)情况暨伤亡损害概况表》(1940年8月17日)。《四川各地二十九年空袭损害统计表》统计,在万县投弹128枚,造成12人死亡、13人受伤,损毁房屋293间。四川省档案馆,档案41-6151。

部调查与其他资料略有出入。据重庆市工务局报告,当日敌机在临江门、会仙桥、机房街、小较场、丁字口、临江路、来龙巷、民权路、民族路、石板坡等21地投炸弹20余枚、燃烧弹9枚,炸毁房屋32栋35间,死14人、伤20余人。夫子池隧道附近中弹,震塌顶上石块,过往难民6人被压,经挽救队送往医院。电灯、电线等市政设施损坏严重①。本日敌机轰炸规模虽小,但这只是未来两天大规模轰炸的预演,本年度最剧烈的轰炸即将开始,一场更大的灾难就要降临重庆市民的头上了。同日,日机在万县投弹128枚,炸死12人,炸伤13人,炸毁房屋293间②。

8月19日,日军出动第一联空36架、第二联空53架、陆空35架、战斗队(包括零式机)14架、侦察5架共143架(中方调查为135架)两次共4批次狂轰滥炸重庆市区,日军还没有完成制式化的零式战斗机首次担任轰炸护卫任务。据防空司令部调查,第一次9架在市区枣子岚垭、罗家湾、国府路、飞来寺等地投爆炸弹41枚、燃烧弹10枚,造成11人受伤,损毁房屋57栋91间③。第二次日军出动119架(内有驱逐机9架)分3批轰炸市区,此次轰炸日机共投掷爆炸弹262枚、燃烧弹52枚,两府路、大田湾、两路口、中二路、中华路、通远门、学田湾、都邮街、大梁子、初期门、瓷器街、较场口等地遭到毁灭性破坏,苏联大使馆再次中弹,《新民报》社被炸停刊;日军投掷新型汽油凝固弹36枚,引起巨大火灾,从较场口、都邮街、演武厅、大梁子向东一直烧到苍坪街,西边一直烧到十八梯以下,市区最主要的几条繁华大街被烧成焦土。轰炸造成181人死亡、132人受伤,房屋损毁643栋1180间④。卫戍总司令部调查第一次轰炸无人员伤亡,第二次轰炸也只有24人死亡、21人受伤,在附记中说明,"被炸街巷所投弹数,无法查清,上列数目仅就可以调查者而列入"⑤,由于轰

---

① 重庆市档案馆,档案0067-3-5106、5111。《重庆防空司令部调查8月19日敌机袭渝情况暨伤亡损害概况表》(1940年8月19日)调查为投爆炸弹6枚、燃烧弹1枚,造成死亡12人、受伤12人,房屋损毁14栋。根据相关资料推断,8月19日应为8月18日。《四川各地二十九年空袭损害统计表》统计为造成14人死亡,12人受伤,12间房屋损毁。

② 《四川各地二十九年空袭损害统计表》,四川省档案馆,档案41-6151。

③ 《重庆防空司令部调查8月19日敌机袭渝情况暨伤亡损害概况表》(1940年8月19日)。《重庆卫戍总司令部调查8月19日(第一次)敌机袭渝情况暨伤亡损害表》当日调查投爆炸弹26枚、燃烧弹9枚,损毁房屋11栋47间。

④ 《重庆防空司令部调查8月19日敌机袭渝情况暨伤亡损害概况表》(1940年8月19日)。

⑤ 《重庆卫戍总司令部调查8月19日(第二次)敌机袭渝情况暨伤亡损害表》(1940年8月23日)。

炸强度前所未有,已无法顾及调查,统计极不完整。9架日机在涪陵县城六郎街、何家院等处投炸弹4枚,震毁房屋28户,炸死1人,灾民138人。在奉节县永安镇,在城内投弹2枚,炸伤10人,毁损房屋8间,房产损失约6000余元①。在云阳投弹4枚,造成6人死亡,6人受伤②。

8月20日,日军第一联空36架、第二联空52架、陆空34架、战斗队14架、侦察5架共141架(中方调查为152架)分5批轮番轰炸重庆市中心商业区、巴县白市驿和涪陵。第一批36架、第二批36架、第三批27架侵入市区投弹,第四批26架在白市驿投弹,第五批26架在涪陵投弹。据防空司令部调查,在市区投掷爆炸弹176和燃烧弹206枚,燃烧弹引起巨大火灾,市区有38处起火,烈火从大梁子起,烧过小什字,向东折向霸王庙街和小梁子,一直到会仙桥,再把苍坪街的断梁残柱点燃,连接到青年会,构成了一个巨大的火圈。西部商业区、郊区和江北广大地区遭到了很大破坏,城市建筑损失极其惨重,巴县县城仅残存1/5的建筑未倒,市区精华区域付之一炬,无家可归者达万余人。轰炸造成133人死亡、148人受伤,损毁房屋832栋4805间。在白市驿投爆炸弹40枚,损毁房屋32间③。卫戍总司令部当日给市政府的通报中无详细损害统计,未查及卫戍总司令部的其他调查材料。日机3架轰炸万县,投弹6枚,炸毁房屋33间及大量财物。日机数十架盘旋涪陵城市上空,其中有3架在西门外水井街投炸弹,燃烧弹10余枚,西门外起火,瑞麟桥至秋月门一带一片火海,焚烧2000余家,炸死31人,炸伤25人,灾民1万余人④。

8月21日,日机轰炸渠县、达县。日机36架分3批轰炸渠县,投弹371枚,造成29人死亡、133人受伤,损毁房屋5488间。日机36架在达县投弹44枚,造成80人死亡、137人受伤,损毁房屋84间⑤。

---

① 《四川各地二十九年空袭损害统计表》,四川省档案馆,档案41-6151。
② 《四川省空袭损害调查统计表(一)》,四川省档案馆,档案41-6281。
③ 《重庆防空司令部调查8月20日敌机袭渝情况暨伤亡损害概况表》(1940年8月20日)。《寇机投新型燃烧弹,山城大火》,《新民报》1940年8月21日。
④ 《四川各地二十九年空袭损害统计表》,四川省档案馆,档案41-6151。
⑤ 同上。另据渠县地方志办公室文世安统计,此次轰炸,死亡400余人,伤200余人,全城400余家房屋被毁,正街、东门、北大街、南街等主要街道成为废墟,80%以上的公私建筑化为灰烬。此外,日机还有三次轰炸,1940年6月12日,在李复投弹5枚,炸毁农民部分住宅、林地和坟园。1941年7月28日,26架日机在县城南门河边投弹7枚,炸沉木船4艘及大片甘蔗地。7月30日,日机27架又轰炸县城,投弹54枚,炸死民众13人,炸伤5人,损毁房屋18栋。文世安:《日机轰炸渠县》,《渠县文史资料》第5辑(内部发行),1993年12月。

8月23日,日海军第一联空27架、第二联空53架、战斗队10架及侦察1架,共91架(中方调查为80架)两批空袭重庆弹子石、海棠溪地区。据防空司令部调查,在南岸海棠溪、玛瑙溪、弹子石、窍角沱等地投爆炸弹211枚、燃烧弹78枚,造成死亡13人、24人受伤,房屋损毁131栋122间①。卫戍总司令部当天通报中已查明死亡12人,受伤37人,但未查到其事后调查材料②。

9月3日,日海军十三空27架轰炸重庆防空监视区广安。据重庆防空司令部调查,27架在广安投弹49枚,造成61人死亡、168人受伤,损毁房屋218间③。而四川省政府事后统计为投弹219枚,造成死亡61人、受伤169人,损毁房屋410间④。后者应更为准确。

9月4日,日军轰炸芷江等地,对大后方轰炸的"百一号作战"计划正式结束。

据日方统计,"101号作战"期间攻击重庆使用的飞机数量(攻击航空基地除外)是海军1737架次,陆军286架次。投弹数量是海军1280.81吨,陆军124.85吨。其中:海军使用炸弹种类6种,分别是6号(九七式6号陆用炸弹、60公斤)6688枚、7号(九八式7番6号燃烧弹)184枚、25号(九八式25号陆用炸弹、250公斤)2474枚、30号(30号陆用炸弹、300公斤)64枚、80号(80号陆用炸弹、800公斤)278枚和新增加的破坏性更大的卡四型燃烧弹(陆军100式50公斤燃烧弹)131枚,共计投弹9819枚;陆军使用4种,50公斤炸弹259枚、100公斤炸弹664枚、250公斤炸弹182枚、掷弹筒96枚,共计投弹1201枚,海陆军总计投弹11020枚。日方损失为战死海军54人、陆军35人,下落不明海军16人、陆军6人,负伤海军29人、陆军20人,自爆机数海军8架、陆军8架,中弹机数海军312架,陆军75架。⑤

9月12日,日机48架分两次4批轰炸重庆市区。第一次45架日机分3批轰炸两浮支路、浮图关、遗爱祠、李子坝、桂花园、嘉陵新村及南岸南坪镇等

---

① 《重庆防空司令部调查8月23日敌机袭渝情况暨伤亡损害概况表》(1940年8月23日)。《四川各地二十九年空袭损害统计表》统计投弹284枚,燃烧弹50枚,造成死亡10人,22人受伤,房屋损毁348间。
② 《重庆卫戍总司令部为8月23日敌机袭渝情况暨损害情形的通报》。
③ 《重庆防空司令部调查9月3日敌机袭渝情况暨伤亡损害概况表》(1940年9月3日)。
④ 《四川各地二十九年空袭损害统计表》,四川省档案馆,档案41—6151。
⑤ [日]前田哲男:《从重庆通往伦敦、东京、广岛的道路——二战时期的战略大轰炸》,中华书局2007年版,第167、168、245页。

地；第二次日机 3 架轰炸中华路、临江路、五·四路、民国路、中华巷等地。两次日机共投爆炸弹 75 枚、燃烧弹 5 枚，导致 25 人死亡、41 人受伤，房屋损毁 52 栋 129 间①。

9 月 13 日，日机 53 架分三批空袭重庆市区。在中四路、国府路、大溪别墅、玛瑙溪、马家店、南坪正街等地制约爆炸弹 83 枚、燃烧弹 3 枚，造成 7 人受伤，损毁建筑 64 栋又 133 间②，汽车 5 辆，菜油 100 余桶。高王氏、何吴氏、唐溪山、岳立和、谢振国等 13 人在夫子池门口公共防空洞避难窒息死亡③。

9 月 14 日，日机 57 架分两次四批空袭重庆市区及巴县。第一次 36 架日机在人和乡、大渡口等地投掷爆炸弹 103 枚、燃烧弹 17 枚，造成 26 人死亡、77 人受伤，损毁房屋 44 栋 103 间。第二次 21 架分两批在大溪沟、黄花园、三元桥等地投爆炸弹 9 枚、燃烧弹 2 枚，损毁房屋 1 间④。

9 月 15 日，日机 70 架分两次四批轰炸重庆市区及南泉，在中四路、曾家岩、美专校和南泉、小龙坎等地投掷炸弹 65 枚、燃烧弹 7 枚，造成 19 人死亡、38 人受伤，损毁房屋 39 栋又 67 间⑤。

9 月 16 日，日机 84 架分两次五批空袭重庆市区和巴县。第一次一批 16 架在上清寺、国府路、大阳沟投爆炸弹 5 枚、燃烧弹 2 枚，损毁房屋 5 栋又 15 间⑥。第二次 68 架分 4 批在南温泉、渔洞溪、大渡口等地投掷爆炸弹 157 枚、燃烧弹 14 枚，造成 38 人死亡、38 人受伤，房屋损毁 8 栋 81 间⑦。

9 月 28 日，日机袭梁山，炸死 27 人，重伤 9 人、轻伤 35 人⑧。

---

① 《重庆防空司令部调查 9 月 12 日敌机袭渝情况暨伤亡损害概况表》(1940 年 9 月 12 日)。
② 《重庆防空司令部调查 9 月 13 日敌机袭(渝)情况暨伤亡损害概况表》(1940 年 9 月 13 日)。
③ 《通报当日敌机来袭被炸地区及各站队抢救情形》，重庆市档案馆，档案 0066-1-44。
④ 第一次统计根据《重庆卫成总司令部调查 9 月 14 日敌机袭渝情况暨伤亡损害表》(1940 年 9 月 20 日)。第二次统计根据《重庆防空司令部调查 9 月 14 日敌机袭(渝)情况暨伤亡损害概况表》(1940 年 9 月 14 日)，但统计两次轰炸共投爆炸弹 53 枚，燃烧弹 6 枚，造成 8 人死亡，12 人受伤，损毁房屋 27 间，明显不准确。
⑤ 《重庆防空司令部调查 9 月 15 日敌机袭渝情况暨伤亡损害概况表》(1940 年 9 月 15 日)。
⑥ 《重庆防空司令部调查 9 月 16 日敌机袭(渝)情况暨伤亡损害概况表》(1940 年 9 月 16 日)。
⑦ 《重庆卫成总司令部调查 9 月 16 日(第二次)敌机袭渝情况暨伤亡损害表》(1940 年 9 月)，《重庆防空司令部调查 9 月 16 日敌机袭(渝)情况暨伤亡损害概况表》(1940 年 9 月 16 日)对第二次轰炸的统计为投爆炸弹 77 枚、燃烧弹 7 枚，造成 13 人死亡、62 人受伤，损毁房屋 106 间、木船 5 艘。
⑧ 中共梁平县委党史研究室编：《梁平县抗战资料选编》，第 80 页。

10月4日,日机13架分两批轰炸万县城区,投弹30枚,炸死李兴春、朱有和等10人,炸伤李光福、刘全兴等25人,炸毁房屋60栋及大量财物,财产损失206670元①。

10月6日,日机42架分两批空袭重庆市区。在领事巷、保节院街、中一路、张家凉亭、新院巷、冻绿坊、施家坡、马房湾等地投爆炸弹180枚、燃烧弹11枚,造成74人死亡、156人受伤,损毁房屋30栋又339间②。外国人财产再受重大损失,天主教仁爱堂医院被炸,英国大使馆亦被震毁一部分。轰炸重庆的第二批日机中有6架在梁山机场、县城东门、北门、天竺乡投炸弹63枚、烧夷弹8枚,炸死8人、伤20人,燃烧民房31栋,震塌43栋③。

10月10日,日机31架分两批轰炸北碚黄桷树、东阳镇、大明工厂等地。重庆防空司令部当日调查,投爆炸弹37枚、燃烧弹4枚,造成22人死亡、4人受伤,建筑损毁25栋3间④。而卫戍总司令部调查,在北碚投爆炸弹60枚、燃烧弹11枚,造成6人死亡、9人重伤,损毁房屋54栋又85间⑤。

10月13日,日机36架分3批空袭万县,共计投弹177枚,造成75人死亡、68人受伤,损毁房屋648间⑥。并在梁山县城东门、大炮台等地进行轰炸,炸死30人,重伤14人,轻伤10人⑦。

10月16日,日机3架轰炸重庆市区。在罗家巷、太平桥、机房街、临江门、北坛庙、正阳街等地骚扰性投爆炸弹11枚,造成4人死亡、4人受伤,损毁房屋29间⑧。

10月17日,日机18架空袭重庆市区。市区人和街、黄花园、东水门、国府路、大溪沟电厂、英美会办事处、天主堂、宽仁医院均遭到轰炸。日机共投爆炸弹50枚、燃烧弹7枚,造成25人死亡、79人受伤,损毁房屋49栋220间、木

---

① 《四川各地二十九年空袭损害统计表》,四川省档案馆,档案41-6151。
② 《重庆卫戍总司令部调查10月6日敌机袭渝情况暨伤亡损害表》。
③ 《四川各地二十九年空袭损害统计表》,四川省档案馆,档案41-6151。
④ 《重庆防空司令部调查10月10日敌机袭北碚情况暨伤亡损害概况表》(1940年10月10日)。
⑤ 《重庆卫戍总司令部调查10月10日敌机袭渝情况暨伤亡损害表》。
⑥ 《四川各地二十九年空袭损害统计表》,四川省档案馆,档案41-6151。《重庆防空司令部调查10月13日敌机袭万县情况暨伤亡损害概况表》(1940年10月13日)。
⑦ 《四川各地二十九年空袭损害统计表》,四川省档案馆,档案41-6151。
⑧ 综合《重庆防空司令部调查10月16日敌机袭渝情况暨伤亡损害概况表》(1940年10月16日)和《四川各地二十九年空袭损害统计表》。

船19只①。

10月25日，日机42架分两批轰炸重庆市区及南岸、涪陵。千厮门、东水门、桂花园、小龙坎、南岸下浩正街、莲花山、涂山、中正路、陕西路、莲花山、七星岩、顺城街等26地投爆炸弹102枚、燃烧弹15枚，造成42人死亡、46人受伤，损毁房屋252栋又22间、木船13只、汽车4辆。停靠江边的美舰杜伊拉号和太古公司的万象、万流两轮被炸伤。在涪陵投爆炸弹12枚、燃烧弹4枚，造成6人死亡、8人受伤，损毁房屋54间②。

10月26日，日机32架分两批空袭重庆市区。在韦家院、海关、下安乐洞、曾家岩等地投爆炸弹74枚、燃烧弹5枚，造成15人死亡、33人受伤，损毁房屋172栋又78间、木船3只、汽艇1只、汽车1辆③。

10月27日，日机15架轰炸万县。投弹59枚，造成3人死亡、7人受伤，损毁房屋282间④。

10月30日，日机4架空袭巫山，投掷炸弹30枚，导致死亡30人、66人受伤⑤。

12月10日，日机6架轰炸梁山，在涂家巷等处投弹20余枚，炸死10人、重伤4人，炸毁房屋50余间⑥。

12月11日，日机6架再次空袭梁山，共投掷炸弹29枚，造成18人死亡、9人受伤，46栋房屋损毁⑦。

二、轰炸的时空分布

1940年，由于"101号作战"计划的实施，重庆大轰炸呈现出更猛烈、更广泛的态势，并且给予重庆人民带来空前的灾难。本年度日机对重庆及周边地区轰炸达71次，其中重庆市区有37次，其轰炸的时间与地域分布情况

---

① 《重庆防空司令部调查10月17日敌机袭渝情况暨伤亡损害概况表》（1940年10月17日）。
② 《重庆防空司令部调查10月25日敌机袭渝情况暨伤亡损害概况表》（1940年10月25日）。《新华日报》1940年10月26日。
③ 《重庆防空司令部调查10月26日敌机袭渝情况暨伤亡损害概况表》（1940年10月26日）。
④ 《重庆防空司令部调查10月27日敌机袭(蓉、万)情况暨伤亡损害概况表》（1940年10月27日）。《四川各地二十九年空袭损害统计表》，四川省档案馆，档案41-6151。
⑤ 罗春昕：《抗日战争时期巫山遭日机轰炸的损害情况》，中国人民政治协商会议四川省巫山县委员会编印：《巫山文史资料选辑》（内部发行）第1辑，第22页。
⑥ 中共梁平县委党史研究室编：《梁平县抗战资料选编》，第80页。
⑦ 《四川各地二十九年空袭损害统计表》，四川省档案馆，档案41-6151。

如下：

(一)轰炸的时间分布

从1940年日机轰炸重庆的史实可以明显看出,从整体上来讲,日机轰炸重庆的时间主要集中在4月至10月间,12月仅有三次对梁山的轰炸,完全避开冬季的多雾季节而完全集中在春秋时节。即便是在此时间段内,日机的轰炸时间也呈现出重点集中的态势,自5月至8月仅四个月内,日机就对重庆地区进行了高达40次的疯狂轰炸,占到全部轰炸次数的70.1%,与始自5月18日止于9月4日长达112天的"101号作战"计划时间吻合。如果按照轰炸月份计,除了4月的三次针对空军机场的集中轰炸和12月的一次外,在5月至10月间,日机的轰炸基本上处于平均分布状态：5月份10次,6月份15次,7月份10次,8月份10次,9月份8次,10月份10次。即便在"101号作战"结束后,日机还对重庆地区进行了10次中等规模的轰炸,以巩固其轰炸效果。

从具体的轰炸时间来看,呈现出连续集中的特点。为了给予重庆人民震撼性的轰炸,是年,日机在对重庆地区轰炸时采用了多日轮番轰炸的方式。据统计,日机对重庆多日轮番轰炸超过两天(含两天)以上连续轰炸共有12次,其中连续两天者有4次,分别为6月16至17日、7月8日至9日、8月2日至3日、10月16至17日；连续三天者有3次,分别为6月10日至12日、7月3日至5日、10月25日至27日；连续四天者1次,为8月17至20日,其中19日、20日两天,日军出动了多达261架的飞机对重庆市区进行了毁灭性攻击,市区上百条街巷被炸,数十处地方起火,主要繁华大街被炸成一片瓦砾,主要商业场所和银行大都被毁,上万市民无家可归；连续五天者有3次,分别为5月18至22日、5月26日至30日、9月12至16日；连续六天者1次,为6月24至29日,日军每天出动多达100架左右的飞机对重庆市区及附件进行轰炸,使许多地方成为一片废墟。

(二)轰炸的地域分布

纵观整个1940年的日机轰炸地域分布,大体上呈现出如下情况：其一,以重庆市区为中心的圆形分布。依据著者对1940年重庆被轰炸地点的统计,依次有市区37次,梁山9次,北碚4次,巫山、涪陵各3次、合川、江北、綦江、万县、铜梁各2次、璧山、南川、巴县各1次。除了对巫山、万县、梁山三县的轰炸,日机延续了1939年度清除重庆周边障碍、扫除前进威胁以外,对其他县份的轰炸,大体上呈现出一个以市区为中心的同心圆,而且基本上都属于距离市区近郊县份,属于日机的有效轰炸范围之内地域。其二,逐次分区域轰炸。在对重庆地区的轰炸实施过程中,日机在整体上采用先针对军事设施而后非军事目标的过程,自4月15日始,尤其是5月18日,日军开始实施"101号作战"一周以来,日机主要针对重庆地区的军用机场尤其是近郊的白市驿、广阳坝进行了集中轰炸,5月26日,当日机完成预定目标之后,便将轰炸的重心转移到重庆市区。即便是对重庆市区的轰炸,日机也采用了逐次分区域的轰炸,轰炸地域依次为郊区、城郊结合部,吸引市区上空中国空军离开同时突袭市区。如5月27日,日机99架空袭重庆市区时,并未立即轰炸市区,而是在"重庆市郊上空","盘旋达5小时之久",并且"以其一架在郊外肆虐残害平民,诱我空军出击",当"我空军一部奋勇进击,敌机佯逃",日机"其余部分趁机窜入市区轰炸"[①]。

三、轰炸的特点

与此前日机对重庆的轰炸相比,1940年日机对重庆的轰炸呈现出以下三个特点:

第一,轰炸规模大、持续时间长。

虽然1939年日机的轰炸从规模到范围有了很大的增长,但因仅限于陆军飞行队的参与,规模仍然有限。而1940年日军海军飞行队的参加,使日机轰炸力量实现成倍增长,轰炸的规模大大增加。据著者不完全统计,1939年日机空袭重庆及周边地区为44次,出动865架次,投弹1897枚;1940年则达到71次,191批,4722架次,投弹11796枚,空袭次数、架次和投弹数量都有成倍的增长。在时间上,1940年日机采取了多批次、大编队的疲劳轰炸,每次出动50架左右,最多时达上百架的大编队,多日轮番地多批次轰炸。如6月24日至29日连续6天的轮番轰炸中,日机就平均每天出动超过100架飞机分多批次对重庆进行轰炸。本年度的轰炸,日军集中的飞机和袭渝架次最多、轰炸规模最大、投弹的密度最强,是抗战时期日机轰炸重庆最猛烈最残暴的行动。

---

① 《敌机百余架再袭渝,投弹郊外炸我无辜》,《新华日报》1940年5月28日。

第二，无差别轰炸。

虽然1922年签署的关于空战的国际《海军条约》第22条规定，禁止轰炸非战斗人员和非军事设施，即禁止破坏或损害非军事的私有财产，禁止以伤害非战斗人员为目的的空中轰炸。日本也是该条约的签字国，但在实际的执行中却置若罔闻。虽然1939年日机对重庆地区的轰炸已经显示出无差别轰炸的性质，但由于实力所困，日本在口头上宣称只对重庆军事政治目标进行袭击。而1940年随着空袭力度的增强，在实施"101号作战"计划时，无论军事设施抑或民用住宅、学校、商业设施等，飞机所到之处狂轰滥炸，摧毁殆尽。尤其自1940年6月14日日本将重庆南岸划定安全区后，日机对重庆的轰炸可谓触目惊心。同时，针对重庆城市多为木质结构建筑的特点，每次轰炸不仅投下大量爆炸弹，而且还投下许多燃烧弹，目标直指人口稠密和繁华地区，对城市平民和设施进行大屠杀、大破坏。如1940年7月22日，日机125架分3批空袭合川，下午2时侵入县城上空后，连续在城中心区及江岸平民区投下重量爆炸弹及大批燃烧弹，城中随即有数处起火，火势甚为猛烈，至翌日晨六时许始熄，全城精华已付之一炬，死伤人数2725人，损毁房屋4020栋，断壁残尸，不忍目睹①。

第三，轰炸损失严重。

与1939年相比，1940年日军投入了更多的兵力对重庆进行狂轰滥炸，除了投掷下大量的爆炸弹外，日机还对投掷了大量的燃烧弹和新型凝固汽油弹，破坏力更大，重庆所遭受之惨状无以名状。仅8月19日，日机135架对重庆地区共投掷爆炸弹411枚，两府路、大田湾、两路口、中二路、中华路、通远门、学田湾、都邮街、大梁子、初期门、瓷器街、较场口等地遭到毁灭性破坏，苏联大使馆再次中弹，《新民报》社被炸停刊；投掷新型汽油凝固弹36枚，引起巨大火灾，从较场口、都邮街、演武厅、大梁子向东一直烧到苍坪街，西边一直烧到十八梯以下，市区最主要的几条繁华大街被烧成焦土。轰炸造成181人死亡、132人受伤，2000人无家可归，房屋损毁2194栋②。据战时统计，1939年日机在重庆投掷爆炸弹、燃烧弹共计1546枚，毁房屋28栋又7080间；1940年投掷

---

① 《二十二日合川市区敌机残暴肆虐》，《国民公报》1940年7月27日。
② 《敌机昨两次大举袭渝》，《国民公报》1940年8月20日。

爆炸弹、燃烧弹14353枚,被毁房屋4255栋[①]。虽然人员伤亡有所减少,但轰炸的强度和财产损失却是空前的。

1940年日机带给重庆民众残酷而又野蛮的轰炸后果并没有就此终止,伴随着日本在军事上的冒进,为了配合日军地面的作战,重庆民众面临的是比1940年的轰炸更加丧心病狂的1941年的血雨腥风。

第四节 "102号作战"轰炸及其特点

1941年,是国际形势发生急剧动荡的一年。6月22日,占领了大半个欧洲的德国向苏联发动突然袭击,长驱直入,进展迅速。日本深信德国将击败苏联,认为这是加紧夺取东南亚的大好时机,并以此为依据制定了夺取东南亚的南方作战计划。南进政策使日本与美英之间的矛盾日益尖锐,尤其是当日本侵入越南南方后,美日之间的对立急剧增加,战争一触即发。基于以上情况,为日本积极推进南进政策,准备太平洋战争,尽快摆脱在中国久战不决的困境,把中国变成其在太平洋战争中的后方基地。为了配合陆军地面进攻,日本空军决定对以重庆为中心的大后方实施更加残酷的战略轰炸,企图达到"以炸迫降"的战略目标。

在1941年的轰炸中,日本改变战略,将先前大规模的、密集的政略战略轰炸,改为小规模的、多批次的疲劳轰炸。日机采取批次多、时间长的疲劳轰炸战术连续攻击重庆,集中轰炸市民住宅、机关、学校、商店等人口稠密和繁华地区。在"102号作战"实施的近120天中,重庆有37天遭受日机轰炸,有时一天就达4次之多,重庆市民经常几小时、十几小时处于空袭警报中。在8月8日至8月14日的一个星期里,日机不分昼夜,以不到6小时的间隙对重庆进行持续轰炸。5月至9月的五个月中,日机对重庆的轰炸达到了空前惨烈的程度。

1941年8月,由于与美英关系急剧恶化,日本不愿接受有关"终止对华战争、开启和谈、撤退军队"的条件,最终决定对英美一战,遂提前结束了"102号作战",将11航空舰队主力撤回国内备战太平洋战争。从9月2日后,留华日

---

① 《四年来重庆市敌机空袭损失统计》,重庆市档案馆,档案0053-29-260。

本海军飞机仅余 10 多架,以后虽有所增加,但已无力组织大的进攻作战了,主要作战任务从此交给陆军,对大后方的战略空袭告一段落。

一、轰炸史实考述

1月14日,日机18架分两批空袭合川及重庆市郊。第一批9架在合川投弹,第二批9架在重庆上空用机枪扫射。在合川东水门外打铁街、朝阳门、棉子口等地投爆炸弹 33 枚,造成 51 人死亡、34 人受伤,损毁房屋 34 栋又 47 间①。

1月20日,日机9架轰炸巫山,投掷炸弹 43 枚,伤 4 人、亡 17 人,损毁房屋 3 间②。

1月22日,日机19架分两批轰炸重庆市区及巴县白市驿。在杨公桥附近投爆炸弹 20 枚、燃烧弹 3 枚,造成 4 人死亡、2 人受伤,损毁房屋 40 间、木船 9 艘③。

2月4日,日机9架轰炸合川县城。在小南门、丁家街、古楼街、金市街、白菜园等地共投掷炸弹 44 枚,导致 2 人死亡、10 人受伤,270 间房屋损毁。④

3月18日,日机18架分两批空袭重庆市区。第一批9架在小龙坎一带投弹,第二批9架侵入市空以机枪扫射。日机共投爆炸弹 22 枚、燃烧弹 2 枚,造成 1 人受伤,损毁房屋 12 间、船只 1 艘⑤。

4月29日,日机9架轰炸梁山,在县城希白堂、涂家巷、袁家塘、体育场、高小校、江家院等地投爆炸弹 54 枚、烧夷弹 7 枚,当即炸死钟贵德等 8 人,因伤重致死 2 人,炸伤邓茂林等 23 人,炸毁民房 23 栋⑥。

5月3日,日机63架分两批空袭重庆市区。第一批54架、第二批9架先后侵入市空,在民权路、飞来寺、国府路、学田湾、两路口、曾家岩、中美村等地

---

① 《重庆防空司令部调查1月14日敌机袭合川情况暨伤亡损害概况表》(1941 年 1 月 14 日)。
② 《四川各地三十年空袭损害统计表》,四川省档案馆,档案 41-6151。
③ 《重庆防空司令部调查1月22日敌机袭渝情况暨伤亡损害概况表》(1941 年 1 月 22 日)。
④ 《重庆防空司令部调查2月4日敌机袭合川情况暨伤亡损害概况表》(1941 年 2 月 4 日)。
⑤ 《重庆防空司令部调查3月18日敌机袭渝情况暨伤亡损害概况表》(1941 年 3 月 18 日)。另据重庆市警察局统计,敌机 18 架轰炸重庆,警报持续 2 小时 33 分,投弹 20 枚,造成 2 人受伤,17 间房屋损毁。《重庆市敌机空袭损失统计(三十年三月份)》,台湾"国史馆"藏赔偿委员会档案-302-1440。
⑥ 中共梁平县委党史研究室编,《梁平县抗战资料选编》,第 81 页。

投爆炸弹83枚、燃烧弹36枚,造成6人死亡、18人受伤,损毁房屋127栋269间①。

5月9日,日机80架分3批空袭重庆市区。日机"向市郊投弹300余枚,我被毁房屋二百余栋,死伤百余人,外侨财产如求精中学、安息会、俱直接中弹,英大使馆亦受震甚列"②。据重庆市防空司令部报告,日机在市区投爆炸弹147枚、燃烧弹24枚,造成47人死亡、74人受伤,炸毁焚塌建筑141栋94间③。市区朝天门棚户区被炸起火,湖南省银行、福建省银行被震坏,求精中学、安息会直接中弹,英国大使馆受震甚烈。

5月10日,日机54架分两批空袭重庆市区,在大田湾、桂花园、牛角沱、李子坝等地投掷炸弹153枚、燃烧弹8枚,英大使卡尔爵士寓邸再遭攻击,房屋震毁,法国大使馆附近亦落巨弹,一部被波及,求精中学再次中弹受创。共造成13人死亡、34人受伤,损毁房屋264栋11间、木船24只。④

5月16日,日机63架分两批空袭重庆市区。市区民族路、中正路、南区公园、枣子岚垭、学田湾、中二路、中三路、浮图关等处中弹,投爆炸弹129枚、燃烧弹14枚,造成17人死亡、34人受伤,炸毁震坏房屋251栋599间⑤。其中1架日机在忠县投弹2枚,造成22人死亡、40人受伤,损毁房屋41间。⑥

5月17日,日机9架空袭重庆巫山县城,共投掷爆炸弹36枚、燃烧弹7

---

① 《重庆防空司令部调查5月3日敌机袭(渝)情况暨伤亡损害概况表》(1941年5月3日)。另根据重庆市警察局资料编制的《重庆市敌机空袭损失统计(三十年五月份)》记载,此次轰炸投爆炸弹118枚,烧夷弹10枚造成4人死亡,23人受伤损毁房屋46栋又89间。《重庆市敌机空袭损失统计(三十年五月份)》,台湾"国史馆"藏赔偿委员会档案-302-1440。

② 周开庆编:《民国川事纪要》,四川文献研究社1972年印行,第147页。

③ 《重庆防空司令部5月9日防空情况报告表》(1941年5月9日)。《重庆市敌机空袭损失统计(三十年五月份)》(台湾"国史馆"藏赔偿委员会档案-302-1440),日机在市区投爆炸弹138枚、烧夷弹26枚、未爆弹16枚,造成34人死亡,43人受伤,炸毁焚塌建筑174栋52间。重庆防空司令部调查5月9日敌机袭(渝)情况暨伤亡损害概况表(1941年5月9日)只有在涪陵投弹的统计,而无市区损害的记录,与当时各大媒体报道的轰炸惨象完全不符。

④ 《重庆防空司令部5月10日防空情况报告表》(1941年5月10日)。《重庆防空司令部调查5月10日敌机袭渝情况暨伤亡损害概况表》(1941年5月10日)统计为投掷炸弹64枚,燃烧弹32枚,造成12人死亡,20人受伤,损毁房屋84栋105间,木船24只。

⑤ 《重庆防空司令部5月16日防空情况报告表》(1941年5月16日)。《重庆防空司令部调查5月16日敌机袭渝情况暨伤亡损害概况表》(1941年5月16日)统计为投掷炸弹68枚,燃烧弹18枚,造成10人死亡、8人受伤,损毁房屋24栋80间。

⑥ 陈德甫:《日机九次轰炸忠县城》,忠县政协学习文史工作委员会:《忠县文史(文史资料选编第一辑)》,1991年内部发行,第151页。

枚,造成 5 人死亡、6 人受伤,房屋损毁 150 栋①。

5 月 20 日,日机 12 架空袭梁山。日机 60 架自鄂袭川,在侵入川境后,日机一批 12 架轰炸梁山,共投掷爆炸弹 73 枚、燃烧弹 4 枚,导致 18 人死亡、77 人受伤,损毁房屋 39 栋②。重庆空袭警报 4 小时 40 分。

5 月 21 日,日机 22 架空袭重庆梁山。在梁山县城、机场、柏家乡等地投炸弹 228 枚、烧夷弹 36 枚,炸死刘小妹 1 人,炸伤 6 人,炸毁民房 152 幢,燃毁民房 2 院,震垮 28 栋③。

5 月 22 日,日机 12 架分五批空袭重庆万县,投弹 58 枚,炸死王德平、谢刘氏等 61 人,炸伤何云廷、孙晏氏、吴秋香等 51 人。炸毁房屋 80 间及大量财物,财产损失达 1482541 元④。同日,日机 8 架空袭梁山,投掷爆炸弹 8 枚,烧夷弹 1 枚,轰炸县城西门内外、城西乡等地,炸毁民居 2 栋,震毁 3 栋⑤。重庆空袭警报 5 小时 02 分。

5 月 30 日,日机轰炸梁山,在县城、机场投弹 11 枚,毁中国飞机 1 架⑥。

6 月 1 日,日机 27 架空袭重庆市区,在枣子岚垭、中一路、民族路、民权路、和平路、观音岩、临江路等地投爆炸弹 158 枚、燃烧弹 11 枚,造成 32 人死亡、59 人受伤,损坏房屋 19 栋又 364 间⑦。

6 月 2 日,日机 27 架再次空袭重庆市区。在中一路、民生路、金汤街、新

---

① 《四川各地三十年空袭损害统计表》,四川省档案馆,档案 41-6151。
② 中共梁平县委党史研究室编,《梁平县抗战资料选编》,第 81 页。另据《四川各地三十年空袭损害统计表》(四川省档案馆,档案 41-6151)记载,日机在梁山投爆炸弹 73 枚、燃烧弹 4 枚,造成 18 人死亡、77 人受伤,损毁房屋 39 间。
③ 中共梁平县委党史研究室编,《梁平县抗战资料选编》,第 81 页。《重庆防空司令部调查 5 月 21 日敌机袭(梁)情况暨伤亡损害概况表》(1941 年 5 月 21 日)。《四川各地三十年空袭损害统计表》,四川省档案馆,档案 41-6151。
④ 《四川各地三十年空袭损害统计表》,四川省档案馆,档案 41-6151。
⑤ 中共梁平县委党史研究室编:《梁平县抗战资料选编》,第 81 页;《四川各地三十年空袭损害统计表》,四川省档案馆,档案 41-6151。
⑥ 中共梁平县委党史研究室编:《梁平县抗战资料选编》,第 81 页。
⑦ 《重庆卫戍总司令部调查 6 月 1 日敌机袭渝情况暨伤亡损害表》和《重庆市敌机空袭损失统计(三十年六月份)》,台湾"国史馆"藏,赔偿委员会档案-302-1440。《重庆防空司令部调查 6 月 1 日敌机袭渝情况暨伤亡损害概况表》(1941 年 6 月 1 日)统计 24 架在市区投爆炸弹 134 枚,燃烧弹 16 枚,造成 21 人死亡、33 人受伤,145 栋又 41 间房屋损毁。《重庆防空司令部 6 月 1 日防空情况报告表》(1941 年 6 月 6 日)统计投爆炸弹 134 枚,燃烧弹 16 枚,造成 20 人死亡、33 人受伤,炸毁震坏房屋 277 栋 57 间。

华街、棉絮街、和平路、百子巷、石灰市、会府街、中兴路、走马街、新生路、中正路、千厮门、民族路、米花街、上南区马路、十八梯、石板坡、领事巷、中央公园、安乐洞、地母亭、机房街、打枪自来水厂及江北顺城街、金沙门、水府宫、江北公园、三山庙街等地投掷262枚爆炸弹、16枚燃烧弹，造成124人死亡、86人受伤，损毁房屋105栋又660间①。英国大使馆中6弹，参事包克本住宅遭震毁，法国大使馆全部被毁②。

6月5日，日机24架分3批夜袭重庆。是日阴雨天，傍晚18时许至23时许，日机分3批从湖北宜都、松滋等突然夜袭重庆，空袭过程长达5小时9分，共投掷爆炸弹82枚、燃烧弹13枚，市区七星岗、观音岩、山下安乐洞、神仙洞、通远门、金汤街、两路口、中三路、大田湾、黄家垭口、上清寺等地遭到轰炸，造成11人死亡、8人受伤（不含大隧道窒息死伤人数），损毁房屋117栋又73间；并酿成第二次世界大战间接死于空袭人数最多的震惊中外的较场口大隧道窒息惨案，根据重庆卫戍总司令部的相关调查，造成776人受伤③、1115人死亡④，损毁房屋117栋73间⑤。

---

① 《重庆卫戍总司令部调查6月2日敌机袭渝情况暨伤亡损害表》。《重庆市敌机空袭损失统计（三十年六月份）》（台湾"国史馆"藏赔偿委员会档案-302-1440）统计为投弹255枚（爆炸弹204枚，烧夷弹24枚，未爆弹27枚），造成68人死亡，75人受伤，218栋又477间房屋损毁。《重庆防空司令部调查6月2日敌机袭渝情况暨伤亡损害概况表》（1941年6月2日）统计投爆炸弹196枚，燃烧弹18枚，造成67人死亡，74人受伤，318栋又100间房屋和民船1艘损毁。《重庆防空司令部6月2日防空情况报告表》（1941年6月6日）统计投爆炸弹192枚，燃烧弹18枚，造成77人死亡，64人受伤，炸毁震坏房屋279栋101间，民船1只。

② 《敌机又袭渝，在市区投二百余弹，英法领事馆遭炸毁》，《新华日报》1941年6月3日。

③ 《重庆卫戍总司令部关于大隧道闷毙多人的原因及抢救情形致行政院的报告》（1941年6月6日），另据《重庆防空司令部调查6月5日敌机袭渝情况暨伤亡损害概况表》（1941年6月5日）及《重庆防空司令部关于"六·五"惨案情形报告》，统计的受伤人数为重伤165人。

④ 《重庆卫戍总司令部关于"六·五"敌机夜袭大隧道窒息死亡人数及善后各情形呈行政院报告》（1941年6月8日）。关于大隧道窒息惨案伤亡人数，各项统计资料略有出入。重庆防空司令部有多个数据，《重庆防空司令部关于"六·五"惨案情形报告》为死亡827人，重伤165人，《重庆防空司令部调查6月5日敌机袭渝情况暨伤亡损害概况表》为死亡1008人，重伤165人，《陪都空袭救护委员会关于6月5日夜袭救护经过报告》统计为掩埋尸体888具，各重伤医院救济重伤151人，防空隧道窒息案审查委员会最后公布的数据是死亡992人，重伤151人（大隧道窒息案审查报告），《陪都市民呼吁书》（1941年6月7日）说是死亡7200余人，日本《朝日新闻》称死亡12000人以上等。目前所见此次轰炸的死亡统计数据，最大数据的是郭廷以编著的《中华民国史事日志》（第四册第169页）死者3万人，最小数据为重庆防空司令部在惨案发生第二天对外发布的死亡461人，重伤291人（陈理源：《重庆"六·五"大隧道惨案采访记》，《重庆文史资料》第31辑，西南师范大学出版社1989年版）。

⑤ 《重庆防空司令部调查6月5日敌机袭渝情况暨伤亡损害概况表》。

6月7日,日机31架分两批空袭重庆市区。在保节院、通远门、民权路、民族路、民生路、桂花街、南纪门、油市街、中华路、江北土地滩等地投爆炸弹60枚、燃烧弹17枚,造成12人死亡、10人受伤,损毁房屋51栋又185间、民船5只①。

6月11日,日机68架分3批空袭重庆市区、巴县及涪陵等地。在市区瓷器口、歌乐山、24及25兵工厂等地投爆炸弹121枚、燃烧弹24枚,造成5人死亡、10人受伤,损毁房屋20间。在巴县鱼洞镇、大中坝、人和场等地投爆炸弹86枚、燃烧弹1枚,造成1人死亡、2人受伤,损毁房屋5栋6间。在涪陵投爆炸弹2枚,造成2人受伤。②

6月14日,日机34架分两批空袭重庆市区。在双溪沟、天星桥、红十字医院、百子巷、临江门、黄花园等地投弹88枚(爆炸弹74枚、烧夷弹9枚,未爆弹5枚),造成9人死亡、30人受伤,损毁房屋241栋又194间③。

6月15日,日机27架空袭重庆市区。市区东水门、董正街、东升楼、太平门、二府衙门、林森路、中正路、白兔街、中央公园、西大街、征收局巷、巴县政府、元通寺街、望龙门马路、药王庙街、兴隆街、民生码头、商务印书馆、四川旅行社、美红十字会捐建的望龙门平民住宅、聚兴诚银行等地被炸,日军划定的所谓安全区之南岸亦遭轰炸,美驻华使馆被炸毁。日机共投爆炸弹76枚、燃烧弹7枚,造成77人死亡、124人受伤,损毁房屋149栋又712间、木船15艘④。

---

① 综合《重庆卫戍总司令部同陪都空袭救护委员会为6月7日敌机袭渝事给军令部的通报》(1941年6月7日)和《重庆防空司令部调查6月7日敌机袭渝情况暨伤亡损害概况表》(1941年6月7日)。另重庆市警察局《重庆市敌机空袭损失统计(三十年六月份)》(台湾"国史馆"藏赔偿委员会档案-302-1440)统计,此次轰炸共投弹106枚(爆炸弹88枚、烧夷弹17枚,未爆弹1枚),造成6人死亡、13人受伤,损毁房屋776栋又65间。

② 《重庆防空司令部调查6月11日敌机袭渝情况暨伤亡损害概况表》(1941年6月11日)。另重庆市警察局统计,此次轰炸在市区共投弹148枚(爆炸弹119枚、烧夷弹24枚、未爆弹5枚),造成4人死亡、11人受伤,损毁房屋20间。《重庆市敌机空袭损失统计(三十年六月份)》,台湾"国史馆"藏赔偿委员会档案-302-1440。

③ 《重庆市敌机空袭损失统计(三十年六月份)》,台湾"国史馆"藏赔偿委员会档案-302-1440。《重庆卫戍总司令部调查6月14日敌机袭渝情况暨伤亡损害表》统计,此次轰炸共投爆炸弹71枚、燃烧弹11枚,造成4人死亡、22人受伤,损毁房屋12栋又224间。《重庆防空司令部调查6月14日敌机袭渝情况暨伤亡损害概况表》统计日机共投爆炸弹70枚、燃烧弹11枚,造成2人死亡、19人受伤,房屋损毁139栋119间。

④ 《重庆防空司令部调查6月15日敌机袭(渝)情况暨伤亡损害概况表》。《重庆市敌机空袭损失统计(三十年六月份)》统计日机27架投弹97枚(爆炸弹76枚、烧夷弹8枚、未爆弹13枚),造成71人死亡、89人受伤,256栋又31间房屋损毁(台湾"国史馆"藏赔偿委员会档案-302-1440)。《重庆卫戍总司令部调查6月15日敌机袭渝情况暨伤亡损害表》(1941年6月20日)统计为投爆炸弹50枚、燃烧弹9枚,毁房11栋86间,造成53人死亡、41人受伤。

6月16日,日机27架轰炸梁山。是日,日机袭渝未逞,中途折返梁山在县城、屏锦镇、石安乡等地投掷爆炸弹158枚、燃烧弹25枚,造成1人死亡、11人受伤,房屋损毁37间①。

6月28日,日机52架分两批空袭重庆市郊巴县,25架轰炸万县和忠县城区。在重庆市郊南泉、太和乡等地投爆炸弹49枚、燃烧弹4枚,造成13人死亡、19人受伤,损毁房屋13间②。在万县城区,投弹224枚,其中有部分燃烧弹,有11枚未炸。敌机的野蛮轰炸造成万县市军民重大人员伤亡和财产损失,共有77人被炸死,116人被炸伤,炸毁房屋463间及大量财物,财产损失达1068350元;日机27架在忠县城区投弹7枚,炸死居民11人、炸伤17人,炸毁房屋6间,共计损失54000多元③。

6月29日,日机63架分两批空袭重庆市区。市区南纪门、领事巷、十八梯、中三路、中一路、兴隆街、林森路、太平门、中华路、都邮街、夫子池、米花街、五·四路、小梁子、临江路、天主堂街等和南岸海棠溪正街、盐店湾、南坪场、豆腐石码头、龙门浩、敦厚下段、洒金坡街等地被轰炸,城区及南岸92处受灾。据重庆防空司令部调查,日机投爆炸弹167枚、燃烧弹15枚,造成146人死亡、119人受伤,损毁房屋488栋又345间、汽艇1艘④。而重庆卫戍总司令部的调查为,日机共投掷爆炸弹138枚、燃烧弹14枚,造成186人死亡、64人受伤,损毁房屋534间及全毁4所⑤。卫戍总司令部为事后调查,应更可靠,受伤人数应是重伤人数。

6月30日,日机54架分两批空袭重庆市区。日机54架分两批空袭重庆市区。市区枣子岚垭、学田湾、中山三路、中山二路、上清寺、国府路、大田湾及

---

① 《四川各地三十年空袭损害统计表》,四川省档案馆,档案41-6151。
② 《重庆防空司令部调查6月28日敌机袭巴情况暨伤亡损害概况表》(1941年6月28日)。《重庆卫戍总司令部调查6月28日敌机袭渝情况暨伤亡损害表》(1941年7月1日)统计投爆炸弹34枚,燃烧弹9枚,毁房16栋及政校消防班住所,炸死3人、炸伤21人。
③ 《呈报万县、忠县等地被炸情况》,四川省档案馆,档案41-2006。另据《四川各地三十年空袭损害统计表》(四川省档案馆,档案41-6151)记载,日机在万县投弹190枚,造成58人死亡、84人受伤,损毁房屋322间。
④ 《重庆防空司令部调查6月29日敌机袭渝情况暨伤亡损害概况表》(1941年6月29日)。
⑤ 《重庆卫戍总司令部调查6月29日敌机袭渝情况暨伤亡损害表》(1941年7月2日)。重庆市警察局统计,此次轰炸共投弹185枚(爆炸弹158枚、烧夷弹14枚、未爆弹13枚),造成145人死亡、146人受伤,损毁房屋499栋又147间。《重庆市敌机空袭损失统计(三十年六月份)》,台湾"国史馆"藏赔偿委员会档案-302-1440。

江北大庙、书院街、米亭子、戈阳观、文华街、下横街、金沙门及南岸老君洞、向家湾等地被炸。日机共投爆炸弹 182 枚、燃烧弹 19 枚,造成 25 人死亡、37 人受伤,损毁房屋 273 栋又 88 间①。国民政府、财政部大礼堂、市政府宿舍、教育部、新民报社、四川教育学院、21 兵工厂等中弹,损失严重②。

7 月 4 日,日机 28 架分两批空袭重庆市区。市区朝天门、嘉陵码头、贺家码头、千厮门、信义街、陕西街及江北四方井、金山街、荒连街、覲阳门、保定门、金沙门、江北正街、文庙、双土地、高脚土地、海狮路等地遭到轰炸。重庆防空司令部调查,投爆炸弹 54 枚、燃烧弹 15 枚,造成 28 人死亡、29 人受伤,损毁房屋 205 栋又 3 间、木船 15 艘。卫戍总司令部调查为投爆炸弹 55 枚、燃烧弹 10 枚,毁房 104 间、囤船 3 艘、木船 19 艘、死亡 12 人、受伤 12 人。而重庆市警察局统计,此次轰炸共投弹 74 枚(爆炸弹 56 枚、烧夷弹 11 枚,未爆弹 7 枚),造成 40 人死亡、39 人受伤,损毁房屋 230 栋③。另据陪都空袭救护委员会的通报,当日市区死 18 人、伤 28 人,毁房 145 栋、江北死 21 人、伤 9 人,毁房 84 栋;南岸死 1 人、伤 1 人,毁房 4 栋。总计死亡 40 人,受伤 38 人,毁房 233 栋④。警察局调查与陪都空袭委员会通报比防空司令部和卫戍总司令部的调查损害更大,应有所据。日机 29 架分两批在梁山投弹 185 枚,损害情况不详⑤。

7 月 5 日,日机 22 架轰炸重庆市区。市区凯旋路、金家巷、金马寺、厚慈街、十八梯、马蹄街、九块桥、中兴路、康宁路、民权路、中三路、重庆村、南纪门

---

① 《重庆防空司令部 6 月 30 日空袭情况表》(1940 年 6 月 30 日)。《重庆防空司令部调查 6 月 30 日敌机袭渝情况暨伤亡损害概况表》(1941 年 6 月 30 日)统计日机共投爆炸弹 181 枚、燃烧弹 19 枚,造成 19 人死亡、38 人受伤,损毁房屋 273 栋又 81 间。另重庆市警察局统计,此次轰炸共投弹 255 枚(爆炸弹 193 枚、烧夷弹 35 枚、未爆弹 27 枚),造成 14 人死亡、41 人受伤,损毁房屋 286 栋又 99 间。《重庆市敌机空袭损失统计(三十年六月份)》,台湾"国史馆"藏赔偿委员会档案-302-1440。但在《陪都空袭救护委员会振恤处掘埋组造具 1941 年 6 月 29 日—7 月 10 日被炸死亡人口殓埋日报统计表》中,6 月 30 日被炸死亡殓埋人数为江北马号街、公园路、临江门等地被炸死的杨海和、杨永新、黄刘氏、陈李氏等 45 人(其中男 39 人、女 6 人),死亡人数比以上统计要多。

② 《重庆防空司令部呈报轰炸情形》,四川省档案馆,档案 41-6154。

③ 《重庆防空司令部调查 7 月 4 日敌机袭(渝)情况暨伤亡损害概况表》(1941 年 7 月 4 日)和《重庆防空司令部 7 月 4 日空袭情况表》(1940 年 7 月 4 日)。《重庆卫戍总司令部调 7 月 4 日敌机袭渝情况暨伤亡损害表》。《重庆市敌机空袭损失统计(三十年七月份)》,台湾"国史馆"藏赔偿委员会档案-302-1440。

④ 《陪都空袭救护委员会关于敌机空袭伤亡损失的通报》(1941 年 6—8 月)。四川省档案馆编:《川魂——四川抗战档案史料选编》,西南交通大学出版社 2005 年 8 月,第 136—137 页。

⑤ 《四川各地三十年空袭损害统计表》,四川省档案馆,档案 41-6151。

正街、宝安路、正阳街、民族路、民生路、中华路、和平路、两浮支路、大田湾、天主堂街、猪行街、回水沟等地遭到轰炸。据防空司令部调查,投爆炸弹 90 枚、燃烧弹 39 枚,造成 5 人死亡、42 人受伤,损毁房屋 535 栋又 666 间①。纸烟公会防空洞中弹,造成 5 人死亡、36 人受伤②。防空司令部调查中未列入。未查及卫戍总司令部调查。另据陪都空袭救护委员会通报,当日轰炸死 13 人、伤 51 人,其中十八梯关信巷(即小观音岩)死亡 4 人、伤 42 人,石灰市朝阳街伤 6 人,回水沟军粮分局土洞内死 7 人,马家寺第十重伤医院死亡 2 人、伤 3 人③,应比防空司令部调查更可信。

7 月 6 日,日机 23 架分 3 批夜袭重庆市区,并轰炸涪陵和奉节。在中四路、上清寺、美专校、大田湾、孟园、曾家岩、中美村、重庆村等地投爆炸弹 59 枚、燃烧弹 22 枚,造成 2 人死亡、8 人受伤,损毁房屋 120 栋又 232 间④。同日,日机 9 架空袭巫山,投掷炸弹 42 枚,亡 21 人、伤 19 人,损毁房屋 134 栋⑤。日机 9 架分 3 批空袭万县,在城内看守所、东西正街、东西门外、上下河街等处投爆炸弹 66 枚、烧夷弹 5 枚,未爆弹 7 枚,死亡 16 人、重伤 3 人、轻伤 8 人,毁房 98 栋⑥。

7 月 7 日,日机 41 架分两次共 6 批空袭重庆市区及涪陵、奉节、巫山。第一次在重庆下南区路、国府路、上清寺、美专校、中三路、中四路等地投爆炸弹 65 枚、燃烧弹 18 枚,造成 47 人死亡、49 人受伤,损毁房屋 152 栋 347 间。第二次在神仙洞街、消化沟、巴中校、上河街天星桥等地投爆炸弹 27 枚、燃烧弹 11 枚,造成 9 人死亡、16 人受伤,损毁房屋 154 栋 34 间。在涪陵西外东岳庙

---

① 《重庆防空司令部调查 7 月 5 日敌机袭(渝)情况暨伤亡损害概况表》(1941 年 7 月 5 日)。另重庆市警察局统计,此次轰炸共投弹 95 枚(爆炸弹 65 枚、烧夷弹 28 枚、未爆弹 2 枚),造成 4 人死亡、42 人受伤,损毁房屋 368 栋。《重庆市敌机空袭损失统计(三十年七月份)》,台湾"国史馆"藏赔偿委员会档案- 302 - 1440。
② 《为奉令查明"七五"纸烟公会洞口肇祸原因及死伤实数报请鉴核由》,重庆市档案馆,档案 0053 - 12 - 116。
③ 《陪都空袭救护委员会关于敌机空袭伤亡损失的通报》(1941 年 6—8 月)。四川省档案馆编:《川魂——四川抗战档案史料选编》,第 137 页。
④ 《重庆防空司令部调查 7 月 6 日敌机袭渝情况暨伤亡损害概况表》(1941 年 7 月 6 日)。另重庆市警察局统计,此次轰炸共投弹 110 枚(爆炸弹 86 枚、烧夷弹 24 枚),造成 2 人死亡、4 人受伤,损毁房屋 179 栋。《重庆市敌机空袭损失统计(三十年七月份)》,台湾"国史馆"藏赔偿委员会档案- 302 - 1440。
⑤ 《四川各地三十年空袭损失统计表》,四川省档案馆,档案 41 - 6151。
⑥ 《呈报梁山万县等地被炸情况》,四川省档案馆,档案 180 - 2278。

投爆炸弹3枚,造成15人死亡、26人受伤,损毁房屋172间。① 据陪都空袭救护委员会通报,另菜园坝76号防空洞内死亡18人,重伤33人与防空司令部调查同。当日轰炸造成临江门豆腐寺塌下大石崖一块,压毁房屋约17栋,死亡17人、受伤66人②。防空司令部和卫戍总司令部均未统计。在奉节投弹35枚,造成34人死亡、71人受伤,损毁房屋472间③。同日,日机3架空袭巫山,投掷炸弹21枚,导致房屋损毁23栋④。

7月8日,日机25架空袭重庆市区。据防空司令部调查,市区凤凰台、中兴路、柑子堡、凯旋路、小箱子、雷公嘴、联圣洁、中一路、黄家垭口、仁爱堂街、领事巷、金汤街、水市巷、新民街、木货街、尚武街、十八梯、瞿家沟、金马寺、厚慈街、神仙洞、兴隆街、双溪沟、保节院、铜元局、兜子背、五福街、临江门顺城街、韩家巷、冉家巷、中二路、回水沟、下南区马路、滥泥湾及南岸龙门浩等地均遭到轰炸。投爆炸弹84枚、燃烧弹18枚,造成84人死亡、33人受伤,损毁房屋426栋187间⑤。而据卫戍总司令部调查,日机在市区投爆炸弹81枚、燃烧弹9枚,造成89人死亡、180人受伤。其中双溪沟郑家湾防空洞落炸弹1枚,造成53人死亡、85人受伤。黄家垭口6号防空洞落炸弹1枚,26人死亡、56人受伤。有部分列入⑥。英大使馆及卡尔大使的公寓中弹全毁。

7月10日,日机51架分两批空袭重庆市郊,并在江津投弹2枚,涪陵投弹1枚。据重庆卫戍总司令部调查,市郊浮图关、李子坝、榨房沟、肖家湾、马家堡及南岸卢溪沟、杨家湾、沙湾沱、龙甲烷、桃子林、鲤鱼湾、三公里半、玄坛庙、徽溪口、黑朝门、牛草坪、民生码头、烟雨巷、大屋塞、凤主庙等处遭到轰炸。共投爆炸弹127枚、燃烧弹22枚,造成15人死亡、40人受伤,损毁房屋51栋又197间⑦。

---

① 《重庆防空司令部调查7月7日敌机袭渝情况暨伤亡损害概况表》(1941年7月7日)。伤亡人数参考《重庆卫戍总司令部调查7月7日上午敌机袭渝情况暨伤亡损害表》和《重庆卫戍总司令部调查7月7日下午敌机袭渝情况暨伤亡损害表》。

② 《陪都空袭救护委员会关于敌机空袭伤亡损失的通报》(1941年6—8月)。四川省档案馆编:《川魂——四川抗战档案史料选编》,第138页。

③ 《四川各地三十年空袭损害统计表》,四川省档案馆,档案41-6151。

④ 同上。

⑤ 《重庆防空司令部调查7月8日敌机袭渝情况暨伤亡损害概况表》(1941年7月8日)。

⑥ 《重庆卫戍总司令部调查7月8日敌机袭渝情况暨伤亡损害表》(1941年7月8日)。

⑦ 《重庆卫戍总司令部调查7月10日敌机袭渝情况暨伤亡损害表》(1941年7月14日)。《重庆防空司令部调查7月10日敌机袭渝情况暨伤亡损害概况表》(1941年7月10日)统计投爆炸弹84枚、燃烧弹43枚,造成10人死亡、20人受伤,损毁房屋72栋又12间、车辆6辆。

7月18日,日机27架空袭重庆市区李家花园一带。据防空司令部调查,日机在下南区马路、滥泥湾、正街下河滩棚户、铁路坝、两浮支路、李家花园、老两路口、中三路、学田湾、谢家湾第一兵工厂、李子坝中山新村、人和街、罗家湾、美专校街、大田湾、等地投爆炸弹33枚、燃烧弹12枚,造成9人死亡、12人受伤,损毁房屋92栋164间①。

7月27日,日机80余架分3批轰炸成都,"102号作战",到8月31日结束。据日方统计,在36天的时间里,实施对中国内地的攻击20次,其中轰炸重庆达14次,使用炸弹15036枚②。日机9架在忠县投弹8枚,造成5人死亡、14人受伤③。

7月28日,日机108架轰炸重庆市区、大足、合川、璧山、内江、自贡、泸州等地,万县、忠县亦遭轰炸,重庆市区空袭警报时间长达9时15分。据重庆防空司令部调查,日机分五批袭击重庆地区,其中重庆市区上午8时许和11时许两次受到日机的轰炸攻击,市区曾家岩、中四路、罗家湾、大溪沟、康宁路和江北陈家馆、鲤鱼池等地被炸,投掷爆炸弹38枚、燃烧弹13枚,造成8人死亡、13人受伤,3栋41间房屋损毁。在璧山来凤乡八保七甲山王庙背后,投弹3枚,炸死老农谢银山1人,在大足高升乡投弹1枚,在合川投爆炸弹13枚,造成2死3伤,毁房4间、木船2只④。卫成总司令部事后调查,日军在市区投爆炸弹45枚、燃烧弹9枚,炸焚毁建筑6栋73间、木船1只,死亡15人、受伤5人⑤。其死亡人数较防空司令部调查增加了7人。当日日机25架空袭万县,投弹134枚,造成76人死亡、91人受伤,损毁房屋418间;并有1架日机在忠县投弹1枚,炸死民众1人⑥。

---

① 《重庆防空司令部调查7月18日敌机袭(渝)情况暨伤亡损害概况表》(1941年7月18日)。《重庆卫成总司令部调查7月18日敌机袭渝情况暨伤亡损害表》(1941年8月18日)统计投爆炸弹75枚、燃烧弹10枚、手榴弹4枚,造成2人死亡、16人受伤,损毁房屋6栋290间。
② 前田哲男著、王希亮译:《从重庆通往伦敦、东京、广岛的道路——二战时期的战略大轰炸》,第252页。
③ 陈德甫:《日机九次轰炸忠县城》,忠县政协学习文史工作委员会:《忠县文史(文史资料选编第一辑)》,1991年内部发行,第151页。
④ 《重庆防空司令部调查7月28日敌机袭(渝)情况暨伤亡损害概况表》(1941年7月28日)。
⑤ 《重庆卫成总司令部调查7月28日敌机袭渝情况暨伤亡损害表》(1941年7月31日),第二历史档案馆,档案769-1971。
⑥ 《四川各地三十年空袭损害统计表》,四川省档案馆,档案41-6151。

7月29日,日机101架分5批轮番轰炸重庆市区及周边地区。当日重庆市警报时间长达8小时34分。据重庆防空司令部调查,日机在市区投掷爆炸弹178枚、燃烧弹14枚,市区遗爱祠、李家花园、龙家湾、枣子岚垭、临华街、张家花园、神仙洞街、纯阳洞街、中一路、黄家垭口、普宁寺、双龙巷、中一支路、黄沙溪、南区马路、硝房沟等地遭到轰炸,苏联大使馆和英国大使馆新址被炸。造成37人死亡、62人受伤,房屋损毁349栋402间[①]。卫戍总司令部调查投爆炸弹231枚、燃烧弹32枚,损毁房屋750间,大礼堂1栋,造成99人受伤、75人死亡[②]。伤亡数据均较防空司令部调查为多。

7月30日,日机130架分5批轰炸重庆市区以及江津、巴县、长寿、邻水、渠县,梁山、万县亦遭受轰炸。重庆市区空袭警报长达8小时10分。据防空司令部调查,市区陕西路、中正路、育婴堂、元通寺、遗爱祠、白象街、保节院、民生路、安乐洞后街、下南区路、国府路、中二路、中三路、李子坝、张家溪、龙门浩、海棠溪、老君洞、江北简家台河街、大公报馆、交通银行宿舍、川东师范、百货公司等地被炸。日机共投爆炸弹316枚、燃烧弹41枚,造成23人死亡、77人受伤,损毁房屋385栋又238间、车辆3辆、木船9艘、汽艇1艘。在邻水投弹15枚,造成15人死亡、7人受伤,损毁木船1艘。在渠县投爆炸弹33枚,造成13人死亡、5人受伤,损毁房屋18栋33间、木船1艘。另在江津、巴县和长寿投弹8枚,损害情况不详。[③] 美国军舰图图拉号被炸。而卫戍总司令部的调查为日机在市区投爆炸弹350枚、燃烧弹22枚,造成死亡22人、受伤66人,损毁房屋42栋又642间、木船14只,美国汽艇1艘、小汽车4部[④]。而据当天重庆卫戍总司令部给军令部的通报中统计毁房300余栋,伤60余人、死

[①] 《重庆防空司令部调查7月29日敌机袭(渝)情况暨伤亡损害概况表》(1941年7月29日)和重庆防空司令部7月29日空袭情况表(1941年7月29日)。《重庆卫戍总司令部关于7月29日敌机袭渝情况暨伤亡损害的通报》统计投爆炸弹148枚、燃烧弹6枚,造成17人死亡、33人受伤,损毁房屋173栋75间。

[②] 《重庆卫戍总司令部调查7月29日敌机袭渝情况暨伤害表》(1941年8月日),第二历史档案馆,档案769-1971。

[③] 《重庆防空司令部调查7月30日敌机袭渝情况暨伤亡损害概况表》(1941年7月30日)。关于此次轰炸的人员伤亡情况,防空司令部调查的损害情况是死亡23人、受伤77人,而卫戍总司令部调查为死亡40余人,受伤60余人。两份材料略作对比,卫戍总司令部给军令部的通报中有人员伤亡的遗爱祠、张家花园、二府街等,在防空司令部调查材料中相应地区损害都是空白,轰炸伤亡人数为补充完善而得。

[④] 《重庆卫戍总司令部调查7月30日敌机袭渝情况暨伤亡损害表》(1941年),第二历史档案馆,档案769-1971。

亡 40 余人,毁船 7 只①。另据陪都空袭救护委员会通报,防空洞被炸死伤人数较多,商业场商会防空洞口中弹死亡 5 人、伤 14 人,白象街保甲自建防空洞中弹,死 4 人、伤 5 人,南区公园马路下防空洞中弹,死 2 人、伤 7 人,交通银行防空洞中弹,炸死 4 人②。另日机 27 架在梁山投弹 32 枚,造成 2 人死亡、13 人受伤,损毁房屋 7 间。日本飞机 3 架轰炸万县,投弹 4 枚,造成 2 人被炸死,1 人被炸伤,炸毁房屋 24 间、木桥 1 座③。

7 月 31 日,日机 27 架空袭重庆万县,投掷爆炸弹 32 枚、燃烧弹 1 枚,造成 2 人死亡、13 人受伤,房屋损毁 7 间④。

8 月 1 日,日机 17 架轰炸奉节,共投掷爆炸弹 49 枚、燃烧弹 12 枚,造成 11 人死亡、55 人受伤,损毁房屋 491 间。⑤

8 月 2 日,日机 8 架轰炸奉节,投掷炸弹 8 枚,造成 16 人死亡、19 人受伤,房屋损毁 64 栋。同日,日机 10 架轰炸云阳,投掷爆炸弹 32 枚、燃烧弹 5 枚,造成 55 人死亡、89 人受伤,损毁房屋 59 间⑥。日机袭梁山,炸死 2 人,伤 7 人⑦。

8 月 8 日,日机 115 架分 3 批轰炸重庆市区、渠县,同日对巫溪、巫山进行了轰炸。重庆市区空袭警报 2 小时 24 分。据防空司令部调查,日机在市区投爆炸弹 242 枚、燃烧弹 8 枚,烟雨堡、团山堡、向家坡、民生码头、尊义段、忠和段、虾蟆口等处被炸,多处起火,143 号公共防空洞洞顶中弹陷塌,一洞口被封,造成 14 人死亡、32 人受伤(另一说,造成 60 人死亡、伤数十人,耗费劳动力千余人,21 日,国民政府发放抚恤金 10 万元⑧);轰炸共造成 89 人死亡、136

---

① 《重庆卫戍总司令部为 30 日敌机袭渝给军令部的通报》,转引自徐朝鉴等主编,《重庆大轰炸》,第 295—296 页。
② 《陪都空袭救护委员会关于敌机空袭伤亡损失的通报》(1941 年 6—8 月)。四川省档案馆编:《川魂——四川抗战档案史料选编》,第 143—144 页。
③ 《四川各地三十年空袭损害统计表》,四川省档案馆,档案 41-6151。
④ 同上。
⑤ 同上。
⑥ 同上。
⑦ 中共梁平县委党史研究室编:《梁平县抗战资料选编》,第 81 页。
⑧ 《呈报下南区马路第 143 号防空洞中弹洞内落石十块压毙伤人命请鉴核备查由》,重庆市档案馆,档案 10053-3-285。据陪都空袭救护委员会通报,到 11 日下午尚未清理完毕,已掘出或发现死亡 46 人,受伤 70 人。另江北朝音寺虾[哈]蟆口防空洞中弹,洞上封闭,死亡 22 人,受伤 18 人。《陪都空袭救护委员会关于敌机空袭伤亡损失的通报》(1941 年 6—8 月)。四川省档案馆编:《川魂——四川抗战档案史料选编》,第 146—148 页。

人受伤,损毁房屋 280 栋 184 间、木船 8 只。而日机在丰都邓家院子、总一路口等地投弹 5 枚,造成 14 人死亡、24 人受伤,损毁房屋 11 栋又 48 间①。同日,日机 7 架轰炸巫溪,投弹 35 枚,造成 4 人死亡、9 人受伤,损毁房屋 20 间。日机 9 架轰炸巫山,投爆炸弹 39 枚、燃烧弹 54 枚,造成 6 人死亡、15 人受伤,毁坏房屋 47 间②。

8 月 9 日,日机 39 架分 3 次轰炸重庆市区。市区三次警报共持续 7 小时 20 分。据防空司令部调查,第一次 3 架在上罗家沟、枣子岚垭等地投弹 5 枚,损毁房屋 2 栋 28 间。第二次 9 架在神仙洞街、上土湾投弹 9 枚,造成 3 人受伤。第三次 27 架在国府路、大溪沟、张家花园、徐家坡、中央训练团、权坊沟、竹帮街及长寿等地投爆炸弹 95 枚、燃烧弹 7 枚,造成 7 人死亡、11 人受伤,损毁房屋 55 栋又 248 间。③ 而卫成总司令部调查,日机在市区投爆炸弹 225 枚、燃烧弹 10 枚,毁房 40 多栋又 282 间,造成 10 人死亡、25 人受伤。损失较防空司令部调查为多。陪都空袭救护委员会通报,死亡人数也是 10 人④。日机还在长寿南郊投弹 2 枚,致 1 人受伤⑤。

8 月 10 日,日机 99 架分 4 次七批日夜轮番轰炸重庆市区,并在丰都、长寿投弹,市区四次空袭警报长达 12 小时 58 分。据防空司令部调查,第一次日机 33 架分两批在铁路坝、大水井、桂花园、大田湾等地投爆炸弹 124 枚、燃烧弹 37 枚,造成 24 人死亡、24 人受伤,损毁房屋 105 栋 243 间、木船 5 只。在丰都万国药房、电报局等地投爆炸弹 11 枚、燃烧弹 1 枚,造成 5 人死亡、32 人受

---

① 《重庆防空司令部调查 8 月 8 日敌机袭渝情况暨伤亡损害概况表》(1941 年 8 月 8 日)。另重庆市警察局统计,此次轰炸日机 106 架,在市区共投弹 323 枚(爆炸弹 291 枚、烧夷弹 14 枚、未爆弹 18 枚),造成 101 人死亡、138 人受伤,损毁房屋 112 栋 392 间。《重庆市敌机空袭损失统计(三十年八月份)》,台湾"国史馆"藏赔偿委员会档案－302－1440。另韩信夫、姜克夫主编,《中华民国大事记》第四册记载死亡 162 人,伤 87 人(见第 738 页,中国文史出版社 1997 年)。

② 《四川各地三十年空袭损害统计表》,四川省档案馆,档案 41－6151。

③ 《重庆防空司令部调查 8 月 9 日敌机袭渝情况暨伤亡损害概况表》(1941 年 8 月 9 日)。另重庆市警察局统计,此次轰炸,日机 62 架在市区共投弹 313 枚(爆炸弹 291 枚、烧夷弹 12 枚、未爆弹 10 枚),造成 40 人死亡、65 人受伤,损毁房屋 65 栋 442 间。《重庆市敌机空袭损失统计(三十年八月份)》,台湾"国史馆"藏赔偿委员会档案－302－1440。

④ 《陪都空袭救护委员会关于敌机空袭伤亡损失的通报》(1941 年 6—8 月)。四川省档案馆编:《川魂——四川抗战档案史料选编》,第 146 页。

⑤ 《重庆卫戍总司令部调查 8 月 9 日敌机袭渝情况暨伤亡损害表》(1941 年 8 月 20 日),中国第二历史档案馆,档案 769－1971。

伤,损毁房屋29栋68间。第二次日机42架分两批在沙坪坝正街、杨家坟、重庆大学、小龙坎正街和长寿共投爆炸弹58枚、燃烧弹2枚,造成26人死亡、43人受伤,损毁房屋92间(其中长寿投弹1枚,造成1死3伤)。第三次8架在中四路、临华后街、张家花园、人和街、黄花园投爆炸弹21枚、燃烧弹10枚,造成房屋损毁10栋9间。第四次6架分两批在龙洞湾、铜夜湾、中央训练团、化龙新村、金壁街、督学院等地投爆炸弹77枚、燃烧弹26枚,造成12人死亡、35人受伤,损毁房屋30栋979间。① 卫戍总司令部调查,日机在市区投爆炸弹214枚,燃烧弹24枚,损毁房屋49栋又277间,造成90人受伤、46人死亡②。这是极少出现的损害情况比防空司令部调查要少的一次。但同日重庆市警察局也有调查,此次轰炸空袭警报持续13小时39分,日机87架在市区共投弹239枚(爆炸弹200枚、烧夷弹32枚、未爆弹7枚),造成66人死亡、104人受伤,损毁房屋401栋242间③。当天的统计出入较大,这可能与当天日军四次轰炸造成的混乱有关。

8月11日,日机108架分两次六批轰炸重庆市区及涪陵、巴县、奉节及开县。市区空袭警报长达14小时57分,是日机轰炸重庆几年中空袭警报时间最长的一天。据防空司令部调查,第一次90架分五批轰炸重庆市区、涪陵和开县,在市区磁器口、裕华厂、大佛段等地投爆炸弹112枚、燃烧弹26枚,造成57人死亡、73人受伤,损毁房屋29栋349间、木船3只。在涪陵投爆炸弹35枚、燃烧弹4枚,造成38人死亡、57人受伤,损毁房屋200余间。在开县投弹46枚,造成28人死亡18人受伤,毁房12间。第二次18架在大兴场正街、巴县新发乡、涪陵等地投爆炸弹41枚(涪陵3枚)、燃烧弹6枚(巴县2枚),造成43人死亡、72人受伤(涪陵1人),损毁房屋110栋598间(涪陵2间)、桥梁1座、木船4只、汽车2部④。而重庆卫戍总司令部调查,日机在市区投爆炸弹

---

① 《重庆卫戍总司令部调查8月10日敌机袭渝情况暨伤亡损害表》(1941年8月12日),中国第二历史档案馆,档案769-1971。
② 同上。
③ 《重庆市敌机空袭损失统计(三十年八月份)》,台湾"国史馆"藏赔偿委员会档案-302-1440。
④ 《重庆防空司令部调查8月11日敌机袭渝情况暨伤亡损害概况表》(1941年8月11日),《四川各地三十年空袭损害统计表,四川省档案馆档案,41-2242。另重庆市警察局统计,此次轰炸空袭警报持续11小时13分,日机在市区共投弹127枚(爆炸弹103枚、烧夷弹24枚),造成57人死亡、65人受伤,损毁房屋1115间。《重庆市敌机空袭损失统计(三十年八月份)》,台湾"国史馆"藏赔偿委员会档案-302-1440。

137枚,燃烧弹27枚,毁房屋245栋1223间,受伤150人、死亡249人。其中窍角沱防空洞被炸塌,造成129人死亡①。损失情况比防空司令部调查为多。同日,日机6架轰炸奉节,投爆炸弹39枚、燃烧弹29枚,造成21人死亡、52人受伤,损毁房屋263间②。

8月12日,日机99架分4次七批轰炸重庆市区、合川、涪陵、巴县和彭水。市区空袭警报时间长达9小时42分。据重庆防空司令部调查,第一次9架分3批进在枣子岚垭、龙眼湾、电讯厂及巴县老关口投爆炸弹32枚、燃烧弹1枚,造成4人死亡、5人受伤,损毁房屋16栋7间、汽车2辆(其中在巴县投爆炸弹11枚、燃烧弹1枚,造成2人死亡、5人受伤,损毁房屋7间)。第二次36架分两批在市区化龙桥、李子坝、瑞华厂及合川、巴县、涪陵投弹,共计投下爆炸弹53枚、燃烧弹1枚、造成21人死亡、35人受伤,损毁房屋27栋71间(其中在合川投爆炸弹15枚、燃烧弹1枚,造成2人死亡、1人受伤,损毁房屋28间。在巴县投爆炸弹1枚。在涪陵投爆炸弹3枚,造成7人死亡、24人受伤,损毁房屋40间)。第三次27架在巴县李家沱、张家沟等地投爆炸弹92枚,造成15人死亡、36人受伤,损毁房屋75间。第四次27架在猫儿石、学莹湾、双巷子、江家湾及彭水江口镇等地投爆炸弹71枚,造成17人死亡、19人受伤,损毁房屋191间(其中在彭水江口镇投爆炸弹5枚,损毁房屋2间)。③而据卫戍总司令部调查,日机在市区(不包括巴县)投爆炸弹249枚、燃烧弹37枚,毁房6栋又213间,造成100人受伤、45人死亡。而在该表附记中记载,45架日机在合川药市街一带投弹100余枚,毁房40余间,死1人、伤60余人④。同日,9架日机在忠县投弹9枚,损毁房屋2间。8架日机在云阳投爆炸弹40枚、燃烧弹7枚,造成6人受伤,损毁房屋28间⑤。

---

① 《重庆卫戍总司令部调查8月11日敌机袭渝情况暨伤亡损害表》(1941年8月25日),中国第二历史档案馆,档案769-1971。
② 《四川各地三十年空袭损害统计表》,四川省档案馆,档案41-6151。
③ 《重庆防空司令部调查8月12日敌机袭(渝等地)情况暨伤亡损害概况表》(1941年8月12日)。另重庆市警察局统计,此次轰炸空袭警报持续9小时49分,日机99架在市区共投弹316枚(爆炸弹260枚、烧夷弹52枚、未爆弹4枚),造成46人死亡、100人受伤,损毁房屋6栋220间。《重庆市敌机空袭损失统计(三十年八月份)》,台湾"国史馆"藏赔偿委员会档案-302-1440。
④ 《重庆卫戍总司令部调查8月12日敌机袭渝情况暨伤亡损害表》(1941年8月28日),中国第二历史档案馆,档案769-1971。
⑤ 《四川各地三十年空袭损害统计表》,四川省档案馆,档案41-6151。

8月13日,日机84架分两次6批日夜轰炸重庆市区、涪陵。市区空袭警报长达12小时。据防空司令部调查,第一次9架在巴县歌乐山、石门等地投爆炸弹17枚,造成3人死亡、7人受伤,损毁房屋16间。第二次95架分5批轰炸市区和涪陵,在市区上清寺、狮子湾、南桥寺、神仙洞、枣子岚垭、罗家湾、红土地、南桥寺、家宁村、康家湾、陈家馆21兵工厂等地投爆炸弹130枚、燃烧弹14枚,造成155人死亡、166人受伤,损毁房屋93栋又176间。① 而卫戍总司令部调查,日机在市区投爆炸弹312枚、燃烧弹52枚,损毁房屋500余间全毁7处及5栋,死亡158人、受伤183人,②损失情况较防空司令部调查略多。另据侍从室高级幕僚唐纵日记记载,神仙洞街180号防空洞被炸,死亡177人、重伤167人、轻伤172人③,比防空司令部和卫戍总司令部的调查都多。另陪都空袭救护委员会通报,"总计13日死亡(连到医院自死者合计)188人,轻伤182人、重伤(除到医院自死)180人,毁房52栋又47间"④。在涪陵城区投爆炸弹75枚、燃烧弹2枚,造成7人死亡、25人受伤,损毁房屋25间⑤。此外,日机1架在万县投弹3枚,造成2人受伤,毁坏房屋24间⑥。

8月14日,日机100分两批轰炸重庆市区、合川、巴县、长寿、南川,并在巫山、忠县投弹。市区空袭时间3小时16分。据防空司令部调查,日机在市区桂花园、鼓门山、刘家台、简家台、喜乐溪等地投爆炸弹74枚、燃烧弹12枚,造成3人死亡、20人受伤,损毁房屋56栋梁13间。在巴县蔡家乡投弹1枚,1

---

① 《重庆防空司令部调查8月13日敌机袭渝情况暨伤亡损害概况表》(1941年8月13日),其中神仙洞180号公共防空洞死伤人数统计为死亡130人,受伤125人。另重庆市警察局统计,此次轰炸空袭警报持续11小时37分,日机102架在市区共投弹273枚(爆炸弹220枚、烧夷弹49枚、未爆弹4枚),造成139人死亡,151人受伤,损毁房屋260栋180间。《重庆市敌机空袭损失统计(三十年八月份)》,台湾"国史馆"藏赔偿委员会档案-302-1440。
② 《重庆卫戍总司令部调查8月13日敌机袭渝情况暨伤亡损害表》(1941年8月24日),中国第二历史档案馆档案,769—1971。其中180号防空洞死亡人数统计为130人,受伤124人。
③ 公安部档案馆编注:《在蒋介石身边八年——侍从室高级幕僚唐纵日记》记载(第222页,群众出版社1991年版),"神仙洞180号公共防空洞被炸,一弹中门口,一燃夷弹中另一门口。天下有如此之巧事,宁不奇欤! 计死亡177人,重伤167人,轻伤172人。因该处多全家被难,故领恤者廖廖云。"另据重庆市警察局为神仙洞街180号洞被炸事的呈文,"该洞避难民众无一幸免,计受伤118名,死亡130名"。
④ 《陪都空袭救护委员会关于敌机空袭伤亡损失的通报》(1941年6—8月)。其中神仙洞108号公共防空洞两个出口同时中弹,死亡136人,轻伤172人(内送院104人),重伤208人(全部送院,到达后伤重不治死亡41人)。四川省档案馆编:《川魂——四川抗战档案史料选编》,第149页。
⑤ 《重庆防空司令部调查8月13日敌机袭渝情况暨伤亡损害概况表》(1941年8月13日)。
⑥ 《四川各地三十年空袭损害统计表》,四川省档案馆,档案41-6151。

人死亡。在长寿河街等地投弹4枚,损毁房屋1间。在南川观音阁、李家扁、较场坝等地投爆炸弹32枚、燃烧弹2枚,造成1人死亡、4人受伤,损毁房屋20间。在合川蟠龙山、小南门外等地投弹9枚,造成1人死亡、4人受伤,损毁房屋10间、木船1只①。忠县投弹2枚,造成1死7伤②。卫戍总司令部调查,日机在市区投爆炸弹232枚、燃烧弹35枚,造成27人死亡、16人受伤,损毁房屋40栋203间,全毁6处,木船5只③,损害较防空司令部调查为多。陪都空袭救护委员会当日通报,已查明者,死亡15人、重伤14人、轻伤33人,毁房约110栋30余间④。

从8日至14日,日机出动682架次,采用大机群、多批次,不分昼夜,以每次约6小时的间隔,持续七天七夜对重庆进行"疲劳轰炸"。市内空袭警报不断,水电断绝,市民断炊失眠,损失巨大⑤。

8月15日,日机18架分两批次空袭万县,在市区附近及江边投弹95枚,其中燃烧弹4枚,警察局前门一部被毁,炸弹主要投在贫民区,敌机的野蛮轰炸造成万县市军民重大人员伤亡和财产损失,共有38人被炸死,其中男36人、童2人;63人被炸伤,其中男26人,女8人,童29人;炸毁房屋399间及大量财物,财产损失约值1568504元⑥。

8月17日,日机16架轰炸开县,投掷爆炸弹76枚、燃烧弹90枚,造成82人受伤,房屋损毁30栋⑦。

8月19日,日机轰炸忠县、巫山。日机4架在巫山县城投炸弹26枚、烧夷弹2枚,炸死2人。同日,日机15架在忠县北桥溪、州屏山、荷花池、北门场、

---

① 《重庆防空司令部调查8月14日敌机袭渝情况暨伤亡损害概况表》(1941年8月14日)。另重庆市警察局统计,此次轰炸,日机100架在市区共投弹248枚(爆炸弹221枚、烧夷弹26枚、未爆弹1枚),造成17人死亡、35人受伤,损毁房屋104栋91间。《重庆市敌机空袭损失统计(三十年八月份)》,台湾"国史馆"藏赔偿委员会档案-302-1440。

② 《四川各地三十年空袭损害统计表》,四川省档案馆,档案41-6151。

③ 《重庆卫戍总司令部调查8月14日敌机袭渝情况暨伤亡损害表》(1941年8月日),中国第二历史档案馆,档案769-1971。

④ 《陪都空袭救护委员会关于敌机空袭伤亡损失的通报》(1941年6—8月)。四川省档案馆编:《川魂——四川抗战档案史料选编》,第150页。

⑤ 周开庆:《民国川事纪要》,第156页。

⑥ 《四川各地三十年空袭损害统计表》,四川省档案馆,档案41-6151。《敌机昨炸本市》,《万州日报》1941年8月16日。

⑦ 《四川各地三十年空袭损害统计表》,四川省档案馆,档案41-6151。

丁字街、县政府、鸣玉溪、白鹤井、向家嘴、老关庙、王家沱、油房沟一带投弹120枚,炸死2人,炸伤9人,炸毁房屋134间,损失约150万元①。

8月22日,日机131架分4批轰炸重庆市区、合川、丰都、巴县和长寿。市区空袭时间4小时38分。据重庆防空司令部调查,在国府路、学田湾、曾家岩、小龙坎、双巷子、南开校内、中央大学、重庆大学等地投爆炸弹119枚、燃烧弹22枚,造成6人死亡、49人受伤,损毁房屋72栋又273间、木船9只、汽车2部。在巴县马王乡等投爆炸弹38枚、燃烧弹2枚,造成5人死亡、7人受伤,35间房屋损毁。在合川豫丰纱厂、东津沱等地投爆炸弹47枚、燃烧弹3枚、造成23人死亡、82人受伤,损毁房屋90间、木船7艘。在丰都高家镇投弹1枚,造成1人死亡、1人受伤,损毁房屋19间。在长寿投燃烧弹1枚,造成2人受伤。②而卫戍总司令部调查与防空司令部仍有较大出入,统计当天日机在市区和巴县投爆炸弹236枚、燃烧弹38枚,损毁房屋14栋254间,全毁4处,木船2艘,造成死亡39人、受伤72人,卫戍总司令部的调查更为准确③。安息洞防空洞被炸,死亡3人,受伤14人④。同日,日机7架在巫山青石洞炸沉民生公司的"民俗轮"。"民俗轮"从巴东运送抗日伤病官兵及旅客入川,该轮行驶至青石洞,忽遇敌机7架,轮番俯冲轰炸、扫射,顿时烟火弥漫,血肉横飞,船被炸沉,死亡船员70人,伤兵160人,旅客20人,共计250人⑤。

8月23日,日机135架分4批轰炸重庆市区、合川、丰都、綦江、忠县、梁山和奉节。市区空袭时间5小时17分。在市区沙坪坝街、汤家湾、庙湾、双巷子、黄桷坪、中心小学、金蓉街、女职校等地投爆炸弹164枚、燃烧弹8枚,造成13人死亡、12人受伤,损毁房屋396间、木船8艘。在忠县向家嘴、临江岩、老街、正街东门、弓箭街、丁字街、会仙桥、三牌坊横街,北门场等地投弹63枚,伤

---

① 《忠县、巫山呈报轰炸伤亡情况》,四川省档案馆,档案113-1745。
② 《重庆防空司令部调查8月22日敌机袭(渝等地)情况暨伤亡损害概况表》(1941年8月22日)。另重庆市警察局统计,此次轰炸日机131架在市区共投弹152枚(爆炸弹121枚、烧夷弹27枚、未爆弹4枚),造成8人死亡、37人受伤,损毁房屋45栋346间。《重庆市敌机空袭损失统计(三十年八月份)》,台湾"国史馆"藏赔偿委员会档案-302-1440。
③ 《重庆卫戍总司令部调查8月22日敌机袭渝情况暨伤亡损害表》(1941年8月29日),中国第二历史档案馆,档案769-1971。
④ 《陪都空袭救护委员会关于敌机空袭伤亡损失的通报》(1941年6—8月)。四川省档案馆编:《川魂——四川抗战档案史料选编》,第150页。
⑤ 《通、俗等轮被炸经过报告》,卢国纪著《我的父亲卢作孚》,四川人民出版社2003年版,第307页。

2人,炸毁房屋45间,损失约100万元。在梁山机场、县城、城东乡、柏家乡、屏锦镇等地投炸弹73枚、烧夷弹14枚,炸死1人,炸伤夏吉云等3人,毁房53间。在合川投爆炸弹17枚、燃烧弹28枚,造成5人死亡、10人受伤,损毁房屋180间。在丰都投爆炸弹59枚、燃烧弹5枚,造成20人死亡、47人受伤,损毁房屋680栋、桥梁1座。在綦江投爆炸弹9枚、燃烧弹1枚,造成2人死亡、6人受伤,损毁房屋9间。① 其中四川省政府统计处统计,在忠县投弹86枚,造成10死11伤,损毁房屋25间。在奉节投弹76枚,燃烧弹2枚,造成40人死亡、76人受伤,房屋损毁312间。② 而重庆卫戍总司令部调查日机在市区(不含合川)投爆炸弹170枚、燃烧弹6枚,损毁房屋115间及全毁一处,造成25人死亡、47人受伤,其中小龙坎岩上防空洞口即死亡8人、受伤17人。③ 损害比防空司令部调查为多。陪都空袭救护委员会当日通报,死亡22人、重伤23人、轻伤35人④,也比防空司令部调查为多。

8月30日,日机205架分8批轰炸重庆市区、达县、涪陵、云阳和万县。当天,蒋介石在黄山官邸召开军事会议,日军从离任的意大利驻中国大使口中得到情报,由陆军第三飞行团长远藤三郎少将率领轰炸机队前往轰炸,炸死卫士2人,重伤4人,国民政府大礼堂也在此次轰炸中被炸毁⑤。据防空司令部调查,第一批17架在云阳投弹,第二批14架在达县投弹,第三、四、五、六、八批共162架次在市区投弹,第七批12架在万县等地投弹。城区国民政府、国府路、中一支路、中山路、曾家岩、化龙桥、沙坪坝、南岸黄桷垭、凉风垭、文峰塔、新市场等在投爆炸弹146枚、燃烧弹9枚,造成45人死亡、100余人受伤,损毁房屋112栋205间。中央大学、四川省立教育学院遭轰炸,损失惨重。在涪陵投弹3枚,造成1人死亡、5人受伤,损毁房屋3间。在达县投弹47枚,造成8

---

① 《重庆防空司令部调查8月23日敌机袭(渝等地)情况暨伤亡损害概况表》(1941年8月23日)。另重庆市警察局统计,此次轰炸,日机135架在市区共投弹180枚(爆炸弹169枚、烧夷弹9枚、未爆弹2枚),造成11人死亡、12人受伤,损毁房屋419栋。《重庆市敌机空袭损失统计(三十年八月份)》,台湾"国史馆"藏赔偿委员会档案-302-1440。

② 《四川各地三十年空袭损害统计表》,四川省档案馆,档案41-6151。

③ 《重庆卫戍总司令部调查8月23日敌机袭渝情况暨伤亡损害表》(1941年8月30日),中国第二历史档案馆,档案769-1971。

④ 《陪都空袭救护委员会关于敌机空袭伤亡损失的通报》(1941年6—8月)。四川省档案馆编:《川魂——四川抗战档案史料选编》,第151页。

⑤ 周开庆编,《民国川事纪要》,第157页。

人死亡、39人受伤,损毁房屋16间、木船1艘①。在万县投弹100余枚,造成35人死亡,损毁房屋39间。在云阳投弹110枚,造成21人死亡、41人受伤,损毁房屋49间②。陪都空袭救护委员会当日通报,死亡48人,重伤76人,轻伤70人,毁房110余栋220余间③,比防空司令部调查为多。

  8月31日,日机136架分7批轰炸重庆、成都、云南昭通、梁山和阆中等大后方地区。其中第四、五批52架轰炸重庆市区,第六批17架轰炸梁山。据防空司令部调查,日机在国府路、学田湾、中四路、曾家岩、中三路、中国银行、春森路、牌坊坝、双合场、大兴场等地投爆炸弹223枚、燃烧弹19枚,造成67人死亡、73人受伤,损毁房屋35栋又193间、汽车2辆、木船3艘④。而卫戍总司令部调查日机132架分六批袭川,在市区投爆炸弹130枚、燃烧弹11枚,损毁房屋24栋又35间,造成42人死亡、22人受伤⑤。其中的出入主要是防空司令部有大兴场、双河场损失的调查,而卫戍总司令部没有此两地的进行调查。另据陪都空袭救护委员会当日通报,已查明死亡53人,重伤30人,轻伤16人⑥,也比卫戍总司令部为多,此日轰炸损失当以防空司令部调查为准。当天轰炸中,经济部次长何廉房屋倒塌,何廉夫妇皆被压受伤昏迷,其一子被炸身亡⑦。在梁山投弹137枚,造成5人死亡、8人受伤,损毁房屋16间。另有3架日机在万县投弹6枚,造成1人死亡、5人受伤,房屋损毁27间⑧。日本海

---

  ①《重庆防空司令部调查8月30日敌机袭渝情况暨伤亡损害概况表》(1941年8月30日)。另重庆市警察局统计,此次轰炸,日机205架在市区共投弹480枚(爆炸弹330枚、烧夷弹134枚、未爆弹16枚),造成33人死亡、88人受伤,损毁房屋789栋65间。《重庆市敌机空袭损失统计(三十年八月份)》,台湾"国史馆"藏赔偿委员会档案-302-1440。

  ②《四川各地三十年空袭损害统计表》,四川省档案馆,档案41-6151。

  ③《陪都空袭救护委员会关于敌机空袭伤亡损失的通报》(1941年6—8月)。四川省档案馆编:《川魂——四川抗战档案史料选编》,第152页。

  ④《重庆防空司令部调查8月31日敌机袭渝情况暨伤亡损害概况表》(1941年8月31日)。另重庆市警察局统计,此次轰炸,日机137架在市区共投弹143枚(爆炸弹132枚、烧夷弹11枚),造成42人死亡、23人受伤,损毁房屋14栋44间。《重庆市敌机空袭损失统计(三十年八月份)》,台湾"国史馆"藏赔偿委员会档案-302-1440。

  ⑤《重庆卫戍总司令部调查8月31日敌机袭渝情况暨伤亡损害表》(1941年9月5日),中国第二历史档案馆,档案769-1971。

  ⑥《陪都空袭救护委员会关于敌机空袭伤亡损失的通报》(1941年6—8月)。四川省档案馆编:《川魂——四川抗战档案史料选编》,第152页。

  ⑦《翁文灏日记》,转引自李学通:《国命陟危我独嗟——〈翁文灏日记〉中的重庆大轰炸》,《给世界以和平——重庆大轰炸暨日军侵华暴行国际学术讨论会论文集》,重庆出版社2008年版。

  ⑧《四川各地三十年空袭损害统计表》,四川省档案馆,档案41-6151。

军航空队因进行东南亚作战准备,结束了对重庆的轰炸。此后陆军第三飞行集团继续对大后方进行零星轰炸。

9月1日,日机27架轰炸市区大渡口地区,投爆炸弹85枚、燃烧弹45枚,造成33人死亡、68人受伤,损毁77间①。

9月2日,日机27架轰炸市区未果,转而在巴县马王乡、大渡口等地投掷爆炸弹85枚、燃烧弹45枚,造成33人死亡、68人受伤,损毁房屋67栋、木船11艘②。同日,日机2架在巫山投弹3枚,炸伤2人③。

9月24日,日机3架在重庆上空盘旋。日机侵入渝市上空,在白市驿用机枪扫射,在大中坝、广阳坝盘旋后折返。此后,日军忙于太平洋战争,该年未再对重庆市区进行轰炸。

12月11日,日机6架袭梁山,投爆炸弹20余枚,炸死19人,伤9人,毁房院8座38幢④。

二、轰炸的时空分布

1941年日机对重庆共进行了64次的轰炸,其具体轰炸的时间与地域分布情况如下:

(一)轰炸的时间分布

1941年日机对重庆的轰炸,从整体时间上看,呈现出时间集中、逐渐上升发展的态势。本年的轰炸自1月14日轰炸市区、合川开始,仅属于小规模的骚扰性空袭,5月2日起开始展开全面密集空袭,并一直持续到8月中旬达到1941年轰炸的高潮。其具体轰炸次数依次为:1月份3次,2月份1次,3月份1次,4月份1次,5月份10次,6月份12次,7月份15次,8月份18次,9月份3次,仅5—8月四个月份日机就对重庆轰炸55次,占到整个1941年日机轰炸总数的85.9%;并且自7月21日至8月31日共42天的"102号作战",日机就对重庆轰炸21次,即每两天就有一次空袭,每次平均出动飞机70架次,投弹100多枚。

另外,日本于1941年改变其1940年对重庆的轰炸战略,将先前大规模

---

① 《重庆防空司令部敌机袭渝9月1日损害统计表》(1941年9月4日)。
② 《重庆防空司令部调查9月2日敌机袭巴情况暨伤亡损害概况表》(1941年9月2日)。
③ 《四川各地三十年空袭损害统计表》,四川省档案馆,档案41-6151。
④ 《中共梁平县委党史研究室编》,《梁平县抗战资料选编》,第82页。

的、密集的政略战略轰炸,改为小规模的、多批次的不分昼夜轮番轰炸。据统计,日机对重庆不分昼夜的轮番轰炸超过两天(含两天)以上连续轰炸共有 15 次,其中连续两天者有 9 次,分别为 5 月 2 至 3 日、5 月 9 日至 10 日、5 月 16 至 17 日、6 月 1 至 2 日、7 月 18 至 19 日、8 月 1 至 2 日、8 月 22 至 23 日、8 月 30 日至 31 日;连续三天者有 4 次,分别为 5 月 20 日至 22 日、6 月 14 日至 16 日、6 月 28 日至 30 日;连续五天者两次,为 7 月 4 至 8 日、7 月 27 至 31 日;连续八天者一次,为 8 月 8 至 15 日。在 8 月 8 日至 8 月 14 日的一个星期里,日机不仅无六小时之间隔的对重庆连续轰炸了 7 天,为日军对重庆实施大轰炸以来所未有;而且在 8 月 9 日的凌晨、上午和中午,8 月 10 日的早上、下午、傍晚和晚上,8 月 11 日的上午、下午,8 月 12 日的凌晨、早上、中午和下午,8 月 13 日的凌晨 2 点 45 分和凌晨 5 点 56 分,5 天内共对重庆实施了 15 次轰炸,占日机 1941 年对重庆实施轰炸次数 64 次的约 1/3,其轰炸的密度和频繁,也是在整个"重庆大轰炸"中空前绝后的。

(二)轰炸的地域分布

纵观整个 1941 年的日机轰炸地域分布,大体上呈现出以重庆市区为中心的遍地开花式的轰炸。

重庆市区的几乎所有辖区都成为轰炸对象。仅以当年 5 月至 8 月轰炸进行统计,在重庆市 16 个警察分局中,5 月份有 11 个分局辖区遭受轰炸,其中第一、第五、第六、第七、第八、第十分局辖区均遭猛烈轰炸。6 月份有 15 个分局辖区遭受轰炸,其中第一至七分局和九分局、十四分局是轰炸重点,只有第八分局辖区幸免于难。7 月份有 14 个分局辖区遭受轰炸,第十三、十六两个分局辖区幸免。8 月份则 16 个分局辖区全部遭到轰炸,无一幸免[①]。整座城市都成为日军的轰炸目标,轰炸的无差别性得到了淋漓尽致的体现。

除了中心城市以外,日军的轰炸还覆盖了大范围的周边地区,依据对 1941 年重庆及其周边地区被轰炸地点的统计,依次有市区 40 次、巫山 8 次、合川 7 次、万县 7 次、涪陵 6 次、巴县 6 次、奉节 5 次、梁山 4 次、长寿 4 次、忠县 3 次、丰都 3 次、江津 2 次、云阳 2 次、开县 2 次、巫溪 1 次、大足 1 次、彭水 1 次、南川 1 次、綦江 1 次。由于日机"零式"战斗机的大量应用,中国空军所拥

[①] 陆军选辑:《重庆市 1941 年 5—8 月敌机空袭损失统计》,《民国档案》2007 年第 3 期。

有的苏制战斗机在飞机性能方面远远不及日机,尤其是苏德战争即将爆发,苏联撤出援华航空队之后,中国空军独力奋战更难抵挡日军的肆虐。因此,在此背景下,除了继续保持对1940年空袭县份进行轰炸的同时,日机对一些飞机所能到达的县份都进行了空袭轰炸,如开县、彭水、大足等。

三、轰炸的特点

纵观1941年日机对重庆的轰炸,呈现出如下特点:

其一,采用疲劳轰炸战术。由于前三年大规模轰炸始终没有达到"以战迫降"的目的,1941年日军便改变了战术,不再以大量飞机一次性大规模轰炸,而是采用小机群进行长时间连续性的疲劳空袭,使警报难以解除,市民被困在防空洞内,无法维持正常的生产和生活,企图使国民政府抗战的首都重庆陷于瘫痪,从而实现其战略目的。这种连续几天的昼夜不间断轮番的疲劳轰炸,确实给人们的生产、生活以及心理带来了巨大的影响,市内水电断绝,市民断炊失眠,损失巨大①。日机利用疲劳轰炸的战术对重庆持续空袭时间长达5个月之久,最长的一次竟达七天七夜。从8日至14日日机采用大机群、多批次,不分昼夜,以2小时至5小时为间隔进行轰炸。在这五天里,重庆防空司令部共发布空袭警报15次,其中8月10至13日,市区发出空袭警报13次,时间长达96个小时,不分白天黑夜,整个重庆完全笼罩在刺耳的警报声中,日机对重庆的攻击达到疯狂的程度。另外尤其是6月5日晚长达5个多小时的一次夜袭,酿成了震惊中外的重庆较场口大隧道窒息惨案,避难群众伤亡人数最少也在1000人以上,成为抗战时期中国的三大惨案之一②,亦是第二次世界大战中间接死于空袭人数最多的惨案之一。

其二,无差别轰炸。这既是侵华日军对重庆轰炸的主要形式,又是日军实施重点轰炸、普遍轰炸和持续轰炸的本质体现。日军违反国际法和战争常规,对"不设防城市"狂轰滥炸,把城乡广大无辜平民作为主要的空袭目标。这种不加区别的轰炸的性质在1940年的"101号作战"中得到明确。1941年,在日美关系恶化的情况下,为了"彻底摧毁重庆方面的抗战力量","杜绝后顾之忧"

---

① 周开庆:《民国川事纪要》,第156页。
② 关于重庆防空隧道窒息惨案死伤人数,学术界有较大分歧。张季鸾将长沙大火和渝市隧道死人称为抗战期中两大丢脸事;也有学者将花园口决堤与长沙大火,重庆防空隧道窒息,并称为抗战期间三大惨案。

而进行的"102号作战"中,在不到50平方公里的重庆市区内,自1938年以来反复多次狂轰滥炸,平均每平方公里投弹超过460枚。其中一天投弹超过100枚的在60天以上,一天死伤平民超过100人、毁损房屋超过100栋的空袭各在40天以上。据《侵华日军暴行总录》所载的四川38个市县被轰炸的情况,日机在这些市县中一天在一个市县投弹超过100枚的轰炸共70次以上;一天在一个市县死伤平民超过100人的空袭和毁损房屋超过200间的轰炸各在60次以上[①]。日军在轰炸重庆各地中,除空军机场、军事机关、军事基地和设施等极少数军事目标外,绝大多数轰炸地域都属于城镇繁华市区、工矿企业、车站码头、公路桥梁、平民住宅、大中小学校、医院、一般党政群机关乃至外国使领馆、外国教会等等非军事目标,给广大平民的生命财产造成了空前惨重的灾难。

1941年日机在对重庆集中进行了狂轰滥炸后,随着12月8日太平洋战争的爆发,日本将作战重点转向太平洋,日机也无暇西顾。此后,重庆地区未再遭受到大规模的日机轰炸,仅出现了零星的空袭和袭扰式侦查。

第五节 太平洋战争爆发后的零星轰炸

1941年12月8日太平洋战争爆发后,日军将作战重点转向太平洋战场,日机无暇西顾。同时由于同盟国对日德意开始反攻后,美国空军进驻中国,以及中国空军及高射炮力量的逐渐加强,日军对重庆的轰炸迅速减弱。

一、太平洋战争爆发后的零星轰炸史实考述

1942年,由于日军全部精力用于太平洋战场,重庆在经历了几年的狂轰滥炸后终于得到了短暂的宁静,一年未遭受日机轰炸。在1942年日机仅6次空袭梁山,6次侵入重庆侦察。

5月15日,日侦察机1架由湖北起飞进入四川侦察,12时左右,经万县、梁山、大竹,侵入重庆市空,旋即经长寿东逸。

5月30日,日机空袭梁山,轰炸县城西正街高家巷等处,毁房1间[②]。

---

① 李秉新、徐俊元、石玉新主编:《侵华日军暴行总录》,河北人民出版社1995年版,第1206—1238页。

② 中共梁平县委党史研究室编:《梁平县抗战资料选编》,第82页。

6月8日,日机空袭梁山,轰炸县城南门南华医院、西正街西门外等处,毁房16间①。

6月10日,日机空袭梁山,轰炸县城南门,毁房20间②。

7月10日,日机空袭梁山,轰炸县城西门内外,毁房9间③。

9月19日上午,日机1架飞临涪陵上空盘旋侦察后东逸。

9月29日下午,日机1架侵入四川上空侦察,达重庆附近之木洞折返东逸。

10月20日晚,有不明日机侵入四川,在重庆上空盘旋后东逸。

10月27日上午,日侦察机1架由湖北侵入川境,飞抵涪陵后折返。

11月13日,日机空袭梁山,轰炸机场,炸死1人④。

12月30日上午,敌机6架由湖北侵入四川,飞抵梁山附近后东逸。

1943年2月至1944年12月,日空军为了配合地面战争的垂死挣扎,又对重庆恢复了空袭。此时日本受太平洋和东南亚战线的牵制,能够用于侵华战争的空军力量十分有限,加之美国空军陆续进驻四川,日机已失去了空中优势,也使日本大本营所制定的"重庆作战"计划难以实施。日军在华中、华南、华北的空军基地和军事目标开始遭到反空袭,故入渝空袭次数不多,两年共14次;同时规模一般也比较小,两年共出动飞机约575架次⑤,有时一次仅有1架。在此期间,日机因势单力薄,空袭重点设防的重庆市区仅8月23日1次,其余多系偷袭梁山等地机场,图谋减轻侵华日军已受到的空中打击。1944年12月19日,日机最后一次轰炸梁山、万县、开县后,日机再也没有飞临重庆地区上空逞凶,日军对四川持续共6年零10月之久的野蛮空袭,在付出了极其高昂的代价后,终以失败而告终。具体情况如下:

1943年2月24日上午,敌机10余架由湖北窜入四川,分别在梁山、万县两处投弹后逸去⑥。日机17架分3批轰炸万县城区,投弹28枚,其中燃烧弹

---

① 中共梁平县委党史研究室编:《梁平县抗战资料选编》,第82页。
② 同上。
③ 同上。
④ 同上。
⑤ 《四川全省防空司令部历年各地空袭损害统计册》,四川省档案馆,档案41-6151。
⑥ 周开庆编:《民国川事纪要》,第203页。

4枚,2枚未炸。炸死林吉臣、彭金廷、朱宽、何焕章、汪张氏等13人,炸伤傅徽益、胡世文、马光祖、张子成、陈怀文等17人,炸毁271间房屋及大量财物,数家银行被炸,财产损失高达3196102元①。

3月16日,日机空袭万县。日机24架分3批轮番轰炸万县,约1小时,居民死伤多人,房屋货物损失甚巨,损失桐油900余吨,轮船2艘,油船3艘,趸屯船1艘②。

3月17日晨,敌机24架由湖北进袭四川,中途一部分折返,剩余8架飞梁山,以机枪扫射后逸去③。

4月13日下午,敌侦察机一架由湖北窜入四川境内窥察,1时半窜抵重庆市附近,即行折回④。

5月10日,日机三架分两批轰炸万县,聚鱼沱河边及王家真原堂附近居民房屋损失⑤。

5月20日清晨,敌机20余架侵入四川,分批在梁山投弹。投爆炸弹75枚、烧夷弹12枚,炸死秦云山、龚少甫等3人,炸伤秦张氏、蒋潘氏、蒋鸿禄、邓继润、贺吴氏等10人,炸毁房屋37幢,受灾群众326家⑥。

5月29日上午,敌机36架空袭四川,在云阳投弹2枚,旋即在梁山机场、县城、城西乡、天竺乡等地投炸弹、烧夷弹48枚,并低空扫射行人,流弹打死2人,打伤5人,炸毁汽车1辆。11时左右,重庆防空司令部发布紧急警报,敌机东逸⑦。临夫隧道夫子池洞口市民过多,发生拥挤踩踏,造成向云鹏、杨少清妻、钟小妹等3人死亡,孙桂芳、彭素君、徐安祯等16人受伤⑧。

5月30日上午9时20分,敌机一批经鹤峰、宣恩西飞。9时25分重庆市区发出注意情报。9时45分发空袭警报,敌机1架侵入市郊,旋即东返,其余

---

① 《聚兴诚银行呈报空袭损失情形》,重庆市档案馆,档案0295-1-822。
② 同上。
③ 周开庆编:《民国川事纪要》,第204页。
④ 《敌侦察机昨窜抵陪都附近窥察》,《国民公报》1943年4月14日。
⑤ 《聚兴诚银行呈报空袭损失情形》,重庆市档案馆,档案0295-1-822。
⑥ 《梁山县损失报告》,四川省档案馆,档案41-6156;周开庆编:《民国川事纪要》,第208页;中共梁平县委党史研究室编:《梁平县抗战资料选编》,第83页。
⑦ 《梁山县损失报告》,四川省档案馆,档案41-6156;周开庆编:《民国川事纪要》,第209页。
⑧ 《重庆市防护团造呈夫子池隧道推挤踏死及受伤民众调查表》,重庆市档案馆,档案0053-12-115。

敌机知中国有备,均未西侵①。

5月31日,敌机侵入四川境内侦察,重庆发出空袭警报②。

6月3日,日机18架趁梁山机场空军飞机出击武汉未归之机,突然袭击梁山机场,投弹60余枚并低空扫射,炸死13人、伤8人,毁我战机11架、油车2辆。机场空军飞行员周志开临危不惧,奋不顾身,冒着枪弹紧急腾空直线升高,击落2架日机③。

6月5日,敌机侵入四川境内侦察,重庆发出空袭警报④。

6月6日,日机空袭恩施、梁山。日机24架空袭梁山县,向机场、城西乡、兴隆街投弹48枚,炸死何德福、廖老娘、首王氏等13人,炸伤林海清、刘明红、陈盛兴、邓明英等19人,炸毁民房13家,炸毁机场汽艇11只、汽车3辆⑤。重庆发出空袭警报⑥。

同日,梁山县报告,1938年10月4日至1943年6月6日,日机轰炸梁山县共计49次,炸死633人,炸伤930人,炸毁房屋2477幢,公私财产损失共计1762300元⑦。

8月8日,日机9架袭梁山,投掷爆炸弹20余枚、细菌弹10余枚,轰炸县城和柏家、福禄、石安、城东乡一带。据曾住县城北门外的幸存者、骨科医生余承瑞回忆,细菌弹投下后,人们只看见像白雪一样的东西飘下来,不知是什么,用手去接,像棉花一样松软。卫生院及时鸣锣通知,说是细菌弹,不准再吃生水,家里碗筷要消毒。当年,虽无病症发生,但第二年春夏之际,从县城东门大炮台起互西门灵土地一带去年细菌弹散落区,家家户户都发病,个个发烧恶心,头昏气紧,身现红斑,不少患者流鼻血而死。后经保甲熬煎中药,逐户送药医治,才减少了死亡。余也染上了此病,从3月发病到10月,才慢慢好起来。

---

① 《敌机昨扰川,一架曾侵入市郊》,《国民公报》1943年6月1日。
② 《敌侦察机一架昨午入川窥察》,《国民公报》1943年6月1日。
③ 中共梁平县委党史研究室编:《梁平县抗战资料选编》,第83页。
④ 《敌侦察机窥川》,《国民公报》1943年6月6日。
⑤ 《梁山县损失报告》,四川省档案馆,档案41-6156;郭廷以:《中华民国史事日志》第四册,第243页。中共梁平县委党史研究室编:《梁平县抗战资料选编》,第83页。
⑥ 《恩施梁山昨日空战,敌机多架被我击落,残骸四架已在各地寻获》,《国民公报》1943年6月7日第3版。
⑦ 《梁山县损失报告》,四川省档案馆,档案41-6156。

石安、福禄、城东、柏家乡等乡受害致死者 138 人；其中柏家乡陈善义家 5 人、刘耀清家 4 人、刘耀明家 4 人、刘堂富家两个小孩也中毒身亡。因中毒生病至少 200 余人①。

8 月 23 日，日机 55 架分两批突袭重庆，中国空军起飞迎击。其中一批 27 架轰炸重庆市区和巴县。日机在城区投爆炸弹 124 枚、燃烧弹 25 枚，造成 21 人死亡、18 人受伤，损毁房屋 99 间、木船 5 只；并在巴县投弹 2 枚②。这次空袭是 1941 年 9 月 24 日以来日机对重庆市区唯一的一次空袭，也是抗战时期重庆主城区所遭受的最后一次空袭。另一批 28 架轰炸万县，投弹 64 枚，其中 1 枚未炸。炸死 23 人，炸伤向玉山、向吴氏、伍超金、陈东升、伍大海等 29 人，炸毁 529 间房屋及大量财物，财产损失高达 11232590 元③。

进入 1944 年，4 月 18 日上午，敌机多架飞临万县附近，重庆市区在 8 时 46 分发出空袭警报，9 时 50 分解除。这是本年度重庆市的第一次空袭警报。

5 月 10 日，日机 5 架袭梁山，在城北乡、城西乡大河坝、金带乡双桂堂附近投弹 42 枚，炸死、炸伤驻军各 1 人，炸伤农民 1 人，毁房 25 间④。

5 月 29 日，日机数架空袭梁山县，在机场、县城投弹 42 枚，炸死郑自国、谢子才、周唐氏、孙福林 4 人，炸伤朱天海、方钟氏、马安定、谢钟氏 4 人，炸毁房屋 7 户⑤。

5 月 30 日晚，敌机多架趁月色分批袭川，重庆市区发出空袭警报。敌分批在梁山投弹后东逸。日机 10 架空袭梁山县，向机场、县城东门外及城北乡投弹 109 余枚，炸死谢小妹等 8 人，炸伤 6 人，烧毁房屋 3 栋⑥。

6 月 10 日，日机数架空袭梁山县，向机场、城北乡投弹 39 枚，炸死 1 人，炸伤 2 人，炸毁房屋 25 间⑦。

---

① 中共梁平县委党史研究室编：《梁平县抗战资料选编》，第 83—84 页。
② 《重庆防空司令部调制 1943 年 8 月渝市及监视县空袭损害概况表》。
③ 《聚兴诚银行呈报空袭损失情形》，重庆市档案馆，档案 0295-1-822。
④ 中共梁平县委党史研究室编：《梁平县抗战资料选编》，第 84 页。
⑤ 《梁山县损失报告》，四川省档案馆，档案 41-6156。中共梁平县委党史研究室编：《梁平县抗战资料选编》，第 84 页。
⑥ 《梁山县损失报告》，四川省档案馆，档案 41-6156。中共梁平县委党史研究室编：《梁平县抗战资料选编》，第 84 页。
⑦ 中共梁平县委党史研究室编：《梁平县抗战资料选编》，第 84 页。

6月12日，日机10架分批空袭梁山县，向机场投弹60余枚，落在机场和东北田郊，人房无损①。

6月16日，日机数架袭梁山，炸死3人、重伤1人、轻伤3人②。

7月4日，日机袭梁，弹落机场东北田郊，人房无损③。

7月8日，日机数架分3批空袭梁山县，在县城、回龙乡等地投弹20余枚、烧夷弹1枚，炸伤3人，炸毁民房4栋④。

7月30日，日机数架袭梁山，弹落机场东北田郊，人房无损⑤。

8月12日，日机多架连续轰炸万县回龙乡，先投照明弹，再投炸弹进行轰炸，共计100余枚，其中有8枚未爆炸，损失甚重⑥。

8月13日，日机6架空袭梁山县，在县城东北田郊、同兴场投弹400余枚⑦。

8月26日，日机2架空袭梁山县，向机场、城北乡投弹100余枚⑧。

8月28日，日机2架空袭梁山县，向机场、滑石寨投弹50余枚，均落田野间，人房无损⑨。

8月29日，日机12架分4批空袭梁山县，向县城四周5华里内投弹40余枚，炸死7人，炸伤9人⑩。

9月24日，日机1架空袭梁山县，向机场投弹10枚，人房无损⑪。

9月25日，日机5架分4批空袭梁山县，向机场及近郊万家坨、高板桥投炸弹40余枚，烧夷弹3枚，炸毁民房半院，烧毁2院、黄谷30余石⑫。同日，日机多架轰炸万县城区，投弹数枚，损失甚重⑬。

---

① 中共梁平县委党史研究室编：《梁平县抗战资料选编》，第84页。
② 同上。
③ 同上。
④ 同上。
⑤ 同上。
⑥ 《呈报万县轰炸和损失情况》，四川省档案馆，档案41-6156。
⑦ 中共梁平县委党史研究室编：《梁平县抗战资料选编》，第85页。
⑧ 同上。
⑨ 同上。
⑩ 同上。
⑪ 同上。
⑫ 同上。
⑬ 《梁山县损失报告》，四川省档案馆，档案41-6156。

9月26日,日机10架分批窜入梁山县机场及近郊,投弹10枚,炸毁民房2栋①。

10月27日,日机多架空袭梁山县,向机场、县城、城西乡、天竺乡投弹100余枚②。

11月23日,日机3架空袭梁山县,在县城投弹200余枚,炸毁房屋数栋③。

12月18日,日机数架乘月色进袭川境,在梁山、万县等地投弹后东逸。重庆市区发出空袭警报。

12月19日,日军轰炸开县南雅、灵通乡二保,当日夜里,日机在邓氏、陈家两湾上空先机枪扫射,后投小型炸弹100余枚于山林田地中,李洪书的瓦屋中弹,无人畜伤亡,未炸10余枚。日机1架在梁山县城东郊护城寨一带投弹数十枚,炸死1人,炸伤1人,炸毁民房数间④。这是档案记载抗战期间日军在重庆周边地区的最后一次轰炸。

二、轰炸的时空分布及特点

此期日军对重庆在轰炸主要集中在重庆周边战略地区,完全是一些袭扰性的零星轰炸。

从时间分布观察,1942年日机侵入重庆监视区域仅有6次,没有一次在重庆市区投弹,在周边战略地区梁山投弹也只有6次,其中5月、6月、9月和10月各2次,7月、11月、12月各1次。1943后恢复了对重庆的轰炸,侵入重庆及其周边地区共14次,其中5月份最多,共5次,其次为6月份3次,3月、8月各2次,2月、4月各1次。但真正进入重庆市区轰炸只有1943年8月23日一次。1944年日机侵入重庆市及周边地区21次,其中8月最多,达5次,5月、6月、7月、9月各3次,12月2次,4月和11月各1次。到1944年12月19日以后,日军航空部队再没有侵入重庆的记载。

---

① 中共梁平县委党史研究室编:《梁平县抗战资料选编》,第85页。
② 同上。
③ 同上。
④ 《梁山、开县呈报轰炸和损失情况》,四川省档案馆,档案41-6156;《为呈报三十三年十二月十九日被炸情形由》,梁平县档案馆,档案1-10-13;中共梁平县委党史研究室编:《梁平县抗战资料选编》,第85页。

从地域分布来看,日军在重庆市区的轰炸只有一次,其余轰炸集中在周边战略区域,其中梁山被炸次数最多,其次为万县。

由于此期日本战略重点的转移,在华航空兵力锐减,而中国空军在盟军的帮助下逐步掌握了制空权,一方面,重庆已经不是日军进攻的战略目标,另一方面,日军也无力对重庆进行重点进攻。但为维持其在华的侵略利益,阻止中国军队的反攻,打击中国正在日益恢复的空中力量,故而仍然对重庆周边的梁山等空军基地进行轰炸。

第 四 章

日机轰炸造成的人员伤亡与财产损失

人员伤亡和财产损失,是重庆大轰炸这一侵华暴行最直接、最集中的体现和反映。对人员伤亡和财产损失的研究,有助于更翔实地揭示日军战略轰炸的本质,更深入地认识日军轰炸的无差别性和非人道性。但关于重庆大轰炸的人员伤亡和财产损失,由于资料的庞杂和混乱,以及研究者未能充分发掘和利用档案资料,至今还没有一个令人信服的结论。本章将依据战时开展的轰炸损失调查档案,对人员伤亡情况进行初步的分析和探讨。

第一节 日军轰炸造成的人员伤亡

重庆大轰炸人员伤亡调查研究工作,自1938年黄炎培在国民参政会上提出开展抗战损失调查以来,无论是政府或是民间都在不同程度地开展。抗战时期虽饱受战争创伤,然而当时遗存下来的各种档案、报刊、文献资料仍然是开展人员伤亡调查研究的第一手资料。随着重庆大轰炸有关史料的不断公开,调查研究条件的改善和调查研究方法的不断改进,日军轰炸造成的人员伤亡研究也不断取得新成果。

一、人员伤亡历史调查研究状况分析

抗战时期,最先正式建议政府设置抗战损失调查机构进行各项损失调查的,是1938年10月28日至11月6日黄炎培等在重庆举行的第一届国民参政会第一次大会上的提案。黄炎培等鉴于中国遭受日本帝国主义侵略,损失惨重,在会上建议政府速设抗战公私损失调查委员会,"调查前方、后方直接、间接公私损失,填具表式,报告政府",此项提案经大会决议通过,送交政府研

办。1939年7月1日,国民政府行政院制颁《抗战损失调查办法》及《查报须知》,并组织实施①。整个调查工作以1939年7月行政院颁布《抗战损失查报须知》为指导,从时间上大体可分为两个阶段:前一阶段,对日军进攻及暴行所造成的损失调查、记录与揭露,大体上是由新闻媒体、参与对日抗战的官兵、国际救济机构及地方政府机关进行的;后一阶段,则是在国民政府直接领导下,由行政院颁发抗战损失查报的相关法规,通令中央各部会及其所属机关和全国省、市、县等各级政权组织,按照要求对财产损失及人员伤亡进行查报,由国民政府主计处或行政院、抗战损失调查委员会等相关机构负责汇总,同时辅以相关学术机构的调查研究②。行政院以"吕字7434号"训令,颁布《抗战损失查报须知暨表式》,通令各部会及省市按规定及时查报抗战损失。其训令称:

> 查前以抗战迄今,前方后方直接间接公私损失,亟应详细调查,经通令各省市调查二十七年以前损失情形具报,以后每三个月呈报一次在案。兹经改定为以后各地方每遇敌军进攻或遭敌机轰炸一次,即应将人员伤亡及财产直接损失查报一次,其二十八年六月底以前,迭次所受损失,亦应分次追查补报,中央各部会所属机关学校及国营事业之财产损失,应由各部会查报,以期分工合作,并经制定表式二十九种及查报须知,除分令外,合行检发表式及须知令仰遵照办理,并转饬所属一体遵照办理。此令。计发抗战损失查报知须知一份及表式二十九种。③

《抗战损失查报须知》与人口损失直接相关者,为该《须知》之第(一)款"人员伤亡查报办法"规定:

> 人员伤亡,除伤亡将士由军政部督同各部队调查外,概由各市县政府每遇敌军攻击或遇敌机轰炸后,由派员督同该管警察及保甲长,依照行政院颁发之《人员伤亡调查表》(表式1),逐户调查据实填载,报由县市政府

---

① 迟景德:《中国对日抗战损失调查史述》,台湾"国史馆"1987年印,第6、7页。
② 卞修跃:《关于抗战时期中国人口损失调研问题的报告》(2005年12月讲稿)。
③ 《抗战损失查报须知暨表式》,中国第二历史档案馆,档案12-6-4037。

于同一事件人员伤亡,查齐后,填列《人员伤亡汇报表》(表式2),连同调查表呈院,并另缮汇报表一份呈送该管省政府备查。

按此规定,军事部门伤亡将士由军政部督同各部队调查,其余平民伤亡则一概由各市县政府派员督同遭遇伤亡之地方警察及保甲长负责办理。查报办法,则是按照行政院颁布的《人员伤亡调查表》逐户填造,并由县市政府就同一事件进行汇总,填列《人员伤亡汇报表》。呈报程序及资料备份则为由县市政府将《人员伤亡汇报》连同《人员伤亡调查表》直接呈送行政院,同时将《人员伤亡汇报表》另缮一份呈送所属省政府,各类财产损失之呈报程序及资料备份与此相同。《抗战损失查报须知》共附二十九种表式。其中表式1:《……市县人员伤亡调查表》(表式1)和《……市县人员伤亡汇报表》(表式2)[1]是各省县市调查当时中国抗战人口损失的重要填造表式,同时各省市所填报的调查表、汇报表也是此后国民政府行政院、主计处或抗战损失调查委员会等主管机构藉以汇总全国人口损失的重要依据,因此对中国抗战人口损失调查非常重要。

市县人员伤亡调查表(表式1)

事件1:　　　　　日期2:　　　　　地点3:
填送日期:　　　年　　　月　　　日

姓名	性别	职业4	年龄	最高学历5	伤或亡6	费用(元)	
						医药	葬埋

调查者　　　　(职务)　　　(姓名)　　　(盖章)
说　　明:

1. 即发生损失之事件,如日机轰炸、日军进攻等。

---

[1] 《抗战损失查报须知》,中国第二历史档案馆,档案12-6-4037,手刻油印本;另,江西省政府秘书处统计室编印之《江西统计月刊》第二卷第十一期(中华民国二十八年十一月号)之53—80页的"统计法规"专栏中,载有《抗战损失查报须知》,与此相同;此外,浙江省档案馆藏档56-6-18号卷宗中,亦有此文件,为手刻油印本,唯只附有表式八种:《……市县人员伤亡调查表》(表式1)、《……市县人员伤亡汇报表》(表式2)、《财产损失报告单》(表式3)、《……财产直接损失汇表》(表式4,5)、《人民团体财产直接损失汇报表》(表式19文化团体部分)、《住户财产直接损失汇报表》(表式23)及《财产间接损失报告表》(表式26)。

2. 即事件发生之日期,如某年某月某日,或某年某月某日至某年某月某日。

3. 即事件发生之地点,如某市某县某乡镇某村等。

4. 可分(1)农业,(2)矿业,(3)工业,(4)商业,(5)交通运输业,(6)公务,(7)自由职业,(8)人事服务,(9)无业。视伤亡者属于何业,即填其代表记号。如为律师属于自由职业,即填(7),如为学生,即填(8)。

5. "学历"分(1)大学,(2)中学,(3)小学及(4)其他,视伤亡者最高学历属于何种,即填其代表之记号。如为大学或相当于大学之专门学校学生,即填(1),如为小学即填(3)。

6. "伤或亡"分为三种,即(1)轻伤,(2)重伤,(3)死亡。所谓"重伤"即(子)毁败一目或二目之视能,(丑)毁败一耳或二耳听能,(寅)毁败语能、味能或嗅能,(卯)毁败一肢以上机能,(辰)毁败生殖之机能,及(巳)其他与身体或健康有重大不治或难治之伤害。"轻伤"则为不成为重伤轻微伤害。视伤亡者如为死亡即填(3),如为卯种重伤即填(2卯)。

7. 如伤亡者姓名不知,即画一"▽"形符号代之,其他各项有不明者仿此。

市县人员伤亡汇报表(表式2)

事件:　　　日期:　　　地点:
填送日期:　　年　　月　　日

性别＼伤亡人数	重　伤	轻　伤	死　亡
男			
女			
童1			
不明			

附人员伤亡调查表　　张
报告者2
说　明:1,十六岁以下者。2,应由汇报机关长官署名并加盖机关印信。

1940年5月,重庆市警察局根据行政院《抗战损失查报须知》[①],修订并颁发了《重庆市警察局协助社会局查报各项抗战损失办法》,随即实施。

关于重庆大轰炸造成的人员伤亡情况,抗战时期国民政府档案、报刊文献资料有不同的记载。学术界自20世纪80年代以来,均有不同程度的调查研究,然而各种档案文献资料记载和众多调查研究成果的人员伤亡数据各不相同,众说纷纭(表4—1)。造成上述不同数据的原因,主要是对重庆大轰炸的时

---

① 《行政院为更正抗战损失报表给重庆市政府的指令》,重庆市档案馆,档案0053-12-98-2。

表 4—1　关于重庆大轰炸人员伤亡调查研究情况汇总表

统计时间	死亡人数	受伤人数	伤亡时间范围	数据来源
1942 年	30136	9141	1938 年至 1941 年	重庆空袭损害展览会的统计,重庆《国民公报》1942 年 4 月 6 日。
1945 年	15737		1938 年至 1941 年	重庆市档案馆,重庆市政府档案 0061:15:4001。台湾"国史馆"档案 302:1431。
1986 年	8059	9207	1938 年至 1941 年	重庆市档案馆根据馆藏档案统计。
1987 年	9218	13908	1938 年至 1943 年	周开庆:《四川与对日抗战》,台湾商务印书馆 1987 年版。
1992 年	9900	10233	1938 年至 1941 年	西南师范学院、重庆市档案馆编:《重庆大轰炸》,重庆出版社 1992 年版。
1994 年	11178	12856	1938 年至 1941 年	重庆市人民政府防空办公室编:《重庆防空志》,西南师范大学 1994 年版。
2001 年	11889	14100	1938 年至 1943 年	重庆市文化局、重庆市博物馆、重庆红岩革命纪念馆编:《重庆大轰炸图集》,重庆出版社 2001 年版。
2002 年	11889	14100	1938 年至 1943 年	周勇:《重庆通史》第二卷,重庆出版社 2002 年版,第 905 页。
2002 年	近 30000		1938 年至 1943 年	重庆市政协学习与文史委员会、西南师范大学重庆大轰炸研究中心编:《重庆大轰炸》,西南师范大学出版社 2002 年版。
2005 年	23600	31000	1938 年至 1943 年	潘洵:《重庆大轰炸及其遗留问题》,《光明日报》2005 年 8 月 23 日。

间范围、地域范围、资料来源等不同而各有差异。

在时间范围方面,在以往的研究中,有的以 1938 年至 1941 年为限,有的以 1939 年至 1943 年为限。这一方面是由于资料所限,另一方面也与研究的区域不同有关。根据近年来档案史料的陆续公布,1938 年 2 月 18 日,日军飞机空袭巴县广阳坝(今南岸区广阳坝)机场①,这是目前档案文献记载日军飞机第一次对重庆的轰炸。1944年12月19日,日机轰炸梁山(今梁平)、万县(今万州)、开县②。这是目前档案文献记载日军飞机最后一次对重庆的轰炸。因此,日机轰炸重庆的时间范围应确定为1938年2月至1944年12月,共6年零10个月。

在地域范围方面,"重庆"作为一个地域概念,在不同时期辖区是不同的。因此,不同的研究者使用了不同的"重庆"地域,其研究结论就自然有所不同了。主要有三种:

第一种:根据抗战时期重庆所辖地域范围进行统计和研究。如1945年8月重庆市政府关于轰炸造成人员伤亡的统计。

第二种:根据1949年后四川省辖市的重庆所辖范围进行统计和研究。这一时期,重庆辖区几经扩大到北碚、巴县(今巴南)、江北、合川、铜梁、璧山、江津、綦江等地,这种统计范围集中反映在《重庆大轰炸》和《重庆市防空志》③中,人员伤亡的数据较1945年重庆市政府统计的数量有所增加。

第三种:根据1997年重庆直辖市的范围(主要是主城区及周边23个区县)进行统计和研究,如《重庆大轰炸及其遗留问题》一文。这一时期,重庆市域面积扩大到8万平方公里,因此该文得出的结论较前面的数据又有了增长。

关于重庆大轰炸的地域范围,我们认为应以日军轰炸重庆的目的为指向,以抗日战争时期的"重庆"地域为基础,以当时政府划定的区域为原则来确定。首先要明确两个概念,一个是"目标区域"概念,即日军对重庆轰炸的战略目标是中国政府的驻地——重庆市区,这是"重庆大轰炸"的核心区域;二是"外围区域",即在战争时期,日军为扫除轰炸重庆的障碍,对除主城区外的重庆周边地区的政治、军事、经济、文化设施和普通平民也同时进行了轰炸,即使是一些

---

① 《重庆市警察局呈报敌机空袭损失统计》,重庆市档案馆,档案0061-15-4001。
② 《梁山、开县呈报轰炸和损失情况》,四川省档案馆,档案41-6156;《为呈报三十三年十二月十九日被炸情形由》,梁平县档案馆,档案1-10-13;中共梁平县委党史研究室编:《梁平县抗战资料选编》,第85页。
③ 西南师范大学历史系、重庆市档案馆编:《重庆大轰炸》;重庆市人民防空办公室编:《重庆防空志》。

没有任何政治和军事目标的县城和乡镇也未能幸免。因此,从军事行动的角度讲它是重庆大轰炸的重要组成部分,从战争损失的角度讲它也应当包含在日军对重庆实施大轰炸所犯下的罪行之中。所以,关于重庆大轰炸的地域范围,应有两种:一是狭义的"重庆大轰炸",即抗战时期日军对"目标区域"重庆市区进行的轰炸。1945年8月重庆市政府关于轰炸造成人员伤亡的统计数据可以作为基本依据。二是广义的"重庆大轰炸",即抗日战争时期日军对"目标区域"和"外围区域"进行的轰炸。日机轰炸重庆是以摧毁中国战时首都重庆为核心,同时对其周边主要城镇实施的政略战略轰炸。可以抗战时期的重庆城区和重庆防空司令部设置的重庆监视区作为广义的"重庆大轰炸"地域范围[①]。这一范围于1937年9月由重庆防空司令部划设,以重庆城区为中心,在东起石柱、梁山,西通璧山、合川,南经南川、綦江,北贯南江、通江,设置了重庆监视区对空监视队哨。到1939年5月,重庆监视区扩展到周围32个县,监视队哨扩大到28队、147所[②],大致为现在重庆所辖范围。

  在资料来源方面,有的以档案为主,有的以报刊文献为主,有的以地方志为主。同时,在统计方法上也存在着差异,人员伤亡档案记载有个人报送,有单位报送,也有部门报送,特别是在地方志记载中,因行政区划的变化,以上情况形成的统计数据难免出现重复交叉现象。在大量档案文献资料从不同角度记载重庆大轰炸有关人员伤亡基础上,应该以档案为主,辅之以报刊、方志等文献资料,针对同一时间同一事件,对档案、文献资料作整理、甄别,确定人员伤亡数量,尽可能避免交叉重复。

  另外,关于重庆大轰炸人员伤亡分类,也存在模糊现象,如,伤、亡分别统计,或伤亡混合统计。造成重庆大轰炸人员伤亡的原因较多,但直接原因无疑是日军的轰炸,也由此产生一定数量的间接伤亡,如防空洞、建筑物等倒塌造成的伤亡,因战争或躲避战争造成瘟疫、灾民的伤亡,等等。因此人员伤亡可分为直伤亡和间接伤亡两大类,还可从性别上分为男、女,从年龄上分为成人、儿童等。

---

  ① 周勇:《关于重庆大轰炸几个基本问题的探讨》,《给世界以和平——重庆大轰炸暨日军侵华暴行国际学术讨论会论文集》,重庆出版社2008年版,第6页。
  ② 《防空工作会议即将开幕》,《国民公报》1940年11月27日。

二、直接伤亡

根据档案文献资料统计，从1938年2月到1944年12月近七年时间里，由于日机轰炸造成的重庆监视区直接伤亡32829人。其中死亡16376人，其中男3453人，女1425人，儿童408人，性别不明者11090人；受伤（包括轻、重伤）16453人，其中男3527人，女1321人，儿童190人，性别不明者11415人（表4—2）。

根据统计数据显示，抗战期间重庆人员伤亡以日机轰炸造成的直接伤亡为主，而且集中在人口密集的大中型城市。重庆渝中、南岸、江北、沙坪坝、九龙坡、大渡口主城六区死亡9300人，受伤7782人，失踪140人，共计17222人，伤亡人口占全市伤亡总人数的52.03％。（关于主城区1938年至1941年人员伤亡数据，抗战时期主要有两种统计结果：一是1941年10月四川省第三行政区署统计结果为伤6953人，亡7282人，共计14235人[①]；二是1945年8月重庆市政府统计处统计结果为伤9141人，亡6596人，共计15737人[②]。两次统计数据均不包含中央直属机关单位伤亡数字。）其他市县为万州，伤亡2547人，占全市7.76％；奉节伤亡2471人，占7.53％；合川伤亡2462人，占7.50％；梁平伤亡1925人占5.86％；綦江，802人，占2.44％；涪陵伤亡664人，占2.02％；巫山伤亡629人，占1.92％；开县伤亡601人，占1.83％；丰都伤亡586人，占1.79％；伤亡数在100—500人之间的有巴南区、北碚区、渝北区、南川区、永川区、铜梁县、云阳县、忠县，伤亡数在100人内的有江津区、巫溪县、潼南县、璧山县、城口城、秀山县、彭水县，约占全市伤亡总人数的7％。

三、间接伤亡

间接人员伤亡主要包括以下三类。

一是由于日机轰炸，房屋或防空洞倒塌致使的人员伤亡。如1939年5月31日，万县防空避难洞倒塌，被压致死5人、伤8人。1940年8月11日，因日机轰炸，左营街医护委员会门前大隧道9人窒息身亡，53人重伤，94人

---

① 《四川全省空袭损害统计》，重庆市档案馆，第三行政区署档案2-532。
② 《重庆市警察局呈报敌机空袭损失统计》，重庆市档案馆，档案0061-15-4001。

表 4—2　重庆大轰炸直接人员伤亡统计表

地区名	死亡 男	女	童	不明	小计	受伤 男	女	童	不明	小计
主城六区	1803	886	235	6376	9300	2094	687	11	4990	7782
万州区	714	290	140	133	1277	656	345	134	135	1270
涪陵区	369				369	295				295
北碚区	105	31	26	14	176	167	43	34		244
渝北区	188				188					
巴南区	43	10		155	322	41	7		274	102
南川区	198				198	250				250
万盛区										
江津区	51			3	54	3			24	27
长寿区	10			151	161					
合川区	26	8		1209	1243	1219				1219
永川区	82	73			155	178	91			269
梁平县	820				820	1105				1105
巫溪县	1	3			4	9				9
巫山县	144	77	7	91	319	160	63	11	76	310
铜梁县	22	11			33	72	25			97
綦江县	404	1		120	525	45			232	277
奉节县	858				858	1613				1613
丰都县	24	16		65	105	79	33		369	481
潼南县	1				1					
璧山县	24	17			41	31	27			58
云阳县	165				165	227				227
忠　县	52				52	109				109
城口县	2				2	2				2
开　县	146				146	455				455
秀山县	27				27	31				31
彭水县		2			2	1				1
共　计	16376	3453	1425	408	11090	16453	3527	1321	190	11415

备注:1.根据重庆市档案馆、重庆有关区县档案馆、四川省档案馆、中国第二历史档案馆、台湾"国史馆"等馆藏档案统计;2.主城六区,即渝中、南岸、江北、沙坪坝、九龙坡、大渡口区。

轻伤①。1941年8月8日,市区下南区马路第143号公共防空洞被日机投弹正中洞顶,大石垮塌造成60人死亡,伤数十人。30日,日机第二、三批侵入黄桷垭,在童家花园对山及街上投弹,童家花园天然防空洞秩序大乱,洞内挤死小孩3人,受伤老人5人②。

二是在日机轰炸环境中因躲避轰炸或在轰炸后救护产生的伤亡。如1941年4月29日,梁山县防护团队员在县城扑灭被炸火灾中受伤37人③。

三是因修建防空洞、机场、公路等军事设施而造成的人员伤亡。如1936年涪陵动员民工约10万人修筑川湘公路,死亡民工5000余人。1936年1月到1937年2月,酉阳民工修筑国道319线,因工死亡的有邹长青、吴国宝、朱辞海、胡汉书、田景耀、冉启良、任秋、石胜义、石寿等160名民工,伤残16人。抗战时期,万县征用民工52200人,从事修筑飞机场、国防工事、修补道路、装卸军用物资等,其中因公死亡378人、受伤785人。梁山县征调大量民工为军事服务,因管理不善和工伤等原因,致使民工死亡530人(其中因病死亡525人,工伤事故死亡5人),伤残1人④。

据不完全统计,抗战期间,间接死亡6333人,受伤318人。

四、灾民

从某种意义上讲,所有的重庆市民都属于重庆大轰炸灾民的范畴。但从救济的视角分析,抗战时期的重庆灾民主要有三大类,其中日军轰炸造成的灾民无疑是最多的。

一是在日军侵华战争环境下逃离到重庆的难民。抗战期间,特别是全面抗战爆发后,华东、华中地区沦陷,大量难民涌入西南地区。1937年下半年至1939年9月,綦江各收容遣送机构先后收容妇幼老弱难民和灾民204人,遣送江苏、湖南难民9人,资遣流离人员153人,接待过境灾民1196人,救济难民17人⑤。1939年3月长寿县成立难民收容所,以城内火神庙、川主庙为住

---

① 《通报11日空袭被炸详情各组队站出动赈济救护情形由》,重庆市档案馆,档案0066-1-44。
② 《关于黄桷垭童家花园防空洞因部分被私人占用致敌机空袭造成伤亡电》,重庆市档案馆,档案0053-12-121-1。
③ 《为据报被炸队员钟贵德炸伤队员邱光仪等请邮一案指饬遵照由》,梁平县档案馆,档案A308-2。
④ 《为呈送代领赈款请鉴核存查由》,梁平县档案馆,档案A308-2。
⑤ 《綦江县抗战历史大事记》(重庆大轰炸调研内部资料)。

址,先后接收难民 4267 人。四川省重庆中学即重庆联合县立中学校为躲避日机轰炸,学校师生员工 483 人迁入长寿东街。湖北沦陷区师生员工 1364 人迁入长寿县松柏乡上、下官庄、桅子湾等处设国立第 12 中学校①。1939 年 5 月,秀山国民政府在平凯镇关帝庙设"秀山赈济委员会难民收容所",收容抗战沦陷区难民 600 多人②。

二是在日机轰炸重庆中造成的灾民。1939 年 3 月 29 日,日机 18 架空袭梁山县,对人口稠密的县城城区狂轰滥炸,投炸弹 100 余枚,县政府办公大院、梁山中学、农业职校等 10 多个机关、单位房舍和名胜古建筑文庙、朱衣楼、魁星楼等变为废墟,炸死 259 人,炸伤 286 人,炸毁、烧毁房屋 2840 间,无家可归灾民 3986 人③。1939 年 10 月 10 日,日机 6 架轰炸秀山县城,投下燃烧弹 30 枚,100 磅、200 磅炸弹 75 枚,历时 20 分钟,炸死 27 人,炸伤 31 人,炸毁民居 2000 余间,文庙小学、女子小学、公立小学部分被炸毁,1260 户受灾,灾民达 5700 人④。1940 年 8 月 19 日、20 日,日机轰炸重庆,重庆市警察局第一、二、三、四、十一、十二等六个分局所辖区域 92 个街巷 4309 户受灾,16977 人沦为灾民,10852 人被分别疏散到合川、江津、长寿、綦江、璧山等地,空袭服务联合办事处、各机关代表、警察第三分局,发放赈灾款 50260 元⑤。

三是抗战期间因承受自然灾害和瘟疫而冻、饿和病故的灾民,这类灾民数量较小。在以上三种类别中,以日机轰炸重庆造成的灾民为主。

抗战期间,重庆灾民共计 172786 人。

五、人员伤亡年度情况分析

日机轰炸重庆,主要分为三个阶段,随着日军的战略轰炸调整,在三个阶段中不同年份造成的人员伤亡程度也不同(表 4—3、4—4)。

---

① 《长寿区抗战历史大事记》(重庆大轰炸调研内部资料)。
② 《秀山县抗战历史大事记》(重庆大轰炸调研内部资料)。
③ 《綦江县抗战历史大事记》(重庆大轰炸调研内部资料)。
④ 《梁平县抗战历史大事记》(重庆大轰炸调研内部资料)。
⑤ 《为呈报 8 月 20 日被灾街巷既户口数统计表请鉴核由》、《呈本局八一九空袭财产损失表由》,重庆市档案馆,档案 0053-12-76-1、0053-12-87。

表4—3 重庆大轰炸年度直接人员伤亡情况表

	死					伤					失踪				
	男	女	童	不明	小计	男	女	童	不明	小计	男	女	童	不明	小计
1938	343	2	3	255	603	7			73	80					
1939	1106	595	80	4298	6079	1386	539	25	2567	4517	7				7
1940	1011	384	105	4347	5847	1224	467	79	5597	7367	23	3			26
1941	551	412	219	1872	3054	798	272	74	2891	4035	145			5	150
1943	383	32	1	290	706	111	43	12	254	420					
1944				28	28				33	33					
不详	59				59	1				1	1				1
小计	3453	1425	408	11090	16376	3527	1321	190	11415	16453	176	3		5	184
共计										32829					184

表4—4 重庆大轰炸年度间接人员伤亡情况表

	死					伤					灾民				
	男	女	童	不明	小计	男	女	童	不明	小计	男	女	童	不明	小计
1936				5021	5021										
1937				160	160				16	16					
1938														16458	16458
1939	2	3		378	383						93	8		5910	6011
1940														96360	96360
1941														1712	1712
1942														1242	1242
1943											49			1061	1110
1944														41598	41598
1945														8295	8295
不详				686	686				45	45					
小计	2	3		6245	6250				61	61	142	8		172636	172786
共计					6250					61					172786
										6311					

第一阶段：从1938年2月到1939年1月。这一时期主要目的是对重庆进行空中侦察和试探性攻击，为后来的大规模轰炸做准备。1938年重庆境内主城区及巴县、梁山、万县、合川遭到日机轰炸，到1939年年初轰炸范围扩大

到璧山、南川一带。这一时期的轰炸规模不大。

1938年,重庆市共发布空袭警报11次,其中1月1次,2月3次,10月4次,11月2次,12月1次。"重庆大轰炸"包括的轰炸有2次,第一次是2月18日的广阳坝遭受轰炸,日机9架,投爆炸弹14枚,伤3人;第二次是10月4日,敌机15架,在牛角沱等地投爆炸弹3枚,重庆市民伤3人,亡3人。① 1939年1月7日、10日、15日三次试探性的轰炸后,暂时中止对重庆的轰炸。

第二阶段:从1939年5月到1941年8月,为日机对重庆实施大规模战略轰炸的主要阶段。

1939年4月底重庆地区的浓雾渐渐消失,日军也就趁此机会制定了其航空队的"五月攻势"作战计划,企图"运用武力及谋略,务使重庆的国民政府在1940年年底屈服"②,并集中力量,对重庆进行猛烈空袭。根据重庆防空司令部及重庆卫戍总司令部两调查表逐日逐次逐项的统计,总计在1939年,日军从1月7日起至10月5日止,共出动飞机581架对重庆实施轰炸,炸死重庆市民6079人,炸伤4517人。

1940年5月13日制定了以轰炸重庆为主要目标的"101号作战"计划。"101号作战"自1940年5月开始至9月4日结束,日机在重庆监视区,从4月24日起至10月26日止,共出动飞机3007架对重庆实施轰炸,共炸死重庆市民5847人,炸伤7367人。

1941年日军改变对重庆的轰炸战略,将先前大规模的、密集的政略战略轰炸,改为小规模的、多批次的骚扰性轰炸。在8月8日至8月14日的一个星期里,日机不仅不间断地对重庆连续轰炸了7天,为日军对重庆实施大轰炸以来所未有;而且在8月9日的凌晨、上午和中午,8月10日的早上、下午、傍晚和晚上,8月11日的上午、下午,8月12日的凌晨、早上、中午和下午,8月13日的凌晨2时45分和凌晨5时56分,五天内共对重庆实施了15次轰炸,占日机1941年对重庆实施轰炸次数59次的1/4强,其轰炸的密度和频繁,也是在整个"重庆大轰炸"中空前绝后的。1941年,日机共出动飞机2102架,从1月22日起到9月28日止,共对重庆实施轰炸,炸死重庆市民3054人(包括

---

① 《重庆防空司令部调制二七年渝市空袭损害统计表》,重庆市档案馆馆藏,档案0044-1-82。
② 吴相湘:《第二次中日战争史》上册,台湾综合月刊社1973年版,第532页。

6月5日大隧道惨案死亡人数),炸伤4035人。

　　第三阶段:从1941年9月到1944年12月。这一时期,日本的军事战略重心发生转移——着力于发动太平洋战争,对华侵略有所减弱;太平洋战争爆发后美国对日宣战,美国空军援华参战,从而打破了日军的空中优势,对日军造成直接威胁,因而日机对重庆的轰炸逐渐减少。因1941年12月8日太平洋战争的爆发,1942年日军将作战重点转向太平洋战场,日机无暇西顾,故是年重庆未遭受日机轰炸,档案里也无这方面的记录。在重庆市区,1943年5月30日,日机1架于上午10时07分在重庆上空盘旋,未投弹;8月23日,日机第202次空袭,重庆市第99次、巴县第49次遭受空袭,日机55架分二批,其中第一批27架于重庆市郊之石门、盘溪及巴县马王乡等地投爆炸弹126枚、燃烧弹25枚,伤市民18人、亡21人。在重庆监视区,1943年轰炸共计死亡706人,受伤420人①。1944年12月19日,日机轰炸梁平、万州、开县,在开县南雅、灵通乡(今铁桥镇)二保邓氏、陈家两湾上空,先机枪扫射后投小型炸弹100余枚于山林田地②。这是目前档案文献记载日军飞机最后一次对重庆的轰炸。至此,日军对重庆的轰炸结束。

第二节　日军轰炸造成的财产损失

　　关于财产损失,传统意义上的统计仅包括由轰炸造成的房屋损毁,而且是直接由轰炸造成的损失,这显然不能视为完整意义上的财产损失。重庆大轰炸财产损失调研涉及面广,主要包括直接损失和间接损失、社会财产损失和居民财产损失,同时也包括国民党中央政府及各部门驻渝各种损失。关于财产损失的调查与研究由来已久,较人员伤亡统计更复杂,直接损失报送数据不完整,种类繁多,存在交叉重复现象;间接损失难以估量,时间久远不便折算。本

---

　　① 1939年至1943年日机对重庆城区及周边地区的轰炸数据,引自唐润明:《"重庆大轰炸"的基本史实及其人员伤亡新研究》,载《给世界以和平——重庆大轰炸暨日军侵华暴行国际学术讨论会论文集》,第62页。

　　② 《梁山、开县呈轰炸和损失情况》,四川省档案馆,档案41-6156;《为呈报三十三年十二月十九日被炸情形由》,梁平县档案馆,档案1-10-13;中共梁平县委党史研究室编:《梁平县抗战资料选编》,第85页。

次调研力求根据1939年国民政府行政院调查办法及查报须知,采用原始档案资料,分类逐年开展统计、分析和研究。

一、财产损失历史调查状况分析

如前所述,1939年7月1日,国民政府行政院制颁《抗战损失调查办法》及《查报须知》并组织实施。《抗战损失查报须知》包括《财产损失报告单》、《财产直接损失汇报表》、《财产直接损失报表》、《营事业财产直接损失汇报表》(农业部分)、《营事业财产直接损失汇报表》(矿业部分)、《营事业财产直接损失汇报表》(工业部份)、《营事业财产直接损失汇报表》(公用事业部分)、《营事业财产直接损失汇报表》(商业部份)、《营事业财产直接损失汇报表》(金融事业部分,不包含银行业)、《营事业财产直接损失汇报表》(银行部分)、《营事业财产直接损失汇报表》(铁路部分)、《营事业财产直接损失汇报表》(公路部分)、《营事业财产直接损失汇报表》(航业部分)、《营事业财产直接损失汇报表》(民用航空部分)、《营事业财产直接损失汇报表》(电讯部分)、《营事业财产直接损失汇报表》(邮务部分)、《人民团体财产直接损失汇报表》(文化团体部份)、《人民团体财产直接损失汇报表》(宗教团体部分)、《人民团体财产直接损失汇报表》(慈善团体部份)、《人民团体财产直接损失汇报表》(其他公益团体部份)、《住户财产直接损失汇报表》、《税收损失报告表》、《振济费支报告表》、《财产间接损失汇报表》、《营事业财产间接损失报告表》、《民营事业财产间接损失报告单》、《省市土地沦陷及克复情形登记表》等27种[①]。这些表格几乎涵盖了财产损失的所有内容,并下发重庆市政府执行。1940年5月,重庆市警察局根据行政院《抗战损失查报须知》,修订并颁发了《重庆市警察局协助社会局查报各项抗战损失办法》,并展开财产损失查报工作。

重庆大轰炸期间关于财产损失的情况,各种档案记载及文献研究资料说法不一。在档案记载方面,抗战时期有关重庆大轰炸财产损失的档案较多,大部分为大轰炸期间单位个体、部门或行业的局部统计,在全面汇总统计方面,有两份较为全面和详细的档案。一是1945年8月重庆市政府统计处统计档

---

① 《行政院为更正抗战损失查报须知给重庆市政府文(附抗战损失查报须知)》,重庆市档案馆,档案0053-12-98-1。

案,1938年至1941年日机空袭损失共计692亿余元(折合成1945年价值)(表4—5)①。

表4—5 重庆市历年空袭损失统计总表

单位:国币元

类别	依损失时期之价值	折合成1945年之价值
人民财产损失	105589624	18494266737
私有财产损失	37513736	11743606737
房屋炸毁塌部分	68075888	6750660000
市属机关历年财产损失	7255329	1690997133
市属各级学校财产损失	3427350	1284004767
市营事业财产损失:水电	143293194	47606459154
本市历年税收损失	21463551	
其他损失—防空	132741975	158181834
防空洞管理处历年经费	70446455	75951749
本市公私防空洞建筑费	62295520	82230085
总　　计	413771023	69232909625

资料来源:根据重庆卫戍司令部、重庆防空司令部、重庆市警察局、工务局、教育局、财政局、防空洞管理处所送之资料编制。

说明:数据以市区所受空袭损害为主,中央主管者概不列入。折合成1945年价值之方法请见有关各表(1945年之价值系以该年7月之价值为准)。

表4—5财产损失统计主要有社会财产和私人财产两大类。据其分表显示,各项损失还包括由日机轰炸造成的直接损失及轰炸期间造成的迁移费、防空设备费、救济费、疏散费、抚恤费等间接损失。数据来源以市政府所属主要机关报送资料为依据,涵盖范围为重庆卫戍总司令部、重庆防空司令部、重庆市警察局等市属部分局处,尤其注明"中央主管者概不列入"。其中,社会财产损失大于私人财产损失。

二是重庆市政府1948年2月向行政院赔偿委员会报送的公私财产损失档案,价值近64亿元(折合成1937年价值)(表4—6)②。

---

① 《四川重庆市政府人员伤亡及财产损失》,台湾"国史馆",档案302目,1431卷。
② 同上。

表 4—6 重庆市抗战期间被灾损失情况表

单位:国币元

价值\项目	公有 直接	公有 间接	私有 直接	私有 间接	合计
农业			331371		331371
工业			451004912	483397977	934402889
电业			2002779	5903	2008687
商业			902182820	87581086	989763906
金融业			7603824		7603824
交通运输业			3454382652	5855174	3460237826
政府机关	382494	178196			560690
人民团体			261607783	95024655	356632438
普通住户			623861553		623861553
合　计	382494	178196	5702977694	671864800	6375403184

表 4—6 从直接和间接两方面对社会财产(公有)和私人财产损失进行统计,以部门行业为分类标准。然而最为突出的是,在社会财产中直接与间接损失数据除政府机关外,农业、工业、电业、商业、金融业、交通运输业、人民团体没有数据。与表 4—5 统计相比,其中私有财产损失占总损失的 99% 以上,数据相差较大。

20 世纪 80 年代以来,对重庆大轰炸财产损失的统计,主要反映在各种研究成果中,其结果亦众说纷纭。《抗战时期重庆的防空》一书统计,1939 年至 1941 年,因日机轰炸造成房屋损毁 9570 栋 31481 间[1];《重庆大轰炸》统计为 8250 栋 33300 间[2];《重庆市防空志》统计为 17452 栋 37182 间[3];《重庆通史》统计为"炸毁房屋 17608 栋,使繁华的重庆市区大半化为废墟,财产损失无法计数"[4];《日本侵华暴行实录》统计为 17462 栋[5]。类似有关重庆大轰炸财产损失情况的记载较多,在此不一一赘述。

---

[1] 唐守荣主编:《抗战时期重庆的防空》,第 32—59 页。
[2] 西南师范大学历史系、重庆市档案馆编:《重庆大轰炸》,第 26 页。
[3] 重庆市人民防空办公室编:《重庆市防空志》,第 135 页。
[4] 周勇:《重庆通史》第二卷,重庆出版社 2002 年版,第 905 页。
[5] 《近代史资料》编辑部、中国人民抗日战争纪念馆编:《日本侵华暴行实录(一)》,北京出版社 1995 年版,第 488 页。

以上统计或研究成果,主要集中在日机轰炸造成房屋损毁的栋数或间数上,而且得出的结果相去甚远。20世纪八九十年代另一类研究著作,如《抗战时期重庆的军事》、《抗战时期重庆的兵器工业》、《抗战时期重庆的防空》、《抗战时期重庆的教育》、《抗战时期重庆的文化》、《抗战时期内迁西南的工商企业》、《抗战时期西南的金融》等,均侧重于行业史研究,而对于行业内由于日机轰炸造成的财产损失研究却少有深入。

以上两类不同记载和研究结果表明,以往有关重庆大轰炸财产损失统计的内容是较为单一和片面的。事实上,抗战时期,重庆作为中国战时首都,国民党中央、政府各部门、大型工矿企业、金融、交通、学校等内迁,重庆成为了战时中国的政治、军事、经济、文化中心。侵华日军集中其陆军和海军的主要航空兵力,从1938年2月至1944年12月,对重庆主城及其周边地区进行了近7年的政略战略轰炸。因此,远远不能以房屋的损毁或市属机关的损失视为全部损失。因此,关于重庆大轰炸财产损失的调查研究,应结合历史状况,不仅包括市属机关单位损失,而且包括国民党中央政府驻渝直属各部门及各大行业等社会财产损失以及城镇、农村居民财产损失;不仅包括大轰炸造成的直接损失,而且包括间接损失。

二、社会财产损失

抗战期间重庆社会财产损失分为直接损失和间接损失两大类,主要涉及工矿业、农业、交通、邮电、商业、财政、金融、文化、教育、资源、公共事业等领域。根据档案、文献资料统计,抗战期间重庆社会财产损失共计80866358066法币、15826747银元、4900白银、203562618.38美元、2290英磅,折合1937年价值为8371079774.73法币、15826747银元、4900白银、203562618.38美金、2290英磅(表4—7)。

(一)工矿业

自抗战以来,长江中下游及沿海一带(主要是上海地区)众多民族工业,为支持抗战和免使企业遭受日本帝国主义的掠夺,在国民政府经济部资源委员会的支持下,纷纷内迁。到1940年年底,迁到大后方的民营工厂共450家,物资设备12万吨,其中迁到四川的250家,绝大多数在重庆地区;同时国民政府经济部资源委员会和军事委员会兵工署所属大型工厂亦多数迁至重庆。大批

表 4—7 抗战时期重庆市社会财产损失总表[①]

年　份	现年损失价值（元）	折合 1937 年价值（元）
1935	112943	112943
1936	3202403.12＋1200 银元	3202403.12＋1200 银元
1937	2023277.02＋13656 银元	1936150.26＋13656 银元
1938	2769703322.6＋27550 银元	2157089815.1＋27550 银元
1939	7350231655.4＋278666.98 银元	3549121996.81＋278666.98 银元
1940	2757480200.41＋3584666 银元	432613774.77＋3584666 银元
1941	38621346681.6，203506938.38（美金），4900（白银），458896（银元）	2196891165.05，203506938.38（美金），4900（白银），458896（银元）
1942	168544701＋728292 银元＋2290（英磅）	3004361.87＋728292 银元＋2290（英磅）
1943	609816224.4＋51053.96 银元	4976872.80＋51053.96 银元
1944	3187703432.2＋90742.86 银元	7666803.19＋90742.86 银元
1945—1946	8688007957.8＋896760 银元	4928555.28＋896760 银元
年份不详	16808085267.4＋9695263.2 银元＋55680 美金	9534933.41＋9695263.2 银元＋55680 美金
共　计	80866358066＋15826747（银元）＋4900（白银）＋203562618.38（美金）＋2290（英磅）	8371079774.73＋15826747（银元）＋4900（白银）＋203562618.38（美金）＋2290（英磅）

说明：1942 年、1944 年、1945 年、1946 年现年损失数据为日机轰炸后各年补报直接损失及间接损失数据。各年折合价值根据《国民政府国事委员会军令部各重要城市（重庆）零售物价指数》（中国第二历史档案馆：全宗号 769，卷号 1835）中 1937 年简单几何平均数 100 的标准折算，其中 1945、1946 年数据以 1945 年 6 月份物价基础折算，不明年份按 1945 年 6 月份物价基础折算。

工厂的内迁，促进了重庆工业的大发展和工人阶级的壮大，重庆及近郊工人总数达 20 万人[②]。抗战期间，大量工矿业集中在重庆城区及周边地区，承担着抗日物资、武器和城市建设、人民生活用品等的制造和生产任务。由于日机的

---

① 本表数据除法币折算外，其他币种保留原价值数未作折算。
② 中共重庆市委党史研究室编：《中共重庆地方党史大事记》，重庆出版社出版 1991 年版，第 83 页。

不断轰炸,工矿业的损失给重庆乃至全国造成了重大影响。

兵工业　国民政府军政部兵工署开始在重庆调整、迁建各主要兵工厂,重庆开始成为大后方最主要的军事工业基地。陆续筹组的兵工厂有:第一工厂,由原汉阳兵工厂迁渝组建,1938年6月先迁湖南辰溪谷,1939年改称第一工厂,1940年年初再迁重庆,在重庆鹤皋岩建厂,主要生产步枪、迫击炮弹,1940年10月,由巩县兵工厂内迁的第十一工厂并入。第二工厂,由原汉阳火药厂迁渝组建,1938年5月先迁湖南辰溪谷,1939年7月改称第二工厂,1940年10月再迁重庆,在巴县纳溪沟建厂,主要生产各种枪炮发射药和化工产品。第三工厂,由上炼钢厂部分迁渝组建,1938年3月迁大渡口,主要从事机械修配与兵工器材制造,1940年1月并入四川钢铁厂迁建委员会,为第七制造所。第十工厂,由原南京炮兵技术研究所迁渝组建,1938年在重庆江北忠恕沱建厂,1940年1月改称第十工厂,主要生产各种炮弹、枪弹。第二十一工厂,由金陵兵工厂迁渝组建,1937年11月奉命内迁,在重庆江北陈家馆建厂,1938年3月全部复工,同时改称兵工署第二十一工厂,主要生产马克沁重机枪、捷克式轻机枪、迫击炮及炮弹、中正式步枪、汉阳式步枪等。第二十四工厂,由原设重庆磁器口的重庆钢铁厂改隶兵工署后组建,主要生产合金钢。第二十五工厂,由原株州兵工厂枪弹厂迁渝组建,1938年4月在重庆沙坪坝詹家溪建厂,主要生产枪弹。第二十六工厂,兵工署新建的火工原料工厂,1939年10月成立第二十六工厂筹备处,选址长寿县城郊邓家湾,主要设备由美国购进,主要产品为氯酸钾、钾桐炸药。第二十七工厂,前身为航空兵器技术研究处,初设南京,后迁重庆万县,1943年年底扩编为第二十七工厂,主要生产枪榴弹、大小飞机炸弹。第三十工厂,由原济南兵工厂迁渝组建,1937年10月先迁西安,随即内迁重庆,在重庆南岸大佛寺建厂,1939年1月改称第三十工厂,主要生产木柄手榴弹、掷弹筒、缓燃导火索。第四十工厂,由桂系实力派所创办的广西各兵工厂归并而成,1938年2月改称第四十工厂,1938年11月,迁重庆近郊綦江县赶水镇,1944年12月,撤销第四十工厂建制,改为第二十一工厂綦江分厂,主要生产枪弹和迫击炮弹。第五十工厂,由原广东第二兵工厂迁渝组建,1938年3月开始在江北县郭家沱建厂,同年5月改称第五十工厂,主要生产战防炮、迫击炮、无后座力炮及各种炮弹,1939年接收在成都的四川兵工厂,改为第五十艺徒学校,1941年7月,改称第五十工厂成都分厂。①大轰炸期间,兵工企业遭到了日机的猛烈轰炸。如军政部兵工署第一、二、三、十、十一、二十一、二十五、三十、三十一、四十、五十等兵工厂。1940年5月27、29日,日机轰炸,第二十四工厂两次被日机轰炸,厂房、船舶、器材、工程书籍、杂物器具等被炸毁,造成损失价值约115325920元②。1940年6月26日,日机空袭南岸军政部兵工署第二十工厂,共投弹54枚,炸毁房屋40余间,机器设备20余部,材料损失严重,日用药品、办公器具及职工生活用品大部分损坏,共计损失2179500元③。据第二十工厂统计,1940年因日机轰炸,还造成家具损失71164元、办公用品40086元、器皿29093元、服装13129元、碛米2500元、稻谷16000元、小麦19000元、菜油770000元等④。其他兵工厂也遭受了不同程度的轰炸。

钢铁冶金业 有钢铁厂迁建委员会、中国兴业股份有限公司、大昌矿冶股份有限公司等。土湾一带的渝鑫钢铁厂,从1940年5月至1941年8月,遭受日机五次轰炸,炸毁房屋180间、器具65000件、图书180册、医药及卫生福利设备、衣物等直接损失60余万,轰炸期间造成的间接损失高达130余万元⑤。1940年9月14日,日机轰炸(大渡口)重庆钢铁厂,投燃烧弹5枚、重磅炸弹59枚、轻磅炸弹36枚、手榴弹30枚,机械设备、厂房、办公室、材料房、职工宿舍、医院、学校、临时工棚、钢铁材料、私人财产等大部分被炸毁⑥。1941年8月22日,日机在钢迁会厂区投掷爆炸弹、烧夷弹共73枚,炸毁总办公厅全座、第六制造所工房1所、物料库库房2所、堆栈2处、职员住宅3栋,又第一、第二、第六制造所办公室,第五制造所、锉刀厂、印刷所厂房,第一、第二制造所修理房各1间,物料库库房5所⑦。中国兴业股份有限公司钢铁部、机器部、电

---

① 重庆抗战丛书编纂委员会编:《重庆抗战大事记》,重庆出版社出版1995年版,第19、20页。
② 《敌机轰炸房屋损坏清册》,重庆市档案馆,档案0178-1-1796。(说明:为直接反映损失情况,行文中引用数据为档案记载原始数据,未作折算。以下同。)
③ 《兵工厂财产损失报告表》,重庆市档案馆,档案0175-1-908、0175-1-881、0175-1-972。
④ 《兵工厂财产损失报告表》,重庆市档案馆,档案0175-1-872、0175-1-871。
⑤ 《抗战时期各地工厂遭受敌人损毁情形报告表》,重庆市档案馆,档案0194-2-56。
⑥ 《钢铁厂迁建委员会空袭损失报告》,重庆市档案馆,档案0182-2-394、200-2-115、0066-1-44。
⑦ 《抗战时期各地工厂遭受敌人损毁情形报告表》,《钢铁厂迁建委员会空袭损失报告》,重庆市档案馆,档案0182-5-1013、0174-5-1013、0061-15-3780(-3)之一。

力部多次遭到日机轰炸,损失惨重。1939年5月12日和1940年8月20日,日机轰炸重庆晶精玻璃厂制造厂、同茂容玻璃厂、利单玻璃厂、瑞年企业公司玻璃制造厂、北川玻璃厂、荣记玻璃厂,造成库屋、器具、原料、产品、现款、医药用品等直接损失共计100余万元,迁移费、防空设备费、救济费、疏散费、抚恤费、营业减少等间接损失共计360余万元。①

棉纺织业 有郑州豫丰和记纱厂重庆分厂(豫丰纱厂)、汉口裕华纺织公司渝厂(裕华纱厂)、中国纺织企业公司等。1940—1941年,日机相继13次轰炸郑州豫丰和记纱厂重庆分厂(即土湾重庆分厂),其中1940年5月27日、5月29日、6月27日、6月29日、10月25日及1941年8月30日,共投炸弹86枚、燃烧弹12枚,炸毁工厂房屋、职工宿舍、办公室、员工住宅等计28栋、698间,损坏机器、运输工具、电线、原材料及职工宋坤林、高七宝等人生活用品等价值1737200余元。1941年3月18日,该厂又被一枚炸弹炸中,炸毁厂房6大间,损坏纺机6部,共计损失219971元。②

机器制造业 有恒顺机器股份有限公司、国光工业社股份有限公司、民生机器厂等;化学工业,有天原化工厂、中国工业煤气公司、中国植物油料股份有限公司、中南橡胶总厂;电力电器业,如重庆电力股份有限公司、国营中央电工器材厂等,在工业类别中,损失均较为严重。

煤炭石油业 主要有天府煤矿、嘉陵江区煤矿业同业公会、四川油矿勘探处等。1940年5月29日,日机轰炸重庆市同福煤矿厂(北碚),损失房屋、器具、机械、煤等约601000元③。抗战期间,(1947年2月嘉陵江区矿煤厂报)嘉陵江区矿煤船受敌机破坏损失69只船共计损失34500万元、房屋2栋价值25000万元、车2辆价值2800万元,共计损失62300万元④。抗战期间,为躲避日机轰炸,天府煤矿损失迁移费、防空设备费等共计12230余万元⑤。1940年至1942年,日机空袭重庆,炸毁宝源矿业公司房屋、器具、原料价值、产品及

---

① 《抗战损失调查表(晶精玻璃厂等玻璃企业)》,重庆市档案馆,档案0085-1-1391。
② 《裕华纱厂财产损失表》、《豫丰纱厂被炸损失情况及清单》,重庆市档案馆,档案0083-1-622、0235-1-26、0235-2-44。
③ 《同福煤矿财产损失表》,重庆市档案馆,档案0083-1-355。
④ 《嘉陵江区各矿受战争破坏及重建意旨说明书》,重庆市档案馆,档案0053-8-30。
⑤ 《天府煤矿财产损失表》重庆市档案馆,档案0083-1-355。

迁移费、防空设备费、疏散费、救济费抚恤费、可能生产额减少等直接、间接损失共计1850余万元①。

由于大量工矿企业或其主管部门集中在重庆主城区，因此，主城区工矿业损失最为严重，损失总计法币近753亿及又2.035亿余元美元、34余万大洋及近5000两白银。工业生产方面直接损失就达1852370064.33元，又2290英磅、203506938.38美元、320000大洋、4900两白银，间接损失更是达到4751159508.8元。矿业部门直接损失925013915.5元。其他工业类别直接损失达279777.03元，间接损失1354531.15元。其中，尤其以1939—1941年这三年受损最为严重，包括工业生产、矿业及其他方面的直接、间接损失达到法币近33亿元，美元2亿余，大洋32万元，白银近5000两，占总数的4.38%。而矿业因战争损失则集中在1939年和1941年，其中，1941年仅矿业行业因战争的损失就达842880156.51元，占矿业总损失的91.12%。

抗战期间，重庆工矿业共造成损失价值法币7615336824.66元，2624700银元，4900两白银，203506938.38美元。

(二)农业

农业类以间接损失为主。抗战期间，重庆作为战时首都，充分发挥大后方的作用，各地区农村为抗日前线捐献了大量货币、谷物、军属优待谷等。

1937年8月重庆市成立了各界抗敌后援会，支援前方抗战。抗战期间，重庆各地区参与了政府倡导的献金献粮活动，如1938年6月，忠县慰问伤兵，捐赠草席500床，棉被1500床，肥猪两头，送102后方医院②。从1939年开始，重庆各界举行献金献机运动，广大农村纷纷捐款支援抗战。1940年，涪陵全县137个单位捐献军粮谷18050.55石，其中有一人捐献500石者，县中师生节食捐大米24.5石，征募士兵寒衣捐7494.15元③。10月，綦江县捐献军粮委员会成立，动员士绅、粮户捐献粮食，以改善士兵待遇，支援抗战，募军谷4000余石，代金法币2000余元。1941年7月至1945年，綦江县捐献稻谷14.93万石④。1940年11月，大足县捐献军粮5000余石⑤。梁山县民众为抗战献机

---

① 《宝源煤矿财产损失表》重庆市档案馆，档案0083-1-355。
② 《忠县抗战历史大事记》(重庆大轰炸调研内部资料)。
③ 《涪陵区抗战历史大事记》(重庆大轰炸调研内部资料)。
④ 《綦江县抗战历史大事记》(重庆大轰炸调研内部资料)。
⑤ 《大足县抗战历史大事记》(重庆大轰炸调研内部资料)。

募捐 216000 元,1942 年,募捐 221697.8 元,另捐募滑翔机一架(价 3 万元,实募 41495 元),征募航空委员会会员费 12000 元①。1942 年,南川县成立冬令救济委员会,救济无法过冬的灾民②。1 月份长寿县捐款法币 20 余万元。从 1942 年至 1945 年,共为难民、贫民、残废等 587272 人次发放救济款法币 3605 万元、黄谷 4035 石、大米 220 石③。1943 年,潼南捐款 17 万元法币④。1945 年 6 月,涪陵完成献粮献金任务折币 6827 万元⑤。

另外,为避免日机对城区的集中轰炸,政府城市部分机关疏散到郊区,占用了大量农村土地,也造成了一定的农业损失。如 1940 年 9 月,据重庆郊外市场营建委员会报告,灾民疏散地主要包括唐家沱、黄角垭、弹子石、小沙溪、杨坝滩、观音桥等,为疏散安置,行政院拨款 25 万元,中、中、交、农四大银行借款 250 万元,用于疏散区建筑基地购置租赁地价补偿 99785 元,其他补偿费 8148 元,救济费 1300 元,租赁各贫民住宅面积 59603 亩,租金 1849045 元,青苗补偿费 9134 元⑥。

直接损失方面,由于日机轰炸以城市为主,农业直接损失相对较轻,集中于城郊的乡村地带。如 1939 年 12 月 19 日,日机轰炸南川石溪乡,投弹 84 枚,其中燃烧弹 1 枚,毁农田 62 丘,树木 89 株,炸死猪 10 头,炸伤牛 5 头⑦。1941 年 8 月 13 日,日机 17 架飞临南岸区铜元局农场上空,投弹 48 枚,损毁谷子 40 余石、黄豆 15 石、各种菜籽约 4 石,炸沉民船 1 艘,其船内装载麦子 90 石;粮库内受损碛米 18 石 5 斗、稻谷 25 石 1 斗、小麦 19 石 7 斗被炸⑧。

抗战期间,农业损失共计法币 4994795089 元。

(三)交通

重庆交通,在全面抗战前以公路和川江航运为主。国府迁渝后,在全市具

---

① 《梁平县抗战历史大事记》(重庆大轰炸调研内部资料)。
② 《南川区抗战历史大事记》(重庆大轰炸调研内部资料)。
③ 《长寿区抗战历史大事记》(重庆大轰炸调研内部资料)。
④ 《潼南县抗战历史大事记》(重庆大轰炸调研内部资料)。
⑤ 《涪陵区抗战历史大事记》(重庆大轰炸调研内部资料)。
⑥ 《重庆郊外市场营建委员会为呈复该会办理疏建情形拟具说明并呈重庆市政府文》,重庆市档案馆,档案 0053-2-1021。
⑦ 《南川区抗战历史大事记》(重庆大轰炸调研内部资料)。
⑧ 《农场受敌机轰炸情况的报告》,重庆市档案馆,档案 0175-1-972。

有军事意义的地区修建了机场,如白市驿、广阳坝、梁山、秀山机场,形成了水、陆、空交通枢纽。抗战期间重庆交通损失主要集中在这三个方面。

公路交通 1937年前,以修筑省际公路川黔、川湘线造成的间接损失为主。川湘、川黔公路从1935年1月动工,分别经南川、涪陵、武隆、彭水、酉阳、秀山、巴县、江津、綦江等,1937年1月完工,历时两年,参与修筑民工来自重庆、四川各市县。随着城市的发展,到1937年,重庆城区公路干道由上清寺延伸至朝天门,全长7公里,公路所经的街道包括现名有中山四路、中山三路、中山二路、中山一路、民生路、民权路一小段、新华路、陕西街,主干道还包括南区公园路、民族路、民权路、邹容路等。在全面抗战阶段,国民政府还着重修筑了一大批公路支线,主要有海棠溪至广阳坝、巴县一品至石油沟、海棠溪至南温泉、赖家桥至白市驿、两路口至浮图关、浮图关至九龙坡、北碚至北温泉,使重庆在干线基础上,与附近地区进一步联片成网。日机轰炸,给城区公路交通造成了严重的损失,从1939年到1943年,朝天门、临江门、牛角沱、两浮路、红岩嘴等出城要道几乎连年遭受轰炸,屡炸屡修,耗费了若干人力、财力。

川江航运 1926年到1934年,经过近十年的苦心经营,重庆两江沿岸渡船码头发展到40个①。1935年,又先后修建了江北、千厮门、太平门、金紫门、储奇门码头。抗战期间,重庆港内的轮船锚泊地由过去的少数几个,发展为从长江窍角沱到黄桷渡,全长3公里,嘉陵江朝天门到大溪沟,全长1公里。1944年,港区内已有44个囤船,军民用运输轮船有100余艘,吃水9万余吨。实业家卢作孚创办的民生公司为川江航运乃至大后方抗战物资的运送发挥了重要的作用。日机轰炸重庆期间,以两江沿岸码头、船只,及沿长江主要城市如长寿、涪陵、丰都、忠县、奉节、巫山等地的民生分公司损失最为严重。

航空 在轰炸中,日机主要针对白市驿机场、广阳坝机场、大中坝机场等重要军事目标进行轰炸。1938年2月18日,日机第一次空袭巴县、重庆,目标就是广阳坝机场。当时投弹12枚,炸伤4人,毁房2间②。在1940年6月17日的一次轰炸中,日军就出动飞机75架,分3批对广阳坝和白市驿机场进行轰炸,共投弹370枚,不仅使广阳坝机场受到巨大破坏,而且使白市驿机场受到自当年4月以来的第七次轰炸,同时也是最致命的一次轰炸,机场全部被毁③。

---

① 重庆市公用局编:《重庆市公用事业志》(内部资料),第103页。
② 《巴南区抗战历史大事记》(重庆大轰炸调研内部资料)。
③ 四川省档案馆,档案41-6155。

在抗战期间日机对巴县轰炸的 82 批次中,有 27 批次轰炸白市驿机场、广阳机场、大中坝机场三处军事目标,投弹数占在全巴县投弹数的一半。据记载,日机共出动 9 批次 923 架次轰炸白市驿机场,投弹 2323 枚;出动 18 批次 825 架次轰炸广阳坝机场,投弹 2782 枚;在大中坝机场投弹 140 枚①。梁山机场也遭受了惨重轰炸,1938 年 10 月 4 日,日军飞机 54 架分三批次袭击梁山机场,投弹 320 余枚,炸毁飞机 3 架、伤 4 架、炸死 2 人,炸伤 10 人,毁民房 16 间,梁山县政府紧急征调民工千余人星夜抢修机场②。据统计,抗战期间梁山机场被炸 47 次。

抗战期间,重庆公路、水运、航空等交通损失共计法币 320713342.14 元,5606 银元。

(四)邮政电讯

重庆邮局原隶属东川邮务管理局,到抗战时期,重庆为大后方邮政中心,下辖有分局 16 处,另有乡村代办处及邮箱、邮筒。1942 年 2 月,重庆市邮局又在南岸和铜元局设立了十七、十八支局。1938 年以来,相继开通了重庆到湖南、湖北、江西、贵州、云南、成都、宝鸡、等国内邮路以及缅甸、香港、加尔各答等国际邮路。邮政运输量大幅度增加,从 1937 年的 1500.87 万件发展到 1940 年的 8203.59 万件。1939 年年初全市即共有电话 3000 门,市内电话用户 2450 户。为防空袭,1939 年在长安、纯阳洞各辟地下室一座,将两部电话总机移入洞内,又开始敷设地下电话线,至 1941 年年底,城区内地下电话线达 3000 米。1940 年 9 月,市电话局又增设在紧急情况下备用的自动电话交换机 800 门,1941 年 11 月,安装西门子自动电话交换机 1500 门。1943 年 1 月 1 日,交通部又将电报、电话二局合并,成立重庆电信局,综理电信业务。③ 抗战期间,邮政电讯行业均遭到不同程度的轰炸,如 1939 年,日机轰炸江北刘家台、黄家垭口中一支路、太阳湾等地,重庆市电话局房屋、器具、用品及电话局职工郑莲如等 50 余人房屋、器具、用品等公私财物,损失计数万元④。1940 年

---

① 《巴南区抗战历史大事记》(重庆大轰炸调研内部资料)。
② 梁平县重庆大轰炸调研资料。
③ 周勇主编:《重庆抗战史(1931—1945)》,重庆出版社 2005 年版,第 454—455 页。
④ 《为签报本市五·三、五·四遭受空袭损害表签呈察由》,《电务员工呈报损失调查表》,重庆市档案馆,档案 0053-12-95-1,0346-1-46。

5月29日,日机轰炸化龙桥、磁器口、菜园坝等地,重庆市电话局大部分库房、办公室、办公用品、职工宿舍及私人财产被炸毁①。1941年8月13日,神仙洞重庆市电信局被炸,损失数万元②。

重庆市邮政、电讯行业的损失,从档案资料反映的情况看,主要是直接损失,并且基本上是集中在1939年和1940年,1945年至1946年数据为邮政电讯部门报送抗战期间直接损失。抗战期间,邮政、电讯行业损失总计法币150586462元、316453银元。

(五)教育③

重庆作为一个内陆城市,教育业的发展十分缓慢。据不完全统计,1926年重庆城区有初级小学16所,学生2617人;高级小学19所,学生1171人;中等学校(含中等职业学校)20所,学生429人。到抗战前夕,重庆的教育事业得到了较大的发展。据1936年的统计,重庆市有大专院校7所,普通中学17所(公立2所、私立15所),职业学校7所(公立2所、私立3所),师范学校2所,小学33所(市立12所、私立21所)④。抗战时期是重庆教育的鼎盛时期,随着国民政府迁都重庆,人口的增加促进了教育事业的发展,各级学校次第建立,鼎盛时达到数百所。同时全国各地的教育、文化机关纷纷迁入重庆,史载有40余所高等院校和专科学校相继迁入重庆,如国立中央大学、国立山东大学、国立交通大学、国立上海医学院、国立北平艺术专科学校、私立复旦大学、私立武昌中华大学等。连同重庆原有和新办的20余所高等院校和专科学校,共有高等院校60余所。同时,大批职业学校也纷纷迁入重庆,如中央工业职业学校、大公职业学校、立信会计职业学校等。⑤ 各小学、中学也如雨后春笋般纷纷建立。重庆大轰炸期间包括各类学校的中国教育蒙受了巨大损失。

---

① 《通报本市遭受空袭,本处工作情形由》,《重庆市工务局财产损失报告单》,重庆市档案馆,档案0053-12-99-1、0066-1-44、0067-3-5107。
② 《重庆电信局财产损失报告单》,重庆市档案馆,档案0344-1-1156。
③ 部分内容参考罗永华:《"重庆大轰炸"下的教育系统损失论述》,载《给世界以和平——重庆大轰炸暨日军侵华暴行国际学术讨论会论文集》,第153页。
④ 《重庆市志》第十卷,西南师范大学出版社2005年版,第10页。
⑤ 同上。

1. 大专院校财产损失

抗战时期内迁重庆的高等院校主要集中在沙坪坝、北碚和江津白沙镇，这一区域也是受轰炸较为惨重的地区，损失主要集中在1939—1941年。据粗略估计，被炸高校在10所以上，比如重庆大学、四川省立教育学院、国立女子师范学院等。据不完全统计，重庆大学先后五次被炸，第一次被炸是1939年9月4日，该校铁工实习厂、体育专修科附近被投重量炸弹2枚，两处建筑设备均有损坏，并波及邻近的试金室、教员院、食堂、盥洗室等处房屋，损失总额以当时的币值共计6788元以上。1940年，该校被炸两次，5月29日"敌机47架翱翔于本校上空，集中目标，滥肆轰炸，一校之内，投弹之多，竟至90余枚"。"工学院及教员院大部炸毁，其他如男女生宿舍、农场房屋、绘图室、行字斋、理学院之一部，共计房屋173间；所有砖瓦门窗、玻璃、橡梁悉被震坏，共计损失约在10万元左右。总计，房屋、仪器及普通器具各项损失约在15万元之谱。"7月4日，日机分两批"集中狂炸，投弹200余枚，计炸毁理学院、大礼堂、图书馆、文字斋、行字斋、教员宿舍、女生宿舍、盥洗室、开水房、洗煤室等房，其余校舍悉被震塌，仪器、药品亦多损毁"。"综计此次损失，以与本校本年五月二十九日本校第一次被炸时相较，价值在数倍以上，所幸全体员生均无死伤，惟死校工2名。"1941年，"8月10日敌机轰炸时，本校体育科中弹1枚，附近落弹1枚，炸毁办公室1间，并震毁全部寝室、试金室及饶家院教职员宿舍。21日再度被炸，理学院门首中弹2枚，该院一、二、三楼门窗、墙壁、屋瓦、器具多被震毁。饶家院教职员宿舍中弹1枚，炸毁舍屋10余间，余均震坏。运动场中弹3枚，试金室中弹1枚，附近落弹1枚，新生宿舍附近落弹1枚。前后两次，中弹计有11枚之多。炸毁大小房屋，震坏校舍校具，按照现值估计，修复校舍约需国币545000元，添置校具约需国币156800余元，合计共需国币700000元。又查上述两次轰炸时，教职员遭受损害者，计有蒋梅笙等12人，据报损失各物约值国币22242元。"前后五次被炸，损失合计此四项损失估价在72000000元（1947年3月法币）。又据该校1945年9月25日财产损失汇报表统计，从1937年下半年至1943年，计损失房屋252间、器具4513件、现款12800元、服装3217件、书籍12094册、古物280件，总计金额达41691147元。至私人损失方面，据1941年12月四川省立重庆大学教职员役遭受空袭损害清册统计，有杨德翘、朱祖晦、程登科、段调元等40多位教职员工遭受损失，其损失数额未列。①

1940年5月,四川省立教育学院在日机对沙磁区的疯狂轰炸中被炸数次,特别是5月29日的轰炸,公私财产、学生及职员的死伤,为重庆大轰炸有记载的大学中最多(表4—8)。

表4—8　四川省立教育学院1940年5月29死伤情况

姓名	性别	年龄	籍贯	年级系别	被炸情形
黎属民	男	23	四川涪陵	社会教育系二年级	死亡
朱明芬	女	21	四川綦江	社会教育系二年级	死亡
罗竹修	女	21	四川高县	社会教育系二年级	死亡
李恩荣	女	20	安徽芜湖	社会教育系二年级	死亡
林祖烈	男	22	四川资中	社会教育系四年级	死亡
刘景福	男	29	四川达县	社会教育系四年级	死亡
刘仲远	男	24	湖南澧县	社会教育系三年级	死亡
宋益	男	22	四川犍为	农业教育系四年级	重伤
毛俊儒	男	26	四川仁寿	社会教育系三年级	轻伤
黄宣	男	21	贵州都匀	农业教育系三年级	轻伤
刘泽安	男	28	江北	司号	轻伤

1941年8月11日、23日、30日,该校被炸,教职员宿舍、学生宿舍、办公室、图书馆、大礼堂、农场等损失526524.90元(1941年9月法币)。私人损失方面,有教职员魏曼若、何忠殷、杨德意、颜学政、徐定中等27名被炸损失,损失总额31653元(1941年法币),工役吴秉忠、赵笃君、夏孝贤等7人损失2502元。②

2. 中学财产损失

中学财产损失,主要包括重庆城区、万州、涪陵、北碚、江津、铜梁等地中学,财产损失最为严重的是重庆城区(表4—9)。

据档案记载,重庆市私立复旦中学于1939年9月4日被炸,该校女生饭厅、厕所全部炸毁,女生宿舍被毁者1/3,其他各舍房顶、门窗、墙壁震毁者甚多,理化仪器亦毁损大半。1940年5月26日,日机再次飞抵该校上空投弹,校内中弹达30余枚之多,男生教室及男生宿舍均告中弹,男生教室右端完全倒塌,计毁教室4间、仪室储藏间1间,所储理化生物仪器药品损失无余,并曾

---

① 以上引文均见《国立重庆大学档案》,重庆市档案馆,档案0120-49-10。
② 《四川省立教育学院档案》,重庆市档案馆,档案0122-50-10。

表 4—9 重庆市中等学校校长联谊会汇转各校造报战时损失表件清单①

(1947 年 8 月 14 日)(单位:国币元)

序号	学校名称	直接损失数	间接损失数	合计
1	沪童中学	42039.65	11250.00	5328965.00
2	适存高商校	4956000.00	6300000.00	11256000.00
3	东方中学	237859.00	101100.00	338959.00
4	治平中学	149800.00	15325500.00	15475300.00
5	武汉护校	1358000.00	35000.00	1453000.00
6	实商高商	847000.00	8391000.00	9238000.00
7	立行中学	2650000.00	1800000.00	4450000.00
8	赣江中学	24504.00	7000.00	31504.00
9	明诚中学	150000.00	19000.00	169000.00
10	宽仁护校	1155000.00	80000.00	1235000.00
11	英才中学	2500000.00		2500000.00
12	高工职校	86000.00	20061000.00	20147000.00
13	中国中学		5000000.00	5000000.00
14	文德女中		25000000.00	25000000.00
15	省重女职	262949.00	260906.00	523855.00
16	立人中学	120000.00	80000.00	200000.00
17	大夏中学	47945.00	12646.00	60591.00
18	蜀都中学	8440000.00	5059580.00	13499580.00
19	建人中学	87000.00	31350000.00	31437000.00
20	大中中学		9400000.00	9400000.00
21	中正中学	123320.00	177590.00	300910.00
22	南山中学	19500.00	2800.00	22300.00
23	敬善中学	446090.00		446090.00
24	建德会职	440000.00	2905000.00	3345000.00
25	清华中学	16000000.00	20120000.00	36120000.00
26	嘉励中学		45000000.00	45000000.00
27	建川中学	34459000.00	62380000.00	96809000.00
28	大公职校	362400000.00	235200000.00	597600000.00
29	民建中学		110000000.00	110000000.00
30	九经中学	10689145.00	3334314.00	14023459.00
31	西南美专	185000.00	2965000.00	3150000.00
32	总计	447076151.65	610408686.00	6108284837.65

① 《重庆市中等学校校长联谊会汇转各校造报战时损失表件清单》,重庆市档案馆,档案 0065－3－105。

一度起火焚烧,幸经扑救即告熄灭;男生寝室弹中中部,计塌屋二层,学生行李损失一部分,其余如男生厕所则因受震剧烈,全部毁坏。全校各舍门窗、屋面、校具、电灯、校舍,损坏颇巨。至于工友方面,伤厨役4人、校警2名。根据该校1945年7月22日的统计,两次被炸共直接损失153664元(包括建筑物102000元、器具18564元、仪器16100元、文卷30宗、医药用品200元、其他16800元),折合当时美金约46556元;间接损失110000元(包括迁移费6540000元、防空设备费50000元、疏散费20000元),折合当时美金约33330元。①

重庆市私立南开中学于1941年8月22日被炸,计损失建筑物300000元、器具150000元、图书25000元、仪器100000元、医药用品50000元,总计损失625000元(1947年8月法币)②。

重庆市私立英才中学,1939年5月3日、5月4日被炸,计损失小河顺城街第4号楼房60间、千厮门行街第47号楼房30间、下黉学巷第24号楼房40间、窦角沱老12号楼房68间、桌子50张、椅子100张、床100张,总计损失价值在460000元以上(1947年11月法币)③。

南京私立钟南中学,1924年创办,校址南京。1937年抗战全面爆发,先后五次迁移,1939年迁入重庆张家花园。1939年"五·三"、"五·四"轰炸,该校损失房屋5幢、课桌500套、床200张、黑板20块、凳子和椅子360张、桌子75张、仪器柜12只、中文书籍2000册、西文书籍30册、理化仪器4套、动植物标本300种、挂图50幅、显微镜6架、医药用具33件、化学药品80种、电灯120盏,合计各项损失达132624000元(1946年8月法币)④。

重庆市私立东方中学,校址南岸海棠溪戴家院。1941年8月8日被炸,计损失楼房42间、课桌200张、双人床250张、板凳300条、方桌80张、中西

---

① 《重庆市中等学校校长联谊会汇转各校造报战时损失表件清单》,重庆市档案馆,档案0065-3-41、121。
② 《重庆市中等学校校长联谊会汇转各校造报战时损失表件清单》,重庆市档案馆,档案0065-3-121。
③ 《重庆市中等学校校长联谊会汇转各校造报战时损失表件清单》,重庆市档案馆,档案0065-3-105。
④ 《重庆市中等学校校长联谊会汇转各校造报战时损失表件清单》,重庆市档案馆,档案0065-3-41。

文书籍 2000 册、理化仪器各一整套、显微镜 5 架、医药用品 50 件、食米 36 石，总计各项损失达 237859 元(1947 年 8 月法币)①。

重庆市私立武汉高级护士职业学校，校址李子坝。1941 年 7 月 30 日被炸，计损失楼房 3 幢、各种器具 225 件、中文图书 650 册、外文图书 400 册、理化仪器 40 种、电灯衣物水管等不计，共损失 1453000 元②。

3. 小学财产损失

小学财产损失，重庆市私立小学校长联谊会分别于 1947 年 1 月呈报财产直接损失统计表、4 月呈报财产间接损失表、9 月呈报战时损失统计表(表 4—10)。

其中，重庆市私立临江小学于 1939 年 5 月 3 日被炸，该校在日机实施的重点轰炸中中弹，损失极大，计有校内三楼洋房 12 间及办公室、厨房、厕所等被焚，校外校产铺面(在林森路者)三楼洋房 7 间、院子 1 个被炸，损失包括双人课桌 300 套、床桌凳椅 122 件、图书 3350 本、风琴 2 架、地球仪 1 个、图表 20 张等，以 1947 年的币值计算达国币 713600000 元③。

重庆市私立秦邑小学，1939 年 5 月 25 日被炸，校具、图书、医药用品等损失达法币 1740000 元(1947 年 6 月币值)，并且炸死职员 1 人④。

重庆市私立开智小学，1940 年 8 月 20 日被炸，该校于 1935 年 12 月改建时所新置的设备器物几近全毁，损失总额以 1947 年的法币币值计算达 417350000 元⑤。

重庆市私立巴蜀学校。该校校址位于重庆卫戍总司令部、中央印制厂、重庆市电力公司、重庆市自来水厂之间，而这些单位均为敌人轰炸的重要目标，每当敌机肆虐，往复投弹，在 1939—1941 年间多次被炸，特别是 1940 年 6 月 28 日、7 月 8 日、8 月 12 日、8 月 18 日、10 月 16 日、10 月 17 日被炸，损失最为惨重，计毁教室 15 间、图书 21000 册、教职员宿舍 3 栋、课桌椅 985 套、学生

---

① 《重庆市中等学校校长联谊会汇转各校造报战时损失表件清单》，重庆市档案馆，档案 0065 - 3 - 105。

② 同上。

③ 《重庆市私立小学校长联谊会汇报战时损失统计表》，重庆市档案馆，档案 0065 - 3 - 313。

④ 同上。

⑤ 《重庆市私立小学校长联谊会汇报战时损失统计表》，重庆市档案馆，档案 0065 - 3 - 121。

表 4—10　重庆市私立小学校长联谊会汇报战时损失统计表①

(1947 年 9 月)(单位:国币元)

学校名称	战时直接损失数额	战时间接损失数额	合计
笃行小学	1600000.00	40000.00	1640000.00
启明小学	1926000.00	100100.00	2026100.00
广业小学	13600.00	99300000.00	99313600.00
复兴小学	847000.00	839000.00	1686000.00
临江小学	126650.00	56200.00	182850.00
诚善小学	4900000.00	1200000.00	6100000.00
幼幼小学	11020000.00	10000000.00	21020000.00
依仁小学	87200.00	29000.00	116200.00
新村小学	31000.00	2500.00	33500.00
平儿院	3710913.00	595925.00	4306838.00
达人小学	7700000.00	3500000.00	11200000.00
东山小学	118183.00	1075.60	119258.60
明德小学	469000.00	179000.00	648000.00
精益小学	3447638.00	384000.00	3831638.00
开智小学	19865.00	10368.00	30233.00
泰邑小学	22320000.00	9620000.00	31940000.00
广益小学	191000000.00	10500000.00	201500000.00
明达小学	388094000.00	2300000.00	390394000.00
培善小学	17550000.00	3550000.00	21100000.00
培智小学	1551693.00	162748.00	1714441.00
青年小学	96000.00		96000.00
体心小学	11117600.00	840000.00	11957600.0
慈幼小学	16000.00	2760.00	18760.00
明笃小学	7300000.00		7300000.00
合计	675062342.00	143212776.60	818275118.60

宿舍 2 栋、餐厅厨房 4 栋、仪器 1200 件、办公用具 156 件、教具 1600 件、出租房舍 40 栋,"损失为重庆市公私立学校中最惨重者"②。

---

① 《重庆市私立小学校长联谊会汇报战时损失统计表》,重庆市档案馆,档案 0065-3-121。
② 《重庆市私立小学校长联谊会汇报战时损失统计表》,重庆市档案馆,档案 0065-3-41。

重庆市私立树人学校,1940年5月25日中烧夷弹1枚、爆炸弹3枚,校产铺房4间毁坏,损失12000元(1941年10月法币),毁食堂平房1间、桌子12张、板凳32根,损失8620元;1941年6月15日、16日、19日,该校骡马店校产铺房29间被炸,中弹3枚,损失112000元;1941年8月22日,小龙坎本部被炸,中弹1枚,空中爆炸弹2枚,校产铺房18件被毁,损失90000元;毁食堂平房1间、桌子8张、板凳25条,损失5680元。总计历次被炸损失,按1947年1月法币计算,直接损失达36500000元。和其他私立小学一样,该校全靠校产铺房的租金维持。累次被炸,校产铺房41间被毁,对该校而言无异于致命打击。①

根据档案文献资料统计,重庆大轰炸期间,重庆教育行业财产损失共计法币17625562518.2元,21776银元。

(六)公共事业

为使重庆真正成为全国抗战的政治、军事、经济中心,国民政府高度重视战时首都重庆的建设。1939年,立法院公布实施《都市计划法》,规定了计划区域的划分,设计按住宅、商业、工业、行政、文化等特点发展各计划区域,发展道路系统及水陆交通,发展公用事业及上下水道,土地分区使用,确定市区内中小学及体育、卫生、防空、消防等公用地设置地点,生态环境保护等。1940年10月行政院建立的重庆陪都建设计划委员会,详细规划了重庆建设事宜,并于当年编制了《战时三年建设计划大纲》,提出了陪都城建计划,由此确定了重庆城市建设的方向和规模。1942年陪都建设计划委员会又针对城建的薄弱环节提出了新的具体规划:根据城市的扩大和发展,提出了重庆土地使用及分区计划,确定重庆范围和区域划分;由于重庆尚无现代下水道设备,准备进行全面设计并完成旧城区的设计工作;扩充供水线路,实施郊区供水工程;调整整个供电计划,设立新电厂;进一步发展市中心和新市区道路,开辟重庆各地区内的道路系统,加强水路交通运输;选择在两江架桥的地点和设计施工图,以及隧道建设问题;勘探朝天门—牛角沱,朝天门—菜园坝沿江地带,修治堤路码头和港务工程②。其间,重庆市政府也根据城市发展,在国民政府指导

---

① 《重庆市私立小学校长联谊会汇报战时损失统计表》,重庆市档案馆,档案0065-3-121。
② 周勇主编:《重庆抗战史(1931—1945)》,第439页。

和督率下提出了以建设战时新重庆为目标的方针和构思。1940年市政府在《重庆市实行地方自治三年计划大纲》中提出,"实行国民经济建设,奠定民生主义基础"的城市建设总方针,以发展经济来带动城市发展。同年,重庆市临时参议会首届二次大会通过了《重庆市建设方案》,提出了包括城市建设、市政公用事业的开发在内的发展计划。市政府市民住宅筹建委员会对城市建设布局也提出了颇具创新理念的规划:"建设新重庆整个计划,从共向性与地区性划分,分制推进。如划重庆城市(市区)为商业区,近郊划为住宅区,沙坪坝划为文化区,南岸划为工业区,南北温泉划为风景区。"①重庆城区因疏散迁建而拓展。抗日战争爆发前,重庆城区面积只有187平方里②。重庆是三面临水的山城,人口集中,人口疏散十分不便。因此,战时的城市减灾防灾主要集中在防空与救火方面。据国民政府军政部1941年1月份的统计:全市共有防空壕15个、避难室19个、防空洞664个、掩体38个,可以容纳22万多人③;在公共卫生管理和设施方面,1938年11月,成立重庆市卫生局,具体管理医疗和环卫工作。重庆卫生局成立卫生局清洁总队,在市区划定六个工作区,负责清道、厕所、市场等事务,市健康委员会组建了卫生稽查队、灭鼠工程队、粪便管理所、垃圾处理站等机构,同时,开始整治维修市区排水渠道,增修城区公厕,推行饮水消毒等工作。随着国民政府迁都重庆,大量机关、工厂、学校及民众麇集重庆市区,疏散市区人口和扩大城市空间成为当务之急。尤其是日军对重庆实施战略轰炸以来,为减少空袭损失,1939年2月上旬,国民政府即开始对全市机关、学校、商店、住户进行疏散,并令中央、中国、交通、农业四银行沿成渝、川黔路两侧修建平民住宅。重庆市政府随即划定江北、巴县、合川、璧山、綦江等县为疏散区。3月底,国民党中央、国民政府各机关又组成迁建委员会,决定各机关迁散至重庆附近100公里范围内,同时将成渝、川黔公路两侧、重庆市周围80公里的范围划归重庆市区,其行政权仍由当地县政府掌握。重庆卫戍区也将江北、永川、璧山、铜梁、綦江、江津、南川等县划为卫戍范围。到1940年11月重庆市再次扩大市区范围,市辖区增加为十七区,全市面积扩展到328平方公里,是抗战爆发前重庆市区面积的3.5倍。郊区城镇因疏散

---

① 周勇主编:《重庆抗战史(1931—1945)》,第440页。
② 重庆市政府编:《重庆市一览》,1936年,第63页。
③ 重庆地方志编纂委员会总编辑室:《重庆大事记》,科学技术出版社重庆分社1989年版。

迁建而迅速发展。①

　　公共事业方面的损失,主要分布在各级机关、团体及其他领域,特别是卫生、路灯管理、水电系统等,在各类档案记载中相对较为详细。如重庆电力公司,1938年年初,重庆电力股份有限公司增加发电设备,新购两部4500千瓦发电机安装在大溪沟原厂址,称第一厂。至1942年,该公司资产增值和追加投资,资本达到3000万元,成为战时大后方最大的发电厂,1939年、1940年,日机轰炸,该公司厂房、线路、用电器材遭到严重损失,用电户由1.5万余户降到9000余户②;在重庆大轰炸中,重庆电力公司遭受了日机轰炸98次,直接经济损失380余万元。其中1939年被炸18次,1940年被炸34次,1941年被炸45次,1943年被炸1次。据重庆电力公司1940年4月15日统计,1939年5月3日和4日损失各种电表964个,各类电线90711尺,木杆81根,磁瓶1832个,木箱905只,保险979只,扁铁、角铁496块,以及螺丝、方棚、抱箍、横担等,价值158459.76元。这两天的损失,约占当年全部直接损失的38%,约占公司股本金的3.17%,损伤了公司元气。1939年,日机轰炸重庆25次,其中轰炸市区21次,重庆电力公司及设备被炸18次,造成直接财产损失41万余元、间接损失130余万元。1940年5月26日起至10月26日止,公司所受轰炸直接损失为2714549.63元,其中9月底以前损失2622463.41元③,10月份损失为92068.22元。1941年1月22日起至9月1日止,日机轰炸重庆50次,出动飞机2180架次,投弹5911枚,公司被炸45次,被炸频率约为95.7%,市区被炸37天,电力公司被炸35天,约占94.6%。据统计,1941年日机轰炸,造成重庆电力公司直接损失约782600余元。1943年日机轰炸重庆一次,重庆电力公司被炸一次,损失2074.46元。④ 据1947年《重庆电力公司战时损失资产简表》记载,在大轰炸中损失各类电表5679只、风雨线32吨、裸铜线28吨、铅皮线96475尺、胶皮线333564尺、各类磁瓶13338只、木杆1226根,

---

　　① 扶小兰:《论重庆大轰炸对城市建设的影响》,载《给世界以和平——重庆大轰炸暨日军侵华暴行国际学术讨论会论文集》,第208页。
　　② 周勇主编:《重庆抗战史(1931—1945)》,第452页。
　　③ 《重庆电力公司损失报告》,重庆市档案馆,档案0053-12-141。
　　④ 杨玉林:《"重庆大轰炸"下的重庆电力公司》,载《给世界以和平——重庆大轰炸暨日军侵华暴行国际学术讨论会论文集》,第171页。

以及保险、横担、钢丝等,共计轰炸损失 12474412245 元。①

1937 年 10 月,在原重庆自来水公司基础上正式成立重庆市自来水股份有限公司。1938 年 9 月,安设两浮公路干管,至 1944 年,售水站共有 22 处、专用户 2260 户,日售水量为 9000 至 11000 吨。抗战期间,该公司遭轰炸 60 余次,供水量仍然保持增长趋势。有关自来水公司的损失,1947 年 3 月 6 日重庆市自来水股份有限公司统计,房屋损失 193800 元、器具损失 700 元、机器及工具损失 817850 元、仪器损失 944 元、水管损失 1913580 元、水表损失 11586.9 元、水椿损失 15000 元、水池 550050.2 元、器材损失 161360 元,直接损失共计 3664871.1 元;可能生产额减少 677566554.2 元、抚恤费 1741 元、救济费 10147.35 元、迁移费 10669.27 元、防空费 220697 元、抢修工资 286926 元、售水站抢修费 17500 元,间接损失合计 678114234.82 元②。又如下水道的损失,1947 年 2 月重庆市下水道工程处统计,抗战期间重庆市区下水道一区至七区面积损坏 7 平方公里、江北区损坏面积 5 平方公里、南岸区损坏 3 平方公里,共计损失价值 115 亿元③。

根据统计,抗战期间公共事业财产损失共计法币 5922758591.39 元、901843.8 银元、18760 美元。

(七)金融

全面抗战前夕,除中央、中国、交通、农民银行重庆分行外,本地银行有聚兴诚、美丰、四川省、川盐、川康、重庆、建设、四川商业、重庆平民等银行,外省银行在渝设分行的有金城、大陆、上海、江海,此外,尚有资本在 5 万元以上的钱庄 23 家。1941 年 1 月以来,又有亚西银行、建国实业银行、华康银号、长江实业银行、复礼银号、大信钱庄等陆续在重庆市成立,重庆市又成立了巴县银行。至 1941 年 12 月 31 日,国民党中央及各省政府银行在重庆设立的部、分、支行及办事处共 37 家、商业银行 55 家、钱庄银号 53 家,总数共计 145 家。银行、钱庄的利率达到 19.2%,较 1939 年的 13% 和 1940 年的 15%,都有较大增加。1945 年 8 月抗日战争结束时,重庆一共有银行钱庄总分支行处 233 个,其中总行(处、局、会、公司)61 个、分行 32 个、支行 6

---

① 《重庆电力公司财产损失报告单》,重庆市档案馆,档案 0067-3-4689。
② 《重庆自来水公司空袭损失报告表》,重庆市档案馆,档案 0224-1-98。
③ 《重庆市下水道工程处破坏损失调查表》,重庆市档案馆,档案 0053-8-30。

个、处（办事、代理、分理）113个、钱庄银号21个①。当时全国（不含沦陷区和根据地）共有总行416家②，重庆约占15%，它代表了中国官僚资本和民族资本的主体，是中国金融业的核心。

抗战期间，包括中央、中国、交通、农业四大银行在内的大小银行及钱庄因日机轰炸，损失较为严重。如交通银行，抗战期间化龙桥处损失27707283元、磁器口处损失2597023元、小龙坎处损失494113元、李子坝处损失37488754.06元，合计损失6827173.06元。李行及所属战争中间接损失为搬迁费856元、防空费21012.61元、救济费37465758.85元、抚恤费1126.6元。③ 聚兴诚银行重庆城区及万县分行多次遭到日机轰炸。据1945年统计，抗战期间日机炸毁聚兴诚银行（重庆）房屋、器具、现款、抵押员、有价证券及救济费、防空洞、迁移费、抚恤费等直接间接损失共计750余万元④。分布在重庆城区、合川、涪陵、万县、璧山等地的四川省、川盐等银行也被日机轰炸。

抗战期间重庆市金融行业损失共计法币111355140.2元。

（八）人力资源

人力资源损失主要有两大类：一是因修筑军事设施而造成的人力资源间接损失。如1935年至1937年修筑川湘、川黔公路，来自重庆各地民工逾50万人。为完成政府西迁，及时应对日机轰炸，国民政府从1937年到1942年在重庆相继修建了白市驿机场、广阳坝机场、大中坝机场、梁山机场、秀山机场，征调民工近50万人。面对日机的狂轰滥炸，在社会各界和广大群众的积极支持下，各地政府组织修筑了大量防空壕、防空洞、避难室、掩体等防空系统。二是在日机空袭过后，广大群众在政府组织下，抢救伤亡人员，修筑被炸公路和房屋，抢修机场等造成的人力资源损失。抗战期间，重庆各市县相继成立了空袭服务队，仅1940年参加空袭服务人员已近2万人。

据统计，抗战期间，参与各种类型的人力资源有6010059人次，据1941年8月《重庆市警察局第十五分局空袭救护出力人员名册统计表》⑤，给予出力人

---

① 中央银行编：《全国金融机构一览表》，1945年8月。
② 盛慕杰等《中国近代金融史》，中国金融出版社1985年版，第244页。
③ 《重庆李子坝交通银行财产损失报表》，重庆市档案馆，档案0288-17-105。
④ 《聚兴诚银行财产损失报告表》，重庆市档案馆，档案0295-1-1658。
⑤ 《为呈报空袭时协助执行防护职务人员请鉴核由》，重庆市档案馆，档案0053-12-102。

员每人每天奖金1元,及1939年《开辟太平巷雇工人数工资统计表》①,每人每天工资0.9元。以每人每天工资1元计算劳动力价值计算,人力资源损失共计法币6010059元。

除以上八个方面损失外,社会财产损失还包括商业、财政等。抗战时期商业主要有百货业、服装业、饮食业、印刷业、服务业、五金电器业等生活的方方面面。大轰炸期间,百货业、服装业、服务业等行业影响较为严重,由于商业行业相对分散,被炸损失难以统计。据查阅档案记载,主城六区商业直接损失为268214.66元,间接损失为405786.86元。损失最为严重的是1940年,直接损失266714.66元,间接损失139072.2元。全市商业损失为法币40073851.36元、1000000银元。财政方面的损失,以支援抗战政府向各地区摊派的各种税收损失为主,如关税、盐税、统税、田赋、所得税、印花税、遗产税、战时消费税、营业税、筵席捐、娱乐捐、屠宰税、营业牌照税、使用牌照税和房捐,等等。在市区内,以房捐、娱乐税捐为主要税收来源,据统计,1939年至1942年仅此两项损失就达21463551元,其中房捐19465673元、娱乐税捐1997878元②。其他地区财政损失以盐税、关税、田赋等为主,全市财政损失共计法币1699814932.17元、61915.2银元。因抗战档案记载部分财产损失难以区分类别的数据较多,故一并列入其他类,共计法币43089360254.58元、10857525银元、36920美元。

三、居民财产损失

(一)居民财产损失概况

由于受到日机轰炸,大部分居民疲于奔命,难以将财产损失情况报送辖区政府,具有档案记载的居民财产损失申报人,主要是机关、政府部门、社会团体、企事业单位,如警察局、防空司令部、救护委员会、工务局等部门工作人员,而且大部分列为社会财产损失,特别是在1939年大轰炸早期。因此,居民财产损失与社会财产损失相比较,数据相对较少,共计损失法币5990640127.72元、755银元,折合1937年价值为法币1511486915.86元、755银元(表4—11)。

---

① 《重庆市敌机袭炸损失统计表》,台湾"国史馆",档案302-1431。
② 同上。

表 4—11 抗战时期重庆市居民财产损失总表

年份	现年损失价值(元)	折合1937年价值(元)
1937	1245148	1191529.19
1938	219316.7	170807.4
1939	2105446380.8	1016632728.53
1940	2767735011.62＋530银元	434222624.98＋530银元
1941	1032019107.8＋225银元	58704158.58＋225银元
1942	7152656	127498.32
1943	47980931	391585.17
1944	16118075.8	38765.88
1945	11046000	6266.20
不明年份	1677500	951.61
共计	5990640127.72＋755银元	1511486915.86＋755银元

说明:1942年、1944年、1945年现年损失数据为日机轰炸后各年补报直接损失及间接损失数据。各年折合价值根据《国民政府国事委员会军令部各重要城市(重庆)零售物价指数》(南京档案馆:全宗号769,卷号1835)中1937年简单几何平均数100的标准折算,其中1945年以本年度6月份物价基础折算,不明年份按1945年6月份物价基础折算。

居民财产损失以房屋、服饰、生活用品、生产工具、粮食、禽畜、土地、树木为主。其中损失最为严重的是房屋被炸毁、烧毁和倒塌造成的损失。重庆以及整个四川地区,大部分房屋为土木结构或砖木结构,抗战期间,城区人口密集,居住地集中。由于日机在轰炸中一般先投放炸弹,再投放燃烧弹,房屋不被炸毁也会被烧毁,因此人口比较集中的城市房屋损失最为突出。根据1945年重庆市政府统计处统计,重庆城区1938年到1941年因日机轰炸损毁房屋11814栋、21295间,价值68075888元(表4—12)。

其中,还包括器具类损失21312910元、现款损失24905元、衣着物类损失8759724元、古物书籍类损失1233223元、其他损失6182974元[①]。

(二)地区损失分布

从地区损失地区分布上看,居民财产损失以主城区最为严重,根据调查统计,从1939年到1943年的5年间,重庆城区居民财产损失共计89215476元。

---

① 《重庆市敌机袭炸损失统计表》,台湾"国史馆",档案302-1431。

表 4—12　重庆城区房屋炸毁焚塌统计表(1938 年至 1941 年)①

年份	损毁数 栋数	间数	依损失时期造价为准之折价 共计(元)	栋(元)	间(元)
1938	4		7680	7680	
1939	28	7080	2772480	53760	2718720
1940	4255	8228	18881920	13616000	5265920
1941	7527	5987	46413808	40043640	6370168
总计	11814	21295	68075888	53721080	14354808

资料来源:根据重庆卫戍总司令部、重庆防空司令部、重庆市警察局所送之资料编制

说明:

1.房屋之折价乃以工务局所送历年房屋造价表折算取纯砖造房屋、砖柱土墙屋、穿边屋、木构架屋、捆绑房屋五者之平均造价。计(民国)28年底面积每平方公尺96元,29年底面积每平方公尺160元,30年底面积每平方公尺266元,34年底面积每平方公尺21000元。

2.每间房屋系以底面积四平方公尺为准。

3.每一栋房屋折价时以五间计算。

万州损失34371122元,包括被炸毁、震倒、焚烧民房、各类器具、衣物、现金及其他物资。梁平损失房屋2559间,价值18806200元。涪陵在1938年到1941年间日机轰炸毁损居民房屋5090栋,大量猪、犬、鸡等禽畜也未能幸免。奉节县在遭受日机15次轰炸中,共炸毁房屋3717栋。日机九次轰炸合川,炸毁木船129只、房屋4300户。巫山、丰都、云阳、南川、永川、綦江等地在全市居民财产损失中也占有很大的比例。

(三)年度损失分布

从年度损失分布上看,居民财产损失从1937年到1945年主要有两种情况,一是因1937年和1945年抗日战争和重庆大轰炸造成的居民财产损失报送情况,二是1938年至1944年重庆大轰炸造成的居民财产直接和间接损失情况。在以上两种情况中,居民财产损失主要集中在1939年到1941年,占重庆整个抗战期间居民财产损失的98.6%,其中1940年最多,占46.2%;其次为1939年占35.2%,1941年占17.2%。

---

① 《重庆市敌机袭炸损失统计表》,台湾"国史馆",档案302-1431。

第三节　重庆大轰炸人员伤亡和财产损失特点

由于日军轰炸的残暴性和非人道性，重庆人员伤亡和财产损失不仅数量巨大，而且显得更加惨烈。另外，由于长期受到帝国主义的入侵，中国的贫穷与落后，重庆在大轰炸过程中虽然采取了较多的积极防御和抵抗措施，最终仍然损失惨重。

一、日机轰炸是造成各种损害的主要原因

抗战期间，日军陆战部队未能直接进入重庆，对重庆的入侵以空袭为主。日军对重庆地区造成的损害，从人员伤亡上看，全市因日机轰炸直接伤亡3万余人，间接伤亡6000余人；从社会财产损失上看，直接损失约50亿元法币、间接损失约33亿元法币[1]。因此，日机轰炸，是造成抗战时期重庆地区人员伤亡和财产损失的主要原因。

日本对重庆轰炸是随着整个国际局势和日本国内局势的变化而调整的。日本政府认为对华作战不仅未能消灭中国军队之主力，自己的兵力也已经达到极限。为了缓和矛盾、转移国内国际反战的视线，更为了支撑战争，日本于1939年起加大对华空中打击。"为准备以后国际形势之转折，对驻屯兵力及现地消耗，均应力求紧缩节省。""对战略尤其政略之要点，应坚持顽强的航空作战，以及海上封锁等，尽力切断其残存之对外联络线，特别是武器输入路线。"[2]正如国民政府认为：

> 在抗战初期，敌侵我之飞机数量不及五百架，嗣以战区日渐扩大，兵力渐感不敷，乃由敌国抽调补充，以应各战役上之需要，故迄去年底止，敌侵我之飞机数量，平均每月达1000架之谱，今春以来，敌因发动"鄂中攻势"、"空中闪击"以及"侵越战争"，其空中之调动尤为频繁。计本年内由敌国或各战区调动之飞机侵越我防空监视范围者，共有3232架，五月间，

---

[1] 根据调查汇总数据统计而成，并以1937年物价指数（单位：法币元）进行折算。
[2] 日本防卫厅战史室编、天津市政协编译委员会译校：《日本军国主义侵华资料长编》（上），四川人民出版社1987年版，第460页。

敌大本营曾电令关东军抽调飞机 200 架,以 100 架飞往武汉准备轰炸陪都。①

由此可见,日本妄图通过空中力量的增强,打击包括重庆在内的中国后方不设防城市,而这一战略意图的确也起到了一定的作用。"近来,我陆海航空部队猛烈轰炸重庆,重庆方面和平气势高涨,只有中国共产党坚持反对议和。"②另外,受重庆多山地形的制约。当时重庆出川的通道有公路、水路、航运,但由于重庆公路起步晚、等级差,因此,重庆出川主要靠的是水陆,即通过三峡出川。所以,日军选择空袭方式打击重庆,也是出于重庆独特的地形考虑③,由东部和北部两条线路进攻重庆,东路由"武汉起飞经长阳、五峰、恩施、石柱、丰都、涪陵、长寿径扑重庆";西路经"湖北丏阳西飞,经湖南澧县、慈利、桑植及鄂省之来凤侵入黔江,经彭水、南川进袭重庆,或由来凤斜飞黔省之后坪、道真继续西飞,经綦江、江津迂回袭渝。或经由梁山西飞或经由江津西北飞行直趋永川"④。日军不仅疯狂地使用了爆炸弹,还加大投掷燃烧弹,"期于爆炸之后,又燃烧,使我繁华市场,顿成焦土。"同时加大周边地区如铜梁、璧山、渠县、万县等地的轰炸。由于日机轰炸以城市为主,"要摧毁我广大生产力,要打击我抗战民众之坚韧性,动摇我抗战司令台与强化力"。"日机向重庆人口最密集的住宅区投弹,死者几乎全为平民。而死者当中,大部分是由焚烧而毙命。如此大规模之屠杀,实为前此所仅见。"⑤由此可见,日本采取大轰炸的方式加大对重庆的打击是导致大量人口的伤亡和财产损失的罪魁祸首。

二、防空设施落后、城区建筑密集是造成损害的间接原因

抗战爆发前,重庆是座不设防的城市。大轰炸前期,国民政府各大部门忙于搬迁,重庆防空设施简陋,防空意识薄弱。在日军的打击和诱降下,国民政府出现分化,汪精卫叛国投敌,蒋介石则消极抗日,"民众迷恋都市生活不肯疏

---

① 《民国二十九年度全国空袭状况之检讨》,航空委员会防空总监部编印,第 12 页。
② 《日本军国主义侵华资料长编》(上)第 574 页。
③ 袁冬梅:《重庆大轰炸人员伤亡统计分析——以 1939—1940 年为例》,载《给世界以和平——重庆大轰炸暨日军侵华暴行国际学术讨论会论文集》,第 78 页。
④ 《民国二十九年度全国空袭状况之检讨》,航空委员会防空总监部编印,重庆市档案馆。
⑤ 《关于中国之抗战及重庆之空袭》,《东方杂志》(上海)第 36 卷 12 号,第 69—70 页。

散,即便是疏散也是集中在附近,特别是车站以及交通要点,一旦敌机投弹,则奔跑不及而被炸死"①。国民政府真正着手改善防空设施,包括扩建、完善、制定辅助政策等都是在"五·三"、"五·四"轰炸之后。因此,对大轰炸初期的惨重损失,国民政府在积极防空及疏散民众方面的确负有不可推卸的责任。抗战时期,重庆建筑多为木结构,且市区建筑密集。南京沦陷后,国民政府西迁重庆,大量军队、工厂、学校、民众为避战火也纷纷迁往重庆。一时之间重庆成为国民政府的政治、经济、文化中心,人口大增。据统计,抗战全面爆发的1937年,重庆市的人口数是473904人,1938年迁都重庆后增加到528393人,1939年401074人,1940年417379人,1941年是702387人②。人口集中、消防设施极其落后是导致人员伤亡的重要原因。在大轰炸中,日军经常采用"空军闪击"战术,向人口和建筑密集地区大量投掷高度燃烧弹,导致大量房屋被烧毁。据英国路透社1939年5月5日发自重庆的电讯稿说:"重庆自昨日空袭后,随即起火。人烟稠密之地,木建房子全部被烧。人民无家可归者达二十万人。重庆主要街道,自昨晚起至今日下午止,焚烧不辍。(截至文稿)发电时燃烧已到《中央日报》馆址。火势甚难扑灭。一因城中自来水不继,二因火势多起过广。"③即便在晚上,日军依然没有停止轰炸,而是采用了照明攻击的方法,让一机先在市区投照明弹,随后其轰炸机群随即跟入,在照明区大肆轰炸。

三、轰炸覆盖面广,地区及类别损害差异大

根据档案文献资料统计,重庆遭受日机轰炸的区县有32个,占全市40个区县的80%。人员伤亡和财产损失集中于各地区中心城镇,从被轰炸的区县比较分析,主城区人员伤亡和财产损失最严重,人员伤亡占全市总数的52.3%,财产损失法币16518255161.16元、203506938.38美元、2290英磅、2425500大洋、4900白银,约占全市财产损失总数的30%。其次为万州、涪陵、奉节、梁平、合川、巫山、开县、丰都、云阳、巴南、北碚、渝北、南川、綦江、永川等15个区县,约占全市总数的60%。重庆主城及其以东的主要城市损失比渝西地区严重,城镇损失比农村严重。

据统计,大轰炸财产损失中,社会财产损失约85亿元,居民财产损失约

---

① 《民国三十年全国空袭状况之检讨》,航空委员会防空总监部编印,重庆市档案馆。
② 周勇主编:《重庆通史》第三卷,第1221页。
③ 《渝市惨遭轰炸》,《东方杂志》(上海)36卷12号,第54—55页。

15亿元,仅相当于社会财产损失的17.5%,社会财产损失大于居民财产损失。社会财产损失中工矿业损失惨重,国民政府迁都重庆,大量的工矿企业集中在重庆城区及周边地区,承担着抗日物资、武器和城市建设、人民生活用品等的制造和生产任务。由于日机的不断轰炸,工矿业的损失给重庆乃至全国经济造成了重大影响。

四、轰炸规模大、持续时间长

日军集中了侵华陆军和海军的主要航空兵力,特别是1940年,轰炸规模大。1940年8月19日,日机143架飞机分4批次袭渝,投炸弹、燃烧弹共计360余枚,渝市商业区几完全焚毁,损失前所未有,张家花园、南区路、两路口、通远门、南纪门、大梁子、十八梯、南岸马家店等29地被炸,工厂、学校、机关、居民等房屋因中弹炸毁或烧毁,电灯、电线、自来水厂及管道等市政设施大部分遭到破坏,公私财产损失惨重,重伤102人,轻伤200余人,死亡90余人[①]。20日,日机141架飞机分5批次再次袭击主城区,投爆炸弹216枚、燃烧弹206枚,炸死罗吉成、罗绍伯、邓玉周、陈云安、晏洪章等133人,炸伤谭安澜等208人,共计损毁房屋889栋又5060间,炸毁汽车5辆、民船8艘,财产损失约57273800元[②]。22日,日机共135架分4次经合川轰炸重庆,在观音梁、龙家湾国府路、蒲草田、美专校街、建设路、中山路、李子坝、小龙坎沙坪坝正街、南岸野猫溪等地,投炸弹267枚、燃烧弹19枚,炸毁军政部兵工署第二十四工厂囤船及大量器材,炸毁房屋230余间,炸死27人,炸伤55人[③]。23日,日机81架空袭重庆,投爆炸弹211枚、燃烧弹78枚,炸死13人,炸伤24人,损毁房屋183栋又165间,财产损失约581700元[④]。9月12—16日,日机203架相继轰炸大渡口、李子坝、国民政府水泥厂、沪汉新村、临江门、大溪沟、曾家岩、小龙坎、南温泉、鱼洞、牛角沱、上清寺等地,共投弹522枚,炸毁房屋1173间,死伤394人[⑤]。据

---

① 《呈报8月19日被灾地点及被灾户口数目统计表请鉴核由》,《重庆市工务局职工空袭损失报告表》,重庆市档案馆,档案0053-12-76、0067-3-5111。
② 《为呈报8月20日被灾街巷暨户口数统计表请鉴核由》、《为呈报公物损失暨造呈被炸损失衣物各官佐士兵名册一份请予鉴核抚恤由》、《重庆市工务局职工空袭损失报告表》,重庆市档案馆,档案0053-12-76-77、0053-12-79-133、0061-15-215、19-1-1159、0067-3-5111。
③ 《第24兵工厂被敌机轰炸受损情况报告及受损物品清单》,重庆市档案馆,档案0178-1-3383。
④ 《重庆防空司令部呈报轰炸情形》,四川省档案馆,档案41-6154。
⑤ 同上。

四川省政府1941年10月统计:1938年10月至1940年12月底,日机共6213架飞机空袭重庆达213次,投爆炸弹、燃烧共21168枚,炸毁、燃烧房屋计27600间,炸死7282人,炸伤6953人。1941年1月至7月,日机11次轰炸重庆,投爆炸弹752枚、燃烧弹99枚,炸毁房屋20栋2496间,炸死209人,炸伤400人[①]。

日机轰炸重庆,时间多集中在5月至9月(其他时间为重庆的雾季),在主城区持续时间长达5年半之久,其中1939—1941年大规模的战略轰炸持续3年。一座城市遭受如此长时间的大规模轰炸,在人类战争史上也是一项新的纪录。

五、具有残暴的非人道的典型特征

1937年11月,日本制定的《航空部队使用法》第103条明确规定:"政略攻击的实施,属于破坏要地内包括重要的政治、经济、产业等中枢机关,并且至关重要的是直接空袭居民,给敌国民造成极大的恐怖,挫败其意志。"[②]在对重庆的无差别轰炸中,日军以城市为轰炸目标,对包括毫无军事目标的住宅区、商业区、文化区等在内的所有区域进行狂轰滥炸;针对重庆城市多为木质结构建筑的特点,每次轰炸不仅投下大量爆炸弹,而且还投下许多燃烧弹,目标直指人口稠密和繁华地区,对城市平民和设施进行大屠杀大破坏;甚至低空使用机枪对密集人群进行扫射。

1939年5月3日、4日,日机轰炸重庆造成震惊中外的"五·三"、"五·四"轰炸。日机共63架,投炸弹176枚、燃烧弹116枚,炸毁、震毁房屋4871间,炸死市民3991人,炸伤2323人。据重庆市警察局档案统计,在此次轰炸中,伤亡人员除部分为单位职工外,其余均为从事运输、小贸、下力、抬轿、拉车、补衣、住家、木匠、药材、泥水等自谋职业的市民,具有可考姓名的伤亡人员共893人[③]。1941年6月5日,日机24架分3批共计投炸弹55枚、烧夷弹14枚,炸毁房屋860多间,死伤30多人。此次空袭因时间过久,城区内大隧道因空气不足导致大量市民窒息而死。据重庆市防空司令部统计,窒息而死者石

---

① 《重庆市警察局呈报敌机空袭损失统计》,重庆市档案馆,档案0061-15-4001、0061-15-3995之一、第三行政区署-2-532。
② 林成西、许蓉生:《国民党空军抗战实录》,第223页。
③ 《重庆市警察局财产损失报告表》,重庆市档案馆,档案0061-15-3780、0061-16-3867。

灰市隧道300余人、小观音岩隧道400余人、演武厅隧道200余人,共计洞内死亡达1010人;因窒息救出未死民众石灰市隧道600余人、小观音岩隧道700余人、演武厅隧道300余人,共计窒息未死民众1600余人,伤亡人员大部分为从事理家、典衣、棉絮、木工、读书、手工、缝衣、担水、帮工、栈业、车业等类的市民,具有可考姓名的伤亡人员共643人,造成"六·五大隧道惨案"[①]。

[①]《重庆防空司令部呈报轰炸情形》,四川省档案馆,档案41-6154。

第 五 章

重庆各界民众的反轰炸斗争

抗日战争时期,重庆作为中国的战时首都,作为中国中央政府策定、指挥中国人民抗击日本帝国主义侵略的神经中枢,作为第二次世界大战中与华盛顿、莫斯科、伦敦等国际知名都市齐名的世界反法西斯战争四大指挥中心之一,在世界反法西斯战争暨中国抗日战争中的重要地位不言而喻。正因为重庆地位的重要,深陷泥潭的日本侵略者才对之恨之入骨,在"破坏要地内包括重要的政治、经济、产业等中枢机关,并且至要的是直接空袭市民,给敌国民造成极大恐怖,挫败其意志"[1]、"攻击敌战略及政略中枢时,须集中兵力,投入优良的飞机,特别是要捕捉、消灭敌最高统帅和最高政治机关"[2]等轰炸战略指导下,开始了对以重庆为核心区域,包括巴县、江北、北碚管理局等"环重庆"周边地区在内的广大地区,进行了长时间、大规模、野蛮残酷、无区别的大轰炸,给重庆人民的生命财产和市政建设造成了前所未有的巨大损失。面对日机对重庆的狂轰滥炸,英勇的重庆人民并未屈服,他们团结一致,同仇敌忾,发挥中华民族固有的聪明才智,积极努力地进行着防空体系的建立和完善,夜以继日地开凿各种防空避难设施,坚持不懈地疏散人口,实行交通、灯火管制以及消防救护等各种反轰炸的准备与实施工作,展开了一场旷日持久的空袭与反空袭、轰炸与反轰炸的顽强斗争,最终战胜了凶狠的日本侵略者企图将重庆夷为平地的阴谋。重庆各界民众的反轰炸斗争,是抗战正面战场的重要组成部分,为中国抗日战争和世界反法西斯战争的胜利作出了不可磨灭的贡献。

---

[1] 前田哲男著、李湿等译:《重庆大轰炸》,重庆科技大学出版社1990年版,第38页。
[2] 同上书,第59页。

第一节　重庆反轰炸体系的建立与完善

抗日战争时期，由于日机对重庆实施无区别轰炸，且实施时间长、轰炸范围广，因此，受日机轰炸影响的机关、团体、工厂、学校以及人员十分庞大。正因为日机轰炸重庆波及的面广人众，所以为防范、应对日机的轰炸，国民政府与重庆地方政府都建立了防空、反轰炸的机构，纵的方面从国民政府到重庆地方，再到基层的区、镇、保、甲；横的方面从军事到政治，从政治到党务、团务、经济、文化、教育，从工厂到公司，从公司到银行、商号乃至各个同业公会，都建有各该系统、单位的防空组织和机构。这些防空组织和机构，是随着日本帝国主义侵略中国的加紧而开其端，随着国民政府迁都重庆而巩固，随着日机对重庆轰炸的加剧、重庆人民生命财产损失的加重而不断得到充实和完善。抗战时期，重庆重要的防空机构主要有：

一、重庆防空司令部

重庆最早的防空机构是1936年8月1日成立的重庆防空协会办事处，由重庆市市长李宏锟及重庆警备司令李根固任正、副处长，下设宣传、研究、训练、总务四组，其主要工作侧重于有关防空知识的宣传。同年10月，重庆市又遵令成立重庆市防护团，仍由李宏锟兼任团长、重庆市警察局局长王秉璋兼任副团长，其主要工作则侧重于防空干部的训练。这样，在抗日战争正式爆发前，重庆虽有防空机构的设立，但当时全面对日战争尚未爆发，重视程度不够，都是循例而设，人员、经费、设施等均极为有限。所以这两个防空机构开展的活动也很少，只是重庆防空体系的雏形。

1937年7月7日，卢沟桥事件爆发。随着日军的大举进攻及其在战争中频繁地使用飞机进行轰炸，特别是"八·一三"淞沪会战爆发后，日机于战争发生的次日(8月14日)即远飞南京，对首都南京进行狂轰滥炸。这使得国民党中央及军方上上下下的官员都更清醒地认识到"现代战争乃立体战争，无前后方之分"、"现代战争，无空防即无国防"的道理。重庆虽远离战场，但因系后方重镇，又为国民党中央预为战时迁驻之地(虽然当时尚未明确宣布，但却早有决定)①。因此,时为重庆最高政治、军事、经济领导与指挥机构的国民政府军事委员会委员长重庆行营,即以"重庆防空,日趋重要"为由,委派"重庆警备司令李根固兼防空司令,市长李宏锟兼副司令,第二十一军航空副司令蒋逵兼参谋长",于1937年9月1日正式成立"重庆市防空司令部",内部组织设有办公室、第一科、第二科、第三科、第四科及宣传委员会,部内所有职员,由重庆警备司令部、重庆市政府、重庆市党部、重庆市警察局以及电报电话局等机关调派相关人员兼任②。

重庆市防空司令部曾遵照委员长重庆行营的指示并根据重庆地跨两江、地形复杂、驻军分散等特点,制定了《重庆市防空司令部各区积极防空配备方案》,规定将整个重庆的防空任务划分为城区、广阳坝区、南岸区、浮图关区、磁器口区、江北区等六个防空指挥部,并各自派定指挥官,确定高射枪炮配置数量,划定各区的高地要点③。此外,四川省保安司令部还训令重庆市防空司令部于重庆及其附近设置三个防空避难区,"分段组织施行构筑,以资临时避难之所,减少人民损伤。"④但因属初创,经费困难,各种防空设备的添设购买仍属不易,各种宣传教育活动也难以开展,很多的计划、方案等,也只能是"纸上谈兵"。主事者有鉴于此,特呈准重庆行营批准,于重庆范围内就地筹款100万元,专作防空设备之用,并由官商合组"防空设备委员会",专司其事。从此以后,重庆防空史上真正的防空设备,诸如消防、救护、防毒、工务、避难、警报等各种器材,开始添置并渐有基础。而与防空有着密切关系的"监视队哨之设立,情报线路之修整,高射阵地之构筑,民众防空常识之灌输"等,也于此分别兴办或推进。抗战时期重庆的防空体系,也由此渐上轨道。

1937年11月20日,国民政府为"适应战况,统筹全局,长期抗战"⑤,明令发布移驻重庆办公宣言。国民党中央党政军各机关及其所属各院、部、会、局等,在当年年底至次年8月武汉会战前夕,相继迁驻重庆。与此同时,东部沿

---

① 唐润明:《试论蒋介石与四川抗日根据地的策定》,《历史档案》1994年第4期。
② 《重庆防空司令部沿革》(1943年6月),重庆市档案馆,档案0044-1-96。
③ 《重庆市防空司令部各区积极防空配备方案》(1937年10月),重庆市档案馆,档案0044-1-48。
④ 《四川省保安司令部为加强重庆防空避难设施致重庆防空司令部代电》(1937年12月),重庆市档案馆,档案0044-1-77。
⑤ 《国民政府移驻重庆办公宣言》,《中央日报》1937年11月21日。

海地区的众多工矿企业、机关学校、文教团体等,也纷纷迁往重庆;战前不同政见、不同治国主张的各民主党派中央机关和主要领导人,也相继抵达重庆;先前来往、散居于全国各地的大批豪士俊杰和社会名流,也百川归海似的荟萃重庆。重庆,这一战前偏处中国内陆的商埠城市,一跃而成为国民党中央、国民政府的所在地,抗战时期大后方政治、经济、军事、文化、外交、社会的活动中心与统治中心,在整个国家的政治、经济、军事事务中发挥着首脑、枢纽和灵魂的重要作用,其地位的重要,远非昔日可比。

重庆地位的重要,一方面引起日本帝国主义的仇视,必欲摧毁之而后快;另一方面也引起国民党中央和国民政府的高度重视和警惕,从而从各方面加大了对重庆的保卫和防护。体现在防空方面,就是重庆市防空司令部的改组、充实和完善。

国民政府移驻重庆,使重庆的防空更显重要,日机1938年2月18日对重庆下游广阳坝的首次轰炸,则使重庆的防空迫在眉睫;而重庆市防空司令部的成立及防空经费的充实,又使重庆防空的能力的提升有了可能。在此背景下,重庆市防空司令部于1937年11月和1938年2月,分别举行局部及联合防空大演习,提高民众的防空意识。与此同时,重庆市防空司令部还加紧改组内部,整理人事,将原"宣委会撤销,其业务并入第三科办理,第四科则改为会计室。凡以前兼职人员,悉改专任,以重职守。监视范围,扩展至渝市周围30余县"①。如此一来,原来的重庆市防空司令部显然已不再适应新形势的需要。1938年2月,国民政府当局改"重庆市防空司令部"为"重庆防空司令部",隶属关系也由原来直隶于重庆市改为直隶于"国民政府军事委员会航空委员会",同时由国民政府财政部拨专款20余万元,用于重庆市开辟防空隧道等避难设施。

1939年年初,日本飞机即开始对重庆及其周边区域实施试探性轰炸,特别是1939年1月15日,日本出动飞机36架,投爆炸弹69枚,炸死重庆市民119人,炸伤市民166人,毁房屋38栋又54间、木船9艘②。这是重庆历史上第一次因飞机在空中实施轰炸而造成死伤数百的大惨剧,也是日机大规模轰

---

① 《重庆防空司令部沿革》(1943年6月),重庆市档案馆,档案0044-1-96。
② 《重庆防空司令部调查1月15日敌机袭渝情况暨伤亡损害概况表》(1939年1月15日),重庆市档案馆,档案0044-1-82。

炸重庆的开始,市区国府路、曾家岩、学田湾、中四路及江北青草坪、刘家台等20余处被炸,重庆市民的生命财产第一次遭到外来侵略者的大屠杀、大破坏。国民政府军事当局有鉴于形势的严重及保卫战时首都重庆的重要性,于1939年3月成立"重庆卫戍总司令部",并将重庆防空司令部除积极防空与防空情报以外的消极防空事宜,划归重庆卫戍总司令部指导监督。重庆卫戍总司令部成立仅仅两个月,就发生了日机更大规模屠杀重庆人民的"五·三"、"五·四"轰炸,重庆"市民死伤6000余人,房屋损失4000余间,损害空前未有"[①]。随后,日机又于5月12日、25日,6月9日、11日,对重庆实施连续不断的狂轰滥炸,市民死伤惨重,城市惨遭破坏,社会秩序混乱动荡。在此形势下,如何有效地进行反空袭、反轰炸斗争,最大限度地减少空袭所带来的广大人民的生命财产损失,维护重庆正常的生产、生活与社会秩序,就成了国民政府的首要任务。重庆防空司令部的工作,也就更显繁忙和重要。兼任重庆防空司令部司令的李根固自感权力有限,遂以"本身职务繁重"为由,请辞"重庆防空司令部司令"兼职,获得批准。国民政府军事委员会遂另派重庆市市长兼重庆卫戍总司令部副司令贺国光兼任重庆防空司令部司令,并加派空军第一路司令张廷孟兼任副司令,因李根固所部——新编二十五师驻防重庆且李仍兼有重庆警备司令的要职,故李根固仍然得以兼任重庆防空司令部副司令。

贺国光接任重庆防空司令部司令后,以其职责所在,地位提高,权力扩大,遂对重庆防空司令部的各项工作进行整顿改革:(1)扩大部内机构组织,将原设于重庆防空司令部的第一、二、三科,扩大为第一、二、三处,另增设总务、经理两科;同时防护团增设常备大队;情报所、电台等也大加扩充充实;(2)于部内增设工程处,专负防空洞等避难设施的修筑及高射炮阵地的构筑工程等事宜;(3)呈准国民政府军事委员会,停收一切人民防空捐款,所有的防空经费概由国民政府拨发,以此减轻人民的负担,提高其防空的自觉性和积极性。由此一来,重庆防空司令部的各项建设与设备,又较先前有所进步和完善。

1939年9月19日,国民政府以四川省政府主席王缵绪率部赴前线抗日,决定四川省政府主席由国民政府军事委员会委员长蒋介石兼任,同时任命贺

[①] 《重庆防空司令部沿革》(1943年6月),重庆市档案馆,档案0044-1-96。

国光为四川省政府秘书长。同年10月,贺国光赴成都履新,重庆防空司令部司令一职改由重庆卫戍总司令刘峙兼任。与此同时,原重庆防空司令部副司令蒋逵辞职,改由胡伯翰继任,同时加派重庆市市长吴国桢兼任副司令。在领导力量加强的同时,各项业务工作也得到进一步充实。

1940年4月18日,国民政府军事委员会明令核准公布《重庆防空司令部组织大纲》,该组织大纲明确规定:(一)"为指挥训练防空部队,实施督导防空情报及消极防空之设施,并与空军联络协同,以期保障重庆行都空防之安全起见,特设重庆防空司令部(以下简称本部)。"(二)"本部为办理行都之防空,直隶军事委员会,并受航空委员会及重庆卫戍总司令部之指挥。"(三)本部设司令1员,副司令1—3员,参谋长1员。(四)本部分设"办公室、第一处、第二处、第三处、总务科、经理科",分别掌管积极防空、防空情报、消极防空及各种部内事务。(五)"本部所辖防空区域为:重庆市及黔江、酉阳、秀山、石柱、彭水、丰都、垫江、大竹、邻水、长寿、涪陵、南川、綦江、巴县、江北、江津、永川、荣昌、大足、璧山、铜梁、合川、武胜、广安、岳池、渠县、营山、达县、仪陇、巴中、通江、南江等32县又1市。"(六)"本部为执行防空业务之必要,对边区内水陆警察机关、县政府及水电厂等,得依防空法及调整全国防空机构办法之规定,行使指挥之权。"该组织大纲还同时规定,该部为求防空业务之改进,可罗致专家及有关团体设立各种设计委员会;为训练各项防空人才,可设立各种训练班;为建筑公共避难隧道、壕、洞及其他防空土木工程,可设立工程处。① 从此开始,重庆防空司令部正式改隶国民政府军事委员会,其规格进一步提高,防空区域也进一步扩大并有了明文规定。

1941年6月5日傍晚,日机24架分3批从晚19时起对重庆市区进行长达五个小时的轮番轰炸,直到晚22时许方告结束。市区十八梯大隧道因避难市民超出容量太多,空袭轰炸时间过长,导致隧道内空气严重不足,从而造成避难市民窒息及相互践踏而死者多达千人左右,这就是当时震惊中外的"六·五"大隧道窒息惨案。惨案发生后,群情激奋,社会各界对重庆的防空建设提出种种疑难和建议,对主管重庆防空事宜的重庆防空司令部更是提出了各种各样的诘问和批评。为平息舆论,蒋介石手令将重庆防空司

---

① 《重庆防空司令部组织大纲》(1940年4月18日),重庆市档案馆,档案:0067-1-367。

令刘峙、副司令胡伯翰及重庆市市长兼重庆防空司令部副司令吴国桢革职留任。7月2日,蒋介石又发布命令,免去刘峙的重庆防空司令部司令一职,另派重庆卫戍副司令贺国光兼重庆防空司令部司令。8月,原重庆防空司令部专任副司令胡伯翰也以体弱多病辞职获准,另由军事委员会令调防空总监部情报处处长黄静波继任。至此,重庆防空司令部高层上的人事格局,基本固定了下来。

日本军国主义为达到其侵略、占领中国的罪恶目的,无所不用其极,竟违背国际惯例和国际法,在中国战场上使用毒气和细菌。国民政府最高军事当局有鉴于此,认为重庆地位重要,在防毒方面应未雨绸缪,早作准备。1941年12月16日,国民政府军事委员会和行政院会颁《重庆防毒办法》,决定将原重庆区域内的各防毒机关、部队合并,隶属于重庆防空司令部。重庆防空司令部遂遵令于1942年1月在部内增设第四处,专管有关防毒事宜。此时太平洋战争已经发生,第二次世界大战的规模进一步扩大,日本帝国主义不得不将航空作战的主要力量用于太平洋战场,对中国各地特别是大后方的空袭轰炸则大大减少,1942年没有对重庆进行轰炸,1943年则只有8月23日的一次。利用此难得的空隙,重庆防空司令部积极致力于各种防空业务的建设和完善,如将原电话队、通信兵训练队及无线电台扩编为电信大队,加紧防毒方案、办法的制定及演习与防空作战方案的制定和演习,同时防空阵地、监视哨、情报派出所、情报专线等,都得到了充实和完善。到1945年1月,重庆防空司令部的内部组织也扩大到四处二科三室,即办公室、第一处、第二处、第三处、第四处、总务科、经理科、会计室、视察室。另外还设有情报所、防护大队、担架营、防毒总队、防护团、监视队哨等①。

1945年抗战胜利后,重庆防空司令部的历史使命宣告结束,1945年12月,重庆防空司令部奉令撤销,另于军政部内设防空科。该科于1946年1月1日成立,接管原重庆防空司令部的相关事宜,有官兵10余人,分掌积极防空、消极防空、防空通信、防空情报及警报等工作。1946年1月奉军事委员会令改隶重庆卫戍总司令部,7月,重庆卫戍总司令部又奉令改组为重庆警备司令部,该防空科也随之改隶重庆警备司令部。

---

① 《重庆防空司令部组织条例》(1945年1月19日),重庆市档案馆,档案0044-1-17。

二、重庆市防护团

重庆市防护团是重庆所有防空机构中存在时间最长、参加人员最多、与各项防空救护业务最为紧密的"官民合组之地方自卫组织,平时在市政府节制之下,协助当地治安机关办理水火灾变等防护事宜,战时则在防空司令部直接指挥之下,负责执行全部消极防空业务"[①]。

早在1933年6月29日,国民政府军事委员会就颁布了《各省市县防护团组织规程》19条,就成立防护团的原因、隶属关系、工作内容、组织系统及人员构成等作了明确规定,日后各省市县防护团的成立,基本上都是依此规程。

重庆市防护团成立于1936年10月,内设三科,并按当时重庆市的警察行政区域,分为六个区团,又于每一联保内设一分团,各辖警报、警备、交通管制、消毒、防毒、救护、避难、灯火管制、工务配给等十班,每班人数20至30人不等,以其辖区的大小作增减。又于重庆市防护团团本部内,按其所管辖的十项业务,各设大队一队,并配备较各区团为优的器械,以为执行各项救护工作之主干[②]。但因当时经费困难,器械不足,各项工作并未开展起来。

1937年抗战爆发后,重庆地位日益重要,防空业务也随之显得重要和迫切。政府当局有鉴于此,一方面充实调整防空机构,设立重庆市防空司令部,一方面对原重庆市防护团,也加以调整充实。抗战时期的重庆市防护团,除一直由时任重庆市市长兼重庆防空司令部副司令兼任团长外,另设有副团长2人,其中1人为专任,1人为市警察局局长兼任,还设有专任总干事1人。市防护团之下,纵的方面依据警察行政区划,划分区团,此区团随着重庆市区的扩大,由最初的6个增加到1942年的17个。各防护区团设区团长1人,由警察分局长兼任,副区团长2人,由各行政区副区长或社会公正士绅担任,另设有干事1人,由具备防空专业知识的专门人才担任。区团之下,再按警察分驻所或派出所之多少,设立防护分团,分团长由分驻所长或派出所巡官兼任,另设副分团长1人,由镇长或公正士绅担任。每一分团之下,再按防护工作的实际需要,设立消防、救护、警备、交通管制、灯火管制、避难管制、工务、配给等

[①] 《重庆防空司令部军事工作报告暨统计表册》(1942年10月至1943年10月),重庆市档案馆,档案0044-1-69。

[②] 刘峙:《重庆防空业务之概况》,载航委会防空监部编印:《第一届防空节纪念特刊》,1940年11月15日出版。

班,每班人数,根据该地区范围大小、人口多少,20至30人不等。除此之外,还设有水上区团1个,并另设有歌乐山、北碚两区团,为本部直属区团。横的方面,重庆市防护团遵照《各省市县防护团组织规程》所规定的甲种防护团组织,于总团之下设有总务、警报、警备、消防、灯火管制、交通管制、避难管制、救护、防毒消毒、工务、配给等股,分别办理各该管事宜,并根据重庆遭受惨烈轰炸、市民死伤惨重、防空救护业务内容多、任务重等特点,于重庆市防护团内建立直属的防护大队、消防大队、工务大队和救护大队。其中,防护大队辖4个中队。消防大队由市警察局常备消防队及民间消防联合会组织而成,后来改编为"战时消防总队",下辖10个大队、37个中队、98个分队。工务大队由重庆市与公用事业及市政相关单位的技术工人编组而成,共编有5个中队,即工务中队、电话中队、电力抢救中队、自来水抢救中队、电报抢救中队。每个中队下辖若干分队及班,分驻各地,以及时抢修各地被炸被毁的市政设施。救护大队以地方自由职业之医务人员编组而成,以每区配置1个中队为原则,共有15个中队1个直属中队,中队之下又分若干分队,分驻各地,以及时救治各地遭空袭而受伤的市民。[①]

由于日机轰炸重庆的时间长,范围广,规模大,因此,虽然重庆市防护团及所属各区团、分团成员于大轰炸后即不畏艰险,努力工作,但仍难面面俱到。为补此不足,重庆市又根据《重庆市防护团特别分团编组设施纲要》的规定,于各机关、团体、工厂、学校内,分别设立特别分团,以负责各该单位的防护工作。抗战时期重庆市的特别防护分团,原拟在所属17个区共成立356个,预计有防护服务人员84808人,但实际上却是收效甚微。到1943年年初,重庆市所属各区共设立有特别防护分团15个,有服务人员2942人[②]。

抗战时期的重庆市防护团大多是随着时间的发展、日机轰炸策略的变化以及救护业务的开展、雾季训练的加强而不断地扩大、健全和完善,器材、设备也随之不断增加和改善,救护的能力、水平也随之不断提高。他们站在重庆防空反轰炸的最前沿,不辞劳苦,担负着最为繁重的消极防空工作,为重庆人民的反轰炸斗争做了许多卓有成效的工作,降低了重庆人民的生命财产损失。

---

① 《重庆市防护团工作报告(1942年3月至1943年2月)》(1943年4月),重庆市档案馆,档案0079-1-86。

② 同上。

为此,蒋介石特于1942年年初颁发训词,给予高度赞扬和评价,内称:"每当寇机盘空之际,奔走弹雨之下,驰骋火窟之中,出死入生,救伤扶难。于维持秩序,是指导必周;于扶老携幼,则将护必至。人民灾害赖以减少,后方元气多所保全。赴义之英勇,应变之神速,不惟全市男女老幼之同胞,胥致敬爱;且使敌人图以轰炸屈我同胞之妄想,粉碎无遗。诸同志如斯奋不顾身之贡献,盖与前线武装杀敌之将士无殊,风声所播,国际称誉,甚或奉为楷模愿相效,实至名归之效,固已在世界大战史中占有光荣之地位。"①

三、重庆空袭紧急救济联合办事处(陪都空袭救护委员会)

(一)紧急救济联合办事处

1938年10月武汉陷落后,中日战争进入相持阶段,日本帝国主义为达到其迫使国民政府投降、早日结束中日战事的目的,开始对中国的战时首都重庆进行试探性轰炸。1939年1月7日、10日,日机曾两度轰炸重庆市郊巴县的土主场、青木关、双河场等地,造成数十人受伤。1月15日午后1时许,日机27架,投弹69枚,轰炸重庆市区的三门洞街、国府路、曾家岩、学田湾以及江北的青草坝、陈家桥、溉澜溪等地,造成了市民死119人、伤116人、毁房屋92间的悲剧②,让负责重庆防空事宜的重庆防空司令部深深感到医院不敷应用,且被炸后的灾民也急需救济安置,而重庆防空司令部本身则人力物力有限,难以兼顾,于是商请负全国振济行政事务的"国民政府振济委员会"担任此项空袭后被灾难民的救治与抚恤工作③。国民政府振济委员会当即应重庆防空司令部之请,召集重庆各有关机关开会,决定由中央和地方相关党政军机关联合组织成立"重庆空袭紧急救济联合办事处",由振济委员会负责人担任主任委员,重庆防空司令部、重庆市政府、内政部卫生署负责人担任副主任委员,下设总干事一人,内设总务、调查、抚济、医疗、救护、稽核六组,并分别确定了各组的组长人选。振济委员会为此还专门拨款10万元,充作救济之用④。

重庆空袭紧急救济联合办事处成立后,曾制定颁发了《重庆空袭紧急救济

---

① 《蒋介石训词》(1942年),中国第二历史档案馆,档案803-5。
② 西南师范大学历史系、重庆市档案馆编:《重庆大轰炸》,重庆出版社1992年版,第184页。
③ 《重庆防空司令部沿革》(1943年6月),重庆市档案馆,档案:0044-1-96。
④ 《渝市空袭紧急救济,救济联合办事处成立,振济委拨款10万元》,重庆《大公报》1939年2月18日。

联合办事处组织规程》12条，规定了该处成立的目的、实施救济的范围、组成单位及其分工、内部组织、经费等内容。规程明确规定该处"专为救济遭受敌机轰炸，以致伤亡失所之被灾民众而设。前项救济暂以重庆市区及附近各县为范围"；该处以振济委员会、审计部、内政部卫生署、军政部军医署驻川办事处、国民党重庆市党部、重庆市政府、重庆防空司令部、宪兵第三团、重庆市防护团、重庆市社会局、重庆市警察局、重庆市工务局、重庆市卫生局、巴县县政府、江北县县政府、川江航务局、新生活运动促进总会、重庆市新运会、新运总会妇女指导委员会、重庆市商会、红十字会、红卍字会、华洋义振会、青年会、八省公益委员会、运送配置难民重庆总站等机关团体组成；内设委员若干人，由联合组织的各机关团体指派负责代表担任，并互推主任委员一人，副主任委员三人；下设六组，每组设组长一人，副组长二至四人，就参加各机关之性质推任之，各处设干事若干人，由该处分别向各组成机关团体调任；另设总干事一人，襄理处务，由主任委员遴选之；该处所需救济经费由振济委员会拨发，但其收支，则需先由稽核处审核，再由总务组汇案提出会议报告并造具报销，呈送振济委员会备案（表5—1）[①]。

表5—1　重庆空袭紧急救济联合办事处组成单位一览表

总务	救护	调查	医疗	抚济	稽核
振济委员会 重庆市政府	重庆市防护团 新运总会妇女指导委员会 红卍字会	重庆防空司令部 宪兵第三团 重庆市警察局 巴县县政府 江北县县政府 川江航务管理处	内政部卫生署 军政部军医署驻川办事处 重庆市卫生局 红十字会	重庆市社会局 重庆市工务局 新生活运动促进总会 重庆市新运会 重庆市商会 华洋义振会 青年会 八省公益委员会会 运送配置难民重庆总站	审计部 军政部军医署驻川办事处

---

① 《重庆空袭紧急救济联合办事处组织规程》，载重庆救济联合办事处编印：《空袭救济工作报告》，1939年9月编印。

由此可见，重庆空袭紧急救济联合办事处成立之初，是将工作重点放在了调查、救护、医疗和抚济方面，这与该办事处成立的宗旨是相符的，也是符合当时空袭后广大市民的实际需要的。

1939年重庆"五·三"、"五·四"轰炸后，重庆城内一片狼藉，到处是断垣残壁和嗷嗷待哺的难民。有鉴于此，该处主任委员许世英从香港匆忙赶回重庆，亲自主持"五·三"、"五·四"轰炸后重庆的空袭救护事宜。为发挥该处在空袭发生后的救护力量，许世英除调整充实了该处的内部组织，敦促参加该处的各党政军机关团体多派负责人常川驻处办公，调派振济委员会常务委员黄伯度兼任该处总干事、振委会第一处处长胡迈兼任副总干事外，还将救护、医疗两组合并为医护委员会，另增设药品采购委员会、收容运配组、国际服务组，并先后在江北、南岸成立了两个分处。经过此番调整充实，该处的各种救护机构进一步健全完善，计在总务组之下设有征募、宣传、人事、文书、交际、交通、财务、事务等股，医护委员会之下设有防疫、医务、救护等股，调查组之下虽不设股但设有众多调查员，收容运配组之下设有文书、查核、交通、安置、人事、交际、事务等股，稽核组之下设第一、二、三股，抚济组之下设服务、掩埋、登记、恤给、会计、文书、事务等股，国际服务组之下设有交际、疏散、挖救、总务、收容、问讯、救伤等股。

经过调整，该处的主要职员为：主任委员许世英，副主任委员刘峙、洪兰友、贺国光，总干事黄伯度、副总干事胡迈，会计主任蔡家彪(表5—2)[①]。

1940年初春，重庆空袭紧急救济联合办事处以"时届仲春，气候清朗，本市为战时行都，举凡市民防空设备之检查，疏散防空之宣传，警报前后交通秩序之维持以及灾区抢救、难民扶助诸事宜，亟应未雨绸缪"，遂于其第二次委员会议上决定，在空袭服务救济联合办事处内成立服务总队部，并公推国民党中央社会部部长谷正纲为总队长，国民党重庆市执行委员会主任委员冯兰友、重庆市警察局局长徐中齐、三民主义青年团重庆支团部干事长陈介生为副总队长。1940年4月5日，重庆市空袭服务救济联合办事处服务总队部正式成立，颁发了《重庆市空袭服务救济联合办事处服务总队组织纲要》34条，对重庆市空袭服务救济联合办事处服务总队成立的原因、组织的原则、指挥系统、

---

① 重庆救济联合办事处编印：《空袭救济工作报告》，1939年9月编印。

表 5—2　重庆空袭紧急救济联合办事处内设机构概况表

组会别	地址	负责人姓名	备注
总务组	重庆防空司令部	胡迈兼任	振济委员会第一处处长
调查组	重庆市警察局	徐中齐	重庆市警察局局长
抚济组	青年会	阎宝航	军事委员会政治部设计委员、振济委员会聘任委员
医护委员会	市民医院	颜福庆	内政部卫生署署长
收容运配组	体心堂街9号	李景泌	难民总站办公处主任
国际服务组	青年会	梅福林	
稽核组	本处	龙　起	审计部专员
紧急救济药库采购保管委员会	市民医院	王迪民	振济委员会医师
江北分处	观音堂内	徐昌龄	主任
南岸分处	慈云寺	陶　唐	主任

服务项目及其考核奖惩等,都作了明确的规定:

一、本纲要遵照总裁训示及空袭服务救济联合办事处委员会决议案计定之;

二、凡重庆市区内各机关、团体及党员、团员组织之服务队,一律依照本纲要调整或组织之;

三、凡重庆市区内下列各机关及其附属机关暨团体,除担任治安、交通、防空、救护等任务者外,均须依照本纲要,组织服务队,为民众服务:1.中央党部各部、会、处及重庆市党部,2.三民主义青年团中央团部及重庆支团部,3.国民政府各院、部、会、局、署,4.军事委员会各部、会、厅、处,5.重庆市政府及所属各局、处、会,6.其他驻渝机关,7.各人民团体及乡镇保甲,8.各高中以上学校;

四、各服务队工作受服务总队部之指挥监督;

五、空袭服务救济联合办事处之下,设服务总队部,总队部设总队长1人,副总队长3人,统率全市服务队,综理服务队之组训、指挥、监督、考核事宜;

六、总队部内设总、副干事各 1 人,及指导、组织、总务 3 组,并设督察员若干人,分掌各项有关工作,其办事细则另定之;

七、本纲要第三条所列各机关、团体、学校每 1 单位,至少须组织服务队 1 队;

八、服务队以队员 15 至 30 人编组之,每队设正、副领队各 1 人,其机关、学校团体因人员太少,不敷额定 1 队之人数时,得编入邻近之队,或经总队部之核准,不受额定之限止,特准组织之;

九、服务队名称定为重庆市空袭服务总队某某机关、团体、学校服务队;

十、服务队队员应以体力强健、勇于服务、能吃苦耐劳者派充之;

十一、服务队之工作项目如下:1. 协助军警检查市民防空设备(如沙包、水缸、街灯)等事项,2. 宣传防空常识、救护常识及疏散人口等事项,3. 协助军警于警报前后维持交通秩序及侦察汉奸、防止谣言等事项,4. 协助军警维持防空洞内秩序事项,5. 安置被灾民众及施救茶粥等事项,6. 其他有关空袭服务及灾区善后之协助事项;

十二、各服务队以分区服务为原则,必要时得与邻近服务队取得横的联系,以便互通情报,增进工作效能。

在稍后颁发的《重庆市空袭服务救济联合办事处服务总队服务队队员服务须知》(1940 年 4 月 19 日颁布)中,除对各服务领队、队员应当具备的知识和条件作了进一步的详细规定外,更对各服务队队员的工作内容作了具体规定。根据该《服务须知》,重庆市空袭服务救济联合办事处服务总队及所属各服务队队员的工作,主要分为"平时服务工作"和"紧急服务工作"两大类。其中,平时服务工作包括:

(一)协助军警检察市民防空设备:1. 沙包、水桶是否按照规定制备齐全,2. 必要灯烛是否装备灯罩,3. 有无足以为敌机投弹目标之暴露物,4. 其他有关防空设备是否妥善;(二)关于宣传方面:1. 劝导人口疏散并解答其疑难问题,2. 宣传防空防毒常识,3. 宣传救护常识。

紧急服务工作主要有：

（一）空袭时服务工作：1. 行警报时之服务：①协助军警指导车轿、行人，劝其从容疏散，维持交通秩序，并扶助老弱病人进入防空洞；②协助军警指示市民从容进入防空洞，勿使逗留洞口，妨害秩序；③协助军警指导市民闭火及收藏有反光之物体；④与军警密切联络，注意汉奸活动，如造谣、信号等。2. 急警报时之服务：①劝导市民勿在防空洞口暴露；②维持防空洞内秩序及静肃；③切实扶老助幼；④洞内急救工作；⑤敌机情报之报告。3. 报解除后之服务：①指导市民出洞秩序；②检查洞内清洁。

（二）被炸后之服务：1. 关于抢救方面者：①维持被炸区域交通秩序；②协助救护受伤民众；③协助抢救物资；④协助消防工作。2. 关于临时安置灾民者：①设置临时收容所；②施放茶粥（可设点办理，费用自筹或呈请总部拨助）；③慰问灾民。3. 关于善后服务者：①清扫街道；②协助消毒工作。①

如此一来，重庆市空袭服务救济联合办事处服务总队及所属各服务队队员，就成了抗战时期活跃于重庆反轰炸战场上、与重庆市防护团并肩战斗的另一支重要力量，其总人数在1940年8月达到5830人②。到1941年度，共组织有各种服务队140个，队员总数达6528名③。他们维持秩序，劝导民众，施放茶粥，抢救伤员，扑灭火灾，哪里有灾情就奔赴哪里，奋不顾身，急公好义，为最大限度地减少空袭损害、救治人民的生命财产作出了巨大贡献。

（二）空袭救护委员会

1940年年底，重庆市空袭服务救济联合办事处以该处成立已近两年，"中央地方集中力量，共赴事功，联系暨久，融洽益臻"，且"地方承办机关，业务均已娴熟，力量日见充实"；该处"辅导之功已著，权责之界已明，应交由各地方主管机关负责办理"，拟决定该处各组、处、会、部于该年年底前完全结束④。随

---

① 《重庆市空袭服务救济联合办事处服务总队为组织成立并颁发组织纲要等致重庆市临时参议会公函》（1940年4月10日），重庆市档案馆，档案0054-2-431。
② 同上。
③ 《陪都空袭服务总队部三十年度工作简报》，中国第二历史档案馆，档案803-42。
④ 《重庆市空袭服务救济联合办事处为该处业务交由各地方主管机关办理致重庆市政府公函》（1940年12月14日），重庆市档案馆，档案0053-12-186。

后，许世英及刘峙等主持重庆防空救护事宜的高官一致认为："重庆为陪都所在，亦即敌人滥施轰炸之重要目标，预想本年空袭之灾害，较以往必有过之，而救护工作益增繁重。""过去之成绩，足为他日之教训者，端赖中央地方连贯一气，务须集中各方力量，组织权力充实之机构，使一令之下，运用自如，步调齐一，以增进工作之效能。"① 经过有关方面的一再商讨，大家一致认为，重庆市空袭服务救济联合办事处有改组加强的必要，并根据事实"将重庆所有负防护救济责任之各机关团体，依其性质，分别配合，定名为陪都空袭救护委员会，俾一事权，以利推动"。1941年1月5日，许世英以国民政府振济委员会代委员长兼重庆市空袭服务救济联合办事处主任委员的身份，将此意呈报国民政府军事委员会委员长蒋介石，同时附呈《陪都空袭救护委员会组织规程草案》。1月10日，蒋介石回复许世英及重庆卫戍总司令刘峙，完全同意许世英的呈文及陪都空袭救护委员会组织规程所规定的内容，并将陪都空袭救护委员会组织规程令转军事委员会及行政院会同颁发。1941年1月29日，国民政府军事委员会会同行政院正式颁布了《陪都空袭救护委员会组织规程》15条。该规程的主要内容如下：

一、成立之动机——"为使陪都空袭之防护与救济工作集中力量，统一推动起见，特组织陪都空袭救护委员会。"

二、组成单位——陪都空袭救护委员会由振济委员会、社会部、交通部、重庆卫戍总司令部、宪兵司令部、重庆防空司令部、重庆市党部、重庆市政府、国民党中央宣传部国际宣传处、行政院卫生署、军政部军医署、军政部交通司、重庆卫戍第一警备区司令部及其他有关机关组成。

三、人员组成——陪都空袭救护委员会"设名誉主任委员1人，由振济委员会委员长兼任之，主任委员1人，由重庆卫戍总司令兼任之，常务委员及委员若干人，由参加组织各机关主官或派负责人员担任之"。

四、内设组织——陪都空袭救护委员会1处6组，即秘书处，消防、医护、管制、抚济、工务、稽核组。其中，秘书处下又设总务、警卫、交际3股。秘书处设秘书长、副秘书长各1人，其他各组设组长1人，副组长1至3人。

---

① 《许世英为报呈陪都空袭救护委员会组织规程草案呈国民政府军事委员会委员长蒋介石文》(1941年1月5日)，重庆市档案馆，档案0044-1-72。

五、主要工作——"消防组由市防护团担任，办理消防、抢救、拆卸诸事宜；医护组由市卫生局担任，重庆卫戍总司令部之防毒分处副之，办理急救、收容、治疗、消毒防毒各事宜；管制组由防空司令部担任，市警察局、川江航务管理总处派员副之，办理避难、灯火、交通各管制事宜；抚济组由振济委员会担任，重庆卫戍总司令部、市党部、市政府、市振济会派员副之，办理调查、振恤、收容、运配、疏散、安置各事宜；工务组由市工务局担任，重庆卫戍总司令部交通处、市社会局、警察局派员副之，办理通信及水电之抢修、交通之清除并掩埋挖掘事宜；稽核组由审计部派员担任，办理振款振物及一切收支之稽核事宜。"

六、指挥权限——"驻在重庆市内各有关防护救济之机关、部队、团体，均受本会之指挥，以命令行之。"①

1941年1月30日，陪都空袭救护委员会召开筹备会议，主任委员刘峙主持会议并报告开会意义及组织该会的经过，会议推定了该会的常务委员人选，确定了该会秘书长、副秘书长及各组组长的产生办法。2月6日，陪都空袭救护委员会举行第二次筹备会议，会议调整并最终确定了秘书长及各组组长人选，即：秘书长彭诚孚、副秘书长王尊五，会计主任陈志岳，消防组组长唐毅，医护组组长梅贻琳、副组长刘第玉，管制组组长丁荣灿，副组长分别由宪兵司令部、警备司令部、市警察局、川江航务管理总处派兼，抚济组组长阎宝航，副组长由市党部、市政府派兼，工务组组长吴华甫，副组长由重庆卫戍总司令部交通处、市社会局、市防护团派兼，稽核组组长张烟。除此之外，此次会议还决定该会于1941年2月16日正式成立并开始办公。至此，原设的"重庆市空袭服务救济联合办事处"撤销，陪都空袭救护委员会开始履行陪都重庆的空袭救护事宜。

陪都空袭救护委员会成立后，经呈奉蒋介石批准，原隶属于重庆市空袭服务救济联合办事处的重庆市空袭服务救济联合办事处服务总队继续存在，配合陪都空袭救护委员会工作。1941年2月16日，重庆市空袭服务救济联合办事处服务总队随陪都空袭救护委员会的成立，正式更名为陪都空袭服务总

---

① 《重庆卫戍总司令部为令发陪都空袭救护委员会组织规程给所属的训令》(1941年2月3日)，重庆市档案馆，档案0044-1-72。

队,仍以谷正纲为总队长,洪兰友、黄伯度、陈访先、毛嘉谋、唐毅为副总队长①。同时颁布新的《陪都空袭服务总队部组织规程》。

1941年6月5日,重庆发生因日机空袭而造成的"六·五大隧道窒息惨案",市民因窒息、践踏而伤亡者超过1000人,由此引起的有关防空洞的管理、改进及救护工作,一时成为众人和社会关注的焦点。6月10日,蒋介石下令陪都空袭救护委员会进行改组,令称:"陪都空袭救护委员会着即改组,并以许世英为委员长,谷正纲为副委员长,希将改组及交接日期具报。"②奉此指示,新任正、副委员长于6月21日与旧任办理交接完竣并正式视事,同时迁办公地址于重庆大梁子青年会内。与此同时,陪都空袭救护委员会亦实行局部改组,主要是:一、设置抚恤处,办理难民之急振、收容暨伤亡之抚恤、掩埋(即原办事处抚济组主管事务),处长由振济委员会派员充任,受该会之直接指挥监督;二、充实医护委员会之医药设备,办理受伤人民之急救、医疗事项,并将原设立之医护组归并于该会;三、其他工务、消防、管制等,悉由各主管机关负责,该会原设工务、消防、管制各组,均予撤销;四、服务总队部照常办理服务事项。③

1941年7月6日,在经历并处理了"六·五大隧道窒息惨案"及其诸多善后事宜之后,国民政府军事委员会及行政院从实际出发,再次修正、会颁了《陪都空袭救护委员会组织规程》,第一条即明令规定:"陪都空袭救护委员会直隶国民政府行政院与军事委员会,办理陪都空袭救护事宜。"至此,陪都空袭救护委员会之地位,较先前大大提高,其委员长之任命,也改由行政院及军事委员会会同令派,有关工作的主持,也改由国民党中央有关机关派员主持办理,如"社会部主办空袭服务总队部,办理空袭前后对于避难人民服务事宜;振济委员会主办空袭难民救济处,办理难民之急振、收容及伤亡之抚恤、掩埋等事宜;卫生署主办空袭医护委员会,办理受伤人民之急救、医疗事项"。在组织规格、指挥权限提高的同时,陪都空袭救护委员会的内设组织则有所简化,仅设秘

---

① 《陪都空袭服务总队为该队于1941年2月16日正式更名致各机关公函》(1941年3月1日),重庆市档案馆,档案0054-1-431。
② 《陪都空袭服务总队为陪都空袭救护委员会改组事宜给所属的训令》(1941年6月26日),重庆市档案馆,档案0054-1-431。
③ 《陪都空袭救护委员会第一次会议记录》(1941年6月21日),重庆市档案馆,档案0044-1-4。

书、督导、调查三处①。除此之外,另设有直属的医护委员会,内设第一、第二两组;振恤处,内设有总务、视察、抚济、收容运配、掘埋五组,服务总队,内设有组训、宣慰、供应、总务四组。

　　1941年年底太平洋战争爆发后,日本军国主义将其主要军事力量特别是空战力量放在了对抗太平洋的英美诸盟国身上,对中国的军事进攻特别是对大后方各地的远程空中轰炸大大减少。但众多的防空机构依然存在,不仅占用了大量的人力物力和财力,而且各防空救护机构组织庞杂,事权未能集中,而其隶属亦各不相同,有切实加以整理的必要。国民政府行政院有鉴于此,于1942年12月12日专门召开"调整陪都防空机构案审查会"。会议认为:"渝市防空机构次第设置,于空袭猛烈之时,事属紧急处置,以致机构不免冗杂,事权未能集中,而其隶属亦复各异,有属于中央行政机关者,有属于军事机关者,亦有由地方政府机关办理者,似应切实调整,俾事权得以划一,行政效率得以增进,即经费亦可节约。兹经与军政各有关机关及重庆市政府等详加研讨,佥以此项机构似应一律由地方军(重庆卫戍总司令部、防空司令部)政(市政府)机关主办,而由中央有关机关指导及协助为原则。后经会商,拟定调整办法。"

　　在陪都空袭救护委员会及所属各相关机构的废存问题上,该审查意见是:"四、陪都空袭救护委员会裁撤。五、原隶陪都空袭救护委员会之医护委员会改隶市政府,仍由各有关机关予以指导及协助。六、原隶陪都空袭救护委员会之振恤处裁撤,其主管业务由市政府充实市振济会办理之。七、空袭服务总队及青年团服务队,为党部发动党员及团队服务之组织,应如何调整,拟函请中央党部核转。"②该意见报告蒋介石后,蒋批示:"应缓办。"行政院遂于次年(1943年)3月中旬训令各相关机构"本案应暂缓实施"。但随着抗战形势的发展,日本帝国主义已成强弩之末,在1943年对重庆的轰炸也只有8月23日一次。到1943年年底,重庆各防空机构的调整再次被提到议事日程。1943年10月19日,蒋介石以行政院院长的身份再次颁发《调整陪都防空机构办法》八项,饬各相关机关依照办法,切实加以调整,并限于该年12月31日以前办理完竣。

　　该办法颁布后,重庆防空司令部于1943年11月6日上午邀集各相关机

---

① 《修正陪都空袭救护委员会组织规程》(1941年7月6日),重庆市档案馆,档案0044-1-132。
② 《调整陪都防空机构案审查会记录》(1942年12月12日),重庆市档案馆,档案0044-1-109。

关举行会议,商讨有关执行办法。会议对《调整陪都防空机构办法》中的前三项,都一致同意"照办"。而对于有关陪都空袭救护委员会调整的四点办法,则一致决定"由重庆市政府、防空司令部会衔,申述理由,呈请保留"[①]。遵照会议决定,1943年12月12日,重庆防空司令部、重庆市政府联名致电行政院院长蒋介石,申述保留陪都空袭救护委员会并阐述其理由。蒋介石接电后,乃于1943年12月17日指令重庆市政府,要求陪都空袭救护委员会仍"应依调整办法,即行裁撤"[②]。国民政府行政院的态度如此,作为下级的重庆市政府亦不得不遵令执行。1943年12月31日,陪都空袭救护委员会呈准撤销,并与重庆市卫生局等机关办理移交手续。其下属的"陪都空袭服务总队",则于1945年3月奉令撤销,其原有工作亦一并移交重庆市政府接替。

上述重庆的反空袭机构,是抗战时期重庆存在时间最长、规模最大、于重庆反轰炸斗争中所起作用最多的三个机构。除此之外,抗战时期重庆的反轰炸机构,在中央还有军事委员会防空总监部,办公地址在重庆复兴关,内设积极防空处、消极防空处、防空情报处。在地方者更是为数众多,有固定的,也有临时的;有疏散方面的,也有修建防空洞方面的;有事前预为防备的,也有事后负责处理善后的。他们与重庆防空司令部、重庆市防护团、重庆市空袭救济联合办事处(陪都空袭救护委员会)一道,共同构筑起战时重庆严密的防空体系,在重庆人民的反轰炸斗争中发挥了十分重要的积极作用。据有关方面统计,在1939年,日机每投1颗炸弹,要炸死或炸伤重庆市民5个半人,1940年则1颗炸弹炸死或炸伤1个人,1941年1至5月,却是3个半炸弹炸死或炸伤1个人[③]。这不能不说是战时重庆防空体系的成功及其对抗战的伟大贡献。

第二节　重庆反轰炸斗争中的积极防空

1937年爆发的中日战争,将两个在本质、实力上完全不同的国家连结在

[①] 《重庆防空司令部召开奉办调整陪都防空机构办法会议记录》(1943年11月6日),重庆市档案馆,档案0053-21-94。

[②] 《国民政府行政院为陪都空袭救护委员会仍应依令裁撤给重庆市政府的指令》(1943年12月17日),重庆市档案馆,档案0053-21-94。

[③] 《空袭伤亡渐次减少》,重庆《国民公报》1941年6月4日。

了一起。当事者一方是有目的、有计划且蓄谋已久要侵占中国的军国主义国家——日本,它在战争初期虽然只"将十七个师投入中国战场,但他们都受过优异的训练,并且装备精良。他们拥有名列世界第三的强大军舰,从总共两千七百架飞机中,首先调动了四百五十架,不久增至八百架用于中国战场。"而参战的另一方——中国,则是长时期陷于军阀混战,中央政府尚未完全控制整个国家的半殖民地半封建国家。它虽然拥有广阔的土地和众多的人口,拥有"一百五十万至二百万常备军",但国力弱小,军队的装备低劣,拥有的现代化武器仅"六十艘军舰,共约五万吨位;空军虽有六百架飞机,但战斗机尚不及半数"①。交战双方战力如此强烈的反差,使得中国的制海权、制空权于战争发生后很快便丧失殆尽。因此,当日本军国主义决定以其强大的海、陆空军组织"航空进攻作战"去攻击重庆时,处于困境中的国民政府当局,明知自己的空中实力远不如人,但为了维护国家的主权,为了抗击外敌的入侵,也不得不迎头而上,以自己微弱的力量与强大的日本空军展开荡气回肠的空中大血战。

一、空军作战

自1937年"七七"卢沟桥事变爆发后,日本军国主义为达到迅速灭亡中国的罪恶目的,在加大地面进攻的同时,还凭借其强大的空中力量,一方面配合、支援其地面部队的作战,一方面对远离战场的中国后方各大城市进行疯狂的无差别轰炸。为抗击日本空军的侵略暴行,中国空军以弱小的力量,奋起抵抗。8月14日,即上海"八·一三"事变发生后的第二天,中国空军不顾天气恶劣,抱着视死如归、杀敌卫国的大无畏精神,出动飞机76架次,分9批集中轰炸了上海公大纱厂附近的敌军械库、汇山码头、长江入海口的日本军舰和敌海军陆战队司令部,而且还与前来报复的日军在杭州上空展开激烈空战,共击落日机3架,重伤日机1架,轻伤日机4架,给日军以沉重打击的同时,也揭开了中国空军抗敌卫国的序幕。8月14日随后也因此被国民政府确定为"中国空军节"。

随后,中国空军又以弱胜强,以寡敌众,连续对日本空军予以沉重打击:8月

---

① [德国]施罗曼·费德林史坦等著、辛德谟译:《蒋介石传》,台湾黎明文化事业股份公司1986年版,第174—175页。

15日击落日机30架,8月16日击落日机11架,8月17日击落日机2架……但由于中国是一个弱国,战争之初,虽有中国空军英勇顽强的作战,也能予敌以重创,但因国势贫弱,补充不济,加之作战中的牺牲与消耗,中国空军不得不改变作战方式——"由机群出动变为单机出动,白昼出动变为夜间出动。"①这以后,虽有苏联志愿飞行员的援华抗战,也取得了"二·一八"、"四·二九"武汉大空战的巨大胜利,有跨海远航轰炸台湾松山机场及远征日本散发传单的壮举,但随着时间的延续、战区的扩大、作战次数的增多,中国空军的损失也越来越大,到1938年10月武汉、广州沦陷时,中国空军更是进入到一个"艰苦危难之阶段"②。飞机数量从参战时的200余架,减少到只有135架,这和日本陆海军侵华航空队所拥有的800余架性能先进的飞机相比,无疑有天壤之别。

武汉会战结束后,中日战事处于相持阶段,虽然日本无力继续大举进攻,但其海军和陆军的航空部队则凭借其优势兵力、优良性能及其与中国大后方越来越近的航空基地,对中国大后方各主要城市进行疯狂轰炸。而作为中国战时首都的重庆,也就成了日本帝国主义轰炸的首要目标。为保卫中国的战时首都,保证国民政府及国民党中央正常行使职权,中国空军将仅余力量的一部分调驻川东梁山(今梁平)、重庆等地,担任重庆的防空任务。

抗战时期日机第一次轰炸重庆是在1938年2月18日,经过数次试探性的轰炸,从1939年开始,日机开始对重庆实施大规模的野蛮轰炸。重庆上空发生的第一次对日空战,则是在1939年1月15日。是日中午12时45分,日机27架侵入重庆市空,对市区国府路、曾家岩、学田湾、中四路、三门洞街以及江北的龙溪乡、陈家馆、刘家乡、青草坎、溉澜溪等地投爆炸弹69枚,共炸死市民119人,炸伤市民166人。在此次空袭中,驻重庆的中国空军10架战斗机起飞迎战,但因力量相差过大,结果被日机击落6架,击伤4架。与空军升空迎敌的同时,掩藏在重庆附近各重要据点的地面高射炮部队也奋力抗敌,共击伤日机4架,其中1架坠毁于重庆南岸之大兴场③。这是在重庆上空击落的第1架日机。

---

① 唐学锋:《中国空军抗战史》,四川大学出版社2000年版,第103页。
② 陈诚:《八年抗战经过之概要》第34页,重庆市档案馆档案。
③ 高晓星:《怒潮狂飙——国民党海空军传奇》,江苏人民出版社1999年版,第303页。

1939年5月3日13时许,日本海军航空兵第一空袭部队36架由武汉起飞,绕道湘西黔北,对重庆市区之苍坪街、大梁子、打铁街以及南岸的玛瑙溪、黄桷渡、南坪场等40余处进行轰炸。中国空军第四大队25架战斗机起飞迎敌,第五大队12架战斗机也从成都赶来支援。以郑少愚为队长的第三战斗编队率先升空,与敌机展开拼杀。时人记叙这一空中战斗场面时称:"郑队长当先,整个战斗单位一字散开,紧紧地跟在后头,由下方15度向敌机群猛射,机关枪响了,成队的对头死冲。'志航大队'无敌的火弹与肉弹的巨流……又注入侵略者的群体。"①其余两个战斗编队也英勇奋战。中日两国空军在重庆上空展开了一场大规模的激战,80余架飞机在重庆上空追逐、翻腾、射击,"日机丧失了15名训练有素的机上人员和2架中型攻击机,遭受了全部飞机中弹。"其中,2架fg-14日机被击中,起火爆炸,机上人员全亡;几乎全机中弹的1架fg-13日机重伤2人,轻伤2人;1架fg-14战死1名,重伤2名,轻伤4名②。中国空军也在战斗中损失飞机2架,受伤多架,副中队长张明生、飞行员张哲牺牲。鉴于日机在5月3日轰炸中所取得的"辉煌战果",也遭到了中国空军的顽强抵抗,所以日军桑原司令官决定趁乱于第二天(5月4日)再次对重庆市街进行轰炸,其目标是"重庆防空司令部、委员长行营,以巴县政府(即原巴县衙门,当时为军事委员会驻在地——作者注)为中心,贯穿中央公园南北线以西的全部地区"③。虽然日军此次轰炸重庆的飞机只有27架,但由于中国空军的防御能力经过5月3日的战斗后,明显削弱,所以日机空袭重庆时,中国空军无力起飞迎敌,日机也得以在重庆市区肆无忌惮地进行狂轰滥炸,在短短的48分钟内即炸死重庆市民3318人,炸伤1973人,损毁房屋2840栋又963间④。

"五·三"、"五·四"轰炸后,惨痛的牺牲和血的教训,让重庆的党政军各方及各界民众、各阶层人士不仅对日军的残酷、血腥和野蛮有了清醒的认识,

---

① 丁布夫:《重庆上空"五·三"之战》,《中国的空军》第23期。
② 前田哲男著、李湿等译:《重庆大轰炸》,第99页。
③ 前田哲男著、王希亮译:《从重庆通往伦敦、东京、广岛的道路——二战时期的战略大轰炸》,第101页。
④ 《重庆防空司令部调查5月4日敌机袭渝情况暨伤亡损害概况表》(1939年5月4日),重庆市档案馆,档案0044-1-82。

也让他们对如何防空以避免牺牲有了进一步的认识,"现代战争下,无空防即无国防"的理论更是深入人心。为加强对重庆上空的积极防御,苏联志愿航空队的16架战机也在"五·三"、"五·四"轰炸后被紧急调到重庆,加入到重庆的防空行列,从而使重庆的防空力量得到一定加强。因此,当1939年5月12日傍晚日机27架又一次轰炸重庆北岸之江北各地时,中国6架伊尔15型战斗机起飞,"以密集的编队向正飞往重庆的日机挑战,两军展开了极其猛烈的空战"。与此同时,中国地面的高射炮部队也一齐向日机开火,共击落日机3架,我损失1架①。5月25日傍晚,日机98式重型轰炸机等39架,分两批来袭,其中第一批27架轰炸重庆市区,第二批12架轰炸巴县所属的广阳坝、双河场等地。敌机来袭时,被我英勇的空军及地面高射炮部队击落2架,"其一架系属指挥机,共载敌机师7人,已在距江津50公里之××发现,号码为4173,系98式重轰炸机,机身已毁成数段,尚未焚烧,敌机师7人,均坠地身死,分别在周围三四里发现。"②6月9日,日机27架分三批袭渝,被我地面高射炮部队击落3架;两天之后的6月11日,日机27架袭渝,与我空军发生遭遇战,日机被击落2架,据来自香港方面的消息称:此次袭渝日方被击毙者,"计有空军大佐林村及驾驶员16员,另有重伤者8名。"③而中国空军的最后一位"天王"、第23中队分队长梁添成的座机中弹,坠毁于涪陵附近。至此,中国空军的"四大天王"——高志航、乐以琴、刘粹刚、梁添成全部壮烈殉国。7月24日傍晚,日机27架由鄂境西飞袭渝,"我空军据报后早作准备,严阵以待",待敌机窜入市空后,"我地上探照灯集中照射,搜索敌机,当寻得敌机后,即奋起神威,予以迎头痛击",击落1架敌机④。8月3日夜2时,日机18架乘月夜偷袭重庆,又被击落2架。8月23日晚,日机26架再次分批袭击重庆,我空军在得知消息后早有准备,待日机窜入市空后,"探照灯乃发射强烈光芒,集中照射,敌机在我灯光控制下,无法遁迹。于是我空军将士大展神勇,先击溃其第一批,嗣又战败其第二批。当激战时,双方机枪之射击声,地面清晰可闻,

---

① 《粉碎敌机疯狂暴行,渝市昨晚空袭,击落敌机三架》,《重庆各报联合版》1939年5月13日;《朝日新闻》昭和14年(1939)5月13日。
② 《五·二五被击落敌机,江津寻获一架》,《重庆各报联合版》1939年6月3日。
③ 《敌机十一日袭渝,法领馆全部震毁,敌空军大佐林村被击毙》,《重庆各报联合版》1939年6月14日。
④ 《敌机两批昨袭渝》,《重庆各报联合版》1939年7月25日。

可见战况之剧烈。"① 此次空战虽未击落日机,但却使日机队形散乱,不敢恋战,所投炸弹,多落荒郊,从而减少了空袭的损害。8月28日夜,日机36架分3批袭击重庆,于明月之下,双方发生激烈空战,"我空军以逸待劳,予以冲击,使受重创,并有敌机1架被我击落。"②……这以后,每当敌机来袭,我空军即以其微弱力量,也以其同仇敌忾、视死如归的大无畏精神,在地面高射炮部队的配合下,与强敌展开殊死搏斗,虽不能完全阻止日机对重庆的空袭轰炸,但却冲乱了日机的队形,震慑了日机飞行员,从而减少了空袭的损失。当时有记者描述其空战情形时称:"当(敌机)通过市空时,我探照灯即以强烈光芒,照射敌机无法遁迹。我高射炮也发挥威力,发炮轰击。至是我空军将士亦向敌机群冲击,敌机还击,天际火花缭乱,蔚为巨观。记者亲观敌机被击后,殊不胜我炮火之威力,队形散乱,其中数机乃负重创,另有两架之机翼,簸动甚烈,其状似欲坠落者,余机旋即匆遽在市郊投弹后,向东遁去。"③

1939年内,在重庆上空的空战中,中国空军和地面部队相互配合,共击落了日本海军航空队26架中型攻击机,击毙机上人员93人④。

与中国人民奋勇抗击日本侵略的同时,1939年5月18日,深陷泥潭的日本帝国主义又作出了"运用武力及谋略,务使重庆的国民政府在1940年底屈服"的决定⑤。为达此目的,日本军队又加紧了对国民党正面战场的进攻和对重庆的轰炸。为此,日军在1940年5月发起枣宜会战,并于6月12日攻占了重庆的门户——湖北宜昌。与此同时,日本军国主义更利用其航空业的迅猛发展及其航空作战飞机数量的增加和性能的加强,于1940年5月13日制定了以轰炸重庆为主要目标的"101号作战"计划。"101号作战"自1940年5月开始至9月4日结束,据黄淑君等统计,在短短的三个月时间里,日机共有飞机2664架次轰炸重庆,投弹10024枚约1405吨,炸死重庆市民4119人,炸伤5411人,毁房屋6952栋⑥。重庆遭到了比1939年更为惨烈的

---

① 重庆市政协学习及文史委员会、西南师范大学重庆大轰炸研究中心编:《重庆大轰炸》,第59页。
② 《敌机三批夜袭,渝市昨晚大空战》,《国民公报》1939年8月29日。
③ 《今晨空战,敌机卅六架袭渝,我空军猛施攻击》,《国民公报》1939年9月4日。
④ 唐守荣主编:《抗战时期重庆的防空》,第107页。
⑤ 吴相湘:《第二次中日战争史》上册,台湾综合月刊社1973年版,第532页。
⑥ 西南师范大学历史系、重庆市档案馆编:《重庆大轰炸(1938—1943)》,第15页。

第五章 重庆各界民众的反轰炸斗争 257

轰炸和更大的损失。

在1940年日机对重庆的狂轰滥炸中,中国军民为了挫败日本军国主义的阴谋,保卫首都重庆的生产、工作和生活秩序,又开展了坚决的反空袭斗争。中国空军更是不畏强敌,与来袭之敌机进行了多次的顽强拼杀,直到损失殆尽。

1940年的第一场空战,发生在5月20日晨,日机27架偷袭重庆附近重要军用机场所在地梁山,双方空军在梁山上空展开激烈空战,中国空军发挥神勇,共击落日机7架,取得了捍卫行都重庆的首场胜利。5月22日,敌机54架进袭重庆,欲施报复。我空军闻讯后,即升空迎击,将日机的队形冲乱。日机只得向高空逃去,但仍遭到我空军的反复攻击,"敌机2架当即重创逃去,其余敌机于慌乱中,投弹郊外荒地,复狼狈遁去,我方毫无损失。"①5月26日,日机98架分三批分别袭击重庆的白市驿机场和市区,中国空军早有准备,故当敌机来袭时,双方即于重庆上空再次发生空战,《新华日报》以《敌机百三十六架昨袭川,渝郊空战我军告捷,空军健儿击落敌机二架》为题,对此次空战进行了详细报道,内称:

> 我空军早有准备,当即发生猛烈之遭遇战。敌机初图顽抗,嗣以我高空机群予以严重压迫及地上炮火攻击,敌仓皇在渝郊滥投数十弹,即图东逃。我各英勇健儿跟踪追击,敌队愈形慌乱。是时,我飞将军高又新氏见敌如此残暴,乃奋不顾身,单枪匹马,冲入敌方机群,猛向其第二小队第二机攻击。敌机枪集中射击,火力极猛,我高将军上下翱翔,冲杀益猛,当机身遭受累累创孔时,立将该敌机掌握在手,稍有战斗,即将该敌机击伤,敌机中创后,遂落伍向东南方向逃逸。高氏毫不放松,奋力直追,追至小观音桥(重庆东南40公里),以神枪准射,该敌机立时爆炸,火花四拼〔迸〕,坠落地上。高又新氏见任务已达,欣然反〔返〕防,检查机身,已悉遭中敌40余枪。其英勇善战,各空军长官均深为嘉许。其余敌机纷纷东逃,我各路健儿仍猛烈追击,到达黔江上空时,再度发生大规模空战。敌畏怯招架,分别求逃,我空军以最高的士气,凭藉有利位值〔置〕,予以歼击,复将

---

① 《行都昨晨空战,敌机再负创》,《国民公报》1940年5月23日。

敌重轰炸机1架击落,残敌始乘隙逃去。①

蒋介石有感于此,当日即致电空军第一路司令官毛邦初,内称:"本月26日,队员高又新袭击敌机,奋勇异常,着记大功一次,通令嘉奖。待本月战事告一段落,准由毛司令带领来见为要。"②5月28日,敌机99架分3批袭渝,我空军及时升空,奋勇拦击。队长胡作龙,"见敌机之残暴,怒火中烧,亲率三军冲杀,奋不顾身,于猛烈战斗中胡队长虽中弹受伤,仍奋勇攻击,直将敌机驱逐,始安全返防。"③是役,敌机被击落3架以上④。5月29日,敌机63架分2批袭渝,被击落1架。6月6日,敌机27架袭渝,遭到中国空军的顽强抵抗,共有19架日机中弹,7人受伤。6月10日,敌机126架分4批轰炸重庆,中国空军在重庆及其周边上空与日机发生激烈空战,计在璧山上空击落日机2架,坠于璧山狮子岭;在涪陵上空击落日机2架,坠于涪陵西郊;在返回途中,又于长寿上空击落日机1架。6月12日,日机117架分4批轰炸重庆,中国空军先后出动飞机45架次进行拦击,在此次空战中,我空军共击落日机7架,其中于南充上空击落1架,于忠县上空击落2架,于万县上空击落2架,于重庆上空击落2架⑤。但是役我空军也遭到了本年度最大的一次损失。因为狡诈的日机,利用其飞机续航能力可达4200多公里的优势,在重庆附近之上空长时间盘旋,待中国战机油料耗尽被迫返航时,突然发动进攻,使许多中国飞机落地后还来不及加油起飞,即遭炸毁。

虽然如此,但中国空军仍以其微弱的力量,抗击着日机的肆虐并取得了一定的战果:6月16日,击落来袭日机6架;6月25日,击落2架;6月26日,击落3架;6月27日,击落1架;6月28日,击落1架;6月29日,击落2架;7月4日,击落1架;7月8日,重创3架;7月9日,击落4架,重创5架;7月16日,击落3架;7月22日,击落日侦察机1架;7月31日,击落5架;8月11日,击

---

① 《敌机百三十六架昨袭川,渝郊空战我军告捷,空军健儿击落敌机二架》,《新华日报》1940年5月27日。
② 中国国民党中央委员会党史委员会编印:《中华民国重要史料初编——对日抗战时期》第二编《作战经过》(三)第90页,中国国民党中央委员会党史委员会1980年9月出版。
③ 《敌机九十八架,昨又分批袭渝》,《新华日报》1940年5月29日。
④ 星群:《"五二八"渝市空战》,《中国的空军》第34、35期合刊,1940年8月15日出版。
⑤ 《我英勇空军,昨击落敌机七架》,《新华日报》1940年6月13日。

落5架,击伤多架;8月20日,击落4架;9月13日,击落6架。有关中国空军所取得的辉煌战绩,我们可从日方的资料中窥见一斑,据日本联合空袭部队司令部有关"101号作战"的统计称:"101号作战"期间,日本海军共攻击重庆(攻击航空基地除外)29日,陆军8日,攻击架次为海军1737架次、陆军129架次;共投炸弹10021枚、1405吨;交战架次607架次(其中海军为478架次、陆军为129架次);日方被击落机数为海军71架(内未核实12架)、陆军46架(内未核实2架);地面轰炸海军63架、陆军2架;日方战死者89人,其中海军54人、陆军35人;下落不明者22人,其中海军16人、陆军6人;负伤者49人,其中海军29人、陆军20人;中弹机数387架,其中海军312架、陆军75架;自爆机数16架,其中海军8架、空军8架①。

当然,力量本身就十分弱小、飞机性能相对低下的中国空军,在此连续作战中蒙受的损失更为巨大,特别是在日军使用了性能更为先进的"零式"战斗机之后,中国空军的损失更为惨重。在日军第一次使用"零式"战斗机的1940年9月13日,"敌以轰炸机三十六架在驱逐机三十六架之掩护下,大举空袭重庆。我第四大队大队长郑少愚奉命为总领队,率同第三大队之飞机,共起飞E—16式机三十四架,分四个编队群,迎击来犯敌机。为不使敌人进入渝市上空,乃于璧山附近上空截击,当与敌军遭遇,发生空战。惟敌人在此次战斗中,因拥有极佳之零式机及九七式机两种,其性能远较我机为优。在激烈之空战中,我不仅未因敌机优越而稍怯,反极为奋勇,与敌苦战,前仆后继,不惜任何牺牲,致总领队当场中弹受伤,我机损伤极为惨重,先后被敌击毁十三架,损伤十一架,阵亡受伤十八员。"②经此一战,中国大后方的空军基本上损失殆尽。自此之后,重庆上空的制空权被日军完全控制,中国空军再也难以组织大规模的对日空战。因此,在1941年,虽然日军没有1940年似的动辄上百架的大规模轰炸,而是以少量的飞机对重庆实施持续性的"疲劳轰炸",但中国空军击落的日机则十分有限,据不完全统计,在1941年全年,袭渝日机仅有2毁4伤③。

---

① 前田哲男著、王希亮译:《从重庆通往伦敦、东京、广岛的道路——二战时期的战略大轰炸》,第244—245页。
② 中国国民党中央委员会党史委员会编印:《中华民国重要史料初编——对日抗战时期》第二编《作战经过》(三)第113—114页,1981年9月出版。
③ 重庆市政协学习及文史委员会、西南师范大学重庆大轰炸研究中心编:《重庆大轰炸》,第374页。

1941年8月1日,受中国政府之聘,由美国军人陈纳德组织的"中国空军志愿大队"(又称美国志愿航空队)在云南昆明成立,并于年底投入到中国战场作战。在美国政府的支持下,中国空军开始重建,中国上空的制空权也渐次恢复。而此时的日本帝国主义,则发动了更大规模的太平洋战争,将其航空作战的主要力量用于对付美英诸国,从而停止了对重庆的轰炸,重庆上空的空战,也至此宣告结束。

重庆上空的空战,是战时重庆"轰炸与反轰炸"、"空袭与反空袭"的重要组成部分,它是在敌强我弱的条件下进行的。面对强大的敌人,弱势的中国空军不畏强暴,英勇抗争,前仆后继,以血肉之躯抗击着日本帝国主义对重庆人民的野蛮屠杀,保卫着战时首都重庆上空的领空安全,写下了一曲又一曲惊天地、泣鬼神的动人故事,于中国抗日战争史及中国航空作战史上留下了光辉灿烂的篇章。

二、地面部队的防空作战

抗战时期重庆的积极防空,除了中国空军与日机在空中的直接对战外,还包括地面高射炮部队和照测部队的对空作战,以及为此服务的其他一些积极防空措施。

战时重庆地面高射炮部队对空作战的指挥机构,是重庆市防空司令部所属的"高射兵器指挥部"。在重庆市防空司令部成立之初,所依赖的防空武器,只是驻防重庆的军警宪所拥有的武器,但这些武器,不仅数量少,而且隶属不同,各自独立,很难发挥应有的作用。后为求对敌作战的便利和指挥的统一、灵活,决定将各军警宪的所有高射武器及调驻重庆防空部队的高射武器,先后编组为"高射枪炮大队"及广阳坝区防空指挥部、磁器口区防空指挥部、浮图关区防空指挥部、南岸区防空指挥部和江北区防空指挥部,以统一指挥各高射武器的对空作战,是为重庆最早的积极防空部队。但为时不久,各区防空指挥部即奉令改组为防护团,各区原属的高射机枪部队遂改组为各区机枪区队,直隶重庆市防空司令部高射枪炮大队指挥。这以后,又因各地区担任防空的驻军先后他调,而一时又无适当的部队接替,以致各地的机枪区队均成虚设,为此,重庆市防空司令部遂相继呈请撤销这些机枪区队。1938年,防空学校所属的高射照测部队,陆续移驻重庆布防,是年冬,炮兵45团团长辛文锐奉命飞抵重庆,筹组重庆的积极防空事宜。这以后,随着重庆政治、经济、军事地位的提升,国民政府军事委员会所属的高射炮部队和照测部队,纷纷调驻重庆增防。1938年10月,《重庆防空改进办法》颁布,重庆防空司令部乃呈准撤销原有的"高射枪炮大队",并将所有的高射枪炮接管,由重庆防空司令部直接指挥,"为适于作战之要求,亟应促成本市高射兵器之统一指挥与确遵射击时之纪律,以期预策安全而收宏效计,当经于二十八年四月拟订《高射兵器统一指挥办法》及《高射武器射击办法》,呈准施行。"同时另组"高射兵器指挥部",由重庆防空司令部呈请重庆卫戍总司令部以炮兵第45团少将团长辛文锐兼任该部指挥官,炮兵第42团团副王镇宇兼任副指挥官,并以该团团部原有业务人员兼办指挥部的各项业务工作[①]。1942年4月,防空学校高射炮兵第一区指挥部在重庆改编成立,并仍依照其原指挥系统兼指挥在重庆的所有高射兵器。至此,重庆防空司令部乃将已成立数年的高射兵器指挥部撤销(图5—1)。

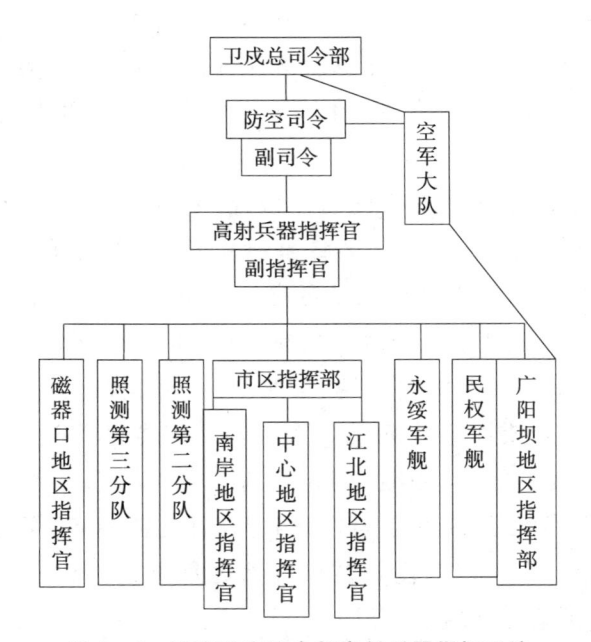

图5—1　重庆防空司令部高射兵器指挥系统

---

① 《重庆防空司令部积极防空沿革及设施情形》,重庆市档案馆,档案0044－1－49。

重庆为中国的战时首都,地位特殊,需要保护的重要机关、厂矿、银行、学校及重要人物的居所等遍布各地,而战时重庆的防空设备特别是高射枪炮又极为有限,因此,主管当局只得根据不同时期所掌握的高射枪炮的多寡,依据各防守地的重要程度,将数量不多的高射枪炮安置在最需要又最能发挥作用的地方。在1938年夏,当炮兵第41团第11连3.7公分炮及炮兵第42团2公分炮先后派遣来重庆布防时,主管当局将其分别配置于市区的马鞍山、南岸的海棠溪、沙坪坝的小龙坎及巴县的广阳坝等地,以担任各该要地的低空掩护①。1938年8月底,炮兵第45团第2营两个连,携7.5公分炮相继到重庆增防,当时除以第五连配置于市区的马鞍山,以掩护国民政府、大溪沟的电力厂及市区外,并以第六连配置于沙坪坝,以掩护兵工署第二十四工厂及沙磁文化区的建设。1939年春,炮兵第45团三个连,又携其7.5公分炮增防重庆,加之1939年"五・三"、"五・四"轰炸后,国民政府对重庆的防空措施加强,又陆续有一部分小炮队调驻重庆,重庆的积极防空力量得到进一步加强。重庆防空司令部将这些小炮队作为机动,随时变换阵地,以加强各要点的掩护,担任低空射击任务。除此之外,为配合空军作战,构筑严密的高层火网,乃将炮45团7.5公分炮第二连配置于南岸海棠溪,第三连配置于市区遗爱祠,第四连配置于南岸的弹子石,第五连调配于江北的万峰寺,第六连配置于沙坪坝的磁器口、陈家湾,以此构筑成互为犄角、互相掩护的严密火网,保护重庆市区特别是主城区上空的安全。嗣后,经过1939—1940年日机的狂轰滥炸以及各高射炮部队的历次战斗,原有的各炮兵阵地迭遭破坏,加之政府主要机关、重要人物住所、公私生产事业等纷纷向主城区以西的新市区并沿牛角沱、小龙坎、新桥、歌乐山、北碚一线的迁建区疏散,迁建区的重要性日益突显。重庆防空司令部为适应此形势的发展变化,于1939年夏秋之后,相继将上述高射炮部队进行重新调整布置:将第二连布置在瓦厂,第三连在鹅公岩,第四连在江北鸿恩寺,第五连在崔家坪,第六连在至江北石马河,"期使磁器口方面之炮火,得能与市区附近之炮火重叠火网,严密迁建区之掩护。"②

---

① 《重庆防空司令部积极防空史稿》,中国第二历史档案馆,档案802-297。
② 同上。

1940年6月,重庆之重要门户宜昌失守,重庆遭受日军空袭与日军地面进攻的可能性进一步加大。为保卫重庆,加强对日机作战能力,增加重庆低空火力的配备,势属必然。为此,国民政府军事当局先后调来4公分炮、3.7公分炮及2公分炮多连,配置重庆各重要地点,以加强对敌低空飞行的防御。这以后,随着战局的变化,各高射炮部队虽屡有调动及阵地变换,但总的说来,其防御方针是"以7.5炮担任市区之一般掩护,而7.5炮掩护不到之要点,或须特别加强火力之要点,则以机关枪担任之"[1]。经过如此调整,到1941年4月,重庆市的地面高射炮兵力布置如下表:[2]

表5—3 重庆市的地面高射炮兵力布置表

			主官		兵力	武器		防地	备考
			职别	姓名		种类	数量		
高射部队	炮兵第四十五团	团部	团长	辛文锐				鹅公岩	
		第一营 营部	营长	杨煜民				海棠溪	
		第二连	连长	夏纯凯	全连	7.5高射炮	4门	海棠溪	
		第三连	连长	郭俊武	全连	7.5高射炮	3门	二公岩	
		第二营 营部	营长	曾荫怀				江北陈家馆	
		第四连	连长	李品三	全连	7.5高射炮	4门	江北鸿恩寺	
		第五连	连长	余职堂	全连	7.5高射炮	3门	江北红土地	小地名
		第六连	连长	陈德灿	全连	7.5高射炮	4门	江北石马河	
	炮兵第四十一团	第二连 连部	连长	吴远	二排			大渡口	
		第一排	排长	吴毅	一排	3.7高射机关炮	2门	上校场对岸	
		第二排	排长	陈肇仁	一排	3.7高射机关炮	2门	含谷场	
		第二连	连长	薛镇国	全连	2.0高射机关炮	4门	白市驿	
		第十五连	连长	周文彬	一排	2.0高射机关炮	2门	江北观音桥	

---

[1] 《重庆防空司令部积极防空史稿》,中国第二历史档案馆,档案802-297。
[2] 《重庆防空司令部高射部队兵力配备表》(1941年4月5日),重庆市档案馆,档案0044-1-51。

续表

高射部队	炮兵第四十二团	第四连	连部	连长	顾文彬	二排		小龙坎
			第一排	排长	陈中英	一排	2.0高射机关炮	2门	马鞍山
			第二排	排长	黄锵	一排	2.0高射机关炮	2门	小龙坎八块田
	炮兵第四十四团第四营		营部	营长	张尔耕			小龙坎
		第十二连	连部	连长	徐肃森	二排		大坪
			第一排	排长	刘峰	一排	2.0高射机关炮	2门	复兴关
			第二排	排长	曾海湖	一排	2.0高射机关炮	2门	广阳坝
		第十三连	连部	连长	翟玉萱	二排		广阳坝
			第一排	排长	杨仲华	一排	2.0高射机关炮	2门	黄山
			第二排	排长	陶纯	一排	2.0高射机关炮	2门	广阳坝
	兵工署	第二十工厂警卫队		队长	黄镇中	一分队	2.5高射机关炮	2门	铜元局
		第二十一兵工厂警卫队		队长	宋克谟	一分队	2.5高射机关炮	2门	江北簸箕石
		第二十四兵工厂警卫队		队长	游德业	一分队	2.0高射机关炮	1门	磁器口
合计	高射武器：7.5高射炮17门、3.7高射机关炮4门、2.5高射机关炮5门、2.0高射机关炮18门

地面防空部队最早的一次对敌防空作战，是在1938年10月4日。这天，日机9架，企图偷袭重庆的广阳坝机场，不料我炮兵第41团第11连已在该地布防，当敌机临近时，即出其不意地给予敌机以猛烈射击，敌机遭此突然袭击，不明究竟，只得仓皇投弹后逃走。1938年武汉失守后，重庆地位更形重要，日军也将重庆视之为第一个打击、毁灭的重要目标。重庆的地面防空部队虽然

力量有限、武器不足,但仍积极配合空军,给来袭之日机以猛烈打击,但我两路口的照测阵地、武器库、马鞍山、罗家湾、遗爱祠、海棠溪、弹子石等高射炮阵地,也先后中弹被毁,士兵也有所伤亡①。

1940年,日军对重庆实施了更为疯狂的"101号作战",先是对作为重庆附近航空基地(机场)的广阳坝、白市驿进行轰炸,接着又对重庆市区周边的北碚、沙坪坝等地进行狂轰滥炸,继而对市中心区及以市中心区为核心的南北两岸施行大规模的轰炸,每次动辄七八十架乃至一百数十架。面对日机的大规模轰炸,为最大限度地打击敌人,保护战时首都的安全,重庆防空当局将各阵地调整配置,改变掩护重点于迁建区,并以电力厂为掩护重心,给予敌以重大打击。然而,在日机的狂轰滥炸下,高射炮部队45团团部通信连、修理厂、第2营营部、第6连阵地,均先后中弹焚毁或被炸毁,其他各阵地也受到程度不一的损毁。

表5—4 抗战时期重庆地面高射炮部队历年来作战经过与战果统计表②

时间 类别	1938年	1939年	1940年	1941年	1942年	合计
战斗次数	12	24	44	46		126
7.5公分炮弹药消耗(发)	1470	1520	3300	4090		10380
4.0公分炮弹药消耗(发)	100					100
3.7公分炮弹药消耗(发)	120	820	480	510		1930
2.5公分炮弹药消耗(发)		380	270			650
2.0公分炮弹药消耗(发)		20	730	1020		1770
击落敌机(架)		4	10	1		15
击伤敌机(架)	8	18	44	15		85

抗战时期重庆地面部队的对敌空中作战,除了高射炮部队外,还有地面的照测部队。地面照测部队虽然不能直接对敌作战,但它所发射的灯光对敌仍有着极大的震慑作用。特别是在敌机夜袭时,由于实行灯火管制,空中、地面

---

① 《重庆防空司令部积极防空史稿》,中国第二历史档案馆,档案802-297。
② 根据《重庆防空司令部历年敌机袭渝我高射部队战斗各种弹药消耗暨战果统计表》(1942年12月31日)整理,重庆市档案馆,档案0044-1-45。说明:原表为图式且分为数个,现为节省版面及清爽明白起见,合为一个表且以数字标明。

一片漆黑,如果敌机来袭,地面的照空灯一齐打开,从多方搜寻敌机及其动态,一旦发现目标,即集中灯光在空中将日机罩住,不仅为中国空军和地面高射炮部队的作战创造条件,而且也给敌飞行员造成恐怖心理,害怕成为中国空军和地面高射炮部队攻击的目标,最后只得胡乱投弹,仓惶逃走。

最早到重庆布防的照测部队是防空学校照测总队第二队。1938年5月,该队先遣1灯来重庆布防,配置于大坪。同年11月,照测第三队又调3灯到重庆增防,分别部署在市区的国府路、两路口及南岸的崇文场。1939年春,照测第二队又遣4灯到重庆增防,布置于沙坪坝、杨家坪、新桥、麻柳溪等地。后又根据1939年历次战斗的实践,将照测三队两路口灯变换至南岸三峰寺,国府路灯变换至江北头塘,从而完成了对市区东南西北各方面外围的掩护。但作为军事要地的白市驿、广阳坝机场,此时却没有照空灯的掩护。因此在1939年秋,又调照测六队所属5灯到重庆,当即以3灯配置于白市驿外围,以2灯配置于广阳坝外围。此后不久,配置于广阳坝的2灯又他调布防,直到1940年秋及1941年春,照测五队来渝接替广阳坝防务后,中国战时首都重庆市区及附近各军事要点的夜间作战配置,方告完成(表5—5、5—6)。后随兵力之增减及日机航路的变化,随时将各灯变换阵地,"向外扩张或向内紧缩,期以切实发挥照空灯之效力"①。

表5—5 重庆防空司令部照测部队兵力配备表(1941年4月5日)②

部别	区分	主官职别	主官姓名	兵力	武器种类	武器数量	防地	备考
照测部队 防空学校照测总队	第二队 队部	队长	吴仲达				大坪	
	第一班	照测长	张浩然	一班	照测器材	一付	桂花园	
	第二班	分队长	江岩	一班	照测器材	一付	麻柳溪	
	第三班	分队长	梁毓□	一班	照测器材	一付	花岩	
	第四班	分队长	李洪启	一班	照测器材	一付	杨家坪	
	第五班	分队长	李锡莅	一班	照测器材	一付	新桥	
	第六班	分队长	陈上日	一班	照测器材	一付	瓦厂	该灯已损坏在修理中
	第七班	照测长	卢学熙	一班	照测器材	一付	广〔旷〕山坡	

---

① 《重庆防空司令部积极防空史稿》,中国第二历史档案馆,档案802-297。
② 《重庆防空司令部照测部队兵力配备表》(1941年4月5日),重庆市档案馆,档案0044-1-51。

续表

		队部	队长	王国荣				海棠溪	
照测部队	防空学校照测总队	第三队	第一班	分队长	吴辉	一班	照测器材	一付	江北人和场	
			第二班	分队长	王钺	一班	照测器材	一付	弹子石	
			第三班	分队长	刘光信	一班	照测器材	一付	广阳坝鱼嘴沱	
			第四班	分队长	陈志明	一班	照测器材	一付	三峰寺	
			第五班	分队长	沈博	一班	照测器材	一付	崇文场	
		第五队	队部	队长	陈锡福				广阳坝铜台路	
			第一班	分队长	叶正明	一班	照测器材	一付	广阳坝红庙	
			第二班	分队长	李芳显	一班	照测器材	一付	广阳坝石马岗	
			第三班	照测长	李光皓	一班	照测器材	一付	广阳坝铜台路	
			第四班	附员		一班	照测器材	一付	因照二队在瓦厂阵地之灯已损坏，故该灯暂放列于瓦厂阵地
		第六队		队长	萧知三				白市驿吴家集	
			第一班	分队长	包俊修	一班	照测器材	一付	白市驿鸡公嘴	
			第二班	分队长	邓志高	一班	照测器材	一付	白市驿凤凰丘	
			第三班	分队长	曾广诚	一班	照测器材	一付	白市驿吴家花园	
合计	照测武器：照测器材19付（内有2付已损坏，在修理中）									

表 5—6　重庆附近高射炮、照测部队阵地配备一览表（1941 年）

		阵地位置		高射武器（照测）种类	数量	掩护目标	备考
市区	陆军炮兵第41团第11连	南岸	海棠溪	3.7 高射机关枪	2门	军委会、卫戍总司令部、防空司令部、水塔、汽车站	
	兵工署第二十兵工厂警卫队		铜元局	2.5 高射机关枪	2门	20兵工厂	
				7.9 高射机枪	4挺		
	陆军炮兵第45团第5连	新市区	下枣子岚垭	7.5 高射炮	2门	电力厂、自来水厂、国府、中央党部及上清寺一带地区	
				2公分高射机关炮	1门		
	陆军炮兵第42团第14连		马鞍山	2公分高射机关炮	2门		
	川康绥署修械所警卫队		武器库	7.9 高射机枪	4挺	修械所	
	兵工署第二十一兵工厂警卫队		江北簸箕石	2.5 高射机关炮	2门	二十一兵工厂及市区附近	
				132 高射机关枪	4挺		
				7.9 高射机枪	12挺		
	防空学校照测第三队		新市区曾家岩	照空灯	1盏	3灯互相交射接光可以照射全市	
				听音机	1部		
			遗爱祠	照空灯	1盏		
				听音机	1部		
			南岸海棠溪	照空灯	1盏		
				听音机	1部		
广阳坝区	陆军炮兵第41团第11连		崖口新屋基	3.7 高射机关炮	2门	飞机场航空侦察班及第四工厂	
	陆军炮兵第42团第14连		桂花园渡口	2公分高射机关炮	2门		
沙坪坝区	陆军炮兵第45团第6连		董家院	7.5 高射炮	4门	二十五兵工厂、中央广播电台及交通部重庆发讯台	
	陆军炮兵第42团第14连		小门〔龙〕坎	2公分高射机关炮	2门		
	兵工署第二十五兵工厂警卫队		文昌宫	2.5 高射机关炮	1门		
				7.9 高射机枪	1挺		
	防空学校照测第二队		董家院附近	照空灯	2盏	2灯互相照射，接光可以照射该区地带	

续表

合计	高射炮:7.5 高射炮 6 门,3.7 高射机关炮 4 门,2.5 高射机关炮 5 门,2 公分高射机关炮 7 门,合计 22 门; 高射枪:132 高射机关枪 4 挺,7.9 高射机枪 21 挺,合计 25 挺; 照空器材:照空灯 5 盏,听音机 3 部。

说明:

1. 本表所列高射武器,系各地区专任防空部队之武器,至其他驻地友军之高射机枪,因调动时移,未能确实,故本表未列;

2. 各兵工厂之武器,专任各厂之防空;

3. 前武汉高射炮第 2 连暂配于新市区附近,因开往自流井,故本表未列。

以上仅将战时重庆积极防空中最具代表性的空军空中作战及地面高射炮部队的对敌空中作战,略作叙述。但战时重庆的积极防空,远不止这两方面的内容,还包括有情报网的建立、监视队哨的设置、通信网的构成、警报器的配置与警报信号的发放,等等。战时重庆的积极防空,因受器械、人员等多方面的限制,虽然在重庆人民的反空袭斗争中不占主要地位,但它却是重庆人民反空袭斗争的重要组成部分之一,对于阻止、扰乱、打击日军的空袭轰炸,减少日机空袭带来的损失,保障战时首都正常的工作、生产与生活秩序等,都具有一定的积极意义和作用。而且中国空军与地面防空部队,在明知敌强我弱的情况下,不畏艰险、不怕牺牲,与日机展开了面对面的血拼,并取得了一定的战果,创造了一些奇迹,在中华民族的抗日战争史上,同样书写了可歌可泣的光辉篇章。

第三节 重庆反轰炸斗争中的消极防空

1937 年抗日战争爆发后,由于中日两国力量对比的悬殊,使得中国的制海权、制空权于战争发生后很快便丧失殆尽。因此,当日本帝国主义决定组织"航空进攻作战",攻击中国"战略及政略中枢"的重庆时,处于困境中的国民政府当局除了组织极少部分的积极防空外,更主要的则是采取了挖掘防空洞、沟、壕、室,大规模地疏散人口以及在空袭后展开积极的空袭救护等消极防空措施,以躲避轰炸,减少损失,并取得了相当的成就和成功。

一、防空工程

重庆是中国著名的山城,市区高低不平,起伏颇大,整个市区的绝对海拔虽然不高,但地形复杂,而且岩石坚硬,这一方面为重庆城市的基础建设和发展增添了困难,但同时又赋予了重庆层层叠叠的美感。更为重要的是,重庆的这种地形和地质,在抗战时期则成为重庆人民抵抗日机狂轰滥炸的有力武器,英勇、勤劳的重庆人民,充分利用重庆的地形地质特征,在坚硬的石岩上开挖、建造起了众多的防空洞、沟、壕、室,使之成为保障战时重庆人民生命财产安全,保障战时首都正常的工作、生产与生活秩序,保证国民政府正常地行使其职权的最直接、最有效的工具。

(一)战时重庆建筑防空避难设备之发端

1937年"卢沟桥事变"后,鉴于日本飞机的疯狂肆虐及其对不设防城市的狂轰滥炸以及自身防空力量的薄弱,重庆市防空司令部自1937年9月1日成立后,在积极组建防空情报网、防空情报站的同时,更是将消极防空放在首位。他们决定利用重庆山城独特的地质、地貌特点,组织人员,积极进行防空大隧道、防空洞、沟、壕的勘测和建筑。与此同时,蒋介石也十分重视重庆防空设备的建设工作。早在1937年9月国民政府正式决定迁都重庆前,蒋介石即致电刚刚成立的重庆市防空司令部,饬令其负责指导、协助民众挖筑简易的防空壕,并明确规定了防空壕须深6尺、宽2尺,上盖木板并加土层的要求[①]。

随着上海、太原等地战斗的惨烈以及日本飞机的肆无忌惮,重庆各界对城市防空的重要也愈加重视,市内各银行、公司、机关以及一些殷实的私人住户,都纷纷开凿防空壕或避难室,以致当时重庆仅有的几家建筑设计公司如华亚、洪发利、马礼泰等厂的工程师,均四出设计而忙碌异常[②]。而主持重庆防空事宜的重庆市防空司令部,也以本市防空建设刻不容缓,决定分三期筹资400万元,作为建筑防空洞之经费,并专门成立了由重庆市绅、商、学、工及新闻界代表组成的"重庆市防空设备委员会",负责此项经费的筹集。1937年11月20日,重庆《国民公报》发表名为《本市防空问题》的言论,开宗明义地提出了"'万事莫如防空急',这话在重庆市尤其重要"的主张。该文认为:"重庆为后方要

---

① 程雨辰:《蒋介石与重庆的防空洞》,《档案史料与研究》1993年第4期。
② 《本市各街赶筑防空壕》,《国民公报》1937年11月14日。

地,西南各省经济中心,人口达40余万,今后更有成为政治重心之势。现在敌机凶焰,东方及于武汉,北方到达西安,何日光顾渝市,似不过迟早问题,如果没有周密的防空,全市的生命财产,简直是毫无保障。"该文还对重庆市防空司令部成立以来的全市防空设备毫无显著成绩的现状进行了批评,认为是"官民上下,均负相当责任",同时认为现在筹措防空经费积极进行防空建设是"亡羊补牢,犹未为晚",只要能对全市的生命财产有保障,就是防空经费"再多些,市民亦应忍痛筹措"并"自然觉得这笔钱出的不冤"①。应当说,这在国民政府尚未正式发布迁都重庆命令,重庆的各种地位尚维持原状以及日机的炸弹还未波及重庆及周边各地的情况下,此文提出上述观点,还是有相当见地的。

1937年12月22日,由重庆市防空司令部、重庆市政府、成渝铁路局等机关组成的工程人员,开始勘查重庆市的防空大避难壕。他们从重庆两江相汇的朝天门起,沿长江北岸的望龙门、储奇门、南纪门,到千厮门逐步勘查、测量,结果一致认为,大隧道的起点处应高出洪水线,同时须与交通线联络。后又根据市区的地形特征,对原计划略加更改,决定将大隧道的干线划自三元庙起,中经小什字、半边街、左营街、较场口、通远门、观音岩,至两路口南区马路转拐处;横道原计划为五处,现决定就蔡家湾、望龙门、左营街、临江门、储奇门、七星岗、南纪门等七处选择三处,重新制图测量。一俟测量完竣,立即开工挖筑②。除此之外,重庆市防空司令部还与承包商签订合同,先选定市区的夫子池、白象街空地、中央公园孔雀亭及篮球场、巴县政府、将军坟、文庙后荒地、警备部、市商会、市党部、第一模范市场篮球场子、国泰戏院、心声影院等13个地方建筑避难壕,并明确规定了其质量标准。随后又感不敷应用,增加了土主庙、提督庙、许家院、临江门外、火神庙后空地、千厮门、月台坝、江北新城、江北公园等12个地方。与此同时,重庆其他各界也加强了对防空的重视及防空避难设备的构筑:重庆南岸到1937年年底共建成简易防空壕260余个,可容3000余人;美英法各国驻渝领事馆,也以"渝市已成政治重心,日本飞机难免不来空袭,顷特通告该国各驻渝侨商,迅即于短期内将防空设备完成,以防将来万一之变"③。虽然如此,但由于重庆距离前方甚远,日本飞机也还未能直

---

① 《本市防空问题》,《国民公报》1937年11月20日。
② 周开庆:《民国川事纪要》下册,第35页。
③ 《十三个防空壕限二月下旬完成 驻渝外领令侨商设备防空》,《国民公报》1938年1月14日。

接加害、施暴于重庆。传统的惰性使得大多数的市民仍然处于观望、彷徨状态,以致防空经费迟迟不能筹齐,防空计划迟迟不能实现,防空设备迟迟难以周全。迷茫中的重庆市民和重庆防空都需要一副猛药,方得苏醒。

(二)重庆防空避难设备的兴筑

1938 年 2 月 18 日日机对广阳坝的试探性轰炸,给尚在彷徨中的重庆市民无疑敲响了警钟,也大大推动了重庆防空避难设备的建设工作。2 月 22 日,重庆市防空司令部布告市民,要求全市市民自行择地建筑防空避难设备,以有备无患;同时晓谕各地业主"务必悉本同舟共济之义,尽量出租空地,并以建筑者种种便利"①。6 月上旬,重庆防空司令部又制定专门的《普通住户商店消极防空设备表》,逐户进行对照检查,其中关于防空避难设备一项规定:"大户视人口之多寡,建筑能容全数人口之简易避难壕、室,小户即因经济困难,亦应联合邻居住户合建,以谋安全。"②同时防空设备委员会也发出告全市民众书,认为无论从目前重庆所处的重要的政治、经济、军事地位看,还是从日机 2 月 18 日在广阳坝投弹来看,敌人都是"没有把我们重庆市忘掉的"。为此,防空设备委员会经过国民政府军事委员会委员长重庆行营核准,制定了一个"照房产价值营业资金各募千分之五"、总数为 50 万元法币(以后所称币值,如无特别说明,均为法币)的募款方案,并号召市民要"格外踊跃,如期措置,缴呵!"③

重庆大规模修建防空避难设备的标志是 1938 年 8 月 2 日大隧道的破土动工。经过近半年的勘测、筹备和完善,重庆有史以来的第一条大隧道是日在市区公园事务所旁举行开工典礼。该隧道横贯重庆老城区的南北东西,总共有 13 个出入口,完工后可容纳 4 万余人,被誉为"当时世界各国伟大的都市防空工程之一"④。从此以后,重庆防空避难设备便进入到大规模开挖阶段,到 1938 年 9 月,重庆市区的防空避难设备状况是:"公家所设,有防空壕 512 个,可容难民 63765 人;私家所设,有防空壕 504 个,可容难民 67250 人。且公私两方面,现均继续建筑,其容量当亦日有增加。此外,宪军警及防护工作人员

---

① 《防空部布告赶建避难壕》,《国民公报》1938 年 2 月 23 日。
② 《防空部拟定民间消极防空设备 十一日起开始检查如违受罚》,《国民公报》1938 年 6 月 9 日。
③ 《防空设备费开始筹募 防空部发告民众书》,《国民公报》1938 年 6 月 10—11 日。
④ 周开庆:《四川与对日抗战》,台湾商务印书馆 1971 年版,第 74 页。

之掩蔽,另有地上防空壕 33 个,岗警防空洞 154 个。至于现正开挖之防空大隧道,第约四公里,出口 20 处,完成后可容七八万人。"①

1939 年的"五·三"、"五·四"轰炸,是日本帝国主义"从空中对毫无防御的人们进行史无前例的大规模屠杀"②,也是人类航空史上一次轰炸造成死伤人数最多的纪录。这以后,日机又频频对重庆进行大规模的狂轰滥炸,给重庆人民的生命财产造成巨大损失。经此惨案,政府当局和广大市民都从血与火的教训中清醒过来,认识到我方积极防空力量的不足和防空洞、大隧道、地下室等消极防空避难设备的重要作用,进而开始了更大规模的防空避难设备的建设。一方面,政府当局投入更大的人力、物力和财力在人口众多、机关稠密的地区开凿公共防空避难设备,并加快了原大隧道工程的施工进度;另一方面,政府当局又在市民中进行普遍又广泛的宣传动员,在鼓励那些不必留在市区的机关、学校、团体和个人尽量向近郊和周边各县疏散的同时,还大力鼓吹、动员、号召广大的市民有钱出钱,有力出力,按照自建自用、共建共用的原则,大量兴建私人防空洞、防空壕或避难室。

为了推动防空避难设备的建造工作,重庆防空司令部、重庆市政府还联合发起成立了"市民扩大建筑防空洞运动",并专门组成凿洞委员会,以设计、筹划防空洞、沟、壕、室的建造标准和技术要求,积极动员、鼓励、倡导、扶植、帮助市民自建或合建防空避难设备。为达到预期目的,1940 年 2 月 19 日,重庆防空司令部、重庆市政府联合在嘉陵宾馆宴请重庆各界及绅耆代表 200 余人举行座谈会,商讨重庆防空避难设备的建造事宜。与会代表鉴于重庆雾季即将过去、日机对重庆的轰炸不可避免,决定除由重庆防空司令部积极组织人力、物力和财力开凿公共防空洞外,还应广泛发动市民及各机关、团体、学校自行建筑、挖掘防空洞、防空壕,并当即决定成立以重庆卫戍总司令兼重庆防空司令刘峙为主任委员,重庆市市长吴国桢、重庆市临时参议会议长康心如、重庆防空司令部副司令胡伯翰为副主任委员的"重庆市民众扩大建筑防空洞委员会";会议还决定市属各区、镇于一星期内成立分会,在各分会之下设立分队,分层负责,积极筹款,勘测防空避难设施之建造地点,着手防空避难设施

---

① 李根固:《重庆防空设备概况》,《国民公报》1938 年 9 月 18 日。
② [美]白修德著,马清槐、方生译:《探索历史》,三联书店 1987 年版,第 20 页。

的建设。

由此,一场大规模的全市性的市民自建防空洞运动便在重庆市区各地轰轰烈烈地开展起来,当时的媒体对此曾著文称:"除了政府拨钱预备增建多少公共防空洞外,防空司令部更在鼓吹人民自费合建防空洞,就连车夫小工,也都分派到了每人十一二元的建筑费用。在茶馆里,在各乡镇上,工头们又在以非常得意的声调找寻工人了。……市区内外有岩壁的地方又交了好运,凿主和工头们去看风水,不是看风水,是看岩壁的地位和坚固如何?太松的、多疑的石头经不得震撼,铁一样的石头又无从下手,容易叫包工头赚不到好钱。他们用眼睛测量着多少磅的炸弹,可以炸透多少公尺的地里。"①仅3月初,市区内就有120处防空洞工程相继开工。重庆市区及周边各县数以万计的石工、民工、泥沙工和运输工,在此以后长达两年多的时间里,或用炸药在重庆坚硬的石坡上打眼放炮,或用铁锤、钻子、扁担、箩筐等工具挖沟凿洞,兴建掩体。

与此同时,改组后的重庆防空司令部除在地质勘测、工程设计、建造标准、技术要求、质量检验等方面为市民提供方便和服务外,还在经费上给予补助。1939年"五·三"、"五·四"轰炸后,国民党中央政府对重庆的防空更为重视,所拨防空经费也大大增加。据不完全统计,从1937年12月重庆修筑防空大隧道起,到1940年初春止,国民党中央政府拨发给重庆的防空经费多达1275000元,资金保管委员会自筹资金878143元,共计法币2153143元②。按照国际惯例,1940年估计每人建筑容纳自身的防空避难设备需款12元计,此笔款项所建筑的公共防空洞,其容量可达17.9万多人,加上众多的私人防空设备,到1940年2月,重庆市所有防空避难设备的总容量可达28万余人,而当时留在重庆市区的常住人口大约是42万,防空避难设备的容量已占全市总人口的2/3。

这以后,随着重庆市防空避难设备在对付日机轰炸过程中积极作用的突显,也随着1940—1941年两年间日机对重庆轰炸惨烈程度的加剧,从国民党中央当局到重庆市地方政府,从大商富户、高官名流到普通百姓,从重要的军事战略中枢到一般的机关、工厂、商店、学校和团体,也都从轰炸中吸取血的教

---

① 子岗:《防空洞是谁凿成的?》,《大公报》1940年3月3日。
② 《重庆防空司令部为请拨款添建防空洞致行政院代电》(1940年2月17日),重庆市档案馆,档案0067-1-155。

训,并在反轰炸斗争中总结出新的有益经验,使得各自的疏散工作和消极防空设备逐年加强,防空避难设备逐年增加(表5—7)①。

表5—7 重庆市历年公私防空壕洞统计表

分类	年度	二十六年度	二十七年度	二十八年度	二十九年度	三十年度	三十一年度
掩蔽室	室数	15	30	38			
	容量	450	900	1140			
防空壕	壕数	20	29	102			
	容量	1388	2301	1945			
公共防空洞	洞数	7	42	375	510	470	262
	容量	2550	15036	135250	162580	142142	90499
私有防空洞	洞数	13	58	423	680	930	1329
	容量	2820	13630	99385	159800	218550	313754
隧道	道数		7	13	13	13	12
	容量		1420	18240	24553	7810	23460
合计	数目	54	166	951	1203	1413	1603
	容量	7208	33287	255960	346933	368503	427673

备注:1.壕室因简陋,抗力不住,一经轰炸易于崩塌,二九年已加封闭;
　　　2.各公共防空洞除三十年、三十一年先后供拨各机关、部队及抗力不住,应于封闭者,概未列入。

由此可见,在战争这一特殊的历史背景下,英勇的重庆人民在短短的六年间使重庆的防空设备在数量上增加了近30倍,防空洞的容量增加了约60倍。这是一个奇迹,是恶劣战争环境下由重庆人民创造的伟大奇迹,它在保护重庆人民生命财产安全方面发挥巨大作用的同时,也为人类积累了丰富的防空、反轰炸斗争经验,赢得了各同盟国的赞誉。抗战时期英国第二任驻华大使薛穆,就根据其半年来在重庆的所见所闻,由衷地赞誉道:"在空袭警报网及防空洞方面,重庆直可与世界上任何城市比较而无愧色,重庆之应成为世界理想中之一项事物,实无足异。"②新加坡华民政务司副司长在参观了重庆的防空设施返国后,也发表谈话称:"代表团对于重庆防空设备之实际效

---

① 《重庆防空司令部编制本市历年公私防空壕洞统计表》(1944年),重庆市档案馆编:《中华民国陪都史资料丛书·轰炸与反轰炸》(未刊稿)。

② 周开庆:《四川与对日抗战》,台湾商务印书馆1970年版,第80页。

率,印象极深。现重庆居民之防空洞,最为普遍,故目前日方空袭,除扰乱而外,别无价值。"①

1941年12月7日太平洋战争爆发后,日本军国主义为应付太平洋战争,不得不将其主要的海、空军力量调往南方。自此以后,猖獗一时的日机对重庆的空袭基本停止。有鉴于此,1943年7月29日,蒋介石命令重庆防空司令部和重庆市政府等战时主持重庆防空事务的主管机关:"以后重庆市区内新辟之防空洞,无论公私,应先呈请核准。其已辟而未完成者,准予完成,但不能逾8月20日为期。如至期尚未完成,则应即停止为要!"奉此命令,重庆防空司令部于7月31日召集相关机关开会,商讨贯彻执行办法,决定:一、以后市区内新辟防空洞,无论公私,须先报由防空洞管理处呈由本部转呈军事委员会核准,方可兴工;二、正进行而未完成之公洞,令由防空洞管理处遵限停工,私洞由防空洞管理处及警察局调查,通知遵限完成,逾期即行停工;三、限期内赶凿工程,仍依据先前已有规定取缔夜间放炮,并令主管机关严格执行。② 1943年8月8日,重庆防空司令部正式向全社会发出禁止开辟防空洞的公告。抗战时期在重庆防空史上占有重要地位的重庆防空避难设备的建造运动,至此正式结束。

(三)重庆防空避难设施的管理

在战争条件下,修建防空避难设施是一个巨大的难题、伟大的工程,被誉为是"一部新的希腊神话式的诗篇,或是一部东方式的新山海经"③。而在战争条件下要管理、利用好这些防空避难设施,则更是一件比开凿这些防空避难设施更为复杂、困难的事。因为在建防空避难设施之始,即涉及地点勘查、工程标准、通风防毒等技术性难题;在建好这些防空避难设施之后,又涉及防空避难设施的合理分配、使用、保洁、防塌以及市民进出秩序等管理上的难题。这些难题,在日机轰炸频繁、市面秩序混乱、当局管理机构重叠、市民防空意识不强的情况下,显得尤为突出。但重庆防空当局和重庆市民不断总结反轰炸中的成功经验,使重庆的防空避难设施较好地发挥了保障广大市民生命财产

---

① 《马来亚二代表返抵星洲》,《国民公报》,1941年12月4日。
② 《贺国光为遵办限制开辟防空洞事致军事委员会代电稿》(1943年8月10日),载《中华民国陪都史资料丛书·轰炸与反轰炸》(未刊稿)。
③ 徐盈:《重庆——世界与中国的名城》,《中学生杂志》第83期,1944年8月出版。

安全的作用。

在重庆防空避难设施建造之初,防空当局所重视的只是防空经费的筹措、防空避难设施地点的选择、防空工程的标准与质量、防空避难设施的多寡及建造速度问题,并制颁了一些政策和规定。1939年的"五·三"、"五·四"轰炸,不仅检验了重庆的积极防空能力,检验了重庆市民对轰炸的心理承受能力,而且也检验了重庆的消极防空状况,其中,各防空避难设备在管理上的混乱和不足开始暴露出来,特别是一些机关和私人防空洞不准外人进入避难的状况比较突出,导致普通市民带来不应有的牺牲和损失,也引起社会舆论的非议和不满。为此,重庆防空司令部、重庆卫戍总司令部乃至军政部等防空主管部门都相继发出命令,要求"各机关住户私建避难壕洞,有容纳外人之隙地者,应尽量容纳,不得藉故拒绝或乘机敛财"[①]。与此同时,各防空避难设备在工程技术与清洁卫生等方面的问题也暴露出来,如防空洞内存有石渣和积水、空气不畅等,市民在警报未解除前,即任意出立防空洞外,稍有异常情况发生,又蜂拥而入,随时有发生踩踏事故的危险。重庆市政府曾针对这些问题,确定了解决的办法并上报蒋介石,1939年6月15日,蒋介石回电重庆市政府,对重庆防空的有关事宜作了详尽指示:

(一)私人防空洞应登记并检查容量,规定容纳外方避难人数;

(二)对各防空洞应总检查抗力强度如何?洞门是否合规定?须饬分别加强或改造;

(三)对各防空洞管理,应由市府统筹支配某街某巷入某洞,入口何处?出口何处?事先有一定规定,临事不致慌乱突奔;

(四)防空洞出入口处四周20公尺必须折空,建为小广场,以免附近房屋塌毁时封塞洞口;

(五)遇有警报时,各岗警张悬红旗藉资区别,以免市民以误传误,自相虚惊;

(六)江北、江南各渡口,必须改善码头,增加渡船及班次,以免警报时

---

① 《重庆卫戍总司令部为尽量容纳市民入洞避难给重庆防空司令部的训令》(1939年5月25日),重庆市档案馆编:《中华民国陪都史资料丛书·轰炸与反轰炸》(未刊稿)。

拥塞码头两岸,临时无法疏散;

(七)车船及码头夫应有组织,对车费、船费等价目应有明确规定。①

1939年7月4日至15日,军委会军令部、重庆警备司令部、重庆市政府、重庆市卫生局、重庆空袭救济联合办事处、中国红十字会重庆办事处等单位派出代表组成联合检查组,对重庆市第一、三、五、七及江北警察分局辖区内的所有公共防空洞壕进行检查,认为各防空洞壕普遍存在着工程和卫生两个方面的突出问题,并提出了其关于防空洞壕的改善意见。工程方面的主要问题有:一是"洞口距离太近,洞顶石质不坚。……拟请对于防空洞口距离,有一定的规定。洞顶最好能用木料或水泥修筑,各洞口应有护石或沙包以避弹片";二是"防空洞内及洞外碎石尚未清除……拟请从速饬工搬开";三是各防空洞内"积水甚多,或洞口有阴沟,不但污水不能排除,反而流入洞内。拟请从速设法派工改善";四是防空壕,除极少数仍可利用外,多数的防空壕或已倒塌,或顶层过薄,"均不能再行使用";五是"为便利城内居民赴东水门城外各防空洞避难起见,拟请在东水门、顺城街一带开掘城墙数段,使市民能于警报时从容到达各防空洞";卫生方面的主要问题有:一是各"公共防空洞壕,均无厕所及防毒设备";二是除个别防空大隧道有通风设备(但均不能用)外,其余各大隧道"均付缺如";三是"所有公共防空壕洞均无木栅及坐凳";四是各防空洞壕的清洁堪忧,有的防空洞外有粪便、死鼠,有的防空洞外之厕所积粪未除,有的防空洞外垃圾成堆。除此之外,该检查组还特别认为,由于各大隧道面积太大,洞口距离太远,以致"通风不良仍不能安全容人",因此建议增开平洞以策安全,还建议"新开公私壕洞地点须行统筹分配,以免稠密、重复,反失安全";新开各洞,应就原石凿成整体掩墙,以免轰炸时滚石伤人。② 此后,重庆有关防空避难设施的管理,就是以蒋介石的指示和黄子安的报告意见为基础,不断改进和加强的。

1939年7—8月,重庆防空司令部相继颁发了市民进入防空洞具体办法

---

① 《蒋介石为指示防空事宜致重庆市政府代电》(1939年6月15日),重庆市档案馆编:《中华民国陪都史资料丛书·轰炸与反轰炸》(未刊稿)。
② 《黄子安等为检查防空洞情形给重庆防空司令部的报告》(1939年7月15日),载《中华民国陪都史资料丛书·轰炸与反轰炸》(未刊稿)。

和公共防空洞避难规则,布告市民遵行。其中办法规定:

一、凡私有防空洞壕,除洞主本人、眷属、亲友外,如有剩余,应容其邻居及其亲友入洞避难,并用木栅隔离;这些邻居入洞,必须持有由防空司令部印发且由市警察局商得业主同意之入洞证。二、各公私防空洞壕,依据重庆卫戍总司令部分发的居民居住证数量,就某一市区街巷之市民,分配于该市区之防空洞壕;且此种分配,完全根据居留市区之人数与防空洞壕容量之比例来决定。三、凡无居住证的市民,一律不准入洞避难,以免拥挤而生危险。①

《防空洞避难规则》则规定了市民进出防空洞壕应该遵守的十项纪律,包括:

一、入洞及出洞时严禁争先恐后;二、让老弱妇孺先进洞内及先出洞口;三、进洞后靠壁坐下,留出交通道路;四、不准事先入洞占住;五、禁止携带引火物或笨重物品入洞;六、洞内禁止吸烟;七、警报未解除,不要出洞窥望;八、洞内不幸发生灾难,避难人应绝对服从管理员之指挥;九、洞内额满,后到者应听管理员指导,另入他洞;十、违反右列各条者,分别轻重处罚。②

虽然办法规定得如此详尽,但真正执行起来却十分困难,以致各防空洞所存在的洞内有石渣、积水未除、无通风设备、洞内空气不佳、洞口洞内污秽不洁等问题依旧没有解决。据三民主义青年团重庆支团部1940年6月上旬的调查,在全市240个公共防空洞中,"其无门栏、灯火、坐凳、厕所设备者,约占十分之七八,洞内泥水充塞、有危险不能容人者,约占十分之一,且茶水灯火之供给,当地保甲支唔推诿者,也不在少数。"③特别是有的防空大隧道之洞口,入

---

① 《重庆防空司令部制定进入防空洞具体办法》,《国民公报》1939年8月30日。
② 《重庆防空司令部印发公共防空洞避难规则》(1939年7月),《中华民国陪都史资料丛书·轰炸与反轰炸》(未刊稿)。
③ 程雨辰:《蒋介石与重庆的防空洞》,《档案史料与研究》1993年第4期。

口坡度过大,一旦警报来临,市民争相入洞,必酿惨祸,虽早在1940年年初即已有人提出,但未引起责任部门的重视,即使是1940年6月12日发生的十八梯下观音岩大隧道直通演武厅唯一大戏院一段,因两头出路拥挤,中间太长,且多潮湿,空气不畅所造成窒息而亡73人、受伤140余人的大惨案,仍未引起相关部门的高度重视和警惕,只是无关痛痒地称:"本市面上各重要之公共防空洞如通风设备及出入口秩序之维持管理等,仍应由主管及服务机关详加检讨,力求改善,以免再有疏虞。"①1940年8月12日,大梁子大隧道再次因空袭时间过长,避难市民太多而发生窒息死亡9人、受伤40余人的悲剧。事后,蒋介石曾亲自前往该隧道视察,并面谕防空当局要"切实改进大隧道装备……添装电灯与通风器材等设备"②。奉此命令,主管当局就改善防空洞通风一事曾多次与有关科研机构、大学及大型煤矿公司等进行磋商,相关机关也以"事关市民生死"愿意贡献意见,并提出了相应的解决办法。但所有这些,都未能阻止窒息惨案的再度发生,以致最终酿成了1941年6月5日十八梯、演武厅一带的、震惊中外的重庆"大隧道窒息惨案"。

毫无疑问,重庆"大隧道窒息惨案"的发生,罪魁祸首是日本飞机的轰炸,但引发此惨案发生的防空洞本身及其管理上所暴露出来的诸多问题,立即引起了社会各界上上下下的强烈不满和诸多批评。蒋介石得知消息后十分震怒,认为"隧道内设备欠周密,管理疏忽,致发生不幸事件,主管人员实责无旁贷"。除了亲临事发点视察外,他还于6月7日亲下手令,将"难辞其玩忽之咎"的"防空司令刘峙、副司令胡伯翰、重庆市市长吴国桢,着即革职留任"③。为查清大隧道惨案的真相并加强重庆防空洞的管理、改进防空洞的工程技术,国民党当局旋即分别成立了以吴铁城、张伯苓、康心如、张厉生、蒋廷黻、谢冠生、程中行等七人组成的"大隧道惨案审查委员会",以谷正纲为主任委员,包括刘峙、陈访先、贺国光、吴国桢、胡伯翰、唐毅、庞京周、梅贻琳等人在内的"防空洞管理委员会",以及以陈立夫为主任委员、翁文灏为副主任委员,包括曾养甫、徐恩曾、顾毓琇、吴华甫、谢元模、孙越琦、章天锋、蔡邦霖等人在内的"防空洞工程技术改进委员会",以期迅速改善全市的防空洞工程。7月14日,蒋

---

① 《中华民国陪都史资料丛书·轰炸与反轰炸》(未刊稿)。
② 《蒋委员长关怀防空昨视察大隧道》,《中央日报》1940年8月16日。
③ 《隧道窒息惨案蒋委员长手令处分各负责当局》,《国民公报》1941年6月8日。

介石又以重庆市政府在防空洞工程及管理上的责任太重,特致电市长吴国桢,要求延聘专家及社会名流组成"重庆市防空洞工程管理顾问委员会",以备咨询。

重庆"大隧道窒息惨案"发生后,防空洞工程技术改进委员会和防空洞管理委员会连续召开多次会议,在实地考察基础上,对防空避难安全的防空洞本身的设备未周及防空洞管理过程中的管理不完善等种种问题逐一反复商讨,最终形成了《陪都防空洞管理改进方案》、《重庆市防空洞管理处组织规程》、《陪都私有防空洞管理规则》、《陪都防空洞服务人员征用办法》、《重庆防空洞管理处建筑购置设备临时费概算》等法规法令,对今后重庆市防空洞的管理提出了最具权威的具体意见。其中最重要的一点就是改变了过去防空洞管理过程中机构重叠、互相推诿、互不负责的状况,明确规定:"管理防空洞之主管机关为重庆市政府,地方宪警及警备部队应派属协助,其被派人员受市政府之指挥。"在防空洞自身设备的改进方面,则明确要求凡是大隧道及千人以上的防空洞,在通风方面要有电力通风设备(并备氧气筒),在照明方面要有电灯(同时备有油灯),在通讯方面除装有有线电、无线电外,还应装置军用电话;其他防空洞则应分别备有人力通风设备、油灯和通讯设施。在防空洞的管理方面,则规定凡是大隧道或长度在50公尺以上的防空洞,都必须设置洞长一人、副洞长一人或若干人(其中,防空洞为一人,大隧道视其长短设若干人),再视隧道或防空洞之长短,以每20—50公尺为一段,设段长若干人;凡长度不满50公尺的防空洞,则分设正、副洞长各一人并以之兼任段长;以上人员的职责主要是管理秩序、通风、照明、通讯、卫生、供应、机会教育及紧急救护,其中洞长总管全洞事务,所有入洞避难及洞内洞口各种服务人员,都受洞长的指挥;副洞长承洞长之命,管理全洞人员及所在洞口之出入,并协助洞长处理洞内经常和临时一切事务;段长则受洞长、副洞长之命,管理该段人员和一切事务。同时还规定要视各防空洞之容量多少,严格地实行凭证入洞制度。①

1941年7月11日,专门负责重庆防空洞管理的"重庆市防空洞管理处"正式成立,该处隶属于重庆市政府,同时兼受重庆防空司令部的指挥监督,以

---

① 《防空洞管理改进委员会对防空洞改进方案报告要点》(1941年6月),《中华民国陪都史资料丛书·轰炸与反轰炸》(未刊稿)。

重庆市市长贺耀组兼任处长,重庆市警察局局长唐毅及东方白兼任副处长,军事委员会少将高级参谋彭赞汤为专任副处长。内部组织设有总务、管制二科,督导、人事、会计三室,另设有大隧道电力、通风、照明、排水设备管理队及清洁队各一队,除大隧道另设立特别督导区,由宪兵担任管理外,并就重庆市警察局所属各分局的管辖区,分别设置17个督导区,每区设督导主任一人及视导员若干人,分别由各警察分局长及所属各警察所长担任。至于各防空洞的管理,则按规定实行洞长、副洞长、段长负责制,各私有防空洞的管理人员则由洞主按照规定请求重庆市防空洞管理处委派。各管理人员的选任,则是按照国防最高委员会核准通过的《陪都防空洞服务人员征用办法》所规定的"年龄在18岁以上50岁以下、体格强健、办事果决迅速"的人员中遴选,并经过一周左右的防空、防毒、救护、警卫、管制等项业务训练后,方才任用。到1942年4月止,服务于重庆各防空洞的管理人员共有洞长247人,副洞长491人,段长91人,总计829人。与此同时,还举行公私防空洞的调查和登记、编列洞号、计算容量、绘制全市防空洞分布地图,以便分配管理人员和实施凭证入洞[①]。嗣后,随着日本飞机对重庆空袭的减少和停止,重庆市防空洞管理处的作用也愈来愈小,1944年春开始缩减经费,裁汰职员。1945年10月,该处结束其历史使命,奉令结束。

二、人口疏散

抗战时期重庆大轰炸下的人口疏散,主要是为了将集聚于重庆市区的人口向邻近的四乡迁移,以减低市区的人口密度,降低因日机狂轰滥炸所带来的市民生命财产的损失。它是抗战时期重庆消极防空的重要措施之一,在战时重庆人民的反轰炸斗争中发挥了其独特的积极作用。

(一)重庆城市人口疏散的提出

1937年抗战爆发后,国民政府为"适应战况,统筹全局,长期抗战"[②]的需要,于11月20日明令宣布迁都重庆。之后,随着大片国土的沦陷和国民党统治中心的全部西移,国民党中央党政军所属各院、部、会、局,东部沿海地区之

[①] 《重庆防空洞管理处工作概况》(1942年4月),《档案史料与研究》1998年第3期;《重庆市防空洞管理处成立经过及结束办法之建议》(1945年8月27日),载《中华民国陪都史资料丛书·轰炸与反轰炸》(未刊稿)。

[②] 《国民政府移驻重庆办公宣言》,《中央日报》1937年11月21日。

工厂、机关、学校和团体纷纷迁到重庆,沦陷区的大批难民也开始逐渐涌向重庆,以致重庆的人口在抗战爆发后快速增加,1938年统计在册的人数即达488662人[①]。但实际人口却远远超过此数,达到六七十万人。

抗战爆发后重庆人口的快速增长及其战时首都的重要地位,加之有日本军国主义轰炸不设防城市的前车之鉴,所以无论是普通的重庆市民或是国民党最高当局蒋介石,早在1938年1月初,即有疏散重庆市区人口及其他物资、设备的构想。卢毓骏总结了近代防空城市计划专家的意见,认为重庆市区的房屋建筑等虽然不合建筑面积与空地面积三比七之比例,有些构造失宜,但城市市民则可尽量疏散,为此他主张:"①鼓励非营业之市民移居郊外,②将小学移设四郊,③将老弱妇孺遣送郊野或乡里,④将重要工厂或仓库分置于城外安全地带,⑤政府机关不宜集于一区。"[②]与此同时,蒋介石也特致电重庆市市长李宏锟,内称:"人口麇集都市,战时粮食治安,均受影响,甚至影响作战,徒增死伤,殊属非计。该市对于疏散人口,须切实认真办理为要。"[③]重庆市政府遂决定对邻近重庆市之各乡镇如巴县第一、第二、第三区,江北县邻近重庆地区,分别派员调查地势人口、交通饮水、学校卫生、保甲治安和燃料食粮等状况,以作为市民迁移疏散目的地之参考。

1938年7月27日,重庆市政府社会科出面,召集国民党中央党部、军事委员会委员长重庆行营、重庆市政府、巴县、江北县以及重庆市警察局的代表举行以"疏散本市人口"为主题的专门会议,会议决定:为减轻重庆的人口压力,一方面由重庆行营设立统一的指导机关,以统一规划入川避难的人民,使之能分别安居于沿江各地,以免入川难民全部来到重庆;另一方面,则由重庆市警察局通过保甲长转饬城内各住户,使之能尽量移驻重庆近郊各乡镇或附近各县,同时市政府设立专门的疏散人口指导处,以便在交通、教育、人事、住居等方面给疏散市民以指导;江北、巴县两县政府则负责调查所属各县的公私房屋,每半个月报告一次,同时对于有关疏散的各项事务尽力协助。[④] 与此同时,国民政府军事委员会委员长重庆行营也曾召集各相关机关开会,专门研究

---

① 重庆市政府统计处编印:《重庆市统计提要》表6,1945年辑。
② 卢毓骏:《重庆市消极防空之商榷》,《国民公报》1938年1月7日。
③ 《蒋委员长电令渝市府切实疏散人口 市府拟在四乡设防护区》,《国民公报》1938年1月18日。
④ 《疏散本市人口 市府昨开会决设指导处》,《国民公报》1938年7月28日。

重庆的人口疏散问题,并制定公布《疏散重庆市人口办法》,是为抗战时期重庆市最早且最为重要的人口疏散法令之一,对以后各种疏散办法的制定与完善,都有着重要的意义和作用,故特全文辑录:

1. 现在重庆市无职业者及其眷属及不必常住市内之人口,由重庆市政府会同警备司令部、警察局、宪兵第三团查明应行疏散之人口,限期迁出本市。惟为经济时间及应付时机计,应一面调查,一面即实行疏散,以免临时拥挤。

2. 经查明应疏散之人口,由市府填发迁移证,分别通知,限于接到通知后一星期内迁出。

3. 经查明确属无力迁移人口,得暂缓迁移,另候市府定期通知。

4. 疏散人口接到疏散通知而逾期不肯迁移者,得由市府强制执行。

5. 如谋疏移人口之便利,应于沿途设置类似旅行社之指导处所,其办法另定之。

6. 疏散人口暂指定分向长江、嘉陵江上下游及成渝、川黔两公路旁各县县城及附城地带及重庆市各防护区迁移,并令饬各该县限期将该县能容迁移人口数量调查明确,迅速具报。

7. 疏散人口需用之车船,应予便利,由各交通机关协助办理,其手续如左:①由市府调查征集各公私停驶之小汽车,交公路局承租,专作运输被疏散人口之用;②由行营交通处行驶成渝、川黔两公路之空车,搭运无力购票之被疏散人口;③由民生公司设法增加轮船航行班次;④由川江航务管理处调查沿江各县木船数量,报请行营,令各该县调集重庆,并通知市府作运送疏散人口之用;⑤由市府警察局准备陆路运送夫;⑥无力迁移人口,除向陆路疏散者,准依第二款办理外,水路疏散人口,由市府予以救济,其余搭坐车船者,仍须一律购票;⑦车船运送地点,暂定川黔路至松坎止,成渝路至内江止,长江上流至叙府(今宜宾)止,下游至涪陵止,嘉陵江上流至合川止,所有各路被疏散人口到达上列各地点时,如欲另往其他各地,一切应自行料理,但县府仍应尽量协助,俾臻便利;⑧疏散人口经过途经及到达地点,由行营电令川康绥靖公署、四川省政府主席及保安司令,严令各该县驻军、团队、壮丁队负责保护,并径电各该县军团遵照。

8. 疏散人口到达迁移地点后,由所在地县政府、县党部及动员委员会、救济委员会代租店所,介绍职业,并负责指导一切。①

重庆行营关于疏散重庆人口的办法发布后,各有关负责机关纷纷行动起来,按照各自应负的职责开始行动:作为主要执行机关的重庆市政府采取了三项具体办法,其一是利用私人汽车,分运市民疏散各地;其二是召集力帮工会开会,规定力夫搬运不许抬价敲诈;其三是规定运输船只用大型木船,以免小船发生危险。负责水运的川江航务管理处则调集了沿江各县的大小木船600余艘,集中重庆依次编号,以便随时运送疏散市民。重庆市警察局则令饬各分局在一星期内完成各区的户口调查,以作好各户是何职业、应否疏散等准备工作。重庆防空司令部则制定出《市民防空须知》,广泛张贴在全市的大街小巷,告知市民。巴县县政府则决定开辟南塘、磁器口、白市驿、歌乐山、鱼洞、木洞、广阳坝等中心场镇为重庆市民疏散地,并商洽各该地绅商集资建房,以供被疏散市民居住。这样,在大规模的空袭轰炸到来之前,重庆地方当局即已未雨绸缪,开始作疏散重庆城市人口的准备。

(二)重庆城市人口疏散经过概况

如前所述,重庆市的人口疏散真正开始于1938年10月。虽然在此之后,重庆市地方当局就一直将疏散重庆城区人口作为减少日机空袭损害、保障市民生命财产安全的一项重大措施来考虑和实施,但在日机大规模地空袭重庆之前,这些考虑和措施本身既存在严重的缺陷和不足,又缺少血与火、仇与恨的洗礼和考验,所以执行起来是有相当困难的,其效果也是很小的。整个1938年内,重庆市有组织的人口疏散共有三次,第一次从11月15日开始,第二次从11月23日开始,第三次从12月13日开始,共计仅疏散市民12211人②。和抗战时期重庆其他的消极防空措施一样,战时重庆的人口疏散,也是在残酷的大轰炸中不断进步和完善的。

随着1939年1月7日、10日、15日日机对重庆轰炸次数的增加和轰炸规模的扩大,特别是1月15日因轰炸而死亡的市民多达119人、受伤166人的

---

① 《行营公布疏散渝市人口办法》,《国民公报》1938年10月2日。
② 《警局两重要工作应疏散者决强制执行》,《国民公报》1939年3月16日。

惨痛教训,重庆市的"一般民众,鉴于被难者之惨状,为避免无谓牺牲起见,均纷纷自动疏散,迁徙下乡,连日不下数万人"①。另据记者调查,从 1 月 15 日起,每日通过长江、嘉陵江疏散者多达 3 万余人。1939 年 3 月 3 日,重庆市社会局又在《告市民书》中,除了要求市民响应政府号召,迅速疏散,以避免无谓牺牲,保持国力以支持长期抗战外,还呼吁"一切不必要留在市区的团体住户、商店工厂、堆栈仓库,请你们不要迟疑,不要徘徊,赶快的自动疏散吧!"②与此同时,市社会局还组织"重庆市疏散人口宣传委员会",于 1939 年 3 月 6 至 12 日举行声势浩大的"重庆市疏散人口宣传周"。在此期间,"各抗敌文化宣传团体及各学校,一律组织宣传队,出发附近街头宣传疏散意义,并由各机关、团体自制标语,张贴通衢;各报社发表社论劝导市民疏散,并于新闻栏内刊登标语;各影戏院依照标语演幻灯片;各公共场所翻制标语分别张贴,以广宣传。"③重庆市政府则规定 2 月底至 3 月 10 日为自动疏散期,3 月 11 日以后至 4 月 10 日止为强制疏散期,凡应疏散而未疏散的市民,在自动疏散期结束后,都将由警察局强制执行疏散。其他各有关部门也对有关疏散的交通工具、疏散地的安全、衣食住行以及无力疏散者确定了相关的办法和对策。至于其他的各行各业,虽大多依赖、附属于城市生活和经营,但在政府当局的一再劝导与督促下,也不得不作疏散的准备和打算,如市商会各同业公会就决定"尽先疏散各业囤积城区之货物,进而各同业作集体疏散"④。重庆市银行公会也决定自 3 月 1 日起,"各银行自行分别在重庆市区附近设立临时行址,于必要时即行迁出渝市执行业务。"⑤经过方方面面、上上下下的共同努力,到 1939 年 3 月 15 日止,重庆市历次劝导疏散的人口已多达 16 万余人⑥。

这以后直至"五·三"、"五·四"轰炸前,日机虽未对重庆实施轰炸,但政府当局鉴于 1 月 15 日的教训,并未忽视对疏散人口工作的领导和管理,也未减缓重庆城市人口的疏散步伐。1939 年 3 月 28 日,国民政府行政院会议通

---

① 《市民自动疏散轮渡拥挤》,《国民公报》1939 年 1 月 20 日。
② 《社会局书告民众速向四乡疏散》,《国民公报》1939 年 3 月 4 日。
③ 《疏散人口实行阶段社会局发起宣传周》,《国民公报》1939 年 3 月 5 日。
④ 《疏散本市人口将组统一性机关》,《国民公报》1939 年 3 月 11 日。
⑤ 《疏散银行办法》,《国民公报》1939 年 3 月 2 日。
⑥ 《渝市四十二万人口已疏散十六万余》,《中央日报》1939 年 3 月 16 日。

过了《重庆市疏建委员会组织规程》和《防空疏散区域房屋建筑规则》。其中规定：

> 一、行政院为主持重庆市疏散人口及减少空袭损害，设重庆疏建委员会；
> 二、该会的主要职责是承行政院之命，兼受军事委员会之指挥，执行疏建事项，对于地方军警机关及其他有关各县县政府，得以命令行之；
> 三、该会设主任委员一人，以重庆卫戍总司令兼之，副主任委员三人，以重庆市市长、重庆警备司令、重庆市党部主任委员兼任，委员若干人，由会就有关各县县长暨其他机关团体人员中选聘之；
> 四、该会内设总务、警备、交通、工程、经济调查等六组，每组设组长一人，副组长一人或二人，组员若干人，分别办理有关疏散的各项事宜。①

如此一来，抗战时期重庆的人口疏散工作，就提高到了国家级层面，开始由行政院设置专门机构主持。1939年4月10日，重庆市疏建委员会正式成立，以刘峙为主任委员，蒋志澄、李根固、洪兰友为副主任委员。4月16日，重庆市疏建委员会召开第一次全体委员会议，确立了疏建工作的三项原则："①保障人民安全，减少空袭损害；②维持重庆市内必要之繁荣；③开拓农村生产，促进乡镇之发展。"旋即又制定了《重庆市疏建委员会疏建方案》，以使重庆市人口物资避免空袭损害为目的，其总体方针是：疏的方面——在重庆市现有50余万人口的基础上，除了市区防空洞容量可以容纳的20%仍可居留市区外，"以20%向重庆近郊30里以内地区，以30%乃至35%向扬子江、嘉陵江两岸，以25%乃至30%向成渝、川黔两公路两侧及疏建区域内之长寿、巴县、江北、合川、铜梁、璧山、永川、江津、綦江等县境内较大乡镇，限于5月31日以前分别陆续实行疏散。"建的方面——"一面由政府出资与奖励投资之方法，从速择地建造新村；一面令疏建区各县于县城附近及各重要乡镇，设法让出相当房屋，以利容纳。"在具体的操作上，更对应该疏散的市区人口及机关团体、疏建地点、疏建地房屋的建造办法和规则、疏建地的

---

① 《疏建委员会组织规程及防空疏散区域建筑规程》，《中央日报》1939年3月30日。

治安维护、教育设施、卫生设备、合作社及人民借贷所的组设等作了十分详尽的规定。其中规定：

> 人民——凡年在45岁以上之老弱，15岁以下之幼童及无职业或无须留住城市之壮年与妇女，应悉数自行择地疏散；
>
> 机关团体——凡机关团体、部队、邮政电报电话各局，除因职务或特殊关系必须留住城市中外，其余应尽量向距城较近或交通便利之地点疏散；
>
> 学校——中等以上学校自行择地疏散，但以接近重庆近郊或县城附近为原则，小学须自行选择于主要疏散地迁移之；
>
> 工厂——无论大小工厂，须利用电力者，自行选择有电厂之县城附近（如江津、合川、綦江等县）及重庆近郊疏散；
>
> 金融实业界——凡银行、钱庄、仓库、堆栈其他各种商店，除有关日常生活者酌留一部或在城市中设办事处及分销店外，其余应尽量于主要疏散地择地疏散；
>
> 军用品——凡械弹、油料及其他一切容易燃烧爆裂之物品，或有关交通通信需要之材料，应尽量向重庆近郊或比较隐蔽地点选择疏散；
>
> 文化用品——凡图书、古物、仪器，均向主要疏散地点选择疏散。①

正当重庆市疏建委员会按照其工作方针分步实施推进之际，孰料1939年5月3日、4日，日机对重庆实施了大规模的残酷轰炸，两天之内共炸死市民3991人、炸伤市民2323人，毁灭房屋3686栋又1185间②，市民财产损失更是难以数计。"五·三"、"五·四"轰炸，不仅将因国民政府迁都重庆所带来的一度繁华的重庆市区变成断垣残壁，而且也使得重庆市疏建委员会所制定的有关疏散的方针和计划被彻底打乱。5月5日，蒋介石召集在重庆的党政军各中央及地方机关首长开会，商讨动员一切人力物力，实行紧急处置的措施，当即决定：

---

① 《重庆疏建委员会工作报告》(4月10日至5月31日止)，重庆市档案馆，档案0064-1-549。
② 据《重庆防空司令部调查1939年5月3日、4日日机袭渝情况暨伤亡损害概况表》统计，重庆市档案馆，档案0044-1-82。

（一）开辟火巷，应从速执行。

（二）集中一切公私车辆船舶，输送难民。

（三）由政府迅拨巨款，办理一切救护事宜。党政军各机关文官荐任以上，武官校官以上之职员，至少捐薪一月，作救济难民之用。

（四）动员全市党员及三民主义青年团团员、公务员并各属士兵，协助防护救济工作。

蒋介石指定国民政府军事委员会参谋总长何应钦负责指挥一切。会后，何应钦又立即与相关各机关的主要负责人继续开会，决定有关疏散、救济的各项具体办法，认为立即疏散老弱妇孺是目前的当务之急，遂决定"统制公私船舶车辆，免费运送。所有各机关汽车一律出动，并于难民集中地点，分别派员照料"[1]。在此之后的几日里，就连蒋介石、林森等国民党高官的轿车，也加入到输送难民的行列。政府的紧急措置，加上日机轰炸所带来的巨大毁灭和惨痛牺牲的现实，促使先前还对疏散抱观望态度的重庆市民，不得不成潮水般地涌在旧城通往郊外的各条公路上。据不完全统计，从5月5日至7日的短短三天内，重庆城内疏散的市民，统计可查的就多达25万余人，其他自动陆续疏散者，尚未统计在内[2]。从此以后，直到1945年抗战胜利前夕，人口疏散便成了抗战时期重庆人民和政府当局共同对付日机空袭轰炸的主题。

抗战时期重庆大轰炸下的人口疏散，是随着日机轰炸重庆的频繁、剧烈与否周而复始地进行着，也随着时间的延伸而不断地加强和完善。一般说来，每当雾季将逝（即每年的四五月份到来的时候），疏散工作便开始抓紧实施了，而当雾季来临（每年的10月份左右）后，依附于城市且须靠城市为生的各行各业人士，不仅不向郊外疏散，反而是四面八方地从郊外向城内涌来，这时政府当局虽然表面上仍在鼓动疏散，但实际上疏散工作却是开始放松甚至是停止执行了。在此当中，政府当局为了鼓励市民疏散，也曾制定、颁布了许许多多的法规法令和政策措施，并采取了强制性的疏散手段。

1939年的"五·三"、"五·四"轰炸，不仅促成了广大市民大规模、主动地

---

[1] 周开庆编著：《民国川事记要》下册，台湾四川文献研究社1972年印行，第73页。
[2] 周开庆：《四川与对日抗战》，台湾商务印书馆1987年版，第75页。

向城外疏散,而且也是各机关团体正式向外疏散的开始。首先是国民党中央党政军各机关按预定计划向成渝公路沿老鹰岩至北碚一带的迁建区及南岸黄山、小泉一带疏散,一些新成立的机关团体,则直接将其办公地设在乡下,重庆城内只设立一个简易的办事处,作为对外联络通讯用(表5—8)[①]。

表5—8 抗战时期国民党中央各机关的疏散情况表

单位名称	原住地	疏散地
国民政府文官处	国府路	歌乐山燕儿洞
国民政府主计处	国府路	歌乐山方堰塘
国民政府参军处	国府路	歌乐山方堰塘
国民政府统计局		北碚金刚碑
中央设计院		黄山
立法院		北碚歇马场
司法院		北碚歇马场莲池沟
司法行政部		北碚歇马场许家院
最高法院	绣壁街	北碚歇马场
考试院	陶园	中梁山华岩
监察院		歌乐山金刚坡龙洞口
中央公务员惩戒委员会		北碚歇马场高台丘
蒙藏委员会	国府路	巴县西永桂兰村
军事委员会战地服务团		金刚乡蔡家湾
行政院	曾家岩	歌乐山静石湾
经济部	川盐银行	中梁山华岩寺
教育部	川东师范校	青木关温泉寺
卫生部		新桥
交通部	上清寺交通巷	歌乐山方堰塘
农林部	上清寺	青木关清凉庵
审计部	陶园	金刚坡龙洞口
内政部	牛角沱	陈家桥傅家院子
财政部	康宁路	歌乐山静石湾
复兴公司		土桥
军事委员会政治部	天官府7号	土主乡团结村三圣宫

---

① 张弓、牟之先主编:《国民政府重庆陪都史》,西南师范大学出版社1993年版,第18—27页。

续表

军委会文化工作委员会	两路口	赖家桥
军委会军法执行总监部		土桥申家沟
军委会战地党政委员会	巴中校街	歇马场盐井坝
军政部	凯旋路	歌乐山环山路
军政部军法司		土桥申家沟
军政部军医署		新桥
军训部	国府路	铜梁西温泉
陆军大学		山洞
国民党中央党部	曾家岩	含谷乡吴家祠
国民党中央组织部	巴中校街	蔡家岗镇蔡家湾
国民党中央党史编纂委员会		含谷乡吴家祠

国民党中央各机关的疏散，既保证了自身安全，保障了其正常、顺利地行使各项职能，也为地方各机关、商店的疏散树立了榜样。虽然地方各机关、商店的疏散在人力、物力、财力上不可与中央各机关同日而语，事实上他们的疏散也远不如中央各机关的疏散进行得顺畅和彻底。但从此之后，政府当局在制定的各项疏散政策、计划、方案中，都是将各机关、团体的疏散作为疏散的一项重要内容，列入其中，而且还颁布有专门的疏散办法。

1940年5月，重庆卫戍总司令部为加强人口疏散，同时限制已疏散人口再次返回市内，专门制定了三项新办法，严格限制无居住证之居民在市内的一切自由活动。三项新办法除一项是针对个人外，其他两项都是专门针对团体或商店。其中的第一项规定："严密检查住户、旅馆、商店，如一户（店）内一部分无证者，责成有证者促其疏散，并经本所流动检查哨三次（每次三日）之复查，仍未疏散者，该户有证者，应同受其处罚。一户全无居住证，与旅馆所住之无证旅客，均于三次复查后，执行处罚。一门面有二家以上之商店共同占用，如有一家无证者，即勒令歇业疏散。"第二项主要是针对各娱乐场所，规定："娱乐场所由本所流动检查哨派员监督，凭证（居住证、临时出入通行证、特别通行证）售票，无证者不准购票入场。"①1940年8月，随着日机对重庆轰炸的加剧

---

① 《无证居民行动将受限制卫戍部订立新办法三项》，《中央日报》1940年5月6日。

和重庆城内财产生命损失的增多,国民政府当局在加强对市民疏散的同时,也加大了各机关、团体的疏散力度,决定将驻重庆市内的各机关再次彻底疏散,国民党中央各机关由国防最高委员会下令执行,重庆市地方各机关则由重庆卫戍总司令部督促宪兵、警察负责执行。为此,重庆卫戍总司令部还专门制定颁发了《驻在重庆市各地方机关疏散实施办法》。该办法规定:

一、各地方机关中,凡是负治安责任者、与市政有关系者、与经济有关系者、与交通通信有关系者、与救护有关系者,必须整个单位驻留市区;

二、各地方机关中,凡各机关部队之办事处以及各机关部队所属的工厂或类似工厂者,可根据情况酌留办事人员驻市区,其余人员则尽量分别疏散;

三、凡不属上述规定范围之各地方机关,如无特殊原因,均不得留驻市区;

四、凡应疏散之机关,以离开重庆市中心区20公里以外地区为原则,房屋由各机关自行觅定;

五、各机关疏散后,其留在市内之房屋,除留驻市区各机关自行使用自己原有的房屋外,其剩余房屋报由重庆卫戍总司令部登记并转请军事委员会接收保管分配;

六、全部疏散之机关团体由重庆卫戍总司令部确定后,军事机关及部队的疏散由宪兵负责执行,其余由重庆市警察局负责执行;

七、各机关职员之眷属应随各疏散机关一同疏散,其所遗房屋,除不愿出租或退租自行保管外,其声明退租者应由重庆市警察局接收保管。[①]

办法虽然规定得如此详细具体,但从我们掌握的资料看,驻重庆市内各地方机关的疏散,除了个别的学校疏散出城外,其他各机关远不如驻重庆各中央机关疏散得彻底。其原因除了经费的不足、各机关团体大多有自己的较为坚固的防空避难设施外,更重要的原因是这些被疏散机关如商店、银行、娱乐场所等,大多必须依赖城市、依赖城市内众多的人口才能生存。不仅如此,各机

---

① 《驻在重庆市各地方机关疏散实施办法》,《重庆市政府公报》第10、11期合刊。

关团体还凭借手中的特权,在居民身份证、防空证的分发方面,对普通百姓限制甚严,而对自身及其员工、眷属,则放得太松,在数量上随时增加,在手续上随意简化,把自己放在了"不在疏散之列"的特殊地位。因此,虽然日后的有关疏散政策和计划中,对各机关团体的疏散要求更加严厉,以致到了凡被要求疏散的机关团体及其职员眷属,不疏散者均不发给居住证,无居住证就不能进防空洞避难,但言者谆谆,听者藐藐,有关疏散的办法、计划和措施,大多停留在纸上而少于付诸实际行动,由此带来的后果不仅是各地方机关团体的疏散收效甚微,而且在一定程度上还影响到普通市民的疏散,让徘徊不定的市民找到了滞留市区的借口。这是抗战时期重庆人口疏散中最为失败的地方。这以后,虽然当局每当雾季将去、春天来临时,仍以各种形式进行着人口疏散的宣传动员,并制定了愈来愈严的疏散计划和措施,但随着日机空袭对重庆的减少直到最后消失,导致重庆实施人口疏散的最根本原因也随之消失。这些所谓的疏散措施、计划和实施办法,此时只是一纸空文,不仅被疏散者少有人理睬,就是执行疏散命令的也未将其放在心上。到了 1945 年夏季开始时,虽然疏散的命令依惯例仍通告市民,但随着行政院规定的此年疏散不采强迫方式进行,伴随抗战时期重庆市民生活长达八年之久的人口疏散,方正式宣告结束。

(三)战时期重庆人口疏散的评价

抗战时期重庆的人口疏散,是为避免日机轰炸重庆给广大市民造成更大的生命财产损失,以最大限度地保存重庆的人力、物力,维持首都的安定,保障国民党中央及重庆地方政府各项政令的畅通,以粉碎日本帝国主义企图通过轰炸毁灭战时首都、扰乱大后方人心的罪恶目的。应该说,其动机和出发点是良好的、善意的,措施和计划也是较为周全的、完善的,国民党中央和重庆地方当局也为之付出了相当的心血和努力。但从疏散的结果和成效看,除了大轰炸临近、广大市民的生命财产遭到直接威胁的刺激而自动疏散外,其余时间政府当局所组织的疏散总是困难重重,难以尽如人意。在日机空袭轰炸第一次给重庆带来惨重灾难的 1939 年,除"五·三"、"五·四"轰炸后市民大规模自动疏散达 25 万余人外,此后的疏散政策、措施、计划虽都是愈来愈完善和强硬,但其效果并不明显。据负责执行疏散命令和行动的重庆市警察局的报告,到 1939 年 12 月初,疏散后的重庆市区共有人口 396445 人,内已发居住证者有 245469 人,没有居住证(应该疏散者)的市民有 150976 人,但在该局负责的 10—11 两个月内,仅疏散出城 2419 户,7031 人,仅占应疏散人口总数的 4.65%①。这是日机大规模轰炸重庆后重庆人口的疏散情形。如果说此时重庆已是雾季,日机空袭停止,市区相对安全,市民不愿疏散,造成了此种现象的存在,还说得过去的话。那么,到了 1940 年春季,重庆上空云雾将散,日机空袭即将到来之时,重庆的人口疏散效果仍不理想,难以达到预期目标。据统计,重庆市警察局所辖 12 个分局内,第一、二期当年春季计划应疏散的市民是 12484 户,44653 人,但经多方劝导、督促,到第二期疏散结束时,也仅疏散走 5073 户,15461 人,各占总数的 40.63% 和 34.62%,均未达到预定目标的一半②。这是日机正式轰炸重庆前重庆人口的疏散情形。那么,在日机轰炸重庆过程中,重庆的人口疏散情形又是怎样呢? 经过 1939 年和 1940 年两年的大轰炸及国民党当局反复多次的疏散宣传、劝导后,在 1941 年春夏之交的 4—5 月,重庆卫戍总司令部和重庆市政府先后颁布了《重庆市户口疏散计划实施纲要》、《重庆市执行疏散人口办法》等法令,对重庆人口的疏散作了许多详细而具体的规定,并由重庆市警察局负责疏散市民的劝导工作。该局奉令后,即按分局组织劝导队,分别劝导辖区内应疏散人口的劝导工作。自 7 月 15 日开始,至 7 月底结束,总共劝导 7605 户、20986 人,但实际听从劝导而疏散者,仅 2102 户、5197 人,各只占劝导数的 27.63% 和 24.76%,更只占全年计划应疏散人口 13 万的 3.99%③。而此时间内,又恰恰是日机对重庆轰炸较为频繁的日子。另据重庆市警察局 1941 年 9 月给市政府的报告,重庆市 1939 年至 1941 年(也就是轰炸最为频繁的三年),重庆市历年经政府组织疏散的人口数量是:1939 年 5941 人(不含"五·三"、"五·四"轰炸后几周组织的疏散),1940 年 39158 人,1941 年 11431 人,三年总计不过 56539 人④,与当时政

---

① 《重庆市警察局关于疏散人口情形给市政府的报告》(1939 年 12 月 2 日),载《中华民国陪都史资料丛书·轰炸与反轰炸》(未刊稿)。

② 《重庆市警察局 1940 年春季执行疏散户口统计表》(1940 年 4 月 18 日),载《中华民国陪都史资料丛书·轰炸与反轰炸》(未刊稿)。

③ 参见《重庆市警察局为报办理劝导市民疏散工作情形呈市政府文》(1941 年 8 月 6 日),载《中华民国陪都史资料丛书·轰炸与反轰炸》(未刊稿)。

④ 《重庆市警察局为报历年疏散人口数给市政府的呈》(1941 年 9 月 26 日),载《中华民国陪都史资料丛书·轰炸与反轰炸》(未刊稿)。

府每年计划疏散人口十余万或数十万的要求相差甚远。这当中,我们不排除战争环境下统计数字的不准确,也明白此统计数字不包括更大规模、更多数量的人口自动疏散。结果如此不理想呢?笔者认为主要有以下几个方面的原因:

第一,由于中国是一个传统的农业社会,人们对故土、对家乡,有一种特别的眷念。而重庆作为战时中国的首都,其政治、经济、军事、文化、社会地位远较全国其他地区和城市重要,这一方面固然使其成为日本飞机轰炸的首要目标和重中之重,但另一方面也使其成为国民党政府防卫、保护的重点,再加上重庆固有的天然优势和大规模的防空洞建设运动,重庆便成为老百姓的精神支柱、理想的避难处所。本来不在重庆居住的,千方百计地想办法进入市区;而原本就居住在重庆市区的,更是不愿轻易疏散。所以在疏散过程中,他们总是想尽办法,对付政府的疏散政策,拖延甚至阻止疏散计划的实施。这应是战时疏散计划不能按预计目标施行的最主要原因。

第二,在被要求疏散的人当中,有相当部分属于城市无职业的弱势群体(占当时重庆总人口的27%左右),他们既无多少私有财产,又需要依附城市为生。前者使他们不惧怕日机的轰炸,也无力进行自动疏散;后者使他们更不愿意也不能离开城市,疏散乡间。这样,让他们疏散的难度就更大。虽然政府当局在疏散过程中,也曾对其进行过政策扶持和经费资助,但其有限的经费针对庞大的无业群,无异于杯水车薪,而政策执行过程中又难免走样。这样,占重庆市区人口总数近30%的庞大无业者,便紧紧地依附着城市,不愿离开。

第三,重庆是一个外向型的码头城市,历史上外来人口的数量就占相当比例,他们之所以到重庆,就是要依靠重庆城市生存和生活,如商业中的一般小摊商,交通运输业中的部分转运、堆栈和黄包车夫、挑夫,自始至终都在政府强制疏散之列的娼妓、僧道、尼姑、卜筮、星相、乞丐和居住在长江、嘉陵江两江沿岸的棚户,等等。抗战爆发后,随着国民政府迁都重庆,一个包含各级官员、工人和知识分子及其眷属的大规模迁徙群体涌入重庆。这样,一方面是政府当局在全力以赴地疏散重庆原有的居住人口,另一方面又是各种人口的大量涌入重庆市区。在坚决疏散原有人口的同时,又有大量的人口迁入市区,这无疑会影响人们疏散的积极性,冲销疏散政策的执行效果。当时即有人指出:"陪都应疏散的市民,为数颇巨,其中至少有2/3是要靠着繁盛的都市维持生计的,或是妇孺成群无力疏散的。"①

第四,抗战时期重庆的人口疏散,主要是将重庆城市内密集的人口,疏散至邻近重庆各县。这些地方原本就十分贫穷落后,交通不便,且治安问题也非常突出。因此,要将原本在城市生活得好好的且大多需依赖城市生活的市民疏散到这些地方,就必须解决他们基本的生活问题,而这些问题的解决,又远非一朝一夕可以办到。由于各疏散地不能满足疏散市民的需要,市民不愿疏散,被强迫疏散后又不甘心,一有机会就回迁。虽然政府当局采取了在主要路口设立检查站堵截回流市民、回流市民不发居住证、封闭被疏散市民在城内的住房,交由军警管理,未经允许不得擅自启封入住等严厉措施②,但所有这些机械性措施,都不能阻挡为生存而奔波奋斗的人们以各种手段回迁。重庆卫戍总司令部也不得不承认疏散工作难以达到要求,"渝市人口疏散计划,执行以来,阻碍环生",重庆市除"五·三"、"五·四"轰炸后市区人口曾一度减少明显外,之后便是"逐日增加,揆其原因,无非民众为一种错误心理所驱使,贪图一时之安逸,渐忘过去空袭之惨状……咸认为冬季多雾,敌机不易飞行,不妨迁回城市以度优裕之生活"③。

第五,疏散过程中的一些技术处理和具体做法,也阻碍了人口的顺利疏散。从前面所述的疏散政策、措施、目标和计划看,可谓是事无巨细,都有周到而全面的考虑和安排,但在具体的执行过程中,就横生枝节,很难按原定计划和目标执行。如疏散市民的交通问题,每年的疏散计划都有详细的规定和具体的办法,但在执行过程中仍让疏散市民感到不便而引起他们的不满,以致投书媒体进行控诉,主事的官员也不得不承认"读者投书之疏散乘车难"之种种情形,"实属如此"④。在1940年4月重庆卫戍总司令部召开的一次专门疏散难民的临时会议中,就有人指出:"难民乘轮疏散,上船秩序不甚良好,尤以民生公司不守会报规定,多售客票,以致预定难民不能全数乘

---

① 郭于弘:《陪都市民的疏散》,《中央日报》1941年5月17日。
② 《渝市疏散仍继续执行中已疏散市民限制迁回》,《国民公报》1940年9月25日。
③ 《重庆卫戍司令部总司令刘峙为防止敌寇空袭加紧执行疏散给重庆市警察局局长徐中齐的训令》(1940年2月17日);《重庆卫戍司令部总司令刘峙为饬属认真执行无证市民强迫离渝注意事项的训令稿》(1940年5月2日),载《中华民国陪都史资料丛书·轰炸与反轰炸》(未刊稿)。
④ 《关于疏散乘车困难》,《大公报》1941年4月6日。

轮疏散。"还有就是被疏散的市民因交通关系不能及时疏散而"留市久候"[①]。再如市民投书媒体所反映的只疏散市民而不疏散公务员眷属的问题，机关、团体、学校、部队之公务员眷属，以生活连带关系不愿离开市区的问题，工商人民均以正当职业，有留居市区之必要，不肯疏散的问题，应行疏散者多方托情游说迟迟不行的问题，等等，都大大地影响着疏散政策的执行和疏散的效果。

三、空袭救护

空袭救护与疏散人口、开辟防空避难设备一道，构成了战时重庆消极防空的三大重要举措。因为防空救护是在轰炸过程中或轰炸之后进行的，所以就显得杂乱和迫切，救护机构架屋重叠，救护人员也是参差不齐。虽然如此，但他们在血与火的防空救护工作中，不顾客观环境的险恶，也不顾个人生命财产的安危，奋不顾身、见义勇为，为抗战时期重庆的消极防空以及市民生命财产损失的降低、社会秩序的尽速恢复等，都作出了巨大贡献。为此，全国慰劳总会特致信重庆市全体防护人员，高度赞扬战时重庆全体防护人员："每次在敌机轰炸的前后，诸位同志都冒着生命的危险，发挥着大无畏的精神，为国家为同胞而服务，诸位勇敢的抢救和救护被难的同胞，平复被毁的交通，扑灭敌人所放的毒火，扫除未爆的炸弹，所有这些英勇事迹的表现，证明了诸位的功绩，正与前方将士杀敌同样伟大，也同样的占着中华民族抗战史上最光荣的一页。"[②]蒋介石也于1942年年初颁发训词，对重庆防护队员给予高度赞扬和评价："每当寇机盘空之际，奔走弹雨之下，驰骋火窟之中，出死入生，救伤扶难。于维持秩序，是指导必周；于扶老携幼，则将护必至。人民灾害赖以减少，后方元气多所保全。赴义之英勇，应变之神速，不惟全市男女老幼之同胞，胥致敬爱；且使敌人图以轰炸屈我同胞之妄想，粉碎无遗。诸同志如斯奋不顾身之贡献，盖与前线武装杀敌之将士无殊，风声所播，国际称誉，甚或奉为楷模愿相效，实至名归之效，固已在世界大战史中占有光荣之地位。"[③]

---

① 《重庆卫成总司令部为疏散难民召集有关机关临时会议记录》(1940年4月28日)，载《中华民国陪都史资料丛书·轰炸与反轰炸》(未刊稿)。
② 《空袭中不避危险，防护人员著劳绩》，《新华日报》1940年6月18日。
③ 《蒋介石训词》(1942年)，中国第二历史档案馆，档案803-5。

(一) 空袭救护的组织实施

空袭救护工作,最早是由防护团担任的。1939年1月15日重庆空袭紧急救济联合办事处成立后,则主要由重庆空袭紧急救济联合办事处以及后来由此改组成立的陪都空袭救护委员会、陪都空袭服务总队部及其所属各个组织负责组织和实施。1939年"五·三"、"五·四"轰炸后,因死伤市民众多,国民政府、国民政府军事委员会及重庆市政府等,组织动员全社会的力量来应对大轰炸、大灾难后的紧急局面。5月4日,蒋介石一方面手谕有关各方:"重庆附近之军队官兵,应速作救火与护伤及代民众搬运物品迁家,作整个有计划之行动,务限今晚规定详报。"另一方面又面谕国防最高委员会秘书长张群:"拨发国币50万元,救护受灾市民,仰即转知刘总司令会同蒋市长,即晚拟定计划,径择适当地点,收容难民,切实救护。关于地方防护工作,应令驻军全部出动,认真办理。"①遵此指示,重庆卫戍总司令部当天晚上即指派驻重庆的第36军及军政部特5团、重庆卫戍总司令部特务营大部员兵,出动参与空袭后的各种救护工作。此后不久,重庆市政府为应对日机的不停轰炸,充实重庆的防空力量起见,经与驻防重庆的驻军商量,决定"拨兵三团,常川配置本市近郊、南岸、江北及磁器口等处,各编交通、消防、警察、救护四组,遇有空袭,不待命令,出动工作,以补现有军警团队之不足。"②这是有关重庆驻军参与战时重庆空袭救护的最早记载。重庆卫戍总司令部是主管战时重庆治安的最高专职机关,该部"为增强重庆市及沙磁区防护力量,以期减少空袭损害起见",也于1939年6月专门"抽调市区附近驻军之一部,分担重庆市及其附近要地空袭后之消防、救护、警戒、交通维持等工作",并制定了《重庆空袭时各部队防护任务分配预定计划表》(表5—9)。③

---

① 《刘峙为转达蒋介石有关救灾指示致重庆市市长蒋志澄急电》(1939年5月5日),重庆市档案馆,档案0053-12-97。
② 《重庆市政府为备款领取有关防空设备致军政部公函》(1939年7月14日),重庆市档案馆,档案0053-12-89。
③ 《重庆卫戍总司令部为请协助购置有关防护器具致重庆市政府快邮代电》(1940年6月),重庆市档案馆,档案0053-12-89。

表 5—9　重庆空袭时各部队防护任务分配预定计划表

分区及指挥官		部队配属	防护编组	任务	驻地
渝中区 指挥官重庆防空司令李根固	城区 团长〇〇〇	新编第 25 师之 1 团 四川军管区担架兵团第 3 营之 3 连	第一组—分消防、救护、警戒、交通四队 第二组—（同上） 第三组—（同上）	于敌机轰炸之后,不待传令,驰赴本区所属之被炸地区,分任消防、救护、代民搬运物品、警戒、维护交通、清扫灾区街道、掩埋尸体等工作。但警戒队应于发出空袭警报时,即派出了望哨了望被炸地区,以便迅速出动工作。	各组队分驻本区内适当地点
	新市区 营长〇〇〇	第一补训处补充兵第 9 团之 1 营 四川军管区担架兵团第 3 营之 1 连	第一组—（同上） 第二组—（同上） 第三组—（同上）		
	江北区 营长〇〇〇	第 36 军军补充团之 1 营 四川军管区担架兵团第 3 营之 1 连二分之一	第一组—（同上） 第二组—（同上） 第三组—（同上）		同上
	南岸区 营长〇〇〇	第 36 军第 5 师补充团之 1 营 四川军管区担架兵团第 3 营之 1 连二分之一	第一组—（同上） 第二组—（同上） 第三组—（同上）		同上
沙磁区	营长〇〇〇	第 36 军 96 师补充团之 1 营 第 36 军之 4 个担架排	第一组—（同上） 第二组—（同上） 第三组—（同上）		同上

说明:1.各组消防队之消防训练,由各指挥官函请渝市消防队之优秀人员担任指导,临救火时,军队消防队并应受渝市消防队长指挥。

2.各组救护队除由配属各部队与担架部队编成外,并由重庆空袭紧急救济联合办事处酌派医务人员(携带必要药品)参加工作,以便对炸伤市民在未入诊疗所(医院)前,施以紧急救护。

3.各区防护部队之使用,以按组更番使用(如第一组出动,第二组准备,第三组休息)为原则,但必要时应全部使用,或更报请指挥官调其他未被炸区域之组队协助工作。

续表

> 4.各指挥官间应设电话,以资通讯联络,同时讲示受敌机轮炸后电话线炸断时之补助通讯联络方法。
> 5.各组需用之消防器具,由市府发款交由重庆市消防队代置分发。
> 6.各组应各购置灯笼若干,其购置费由市府发给。
> 7.服务时,各队应用绿底白字之旗帜,各官兵应佩绿底白字之袖章,以资识别。统由市府发款交各区指挥官制发,其式样如附纸。
> 8.各组应与警察局及防护团切取联络。
> 9.第五师工兵营兼负空袭后未爆炸之炸弹掘取之责,应不待命令,于空袭之直后立即施行。

1939年"五·三"、"五·四"轰炸后,遵照蒋介石关于"各文(应是指各受文机关——作者注)机关及其附属机关,应就职员中挑选组织服务队一队或若干队"的指示,在重庆的党政军、工学商各中央与地方机关、社团中,纷纷挑选本单位、本部门的精干人员,组织服务队,积极参与到空袭后的各项救护工作之中。他们深入到战时重庆的各个部门、各个方面,分布于重庆广袤的区域内,平时从事自己的本职工作,轰炸后立即投入到本单位或附近地区的各种救护工作之中,构成了战时重庆又一广大的救护网络。

空袭服务队本身因应了空袭后救济的客观需要,又有蒋介石的亲自手令,故自1940年4月组织成立以来,发展十分迅速,在不到一个月的时间里,队员数额即达4000余人,共组织有204个小队,到同年9月,更增加到7600余人,262队(表5—10)[①]。

总的来说,抗战时期重庆大轰炸下的空袭救护,是中央与地方有关机关合作、各部门各界人士共同参与进行的,其组织协调工作,在重庆空袭紧急救济联合办事处时期,是由国民党中央振济委员会、重庆市政府负责;陪都空袭救护委员会成立后,随着业务范围的扩大,组织机构的升格,组织协调工作主要是由重庆卫戍总司令部负责。医疗工作,在重庆空袭紧急救济联合办事处时期,主要由内政部卫生署、军政部军医署驻川办事处、重庆市卫生局、红十字会负责;在陪都空袭救护委员会时期,主要由重庆市卫生局、重庆卫戍总司令部

[①] 《重庆市党部半年来动员工作概况报告书》,重庆市档案馆,档案0081-1-474。

表 5—10　1940 年 6—9 月空袭服务队发展概况表

队别\人数月份	6月	7月	8月	9月
党字队	494	494	543	543
政字队	779	779	867	867
军字队	179	179	324	324
特字队	539	539	1952	1952
团字队	778	778	866	866
工字队	510	510	1710	1710
强字队	272	272	272	272
医字队	249	249	236	236
保字队	995	995	872	872
共计	4795	4795	7622	7622

防毒分处负责，办理急救、收容、治疗、消毒、防毒诸事宜。有关空袭后各种损害的调查工作，在重庆空袭紧急救济联合办事处时期，主要由重庆防空司令部、内政部宪兵第三团、重庆市警察局、巴县县政府、江北县县政府、川江航务管理处负责；在陪都空袭救护委员会时期，虽然没有这一机构的设置，但从事实上看，仍是由上述各机关负责，并加上了驻军第 36 军、宪兵第 24 团以及重庆卫戍总司令部稽查处等单位。其救护工作，在重庆空袭紧急救济联合办事处时期，主要由重庆市防护团、新运总会妇女指导委员会、红卍字会负责；在陪都空袭救护委员会时期，没有这一机构的设置，而是将其业务合并于医疗组，并称为"医护组"。抚慰、救济工作是救护工作中的一个大项，其参与实施的部门也特别多，在重庆空袭紧急救济联合办事处时期，主要有重庆市社会局、重庆市工务局、新生活运动促进总会、重庆市商会、华洋义赈会、青年会、八省公益委员会、运送配置难民重庆总站等；在陪都空袭救护委员会时期，则主要有中央振济委员会、重庆卫戍总司令部、重庆市党部、重庆市政府等。有关空袭救护赈款赈物及一切收支的稽核工作，在重庆空袭紧急救济联合办事处及陪都空袭救护委员会时期，都是由审计部派员负责。

除此之外，在陪都空袭救护委员会时期，因业务范围扩大，施救内容增多，还增设了消防组,由重庆市警察局及其所属各消防大队负责,主要办理消防、抢救及拆卸等工作;又增设有管制组,主要由重庆防空司令部、内政部宪兵司令部、重庆警备司令部、重庆市警察局、川江航务管理处总处负责,主要办理空袭前后有关避难、灯火、交通各种管制事宜;增设工务组,由重庆市工务局、重庆卫戍总司令部交通处、重庆市社会局、重庆市防护团负责,主要办理轰炸后通信及水电的抢修、交通之清除恢复以及挖掘掩埋尸体等工作。空袭服务总队,在陪都空袭救护委员会时期,规模较前扩大,共有机关服务队58队,区镇服务队28队,直属服务队4人,队员达4000余人[①]。该队为发挥更大作用,同时便于联络和督导,决定从1941年起,以分区服务为原则,如某区发生灾情,即由该区服务队出发工作,倘若灾情特别重大时,则由总队部临时调遣附近的其他区服务队参加工作。为此,总队部将该队依警管区划分为12督导区,分别派员督导,参加相关的空袭救护工作。

(二)空袭救护的法律规定

空袭救护工作,最早缘于1938年10月重庆开始遭到大规模轰炸之前夕。1938年10月3日,国民党重庆市党务指导委员会致函重庆防空司令部,转知了国民党中央社会部转发的国民党汉口市特别党部为救济敌机轰炸区域办法四条:

(一)被炸区内应以保甲长办公室为临时办公室,先由当地保甲长按户详查死伤人口,报请紧急救济并供应损失情报;

(二)被炸死伤人口,应请振济会核实类别、灾情,规定一固定之赈恤费额照发,是项额定赈恤费,平时须明白通告周知;

(三)散发炸区紧急救济之赈恤费,应请赈济会会同市政机关及市后援会所派工作人员监督当地保甲长按户散发;

(四)受伤人口无论伤势轻重,各公私立医院不得拒绝施治。[②]

第二天,即发生日机9架空袭重庆广阳坝及市区牛角沱、菜园坝、南坪等

[①] 《空袭服务队分区服务》,《国民公报》1941年4月14日。

[②] 《中国国民党四川重庆市党务指导委员会为转知〈救济敌机轰炸区域办法〉致重庆市防空司令部公函》(1938年10月3日),重庆市档案馆,档案0044-1-72。

地,炸死重庆市民 24 人、炸伤 39 人的事件。但此时并未对空袭受伤民众实施有组织的救护,只是自然而然地"将死者掩埋,伤者送城内医院"医治[①]。这以后直到 1939 年 1 月 15 日大轰炸前的几次轰炸,因日机空袭轰炸规模较小,重庆市区死伤人口不多,空袭救护工作并未引起有关各方的重视,也就没有能形成正常的、大规模的救济机制,更未出台相关的救济法规。

1939 年 1 月 15 日"重庆空袭紧急救济联合办事处"成立后,重庆的空袭救济才有了专门的组织机构,并在"五·三"、"五·四"轰炸后,颁布了众多应对空袭后各种紧急状态的法律法规和条例。1939 年 5 月,重庆空袭紧急救济联合办事处就制定颁发了有关空袭难民救护的五项规定,即《重庆市难民调查登记及安置办法》14 条、《空袭紧急救济办法》10 条、《发放恤金办法》10 条、《重庆市空袭期间人民或团体办理急救奖励及抚恤办法草案》8 条、《重庆市各部队机关参加空袭紧急工作员兵抚恤暂行办法草案》9 条等。此后,随着空袭的加剧,涉及空袭救护机关、人员以及救护内容的增多,有关轰炸后空袭救护的法规也越来越多,越来越细,从国民政府行政院到重庆市政府再到有关主管部门,都根据情况的发展变化和实际需要,相继制定、颁布了系列新的法规或补充规定,如 1939 年 8 月 9 日行政院颁布《中央公务员雇员公役遭受空袭损害暂行救济办法》16 条,1939 年 10 月 4 日军事委员会颁布《中央各军事机关服务人员遭受空袭损害暂行救济办法》11 条,1939 年 10 月 18 日陪都空袭救护委员会核准颁布《重庆市空袭被灾人遗物处理办法》8 条,1939 年 11 月 14 日国民政府内政部颁布《警察人员遭受空袭损害暂行救济办法》13 条,1940 年 8 月 1 日重庆市市政会议通过《被灾难民搭盖席棚领借芦席办法》7 条,1941 年 5 月重庆市警察局制定《重庆市警察局空袭灾民临时收容所管理办法》9 条,1941 年 8 月陪都空袭救护委员会制定《各重伤医院代埋空袭被炸因伤致死难胞尸体办法草案》9 条,1941 年 9 月颁布《陪都空袭救护委员会委托各警察分局代埋空袭难胞尸体办法》9 条和《陪都空袭救护委员会发放急赈办法》6 条。这些法规法令,有些是基础性、长时期适用的,有的则系专门针对某一时期出现的特殊状况而制定的临时性措施,它们对重庆市空袭被灾难民的调查、救护、医治,恤金的发放、被炸死难同胞尸体的掩埋以及救护人员本身在救护

---

① 《广阳坝二次被炸,死伤达六十余人》,《国民公报》1938 年 10 月 5 日。

过程中被难、受伤的抚恤救济等,都有详细的规定,而且是随着空袭规模的不断扩大,救济工作的不断深入以及形势的不断发展而不断完善的。

在空袭被灾难民的调查、登记与安置方面,《重庆市难民调查登记及安置办法》规定:

1. 凡是因空袭而受灾难民的调查、登记和安置工作,统由国民党中央振济委员会主持办理,其中,被灾难民的调查和登记事项,由重庆市党部、三民主义青年团重庆支团部及各机关服务队承办。

2. 被灾难民的调查登记,应在重庆市适当地点,分设难民调查登记处,同时派员分赴各灾区、各医院、各收容所进行调查和登记。其调查登记的内容分甲、乙两种,其中甲种主要是指直接遭受空袭灾害者而言,其内容包括年月、登记证号数、姓名、性别、年龄、籍贯、流寓或土著、原住址、现住址、原有职业、被灾日期和被灾地址、家属人数、受灾情形(内又分死亡、重伤、轻伤、失踪、财产损失5项)、本人及家属有何项技能、志愿向往及从事职业、备注等16项;乙种包括年月、登记证字号、姓名、性别、年龄、籍贯、流寓或土著、原住址、现住址、原有职业、家属人数、本人及家属有何项技能、志愿向往及从事职业以及备注等14项,其调查登记的时间,以一星期为限。

3. 调查登记难民时,如发生疑问,应以当地保甲长、警察分局所局所长、党政军机关负责人或正常的邻人为证人,并取具证明书。如一时不能取得证明者,仍应先予登记,并在证明书的备考栏内标明。

4. 难民调查登记完成后,一方面由登记处发给登记证,并于移送安置前凭登记证换取移民证;一方面由调查登记者将调查登记的难民编造表册,交由振济委员会安置之。

5. 难民的安置疏散地点,应以离重庆较远的地方为原则,但为兼顾事实计,则暂时先划定江北、巴县及江津、璧山、铜梁、永川、荣昌、綦江、涪陵、长寿等县;至于某一难民具体安置疏往何处,则由难民在上述指定地区自行申请选定。

6. 难民在疏散前往上述指定地区前,可先由化龙桥、小龙坎、南岸、江北、沙坪坝、磁器口等处的收容所临时收容,其无力由市区前往上述收容所的贫困难民,得每人先发食用费1元。

　　7. 难民被上述临时收容所收容后,应尽速分别移送其愿意前往的指定安置地区,并于起程时按其距市区距离的远近,分别酌给食用费,其标准为:徒步者,以每人每30公里5角计算;其已供给交通工具者,以每人每日3角计算。

　　8. 难民中的儿童,由振济委员会分别送往重庆儿童教养院、中华慈幼协会、战时儿童保育会、中国战时儿童救济协会等专业机构安置。并依照抗战建国时期难童教养方案办理,其收容及安置情形,并应造册报告。

　　9. 难民到达安置地点后,由振济委员会会同当地县政府管理其给养费并会同发放。其发放标准,每人每月4元,小口减半;发放期限以4个月为限。其不住收容所者,得一次性发给之。

　　10. 已安置于各县的难民,由振济委员会派员与当地政府商拟难民生产计划并得迅速实施,同时商请与生产有关的机关,贷与资金,以恢复生产,自食其力。①

在空袭后灾民紧急救济方面,《空袭紧急救济办法》规定:

　　1. 空袭灾害发生后,主管救济的机关,应立即派员会同有关的各机关团体,迅速前往被炸地点实行救护,同时详查死伤人数状况及其他损失情形,分别予以登记汇报。

　　2. 凡因空袭被炸死亡者,应立即报验掩埋,至迟不得超过次日;因空袭被炸而受伤者,则立即送往医院救治,其所需的救治费用,全部在空袭紧急救济费内开支。

　　3. 因空袭轰炸而死亡者,得按名发给抚恤费30元(法币,下同),由其家属具领;受重伤经医疗无效而死亡者,亦同。因空袭轰炸而受重伤者,得按名发给赈济费20元;其因伤而致神志昏迷者,得发交其亲属具领,如无亲属,须待其本人清醒后,始得发给;因空袭轰炸而受轻伤者,得按名发

---

① 《重庆市难民调查登记及安置办法》,载重庆空袭救济联合办事处编印:《空袭救济工作报告》,1939年9月编印。

给赈济费 10 元，交其本人具领。

4. 空袭中关于房屋被炸的救济办法，除另有规定者外，其贫苦难民之房屋被全毁者，每户发给救济费 30 元，被毁一部分者，每户 20 元，震塌者每户 10 元。

5. 发放抚恤赈济各款，应由主管机关派员会同警察局或保甲人员共同发放，并备表登记，由领款人签名盖章，或按指印（左手拇指）后，方为有效。

6. 凡因住所被炸无处容身的难民，则由振济委员会收容，并在一星期之内，妥筹安置办法；受灾难童则立即送往儿童保育院所收容教养。

7. 每次空袭救济办完后，主管机关应将死伤人数及其他损害详情，连同发出的抚恤款项之表据，一同报送振济委员会查核。①

在抚恤金和振济款的发放方式、手续等具体事宜的办理方面，《发放恤金办法》规定：

1. 发放抚恤金和振济款，由抚济组负责，其中发放恤金的登记调查，由该组的登记股负责；发放恤金，由该组的给恤股负责；登账报销，由该组的会计股负责。

2. 每次空袭警报解除后，登记股人员应立即出发，前往各灾区、各收容所和各重伤医院，分别登记受伤死亡难胞及炸毁的房屋，并发给请恤证明书，指示难胞领恤取具保证等手续，并在最短时间内将登记结果呈报股长；若登记时有遗漏者，准予到抚济组补行登记。

3. 登记股股长接到登记表后，应立即派员对所登记的内容进行调查，调查对象以当地保甲长、左右邻居及户口表为准，同时提供调查意见供组长参考。

4. 组长（或副组长）接到股长上报的调查意见后，认为有疑问者，得派员进行复查；若认为正确时，就及时填给核实通知书，交给恤股发放恤金。

5. 给恤股接到组长（副组长）的核发通知书后，于请恤人呈缴请恤证

---

① 《空袭紧急救济办法》，载《中华民国陪都史资料丛书·轰炸与反轰炸》（未刊稿）。

明并经查核无讹后,即令请恤人填具收据,会同监放人发给恤金;其受重伤不能到场领取者,得至各重伤医院发放,并将收据、证明书一并汇总,送会计股登帐报销。

6. 每次恤金发放后,应将请恤手续在抚济组及各灾区、各收容所、各重伤医院进行公告,以达到"普遍通知以杜流弊"的目的。①

在对空袭轰炸后死难同胞尸体的处理方面,陪都空袭救护委员会针对不同的情况制定了不同的处理办法,其中《空袭被难尸身就地掩埋办法草案》规定:

1. 空袭被炸死亡难胞尸体就地掩埋的范围,以重庆市警察局所属各分局管辖区域为限。其中第一至第七分局,因纯为城区,已无空地可资掩埋,市民被难者可就近掩埋于长江南岸的易家湾、大沙溪、小沙溪和长江北岸的黑石子、寸滩、蚂蟥梁、刘家台、新官山;第八至第十六分局,辖地多为郊区,若不幸有被炸遇难者,可就辖区范围内的墓地、荒地就近掩埋,如辖区范围的墓地、荒地掩埋发生困难时,可呈请重庆市政府在该区域内指拨公地或拨款购买熟地以作为公墓而掩埋之。

2. 就地掩埋空袭被难者尸体者除官山义地外,其余荒熟各地的主权,大多为私人所有。当地政府及相关部门,应联名会签重庆市政府布告区内地主晓以大义,对于掘埋队就地掩埋被难尸身,不得以非义地官山为辞,藉故拒绝,发生纠纷。

3. 为推动就地掩埋空袭被难者尸体之工作,防止各方面相互间的掣肘起见,有关方面应先请重庆市政府转令重庆市警察局分令郊外所属各区镇保甲及各地主,尽量协助掘埋队就地觅地掩埋,以便迅速完成工作而免阻滞。

4. 在掩埋空袭被难者尸体的过程中,个别地方发生了不但不能就地掩埋于义地官山,就是尸体从该地经过,也横遭阻挡、不准通过的现象。各相关部门应会签重庆市政府通告各工厂,在不妨害公共卫生的前提下,

---

① 《发放恤金办法》,载重庆空袭救济联合办事处编印:《空袭救济工作报告》,1939年9月编印。

如遇掩埋队就地掩埋空袭被难同胞尸体,不得阻止。

5. 空袭被难同胞尸体的掩埋,首先应以灾区附近的义地、官山、荒地为原则,应尽量避免占用有利土地,以妨碍生产,减低农作物的产量。

6. 本办法只适用于被炸难胞的尸体,其他死亡者不得援用。

此后,随着空袭范围的扩大和被难同胞的增多,仅靠陪都空袭救护委员会振恤处掘埋队的力量远远不够,且空袭大多发生在重庆气温较高的5至9月,对空袭被难者尸体的处理,如稍有拖延或不当,即易发生腐烂甚至引发瘟疫。为迅速掩埋空袭直接被难者以及因空袭受重伤经医治无效而死亡者尸体,陪都空袭救护委员会又先后制定了《各重伤医院代埋空袭被炸因伤致死难胞尸体办法草案》和《陪都空袭救护委员会委托各警察分局代埋空袭难胞尸体办法》。其中《各重伤医院代埋空袭被炸因伤致死难胞尸体办法草案》规定:

1. 各重伤医院空袭被炸住院因伤致死难胞尸体装殓的棺材,由陪都空袭救护委员会振恤处掘埋组事先分送各医院存放,以备各医院随时取用。

2. 各院对于空袭被炸住院因伤致死之难胞,应尽代埋之责。每埋一具,由陪都空袭救护委员会振恤处发给掩埋费15元。

3. 各院每次代埋尸体后,须照规定的通知单格式,填送振恤处二份。

4. 各院代埋尸体,必须填具领费收据,连同通知单二份,于当月内向振恤处领款,本月的代埋费不得延迟至下月10日以后领取,逾期不得补发。

5. 各院代埋空袭被难同胞的墓地,暂于郊外的义地掩埋,俟公墓购定后再行通知;如无义地可埋时,可商请陪都空袭救护委员会振恤处掘埋组择地埋葬。

6. 各院掩埋空袭被炸因伤致死的难胞,必须建立墓碑,并于墓碑上详细填刻死者的姓名、籍贯,以备查考。

7. 本办法只适用于因空袭被炸受伤住院而死亡者,其他凡非因空袭被炸而死亡者,不得援用本办法。

上述各种办法，均是针对直接遭受空袭损害（人员伤亡或财产损失）者而言。但在实施空袭救护的过程中，救护人员一方面不畏牺牲，及时施救，表现积极；一方面或因碰未爆炸弹的延时爆炸、或因遇轰炸后断垣残壁的垮塌、或因遭熊熊大火的燃烧等各种不能预见的主客观因素的影响，也有间接受伤和死亡者。为鼓励这些救护人员的救护积极性，打消他们的顾虑，同时解决其受伤或死亡后家属的实际困难，重庆空袭救济联合办事处还分别制定有《重庆市空袭期间人民或团体办理急救奖励及抚恤办法草案》、《重庆市各部队机关参加空袭紧急工作员兵抚恤暂行办法草案》，分别对办理空袭救护"特著劳绩及因之受伤身故"的人民、团体、救护部队员兵进行奖励或抚恤。其中《重庆市空袭期间人民或团体办理急救奖励及抚恤办法草案》规定：

1. 重庆市人民或团体在空袭期间办理急救事宜"特著劳绩及因之受伤身故，获有证明者"，其奖励及抚恤除法令别有规定者外，特依本办法办理。其奖励分别为奖状、奖章、奖金及呈请行政院颁给荣誉奖章或奖状；其抚恤则按"轻伤给予恤金20元，重伤给予恤金40元，亡故给予恤金60元"的标准给予，上项恤金如遇特殊情形时，尚可酌量增加。

2. 重庆市人民或团体有"自动奋勇抢救灾区人物，不避难险者；领导民众执行急救工作，特著勤劳者；协助政府办理急救事宜，或执行命令，不辞劳瘁者"等情形之一者，可分别予以奖状、奖章、奖金等奖励。如办理急救，使众多生命财产得以保全，其功劳超出前列三种情形者，可呈请行政院颁布给荣誉奖章或奖状。

3. 此项人民或团体的奖励，由当地警察或防护机关开具事实证明，呈请重庆市政府核行并呈行政院备案；各种团体之分子的奖励，由该团体呈报并须开具事实证明。

4. 重庆市人民或团体之分子的伤亡抚恤，其家属系人民者，由当地保甲长及受抚恤人与当地公民5人以上联署，开具事实，并由当地警察机关转呈重庆市政府审核后，转知重庆市空袭紧急救济联合办事处发给；其家属系团体分子者，由该团体开具事实，呈市政府交当地警察机关复查后，转重庆市空袭紧急救济联合办事处发给。

5. 各项奖励恤金，由重庆市政府根据本办法的相关规定，填发给予通知,其中一份发给奖、恤金受领人,一份交重庆市空袭紧急救济联合办事处。奖、恤金受领人,应持凭上项通知,取具保领结,向重庆市空袭紧急救济联合办事处请领。①

这里需要特别指出的是:(一)上述有关重庆大轰炸下空袭救护的有关法律规定,只是抗战时期重庆空袭救护众多法律规章中的一部分,而远非所有有关空袭救护法规法令的全部。但从总体上看,这些法律法规,已基本包含了空袭救护从调查到登记再到抚恤、安置等方方面面。再从这些法律法规本身看,内容应该是周全的、可操作的。因此,它们在抗战时期重庆的空袭救护方面,应该是有着其特殊的历史作用的。(二)如前所述,空袭救护发生于重庆大轰炸之后,涉及的面广,牵涉的人多,而且直接与被难同胞的各种利益戚戚相关。因此,于大轰炸发生之初就制定一些法律法规,以备今后救护救济的准绳,从而减少工作中的困难和麻烦,也便于广大受难同胞监督,同时对抚慰市民伤痛,吊唁死者、养育救护生者都起到了积极的作用,从而在精神上为广大受难同胞和各界民众树立一种轰不烂、炸不垮的信心和勇气,有利于战时首都社会秩序和市民心态的维持,从而有利于抗战的进行和坚持。抗战时期国民政府有关当局的这种思路是正确的,方法是可行的,由此也可说明国民政府当局在重庆的空袭救护方面是用了心、尽了力的。当然,在执行过程中,因为种种主客观因素的制约,难免会出现一些偏差,引起市民的一些误会和不满,这在当时那种特殊的历史情况下,也是情有可原、不可避免的。(三)上述所列法规,主要是大轰炸初期制定的一些法规法令,在执行的过程中,随着形势的发展,某些方面难免有不适宜之处。事实上,有关方面也是在不断地修正、补充和完善中。特别是空袭救护的奖励金和恤金,一方面随着物价的高涨有所增加,如1943年5月26日,陪都空袭救护委员会就发出通知,决定该会发放的普通人民伤亡恤金,轻伤者增为50元,重伤者增为120元,死亡者增为180元②。与此同时,行政院也将各机关部队参加空袭

---

① 《重庆市空袭期间人民或团体办理急救奖励及抚恤办法草案》,载重庆空袭救济联合办事处编印:《空袭救济工作报告》,1939年9月编印。
② 《陪都空袭救济委员会为增加普通人民伤亡恤金致各机关公函》(1943年5月26日),重庆市档案馆,档案0053-2-844。

救护人员死伤者的救济费用,在原有的基础上增加了一倍,死亡者的救济费分别由原来的 120 元(甲种)、100 元(乙种)、80 元(丙种)增加为 240 元、200 元、160 元。另一方面,若遇特殊情况,还有临时的救济和补助,如 1940 年夏日机实施"101 作战计划"猛烈轰炸重庆时期,面对流离失所、无家可归的市民,蒋介石就于 1940 年 7 月 11 日手令重庆市政府:"凡被轰炸的户口无家可住时,应准在其邻近或接近同街同巷之住户,分驻 1 人至 3 人。照此办法,速由市政府切实规划处理。至其被炸后食物无着,亦可由政府暂时供给,对其老幼尤应特别供养为要。"奉此手令,重庆市政府专门制定了救济被炸同胞的办法三种:

一、关于志愿仍留居市区之市民,由各警察分局于其区内指定空房多处,准其居住,并发大口急赈 10 元,小口 5 元。此外,在其迁移第一日无法举炊时,又给予每口 1 元伙食费。

二、关于志愿疏散出市区之外之市民,由空袭服务救济联合办事处发给车票船票,另发给每人 3 个月伙食费 27 元。其无处可投者,则空袭服务救济联合办事处在江津、綦江、长寿、璧山等县附近乡区设有收容所,被灾市民可往居住 3 个月,每月每人给伙食费 9 元,另定有小本借贷办法,俾能自力谋生。

三、关于继续轰炸预防多数房屋被炸之计划,已由工务局会同空袭服务救济联合办事处进行,购买价值 10 万元之棚屋材料,预定于不得已时发给市民自行搭盖,或由本府派工助其搭盖。另由社会局购置可以供给约 1500 人用之炊具,于必需时使用。①

(三)空袭救护

抗战时期重庆大轰炸下的空袭救护工作,按照工作流程,主要工作有抚慰伤亡(包括掩埋尸体)、医疗救治、消防救护(包括开凿火巷、清理危险的断垣残壁)、协助疏散、收容安置(包括供给食品、生产扶助)等几个方面。

---

① 《蒋介石为被炸居民应就近分住予以抚恤的手令及重庆市市长吴国桢的报告》(1940 年 7 月),载《中华民国陪都史资料丛书·轰炸与反轰炸》(未刊稿)。

抚慰伤亡 抚慰伤亡是抗战时期重庆大轰炸下空袭救护的首要任务之一。根据档案资料不完全统计,在1938年2月至1943年8月的五年半时间里,日机共出动飞机5732架,对以重庆为核心的区域,包括巴县、江北、北碚等环重庆周边各县(局)在内的地区共实施轰炸130次,投爆炸弹15968枚、燃烧弹2210枚,共炸死重庆市民10808人,炸伤重庆市民11837人,毁房屋14408栋又46596间[①]。面对大轰炸后血肉横飞、死伤枕藉、流离失所的市民和到处断垣残壁、一片废墟的市面,国民政府有关当局将人的生命放在第一位,于大轰炸后首先实施的救护工作,就是对死者的掩埋、伤者的医治以及死伤者家属的抚慰救济,其次是对遭大轰炸后无家可归市民的疏散和安置。

抚慰伤亡的第一项工作,就是发放恤金。针对大轰炸后被难同胞损失的轻重和所居的位置不同,重庆空袭紧急救济联合办事处及后来的陪都空袭救护委员会,根据相关法律的规定和上峰的指示精神,都发放了一定数量的恤金,给死伤者及其家属以抚慰和救济。此项恤金成规模地发放,应该是在1939年"五·三"、"五·四"轰炸之后,也即《空袭紧急救济办法》等出台之后,而当时的主持者为重庆空袭紧急救济联合办事处。据该处统计:从1939年5月起至8月止,该处按死亡者每人30元、重伤者每人20元、轻伤者每人5—10元(7月7日以后一律改为10元)的标准,给2859名死者发放了85610元的恤金,给784名重伤者发放了15860元恤金,给925名轻伤者发放了5240元恤金[②]。1940年截至8月底止,该处共发出死亡恤金1205人,计36150元;重伤抚慰金745人,计14900元;轻伤抚慰金951人,计9510元[③]。其二是发放急赈。所谓发放急赈,主要是实施于一些非常情况之下,如1939年7月6日,日机袭渝,重庆市区丰瑞桥、丰碑街一带被炸,灾情惨重,且当地居住的多系贫苦市民。重庆空袭紧急救济联合办事处除按例发放一般的恤金外,还会同当地保甲,发放特别急赈,以每人5元的标准,向544名成人(大口)发放2720元;以每人3元的标准,向222位未成年人(小口)共发出666元的急赈款。再如1941年8月14日,蒋介石又手令陪都空袭救护委员会,要求对于"神仙洞180

---

① 唐润明:《重庆大轰炸的基本史实及人员伤亡新研究》,载《给世界以和平——重庆大轰炸暨日军侵华暴行国际学术讨论会论文集》,第76—77页。
② 重庆空袭救济联合办事处编印:《空袭救济工作报告》第8—9页,1939年9月编印。
③ 《空袭服务救济处工作报告》,《中央日报》1940年8月30日。

号公共防空洞死伤人民,应特别救护与抚恤安慰其家属,特发洋50000元,尤其对于老者与孤幼,更应特别安顿与抚养。南区马路143号公共防空洞救护出力人员,应即呈报候奖。徐启杰与程朱溪二同志应先行传令嘉奖,该洞死伤人民,亦特发抚恤费50000元,从速分发。"奉此手令,陪都空袭救护委员会经过商讨后,决定特别抚恤安顿办法如下:

一、死亡恤金,除本会依例发给每人60元外,再加发特别抚恤金每人60元;

二、重伤住院难胞,除本会发给每人每日住院伙食费4元外,再加发特别营养费每人每日4元1个月,自行就医者一次性付给;

三、轻伤难胞除本会应发恤金每人15元外,再加发慰问金每人20元;

四、南区马路143号掘出之活口,各发慰问金50元,失踪之家属各发特别慰问金120元。

至死亡家属中老者及孤幼之特别安顿抚养,并经规定详细办法如下:

一、年在60岁以上之老者,送社会部安老所安顿,另发特别安顿费每人200元;

二、孤幼6岁至12岁,送振济委员会难童教养院教养,另发升学或生业基金150元;1岁至6岁,送社会部保健院抚养,1岁以下送社会部婴儿保育院保育,另发升学或生业基金100元,分别由各院代为保管生息。[①]

在整个抗战时期,除国民党中央有关方面发放的救济费不计外,仅由重庆市政府支出的空袭员工被炸救济费即达157044元、空袭被炸员工恤金307480元、空袭抢救员工奖金660000元、难民救济费38772291元,总计39896815元[②]。这些恤金、救济费,对医治、延长、保护大轰炸后重庆市民的生

---

① 《陪都空袭救护委员会为奉蒋介石特别抚恤防空洞死伤难胞给医务委员会的训令》(1941年8月21日),载《中华民国陪都史资料丛书·轰炸与反轰炸》(未刊稿)。
② 《重庆市政府为电送战时防空、迁移、供应费等致行政院赔偿委员会公函》(1948年4月14日),载重庆大轰炸档案文献史料丛书编委会编:《重庆大轰炸档案文献史料丛书》第一编第一卷《档案·人员伤亡》第50页,2007年9月内部出版。

命,慰藉受难同胞的在天之灵及受伤同胞的心灵,起到了一定的积极作用。

抚慰伤亡的第二项重要工作是掩埋死难同胞的尸体,让其早日入土为安,既安慰死者,又抚慰生者。抗战时期重庆大规模的被炸同胞尸体掩埋工作,仍开始于1939年"五·三"、"五·四"大轰炸之后。此前虽也有被炸死难同胞,但一因数量不多,二因轰炸并不是连续进行,有关方面尚有间歇时间来从容处理此事,故尸体的掩埋还不显紧迫。但1939年5月3日、4日,日机连续两天轰炸重庆,造成重庆市民两天之内被炸死3991人(5月3日死亡673人,5月4日死亡3318人)①。一时间,重庆市内死尸枕藉。如何处理这些被炸同胞的尸体,也就成了"五·三"、"五·四"轰炸后政府当局应对非常局面的重大工作之一。为此,重庆空袭紧急救济联合办事处抚济组内专门设立有掩埋股,专司其事,并与重庆市政府商定,在江北指定刘家台、兴隆桥,南岸指定真武山、野猫溪,市区指定兜子背为墓地,棺材由重庆空袭紧急救济联合办事处充分准备,分存各处备用,掩埋工具除自备一部分外,另向军政部商借一部分。5月8日,重庆卫戍总司令部总司令刘峙手令有关方面:"本市被炸区各处停留死尸,限本日运完,本部卡车可拨使用,并应派员监督,切实办理。"②5月30日,蒋介石也以国民政府军事委员会委员长的名义致电各方,除要求及时掩埋被炸同胞尸体外,还应对灾区及掩埋场所消毒。在各方的共同努力下,重庆空袭紧急救济联合办事处在1939年5至8月间,即掩埋被难同胞尸体5144具,其中5月4755具,6月164具,7月110具,8月115具③。同时,为防止灾后重大疾病的发生和传染,重庆市卫生局还遵照蒋介石的电令,从卫生队中抽调卫生稽查员12人、夫役48人,组成消毒队12队,携带漂白粉、石灰等,自5月7日起,逐日分赴各被炸灾区及南岸真武山一带、江北忠孝堂义地、陈家馆官山坡、刘家台会馆湾、安乐洞果园等埋藏地点进行消毒。

1941年6月5日的"大隧道窒息惨案"中,重庆市民因窒息及被踩塌而死

---

① 《重庆防空司令部调查1939年5月3日、4日日机袭渝情况暨伤亡损害概况表》,载重庆大轰炸档案文献史料丛书编委会编:《重庆大轰炸档案文献史料丛书》第一编第一卷《档案·人员伤亡》172、173页,2007年9月内部出版。
② 《重庆卫戍总司令部副官处为转知刘峙手令致重庆市政府公函》(1939年5月8日),重庆市档案馆,档案0053-12-97。
③ 重庆空袭救济联合办事处编印:《空袭救济工作报告》第10页,1939年9月编印。

亡者约千人。这些尸体除个别的由家属择地掩埋外,其余的800余具都被集中运往重庆下游的黑石子掩埋。后随着轰炸时间的延续,空袭被炸死亡同胞的增多,先前指定的市郊各地掩埋空袭被难同胞的墓地,多有尸满为患之状,且随着市区人口、机关、工厂、学校的疏散,先前荒芜的市郊也开始逐渐繁荣、发展起来。若空袭被炸同胞的尸体再埋于此,不仅有碍观瞻,更加影响市民健康。陪都空袭救护委员会成立后,负责空袭被炸同胞尸体掩埋的抚恤处有鉴于此,曾签请陪都空袭救护委员会在重庆的南北两岸的郊外,另外择地购置公墓。陪都空袭救护委员会接签后,一方面转呈国民政府行政院核示,一方面指示抚恤处,"在未奉核定以前,仍应另请市政府指定埋藏地点"。1941年7月24日,陪都空袭救护委员会抚恤处致函重庆市政府,告以"在本处公墓未经购定之前,拟请贵部(府)迅赐指定郊外适当地点,暂时掩埋被炸难胞尸体,俾利工作而免妨害卫生"。重庆市政府接函后,于1941年8月8日,一方面回函陪都空袭救护委员会抚恤处,告以先前曾经与陪都空袭救护委员会议定黑石子作为"被炸难胞掩埋地点";一方面饬令市社会局、财政局"继续查勘适当地点,以备不敷之用"。市社会局、财政局奉令后,经派人联合勘查,"勘定南岸马家店易家沟同仁义冢墓地可作埋藏被炸死亡难胞尸体之用",并于9月23日呈文市政府。9月27日,重庆市政府将此函告陪都空袭救护委员会抚恤处及重庆市公益委员会[①]。所以1941年因"大隧道窒息惨案"而伤亡超过1000市民,大多是埋藏在重庆下游的黑石子。

医疗救治 医疗救护主要是针对大轰炸中被炸受伤的市民而言,如前所述,在长达5年半的"重庆大轰炸"中,重庆因空袭被炸而受伤的市民多达万余人。如何救护、医治这些受伤市民,是比掩埋空袭被炸死亡同胞更为复杂、急迫的问题,因为稍有不慎或延缓,轻伤者的伤情可能加重,而重伤者则可能致死。所以从1938年2月18日"重庆大轰炸"开始之日,受伤的市民都是被及时地送往医院进行医治的,如1938年10月4日日机轰炸重庆,广阳坝被炸的受伤者"送城内医治",而市区牛角沱一带被炸受伤的4人,则被直接送往当时重庆条件较好的"市民医院诊治"[②]。1939年1月重庆空袭紧急救济联合办事

[①]《陪都空袭救护委员会抚恤处为请迅予指定被炸死亡难胞尸体掩埋地点与重庆市政府往来函》(1941年7—9月),重庆市档案馆,档案0053-22-238。

[②]《敌机九架昨晨西侵,渝市首遭空袭》,《国民公报》1938年10月5日。

处成立后,除设有专门的医疗组外,另有救护组也兼负抢救伤员之责。"五·三"、"五·四"轰炸后,为充实力量,因应事实的需要,重庆空袭紧急救济联合办事处将医疗、救护两组合并扩大为"医护委员会",并颁布该委员会组织规程,全面负责空袭被炸受伤同胞的救护医疗事宜。该委员会以国民政府内政部卫生署署长颜福庆为主任委员,军政部军医署署长胡兰生、重庆市卫生局局长梅贻琳、三民主义青年团中央团部代表项定荣、重庆防空司令部设备委员会代表温少鹤、中国红十字会总会驻重庆分会办事处主任唐承宗等为委员,内部又分设办事处、医务股、救护股和防疫股[①]。1940年5月,曾修正该医护委员会组织规则,决定仍设主任委员1人及委员若干人,委员会之下分设医务、救护、材料、总务四股,分掌该会重伤医院、救伤站、救护队、药械库、器材库及文书、会计、采购物品等事宜。1941年2月重庆空袭紧急救济联合办事处改组为"陪都空袭救护委员会"后,除保留医护委员会(由庞京周任主任委员)外,还设有医护组,由重庆市卫生局局长梅贻琳任组长。从此之后,大轰炸中受伤同胞的医疗救护工作,就在陪都空袭救护委员会医护委员会、重庆市卫生局的直接领导下进行。

重伤医院 重伤医院是救治空袭被炸受伤同胞最为重要的场所。重庆空袭紧急救济联合办事处医护委员会改组成立后,在第一次会议上就决定:在重庆城区设立重伤医院6所,内设500张病床;在郊外分设重伤医院8处,内设病床1000张;并决定于短期内就重庆市原有的各重伤医院,分别整理裁并,改组成立。若有破坏或损失,即于其他地方恢复设立。如1939年6月初日机袭渝,医护委员会自办、位于川东师范内的第三重伤医院被炸毁后,即于江北潮音寺恢复,同时改称郊外重伤医院。到1939年9月底止,医护委员会共有城区重伤医院5家,病床400张;郊外重伤医院9家,病床1830张。1939年"五·三"、"五·四"轰炸后,沙坪坝、小龙坎到歌乐山一带被国民政府划为中央迁建区,为救护医治该区域被炸受伤的同胞,重庆空袭紧急救济联合办事处对重伤医院略有调整,除将原位于江北潮音寺的第三重伤医院(有病床50张)迁至沙坪坝外,另于迁驻中央机关众多的歌乐山新建了第十五重伤医院和第十六重伤医院。到重庆大轰炸结束后的1944年,全市共有16家重伤医院、1390张

---

① 重庆空袭救济联合办事处编印:《空袭救济工作报告》第16—17页,1939年9月编印。

病床,其中市区8家,南岸4家,江北1家,沙磁区1家,歌乐山2家。

救护队 救护队为直接救护空袭受伤同胞的重要基层组织。该队在平时担任巡回医疗,如为受伤市民敷药换药、诊治轻伤疾病、协助防疫注射、预备药料等;如遇敌机轰炸,即依据《救护队救护工作规程》对被炸受伤同胞进行抢救。

在1939年,重庆共有基本救护队25队,预备救护队27队;1940年有基本救护队15队,官兵720人,特约救护队15队,队员278人。后经过抗战期间的多次调整变迁,到重庆大轰炸结束后的1944年,还有救护队32队(表5—11)。

表5—11 1944年重庆救护队概况表

队　别	性质	原机关名称	驻　地
第一救护队	自办	卫生局	金汤街
第二救护队	自办	卫生局	金汤街
第三救护队	自办	卫生局	金汤街
第四救护队	自办	灭鼠工程队	金汤街
第五救护队	兼办	第一诊疗所	南岸罗家坝
第六救护队	兼办	第二诊疗所	夫子池
第七救护队	兼办	第三诊疗所	南纪门
第八救护队	兼办	第四诊疗所	江北火神庙
第九救护队	兼办	第五诊疗所	学田湾
第十救护队	兼办	第六诊疗所	沙坪坝
第十一救护队	兼办	第七诊疗所	黄桷垭
第十二救护队	兼办	第八诊疗所	弹子石石桥街
第十三救护队	兼办	第一流动医疗所	磁器口童家桥
第十四救护队	兼办	第二流动医疗所	石桥铺中兴路
第十五救护队	兼办	第三流动医疗所	化龙桥
第十六救护队	兼办	第四流动医疗所	黄家码头
第十七救护队	兼办	第五流动医疗所	江北观音桥
第十八救护队	委托	卫生署医疗防疫队第八队	新桥
第十九救护队	委托	卫生署老鹰岩卫生站	老鹰岩
第二十救护队	委托	卫生署金刚破卫生站	金刚坡
第二十一救护队	委托	卫生署永兴场卫生站	永兴场
第二十二救护队	委托	卫生署青木关卫生站	青木关
第二十三救护队	委托	卫生署歇马场卫生站	歇马场
第二十四救护队	委托	卫生署南泉卫生站	南泉

续表

第二十五救护队	特约	上海童军战时服务团	民生路
第二十六救护队	特约	私立泸童初级中学校	张家花园
第二十七救护队	特约	上海市商会童子军团	长安寺
第二十八救护队	特约	红十字会重庆办事处青年救护队	公园路
第二十九救护队	特约	新运总会救护队	江北童家桥
第三十救护队	特约	沙磁区青年服务社	沙坪坝
第三十一救护队	特约	僧侣救护队	南岸玄坛庙
第三十二救护队	特约	僧侣救护队	南岸玄坛庙

救护车：在残酷的大轰炸中，重庆的救护队虽然众多且分布广泛，但与广阔的灾区和众多需要救治的伤员相比，仍显不足，且伤员救治以迅速、及时为重要。因此，为补救护队力量及速度上的不足，重庆空袭紧急救济联合办事处还商请各机关团体，调派车辆，编组为救护车队，"专负救护输送责任，皆于敌机离开市空后出发。"在1939年，该处所约定的救护车辆共有7辆，其中红十字会2辆，停靠在市民医院门口；新运总会2辆，停靠在新运总会；重庆公共汽车公司2辆，停靠在重庆防空司令部；武汉疗养院1辆，停靠在武汉疗养院[①]。

担架队　重庆空袭救济联合办事处所设置的担架队，其主要职责是于每次空袭轰炸后，迅速奔赴各被炸地点，与救护人员取得联络，将受重伤不能行走的被炸市民抬至重伤医院，同时帮助其他救护人员输送棺材，掩埋被炸同胞尸体。参加担架队的队员，主要以补充团及四川军管区担架第三营的士兵为基础，同时以重庆市防护团所属担架队作为预备（表5—12）[②]。

表5—12　重庆空袭救济联合办事处所设担架队概况表（1939年）

区域	番号	连长姓名	驻扎地点
上城区	第十三连	郭开基	巴县图书馆
中城区	第十一连	卓伯燊	中陕西街泰邑小学
下城区	第十二连	杨其玉	南纪门正街
新市一区	第十四连	罗康宁	中一路34号
新市二区	第十五连	吴令符	求精中学

---

① 重庆空袭救济联合办事处编印：《空袭救济工作报告》，1939年9月编印，第19页。
② 同上书，第19—20页。

治疗所 早在1939年1月,重庆市防护团即有设立临时治疗所、临时裹伤所的打算,并规定临时治疗所的主要工作为"空袭后被炸市民之急救及逐日换药治疗",其治疗原则是:"1.按各该医院或治疗所普通门诊时间诊治,2.不得收费,3.不得无故拒绝。"临时裹伤所的主要任务为"空袭后被炸市民之急救工作",其裹伤原则是:"1.空袭时有被炸市民求治,即当予以救治,2.不得借故拒绝,3.不得收费。"[1]重庆空袭紧急救济联合办事处成立后,使得有关空袭被炸受伤同胞的救治更为系统和具体,规定被炸的重伤市民,一律抬送重伤医院收容治疗;而对于被炸的轻伤市民,则一律实行免费诊治,并为方便各被炸受伤市民就近就诊,所设的治疗所分布全市各地。

据重庆市空袭救济联合办事处统计,在1939年5至8月,遭空袭被炸受伤的重庆市民有6015人,其中经该处裹伤处理的有3853人,送入医院进行治疗的有1780人(其中治愈出院1447人,因伤重死亡230人,继续留院治疗者103人),共计5633人,占受伤总数的93.64%[2]。1940年1至8月,重庆空袭救济联合办事处救治的空袭被炸受伤市民,除该处所属各院站在各灾区随时施救治疗及门诊换药裹伤者不计外,各重伤医院共收治住院难胞2492人,其中治愈出院者1770人,因伤重医治无效死亡者223人,继续留院治疗者499人[3]。

消防救护 消防救护亦为战时重庆消极防空中空袭救护的重要内容之一。因受经济条件和地形的限制,战时重庆的房屋除极少数为钢筋水泥房外,大多为木质的吊脚楼或竹片加泥土的混合体,一经着火,很容易造成燎原之势;加之重庆的地形复杂,弯多坡陡,取水不易,为数不多的救火车难以到达城市的各个角落,进而给灭火带来很大困难;而重庆夏季气候的高温炎热以及各种物品的干燥,容易酿成大火。正是看中了重庆在消防灭火中的这一不利因素,而且在经过了1939年"五·三"、"五·四"轰炸中使用燃烧弹给重庆带来的巨大损失和灾难之后,日本军国主义就一直将使用燃烧弹作为轰炸重庆的

---

[1] 《筹设重庆市防护团临时治疗所办法》(1939年1月)、《筹设重庆防护团临时裹伤所办法》(1939年1月),载《中华民国陪都史资料丛书·轰炸与反轰炸》(未刊稿)。
[2] 《重庆空袭损害及救济情况一览表》(1939年9月),载重庆空袭救济联合办事处编印:《空袭救济工作报告》,1939年9月编印。
[3] 《空袭服务救济处工作报告》,《中央日报》1940年8月30日。

手段之一。据不完全统计,在整个"重庆大轰炸"中,日机共投弹18178枚,其中爆炸弹15968枚、燃烧弹2210枚[1]。"重庆大轰炸"中的人员伤亡主要来自于爆炸弹的轰炸,财产损失则主要来自于燃烧弹所引起的熊熊大火。因此,防止并扑灭由日机轰炸所引发的大火,对保障市民的生命财产安全,保证战时首都正常的水、电供应和道路顺畅,维持和稳定战时首都的社会秩序和民心士气,都有着十分重要的意义。

战时重庆的消防救护,虽然工作繁忙,内容众多,但其主要工作,一是轰炸前的预防,即开辟火巷;二为轰炸后的救护,即扑灭大火。

开辟太平巷 早在1939年1月13日,刚迁到重庆办公不到一个月的蒋介石,即以国民政府军事委员会委员长的身份,密令重庆防空司令李根固,就重庆市有关消极防空事宜提出五项办法,其中的第二项就是"整饬消防设备"。这当中又包括二项:"(1)本市地势高亢,自来水甚少,消防水门应尽量增加之,如材料不许,亦应到处贮水并标识及登记水井;(2)除整备现有机械消防队外,应筹组人力消防队。"并要求以上两点"由重庆防空司令部及市政府办理"[2]。1939年"五·三"、"五·四"轰炸中,日机首次使用燃烧弹对重庆实施轰炸并给重庆人民的生命财产造成巨大损失。为对付日机使用燃烧弹所带来的巨大损害,阻止大火的漫延,同时也为保证道路通畅,以适应将来重庆城市建设发展需要,行政院1939年6月19日致电重庆市政府,要求"房屋稠密区域,应开辟太平巷,拆除不必要之建筑物,并酌给迁移费"。奉此命令,重庆有关方面组织动员了数千人的拆卸大军,开始了积极、主动的"太平巷"的拆建。

太平巷原称"火巷",1939年5月7日奉令改称"太平巷"。最初由重庆市工务局主持办理,1939年4月10日重庆市疏建委员会成立后,改归重庆市疏建委员会领导,重庆市工务局具体负责。1939年4月4日,行政院第48次会议讨论通过了《重庆市开辟太平巷办法》6条,其主要内容是:(1)"太平巷应先从房屋稠密及街道逼仄地方拆起,并应尽可能利用原有街道,务期与马路衔接。防空隧道出入口附近妨害交通之房屋,应尽先拆迁。"(2)"太平巷宽度分

---

[1] 唐润明:《重庆大轰炸的基本史实及其人员伤亡新研究》,载《给世界以和平——重庆大轰炸暨日军侵华暴行国际学术讨论会论文集》。

[2] 《国民政府军事委员会为讨论决定重庆消极防空办法五项给重庆防空司令部司令李根固的训令》(1939年1月13日),重庆市档案馆,档案0044-1-77。

为10公尺及15公尺两种。"(3)"开辟太平巷得依法令向两旁受益土地特别征费。"(4)"开辟太平巷征收土地之地价及房屋之拆迁费,由市政府参酌市价拟具标准,呈请行政院核定。"① 随后经过测量和多次讨论,决定开辟15公尺的太平巷主要有杨柳街—三教堂街—桂花街—油市街、临江门—顺城街—七尺坎等15条,开辟10公尺的太平巷则有三门洞街—接圣街、字水街—饼子巷—陕西街等66条。上述81条"太平巷",除极少数由市民自行拆除外,其余绝大多数由重庆市疏建委员会的工程组派拆卸队拆除。

抗战时期重庆最早开辟的"太平巷"是神仙口—段牌坊及长安寺—县庙街两线,长度为680米。该两线自1939年4月15日开始拆卸,由市工务局的道班并另招募工人100余人共同进行,于29日完成。取得初步经验后,重庆市疏建委员会正拟按照计划,实施大规模的拆卸,不料"五·三"、"五·四"轰炸发生,重庆遭受重大牺牲和损失。工程组奉令加紧施工,并限于6月底以前完成全市开辟"太平巷"的计划。奉令之后,当即调用市工务局的全体员工,划全市为三区,加紧拆卸工作,同时调派驻渝陆军第三十五军第五师工兵营及特务团补充团第七、九两团士兵协助,并招募民间的土木石工等1000余名,自5月6日起开始了全市性的大规模拆卸工作。经过所有员工及官兵的努力和社会各界的协助,到6月底,共开辟了10米宽的太平巷人行道69条,计14831米;15米宽的太平巷马路14条,计6262米;共拆卸房屋面积达13200余方丈,拆除大小平房楼房9600余户。② 随后又将这些太平巷进行清理,整理改造成人行道或公路,达到既防止火患漫延,又便利市民出行的双重目的。

1940年,日军实施"101号作战计划",对重庆的空袭规模进一步扩大。蒋介石为减少重庆市的空袭损失,又手令加辟重庆市的"太平巷"。经重庆卫戍总司令部与重庆市政府会商,决定重庆市第二次加辟的太平巷共计64处,同时确定了开辟太平巷的办法和原则,即:每隔15幢房拆一太平巷;太平巷尽量避免坚固房屋,并利用被炸及破烂房屋,交市工务局执行。重庆市工务局接受任务后,仍将全市分为四区,分区施工,同时每区派有专员,实地会商解决施工中的一切问题。到1940年8月底,城外的第一、二两区完成;城内的第三、四

---

① 《重庆市开辟太平巷办法》(1939年6月),重庆市档案馆,档案0064-1-488。
② 《四年来的重庆建设》(1941年),重庆市档案馆,档案0067-1-1496。

两区,也于 1940 年 9 月中旬完成①。

扑灭大火　战时重庆的消防救护,首先是相关消防器材、灭火物资的准备,其次是消防队的组建。早在 1937 年 9 月,重庆市防空司令部就曾布告市民及各机关学校,要求"制备沙包水桶,以便掩压燃烧弹及扑灭火灾"。国民政府迁都重庆后,重庆防空司令部于 1939 年 1 月 24 日再次布告市民,同时致电重庆市政府,请转饬所属各机关"妥速准备,用策公共安全"。从此之后,储备沙包和水就成了有关部门的重要工作,上自最高统帅蒋介石,中到重庆卫戍总司令刘峙、重庆防空司贺国光、重庆市市长吴国桢,下到士兵、防护团员、保甲人员等,都视此为灭火工作的先决条件,并动用驻重庆的部队运沙,仅 1940 年 8 月 21 日至 24 日,各部队所运的河沙就达 431 担,约 26 吨,到 9 月 7 日,取运的河沙更是增加到 3719 担,256.5 吨,并选择城区各重要地点堆积。到 1940 年 9 月 11 日止,堆积于重庆主城七区的河沙共计 4176 担,621900 斤,并制成了篾篓 20000 个、沙袋 1000 个,分发各消防队备用②。至于消防器材,战时重庆是十分匮乏的,全市仅 9 辆消防车、2 艘消防船、2 架升降梯,其余的则是一些原始的简单工具,如斧头、锯子、竹梯、榔头等。即便经过不断的损毁补充再损毁再补充,到 1940 年 8 月,重庆市的消防器材仅有出水带 19100 米,钢锯 20 把,火钩 95 把,斧头 28 把,沙铲 170 把,竹梯 61 架。9 月 28 日,重庆防空司令部呈文重庆卫戍总司令部,告以已补充重庆各防护队、爆拆组及消防大队的消防器材有抓绳 50 根,斧头 200 把,锯子 200 把,竹梯 100 架,榔头 200 把,撩钩 500 个,绳梯 10 架,夹梯 20 架。③

重庆市的正规消防队,隶属于市警察局,在抗战爆发前有第一、第二两队。抗战爆发后,当局鉴于时局紧张,又增设了第三、第四两队,并共同编组为消防总队,同时筹设江边救火第一、第二队,并将官民消防编为防护团消防大队,又于各防护分团之下增设防火班,担任空袭火灾救护之责。不久,改分团为队,并撤销防火班及消防大队,而由各防护区编队。由此一来,战时重庆的消防工

---

① 《渝市加辟太平巷共七十余处》,《中央日报》1940 年 9 月 6 日。
② 《蒋介石在抗战期间关于储备沙包以利消防给刘峙的手令及相关档案史料一组》,载重庆市档案馆编:《档案史料与研究》1993 年第 1 期。
③ 《蒋介石在抗战期间关于储备沙包以利消防给刘峙的手令及相关档案史料一组》,《档案史料与研究》1993 年第 1 期。

作,机构既无系统,组织又欠严密,很难发挥作用。后经各有关机关协商,到 1939 年,除直属的 4 个消防中队外,另有沿江救火大队(下属 10 个分队)。除此之外,还有民间消防组织的设立,共 1 个大队,下属 7 个中队,每中队又分辖 2 个分队,分布于全市各区。① 到 1940 年 9 月,重庆市的消防组织共有 1 个大队,下辖 5 个中队,另有江边救火队 2 队,计有职员 32 人、队员 330 人;除此之外,还有民间消防队 5 队,职员 138 人、队员 1180 人、力夫 1652 人。② 1940 年,一方面日机对重庆的轰炸加剧,重庆因空袭火灾带来的损失增多;另一方面重庆市区面积扩大,消防力量更感不足。有鉴于此,主持消防工作的重庆市警察局,"为适应战时需要,健全消防机构,加强抢救力量起见",于 1941 年 2 月 20 日召集重庆市消防联合会及有关各单位开会,会议决定:(1)将全市所有的官民消防队、折卸队及爆破队,混合编组为"重庆市战时消防总队",隶属于重庆市政府,"承市长之命令,综理全市消防事宜",同时受重庆卫戍总司令、重庆防空司令、重庆空袭救护委员会主任委员的指挥调度,担任战时重庆救护火灾的全部工作;(2)划全市为上城、中城、下城、新市区、江北、南岸上段、南岸下段及沙磁区等 8 个消防区,除市区为警防区常备第一常备大队、第二常备大队及爆破大队外,每一消防区各编一义勇消防大队,并配一折卸中队,"构成全市消防网,以便一旦有警,能就地应付一切紧急消防救护事宜"③。经过重新编组后的消防救护人员,在所有的救护机构中人员最多,1944 年 10 月达到 5456 人,占全部防护机构人员的三分之一强④。

抗战时期重庆的消防救护,虽然贯穿于整个抗战时期,但大规模的消防救护,仍始于 1939 年"五·三"、"五·四"轰炸之后。这不仅是因为日机在 5 月 3 日的大轰炸中,首次使用了燃烧弹,更因为"五·三"、"五·四"轰炸造成的死亡最多、损失最大。5 月 3 日的轰炸,火头虽多,但一方面因消防队员的奋勇施救,另一方面也因水源充足,得以源源不断地供给灭火,故在轰炸 4 个小时

---

① 《重庆市疏建委员会工作报告》(1939 年),台湾中央研究院近代史研究所档案馆,档案 0053 - 03 - 001。
② 《重庆防空司令部有关重庆市消防人员水源器材统计表》(1940 年 9 月),重庆市档案馆,档案 0044 - 1 - 70。
③ 《重庆市警察局为编组重庆市战时消防总队呈重庆市政府文》(1941 年 2 月 24 日),重庆市档案馆,档案 0053 - 12 - 28。
④ 《渝市防护团队分区统计表》(1944 年 10 月 10 日),重庆市档案馆,档案 0044 - 1 - 85。

之后,各地大火均告扑灭,未致蔓延。5月4日轰炸中,因自来水厂及其附近地区被炸,自来水厂的总水管也被炸坏,水源断绝,消防队员只得一面折断火路,一面吸取青年会游泳池的蓄水,奋力施救,前后长达8个多小时,始将大火扑灭。1940年,日军实施"101号作战计划",加紧了对重庆的空袭力度,重庆市区在1940年共发出警报108次,市区遭到实际轰炸30余次,且每次空袭,均有火灾发生,其中8月19日、20日的轰炸,因为"(一)大批敌机作有计划侧重市区一目标作有计划之连续轰炸,集中投弹;(二)构成火网,遮断交通(两日敌机均百余架,所投炸弹百分之七十均为燃烧子母弹);(三)暴风助长火势;(四)火头繁多(八·一九共49处,八·二〇共57处);(五)水源缺乏(自来水量不能接济各救火车出水量)"等原因①,全市处于一片火海之中。各级消防队员,于轰炸后即驰赴火场,不避艰险,倾力相救,两天之中,消防队员用于灭火的时间多达13个小时。不仅负责消防的官员如重庆市警察局局长唐毅、重庆市警察局督察处长东方白及重庆市防护团总干事黄佑南等,在第一批敌机投弹后、第二批敌机尚未进入市空前,立即督促所属员警在各被炸地点奋勇施救,"几遭轰炸"。更有重庆市消防中队长张开元、徐敬2人,于大轰炸后即冒险在被炸区域"抢救火灾,身遭炸毙"②。

1940年全年,重庆全市因空袭起火的地方多达199处,消防队员用于灭火施救的时间平均为80.5小时,消防队员因救火而牺牲23人,重伤9人,次重伤89人③。据重庆市有关部门的不完全统计,大轰炸时期,重庆市消防队员"壮烈牺牲者,计有消防队长王海元、徐剑等7人,队员伍国卿、赵元顺等67人",他们"在抗战期中敌机轰炸之下,抢救火灾、保护市民之生命财产,功绩之伟,不亚前方将士"④。

收容安置 抗战时期重庆对"重庆大轰炸"所造成的难民的收容安置,和其他消极防空措施一样,也是伴随于整个"重庆大轰炸"的。早在1939年

---

① 《重庆市战时消防方案》(1941年3月),重庆市档案馆,档案 0053-12-28。
② 《重庆市政府为请传令嘉奖及发给恤金空袭救灾有功人员呈国民政府军事委员会、行政院文》(1940年8月20日),重庆市档案馆,档案 0053-13-157。
③ 《重庆市战时消防方案》(1941年3月),重庆市档案馆,档案 0053-12-28。
④ 《重庆市各界为发起重庆市战时消防总队抗战殉职人员追悼大会并抚恤暨竖碑纪念募捐启事》(1947年3月),重庆市档案馆,档案 0057-3-204。

"五·三"大轰炸之前,相关部门就在重庆西郊的磁器口、小龙坎、沙坪坝、化龙桥等地设立了4处收容所。5月4日"重庆空袭紧急救济联合办事处"扩大组织后,专门于处内增设一收容运配组,以难民总站办公处主任李景泌任组长,专负大轰炸后难民的收容、运送、安置事宜。同时于城区设立了8个临时收容所,郊外也设立了8个收容所,另于附近各县设立9个收容所(表5—13)。①

表5—13 重庆空袭紧急救济联合办事处所设收容所概况表(1939年)

区别	所别	地址	负责人	可收容人数	备考
城区临时收容所	第一所	临江门红十字街平民社	王宏	260	
	第二所	柴家巷国泰电影院	郭泰俊	150	
	第三所	中一路新金山旅社	贺洪五	150	
	第四所	天灯街11号	吴南	130	
	第五所	下黉学巷湖北游渝同乡会	郭义	230	
	第六所	两路口春森路口大兴别墅	毛声陆	240	
	第七所	朝天门三门洞街39号	丁树勋	100	
	第八所	接圣街大江通旅社	陈宝善	100	
郊外收容所	第一所	南岸第11小学	王超	400	
	第二所	北岸观音桥	段载珊	300	
	第三所	北岸九龙庵	范尧峰	350	
	第四所	化龙桥复旦中学	高实因	200	
	第五所	小龙坎大公职业学校	陈国斌	250	
	第六所	沙坪坝南开学校	王炳寿	200	
	第七所	磁器口龙山小学	段彧珊	2000	
	第八所	北岸龙头寺	盛邦桢	300	
各县收容所	永川第一收容所		叶季钧		
	荣昌第一收容所		伍积文		
	涪陵第一收容所		陈开文		
	长寿第一收容所		吴梦群		
	綦江第一收容所		陈荆生		
	铜梁第一收容所		李景唐		
	璧山第一收容所		李景唐(兼)		
	江津第一收容所		曹文浚		
	江北第一收容所		胡济安(代)		

---

① 重庆救济联合办事处编印:《空袭救济工作报告》第11—13页,1939年9月编印。

当时对受灾难民的安置办法是:先由收容运配组派员到灾区,引导各无家可归之难民至城区临时收容所,次日即转送到郊外难民收容所,日后再依据《难民调查安置办法》及当时、当地实际情况以及各被灾难民的意愿,将其分送各县安置。1939年,城区及郊外各收容所共办理了4512名难民的收容安置,其中登记2739名,疏遣1132名,住所641名①。

1939年的"五·三"、"五·四"轰炸,给重庆造成了空前的灾难。而巨大的灾难,不仅教育了国民政府及地方当局,同时也警醒了还处于迷迷惑惑状态的重庆市民和社会各界。"五·三"、"五·四"轰炸后政府当局及社会各界、广大市民对防空的重视及其由此所采取的各种紧急应对措施,都可谓战时重庆各种防空重要措施的开始,也是日后各种防空措施修正、完善的蓝本。

总之,在长达5年半的"重庆大轰炸"中,重庆各界人民的消极防空措施,取得了巨大的成绩,重庆空袭死伤人数的逐年减少:"二十八年度每1个炸弹死伤约5个半人,二十九年度第1个炸弹死伤约1个人,本年度1至5月底止,约3个半炸弹死伤1人。"②这也是抗战时期重庆人民反空袭斗争的最大成功。

---

① 《城郊各临时收容所所收容运配难民人数统计表》(1939年),载《中华民国陪都史资料丛书·轰炸与反轰炸》(未刊稿)。
② 《空袭伤亡已渐次减少》,《大公报》1941年6月4日。

第 六 章

重庆大轰炸的国际国内影响

日军对重庆的轰炸和中国人民的反轰炸斗争,对中国抗日战争和世界反法西斯战争产生了重要的影响。日军对重庆的轰炸,给重庆造成难以计数的直接和间接的人员伤亡、财产损失以及精神、心理伤害,但是,日军的轰炸,也激发了中国人民同仇敌忾、奋勇抗击侵略者的爱国热情和国际社会正义的同情与支持。

第一节 在战略轰炸发展史上的定位

日本著名学者前田哲男认为,重庆轰炸是早于东京轰炸的无差别轰炸的首例,重庆也是各国首都中遭受战略轰炸时间最长、次数最多、损失最惨重的都市。从东京轰炸到朝鲜战争,再到越南战争、两伊战争、海湾战争,人们目睹的不胜枚举的血与火,不能说与"重庆的遗产"无关[1]。前田哲男的这一观点,无疑有助于进一步深化对重庆大轰炸地位的认识。

一、世界战略轰炸发展史上的里程碑

飞机在1911年的意土战争中已经现身战场,但大规模走上战争舞台,并对战争产生较大影响,则是起源于第一次世界大战[2]。大战中,空中力量开始受到各国的青睐,制空权也开始受到各国的高度重视。飞机的数量由最初的

---

[1] 前田哲男、王希亮译:《从重庆通往伦敦、东京、广岛的道路——二战时期的战略大轰炸》,第5—6页。

[2] 戴金宇:《空军战略学》,国防大学出版社1995年版。

近千架发展到万余架,种类则由一两种执行侦察、炮兵校射任务的机种,发展成为用于执行侦察、空战、轰炸等多种任务的庞大家族;空中力量从分属陆、海军,到出现一支与陆、海军并驾齐驱的独立军种。

在第一次世界大战爆发前的 1913 年,俄国就设计出世界上第一架装有四台发动机的重型轰炸机"伊里亚·穆罗梅茨"号,载弹量达 400 公斤,航程 540 公里,并装有 8 挺机枪。在 1916 年前后,英国、法国、德国等先后研制出专用轰炸机。但初期的轰炸机,主要执行战术性任务,严格地说好像是"空中飞行的炮兵"。由于飞机的不断发展,特别是发动机性能的提高,轰炸机的活动范围逐步扩大,其任务也由战场轰炸,后来发展为后方轰炸。在这方面,尤以德国对英国的轰炸最为令人瞩目,影响也最大。

早在 1915 年年初,德国为迫使英国军队撤离法国,开始使用"齐伯林"飞艇轰炸英国东部和伦敦地区。从 1915 年至 1916 年 10 月的 18 个月中,德国飞艇对英国进行了 51 次袭击,投弹 196.5 吨,但是仅炸死 557 人、伤 1360 人,大体上每投掷 10 枚炸弹才能杀伤 1 人,远远没有达到迫使英国撤军和摧毁其作战意志的目的。轰炸效果虽然微不足道,但给英国造成的心理影响是巨大的。1917 年以后,德军改用以飞机为主对英国实施轰炸。在 1917 年 5 月至 1918 年 5 月的一年时间里,德国轰炸机总计空袭英国本土 52 次,出动飞机 435 架次,投弹 73 吨,炸死 860 人、伤 2060 人,给英国造成 150 万英镑的经济损失[1]。德军对英国实施的轰炸,虽然规模有限,效果也不甚理想,但却开创了战略轰炸之先河,体现了早期战略轰炸的雏形。英国在轰炸中深感空中力量的重要,于 1918 年率先建立了世界上第一支独立的空军。

第一次世界大战结束后,20 世纪二三十年代,世界上又爆发了几次较大规模的局部战争,主要有意大利入侵埃塞俄比亚、西班牙内战等。在这几次战争中,空中力量进一步显示出强大的威力,更加受到世界上各军事强国的重视。于是,各国竞相发展空中力量,纷纷建立独立空军或加强空中力量建设。

在 1935 年 10 月至 1936 年 5 月的意大利入侵埃塞俄比亚的战争中,意大利利用具有绝对优势的空军参战,仅用 8 个月时间就赢得了整个战争,并开创了使用飞机大规模投放毒剂(毒气弹)的新的空战模式,也达到了其预

---

[1] 李恩波、李学锋:《世界空战发展史》,解放军出版社 2005 年版,第 63—66 页。

期的战略效果。战争中,埃方共死亡 76 万余人,其中被毒气熏死的就高达 27 万人①。意大利空军的轰炸主要是针对埃塞俄比亚军队进行的,基本不是针对后方城市和平民的战略轰炸,但使用化学武器的战法却开创了极其恶劣的先例。在 1936 年 7 月至 1939 年 4 月的西班牙内战中,德国、意大利、苏联和法国的空军会战于西班牙上空,有近 3500 架飞机参战,其中 1937 年 4 月 25 日,德军"秃鹰军团"对格尔尼卡进行了 3 个半小时的连续大规模轰炸,使其遭到毁灭性破坏,居民死亡 1654 人、受伤 889 人,守军士气受到重挫②。这是一次典型的针对后方城市和平民的无差别轰炸。

在德军对格尔尼卡实施无差别轰炸之前,1931 年 10 月 5 日和 8 日,日本关东军出动飞机对中国东北的锦州进行了轰炸,造成 16 人死亡(1 名俄国教授、1 名士兵、14 名市民)、20 余人受伤。这也是有史以来在亚太地区的第一次无差别轰炸。在此后的数年时间里,日本先后对中国的上海、南京、广州、武汉等城市进行了战略轰炸,"几乎我方的大城市,无一不被它轰炸。"③

在日本实施的无差别轰炸中,作为中国战时首都的重庆,无疑是遭受轰炸时间最长、次数最多、造成损失最惨重的一座城市,开创了人类战争史上无差别轰炸的新纪录。持续不间断地实施轰炸,以制造"恐怖",挫伤抗战意志为目的;以城市为轰炸目标,对包括毫无军事目标的住宅区、商业区、文化区等在内的所有区域进行狂轰滥炸;针对重庆城市多为木质结构建筑的特点,每次轰炸不仅投下大量爆炸弹,而且还投下许多燃烧弹,目标直指人口稠密和繁华地区,对城市平民和设施进行大屠杀大破坏,甚至低空使用机枪对密集人群进行扫射;完全不同于配合地面进攻,而是单独进行空中作战,企图使用空中力量达到决定性的效果。所有这些战法,都是日本航空部队惨无人道的"发明"。1939 年的"五·三"、"五·四"轰炸,两天时间炸死市民 4572 人、受伤 3637 人④,市区 10 余条主要街道被炸成废墟,数十条街巷的房屋起火,熊熊的大火燃烧近三天才

---

① 李恩波、李学锋:《世界空战发展史》,解放军出版社 2005 年版,第 75 页。
② 同上书,第 75 页;前田哲男著、王希亮译:《从重庆通往伦敦、东京、广岛的道路——二战时期的战略大轰炸》,第 23 页。
③ 卢豫东:《中国抗战军事发展史》,近代中国史料丛刊第 89 辑,文海出版社有限公司印行,第 19 页。
④ 振济委员会统计主编:《重庆市敌机袭炸损失统计表(民国二十八年五月份)》,台湾"国史馆",档案-302-1440。

被扑灭。这是人类战争史上空前的空中杀戮。而在此后的数年中,"跑警报"成为重庆市民的日常生活,这也是世界上第一个持续体验"恐怖"生活的城市。

日本对重庆的轰炸在一定程度上导致了美日关系的恶化,而日军轰炸重庆的经验又进一步膨胀了其利用空中力量扩大侵略的野心。正如前田哲男所说的,日军对重庆的轰炸,成为通向对英美作战的"跳板"①。而美国后来对日本本土的轰炸,从某种意义上讲,也是日本对重庆进行战略轰炸思想的进一步发展。正如前田哲男所揭示的那样,日军空袭重庆时使用的战术,后来被美国空袭日本时照抄照搬,而广岛和长崎也就成为无差别轰炸历史上一条"进化"的链条②。从这个意义上讲,日军对重庆的轰炸,开启了通向东京轰炸、广岛和长崎的原子弹轰炸,乃至于后来的战略轰炸的道路,是世界战略轰炸发展史上的一个里程碑。

二、在国内城市中损失最惨重

抗日战争时期,日军对中国各地城乡进行了大面积的轰炸,在抗日战争相持阶段到来以前,上海、南京、武汉、广州等沿海、沿江大城市都曾遭受日军的无差别轰炸,在第一章中已有论述。

进入相持阶段,日军对大后方的主要城市进行了轰炸,仅就后方省会城市而言,只有西藏的拉萨和新疆的迪化没有遭受日机轰炸,连边远的青海省会西宁也曾遭到日机的空袭,1941年6月23日,日机27架在西宁市投下炸弹230余枚、烧夷弹30余枚,并以机枪疯狂扫射,造成43人死亡、12人重伤、16人轻伤,被炸毁房屋530间,财产损失法币11.9万余元③。除省会城市外,日军还对广大中小城镇和乡村进行盲目轰炸,以制造恐怖。据统计,日军在陕西省的轰炸范围遍及全省55个市、县、镇④,甘肃省有11个市县被炸⑤,云南省被炸地区达21县⑥,贵州省被炸县、市有19个⑦,四川省(含重庆)遭受轰炸的市、

---

① [日]前田哲男著、王希亮译:《从重庆通往伦敦、东京、广岛的道路——二战时期的战略大轰炸》,第253页。
② 同上书,第322页。
③ 董继瑞:《抗日战争时期西宁曾遭日本飞机轰炸》,《青海工作》2004年9期。
④ 肖银章等编著:《日机飞机轰炸陕西实录》,陕西师范大学出版社1996年版,第4页。
⑤ 王禄明、陈乐道:《日军轰炸兰州及甘肃各地实录》,《档案》,2005年第2期。
⑥ 《抗战期间日机袭滇伤亡损失统计》,云南省档案馆编:《日军侵华罪行实录·云南部分》,云南人民出版社2005年版,第416页。
⑦ 贵州省地方志编纂委员会编著:《贵州省志·防空战备志》,贵州人民出版社2000年版,第7页。

县最多,全省143个市县,被日机轰炸并有伤亡的市县达到66个,占当时四川全省市县总数的48%①。边陲小城松潘也未能幸免,在1941年6月23日,27架日机轰炸了松潘县城,在城内外投弹120余枚,其中有燃烧弹10余枚,并进行低飞扫射,造成198人死亡、204人重伤、293人轻伤,炸毁烧毁房屋245幢②。

日军对中国东部地区城市的轰炸主要是在抗日战争初期,由于受资料的限制,目前无法对日军轰炸造成的损失进行准确的统计,但从以下不完整的资料中,仍然可以看到日军轰炸造成的惨重损失。需要说明的是,抗战初期日军对东部地区主要城市的轰炸,虽然也具有无差别轰炸的性质,但基本上都是与地面进攻同步进行的,空中轰炸主要是为军事占领服务的,而且轰炸持续的时间都相对较短,轰炸的规模及造成的损害、影响也无法与后来对重庆的轰炸相比(表6—1)。

表6—1 抗战初期日军轰炸主要城市概况表

被炸城市	轰炸时间 开始	轰炸时间 结束	轰炸次数	投弹数	造成损害 死亡人口	造成损害 受伤人口	造成损害 毁坏房屋
广州市③	1937.8	1938.10		2630	1453	2926	
上海市④	1937.8	1937.10			死2563,伤2495,死伤未分4500人以上		
南京市⑤	1937.8	1937.10	65	523	392	438	1949
武汉市⑥	1937.8	1938.10	61	4500	近4000	5000余	4900余栋

抗战大后方西北地区遭受轰炸的城市主要是西安和兰州,据资料显示,抗战时期日机轰炸西安145次,出动飞机1106架次,投弹3440枚,造成1244人

---

① 四川省档案馆编:《川魂——四川抗战档案史料选编》,第23页。
② 《松潘县政府为敌机轰炸及善后详情致省政府呈》,四川省档案馆编:《川魂——四川抗战档案史料选编》,第109页。
③ 《广东省空袭损失统计表》,广州市档案馆档案,引自官丽珍:《日军对广东轰炸损失初探》,《给世界以和平》。
④ 章伯锋、庄建平主编:《血证——侵华日军暴行纪实日志》,成都出版社1995年版,第218—222页。
⑤ 《南京市城乡各区敌机空袭损伤表》,中国第二历史档案馆等编:《侵华日军南京大屠杀档案》,江苏古籍出版社1987年版,第5—6页。在1937年10月以后,日军还有多次对南京的轰炸,因资料不全,未作统计。
⑥ 焦光生、李玉凡:《日寇轰炸武汉实录》,《湖北档案》2005年第7期。

死亡,伤 1245 人,毁坏房屋合计 6783 间,一次造成死伤百人以上的轰炸达 6 次[①]。而日军对兰州的轰炸开始较早,但轰炸次数不及西安,到 1941 年 9 月止,共 36 次,共出动飞机 670 架,投弹 2738 枚,造成 215 人死亡,191 人受伤,损毁房屋 21669 间[②]。除了省会城市外,日军还对其他中小城市进行的轰炸,当时中共中央所在地的延安也曾遭到 17 次轰炸,出动飞机 257 架次,投弹 1690 枚,死伤人员 398 人,毁坏房屋 15628 间[③]。

西南大后方是日军轰炸的重点,除重庆外,日军主要轰炸的城市是成都、昆明和贵阳,同时重庆东部地区的战略要地万县、奉节、梁山等也是日机轰炸的重点。

据统计,昆明市遭受日机轰炸 41 次,日机共出动飞机 849 架次,投弹 2606 枚,造成 916 人死亡,1514 人受伤,损毁房屋 22316 间[④]。在云南省,昆明是遭受日机轰炸次数最多、进袭机数最多、投下炸弹最多、损毁房屋最多的城市,但不是人员伤亡最多的城市。云南省遭受轰炸人员伤亡最多的是保山县,虽然只经历了 5 次轰炸,却造成 2335 人死亡,322 人受伤[⑤]。

在贵州省,日军曾 9 次轰炸贵阳市区和近郊地区。以 1939 年 2 月 4 日轰炸贵阳市中心区造成的破坏和损失最为惨重,敌机向市区投弹 124 枚(多为燃烧弹),市民死伤 1223 人(其中死 520 人、伤 703 人),炸毁房屋 1300 余所,经济损失达 2500 万元[⑥]。其余 8 次轰炸损失不大。

四川省是抗战大后方的中心,是支持中国长期抗战的重要后方基地,因而也是日军轰炸的最重要地区。省会成都从 1938 年 11 月 8 日到 1944 年 12 月 18 日,先后 31 次遭受日军的轰炸,造成 1762 人死亡,3575 人受伤。除成都外,四川省的奉节、万县、合川、梁山等地也在日军的轰炸中损失惨重,但人员

---

① 肖银章等编著:《日机飞机轰炸陕西实录》,第 17 页。
② 王禄明、陈乐道:《日军轰炸兰州及甘肃各地实录》,《档案》2005 年 2 期。
③ 肖银章等编著:《日机飞机轰炸陕西实录》,第 43 页。
④ 《抗战期间日机袭滇伤亡损失总计》,云南省档案馆编:《日军侵华罪行实录·云南部分》,第 417 页。另据《昆明市抗日战役敌机空袭轰炸损失表》,日机进袭昆明投弹 20 次,出动飞机 340 架次,造成人员死亡 850 人,受伤 1549 人,全毁房屋 4715 间,半毁 1950 间,微毁 945 间。见《日军侵华罪行实录·云南部分》,第 416 页。
⑤ 《抗战期间日机袭滇伤亡损失总计》,云南省档案馆编:《日军侵华罪行实录·云南部分》,第 417 页。
⑥ 贵阳市志编纂委员会编:《贵阳市·志军事志》,贵州人民出版社 1989 年版,第 133 页。

表 6—2　抗战时期后方城市遭受日机轰炸损害表①

城市名称	轰炸次数	日机架次	投弹数量	人员伤亡 死亡	人员伤亡 受伤	房屋损毁
重庆市	111	6416	15928	11052	12002	14138 栋 29507 间
成都市	31			1762	3575	
昆明市	41	849	2606	916	1514	22316
贵阳市	9	约 80	150 余	520	703	1300 余
西安市	145	1106	3440	1244	1245	6783
兰州市	36	670	2738	215	191	21669

伤亡和房屋损毁均没有超过成都。

在日机轰炸的后方城市中，对重庆的轰炸无论是轰炸的次数、轰炸的规模、持续的时间，还是轰炸造成的人员伤亡和财产损失，都是处在第一的位置。

三、第二次世界大战反法西斯各国遭受战略轰炸城市中的定位

在第二次世界大战中，各大战场均曾实施过多次战略轰炸行动，而在西方军事学者看来，第二次世界大战中具有"空中战争"性质的大规模战略轰炸有三次，即 1940 年至 1941 年德国对英国的战略轰炸、1940 年至 1945 年英美对德国的战略轰炸、1944 年至 1945 年美国对日本的战略轰炸。其中，德国对英国的轰炸虽以失败告终，却对英国构成了极大威胁，英美对德国的战略轰炸取得了很大成功，触动了德国战争机器的要害，显著地加快了战争胜利的进程；美国对日本的战略轰炸，与世界反法西斯战争的胜利关系尤为密切，甚至被西方学术界称为"对日空中战争"②。而日军对中国城市的轰炸，在世界战略轰炸史上，几乎无人提及。

第二次世界大战中，飞机作为一种先进的杀伤性武器得到了广泛的运用。德意日等法西斯国家利用他们的空中优势，展开了大规模的空中轰炸，给各被侵略国带来了巨大的损失和灾难。其中，在欧洲战场，德国对英国首都伦敦的轰炸造成的损失最为惨重。这里，我们不妨把德国对伦敦的轰炸和日本对重庆的轰炸作一简略的对比。

---

① 不完全统计。
② 李恩波、李学锋：《世界空战发展史》，解放军出版社 2005 年版，第 281 页。

1940年7月到1941年5月,德国为实施其攻占英国的"海狮计划",展开了对英国的大规模轰炸,英德之间进行了第二次世界大战中欧洲战场时间最长、规模最大的一场空战。这场空战中,德国空军共出动4.6万多架次,投弹6万多吨,损失1733架飞机和6000名飞行员。英国14.7万人伤亡,100万栋房屋被炸毁,损失995架飞机和450名飞行员①。考文垂等城市几乎被夷为平地,英国首都伦敦遭受了极其严重的摧残,从1940年9月初到11月初,伦敦平均每天遭受200多架德机的袭击,许多工厂、码头、铁路枢纽被炸毁,交通中断,无数居民被炸死、炸伤。

而日机对重庆的战略轰炸,从1939年1月到1941年9月止,大规模的轰炸持续三年时间,出动飞机超过5000架次,投弹近20000枚,炸死炸伤市民均在10000人以上,焚毁房屋近15000栋又46000余间。

从发动轰炸开始的时间来看,日军对重庆的轰炸开始于1938年2月,大规模的轰炸开始于1939年的5月,而德军对英国首都伦敦的大规模轰炸开始于1940年8月,与日军对重庆的轰炸相比,晚了一年零三个月。

从轰炸持续的时间来看,德机对伦敦的大规模轰炸主要集中在1940年8月初至1941年5月,持续9个月时间;而日机对重庆的大规模轰炸则从1939至1941年,持续3年之久。

从轰炸的规模看,德机虽然每天出动飞机200多架次,但由于英国战斗机的拦截和地面高射炮的阻击,真正对伦敦实施轰炸的飞机并不很多;由于保卫重庆领空的中国空军和地面防空部队力量有限,日本轰炸机在重庆上空肆意横行,特别是在1940年日军零式战斗机投入使用后,日军完全控制了重庆上空的制空权。因此,就规模而言,德国、英国空军数量较之日军、中国的空军数量为多,德军也曾多次一天出动1000架次以上的飞机轰炸英国城市,而日军对重庆的轰炸一天出动飞机最多为200多架次,但从敌我双方的实力对比来看,日机对重庆轰炸破坏并不亚于德机对伦敦的轰炸。

从轰炸造成的损失来看,尽管伦敦缺乏统计资料,但从整个英国在轰炸中遭受损失的统计资料进行推测,重庆的损失亦不会比伦敦少。重庆城市街道几乎遭到毁灭性的破坏。1939年的"五·三"、"五·四"轰炸中,下半城27条

---

① 李恩波、李学锋:《世界空战发展史》,解放军出版社2005年版,第142—144页。

主要街道有19条被炸成废墟,燃烧弹引起的大火将朝天门、陕西街到中央公署两侧的41条街道烧成一片火海。而重庆上半城38条街道被炸,都邮街等重庆最繁华的10条主要街道全毁,熊熊的大火燃烧了近三天才被扑灭。1940年的"八·一九"、"八·二〇"轰炸,两浮路、大田湾、两路口、中二路、通远门、中华路、学田湾、都邮街、大梁子、储奇门、磁器街、关庙街、较场口等地被炸得千疮百孔,几十处燃起的熊熊大火,"火区从上大梁子起,通过小什字,再向左折向龙王庙街、小梁子一直到会仙桥;再从苍坪街附近的瓦砾中把没有烧尽的残梁断柱重新点起来,连接到青年会,整整画了一大圈子。火焰熏红了半个天空。""重庆的精华,大部分在火中毁灭了"①。"两天迷天的大火,千万人无家可归……几条繁华的街市,烧成了一望无际的瓦砾堆"②。

第二次世界大战中,重庆不仅是中华民族抗击日本侵略的重镇之一,而且与美国的华盛顿、英国的伦敦、苏联的莫斯科齐名,同是世界反法西斯战争中的四大名城,是四大名城中最先遭受无差别战略轰炸,持续遭受无差别轰炸时间最长,遭受轰炸损失也极为惨重的城市。赵宗鼎在《忆战时陪都重庆》一文中认为,"重庆被敌机的破坏,并不亚于英国伦敦和法国巴黎等大都市"③。在1942年《科学画报》增刊一篇《久被轰炸下的陪都》一文说:"这个四千年历史的古城屡受敌机无情的轰炸,总计在其人烟稠密,大道不多的区域中所受的炸弹,已不下3000吨之多。现存虽有三分之一已被炸毁,而另有三分之一已受重创,但照两年来的经验看来,重庆市确为世界上抵抗空炸的最强城市。"④

但是,英勇的重庆军民并没有被日本帝国主义的淫威所吓倒,他们在极其艰苦的条件下进行了卓有成效的反轰炸斗争,积极疏散人口,不断改进防空设施,开展救护、救济。正是由于重庆人民英勇的反轰炸斗争,重庆人民生命财产的牺牲和损失才逐年减少。

据1942年4月15日开幕的重庆空袭损害展览会统计,1938年至1941年的四年中,空袭共117次,被投炸弹22312枚,被炸死30141人、伤9141人。

---

① 《灾区一瞥》,《新华日报》1940年8月21日。
② 《寇机投新型燃烧弹,山城大火,精华区域都付之一炬,无家可归者达万余人》《新民报》1940年8月21日。
③ 《空袭下的中国难民》,《日本在华暴行录》(1928—1945),台湾"国史馆"1985年编印,第739页。
④ 茸人:《久被轰炸下的陪都》,《科学画报》1942年增刊。

其中以 1941 年最猛烈,计空袭 47 次,机数 2567 架,投弹 6296 枚,死 2023 人,伤 2584 人。陪都防空设备日趋坚固,1939 年度每 1 枚炸弹死伤约 5.5 人,1940 年度每 1 枚炸弹死伤约 1 人,1942 年 1 至 5 底止,约 3.5 枚炸弹死伤 1 人①。

第二节　对重庆社会变迁的影响

日军对重庆及其周边地区持续数年的狂轰滥炸,不仅给重庆人民造成了极其惨重的灾难,而且对重庆城市的发展和市民生活也产生了重要的影响。

一、对重庆城市发展的影响

日机的轰炸严重地破坏和阻碍了重庆城市的发展和建设。由于日机的持续轰炸,致使城市建筑和基础设施遭到大面积毁坏,据《重庆防空志》一书不完全统计,在 5 年半时间中,日机轰炸重庆 203 次,出动飞机 9166 架次,投弹 17812 枚,炸毁、焚毁房屋 17452 栋、37182 间,重庆市区主要街道被炸成一片废墟②。而在日机轰炸的情况下,城市建设也无法实施必要的规划,只能一切从战时的实际情况出发,从赢得战争胜利的需要来考虑,其他一切都置于次要的地位,因而带有相当大的临时性和仓促性,导致城市布局混乱,基础设施严重不足,临时性建筑比例过大,城市环境卫生受到忽略,"此种急骤空前之发展,纯由战争与动荡,特殊情势所造成,与其它都市之自然成长者,大异其趣"。"一切公用事业之设备,住行乐育之措施,多系临时因应,悾偬急就,事前之准备,既未许充分;事后之改进,自难于周安。"③直到战后相当长一段时间,战时形成的这种城市格局仍然在影响和制约着重庆城市的发展。

但是,事物的发展往往具有两面性,由于日机对重庆的轰炸,激发了重庆人民反对侵略反对轰炸的坚强决心,饱受日机轰炸灾难的重庆人民,化灾难为仇恨,化悲痛为力量,积极投身于战时首都的建设中,在客观上也加快了重庆城市发展的步伐。

---

① 《空袭展览会昨日开幕展品数千件》,《国民公报》1942 年 4 月 16 日。
② 重庆人民防空办公室编:《重庆市防空志》,西南师范大学出版社 1994 年版,第 94 页。
③ 张笃伦:《陪都十年建设计划序》,引自隗瀛涛主编:《近代重庆城市史》,四川大学出版社 1991 年版,第 514 页。

重庆人民的反轰炸斗争,加快了重庆城市地位的提高,为重庆城市的发展营造了一个良好的外部环境。1937年年底,国民政府移驻重庆。从1939年春开始,日本凭借其强大的空中优势,组织了对重庆的"航空进攻作战",特别是日本对重庆的"五·三"、"五·四"轰炸,城区27条主要街道有19条被炸为废墟,损毁建筑4871栋,炸死市民4572人、受伤3637人[①],给重庆人民的生命财产造成了惨重的损失,重庆陷入了极大的惊慌和恐怖之中。为了反击日机的轰炸,坚定重庆人民反轰炸斗争的信心和决心,5月5日,国民政府宣布将重庆由过去的省辖市升格为行政院直辖市。

1940年夏秋,日机对重庆展开了更大规模的"101号作战",从5月至9月,连续不断对重庆实施狂轰滥炸,造成"闹市为墟,伤亡山积"的惨状。然而重庆数十万市民,敌忾愈强,信心愈固,在血与火的锻炼中,重庆成为坚不可摧的中国正面战场的司令台和全国政治、经济、文化中心。有鉴于此,国民政府于日军"101号作战"结束后的第二天便通令重庆为永久陪都,重庆城市地位进一步提高。

国民政府移驻重庆,本是出于对日抗战的需要,属于临时的性质,一旦抗战结束,仍将还都南京,重庆将恢复到原有的地位。很难想象,如果没有重庆人民英勇的反轰炸斗争,重庆会在如此短暂的时间内由抗战初期的省辖乙种市迅速跃升为国民政府陪都。

重庆人民的反轰炸斗争,还加速了重庆城市规模的扩张。抗日战争爆发前,重庆城区面积只有187平方里[②]。随着国民政府迁都重庆,大量机关、工厂、学校及民众纷纷集中重庆,迫切需要扩大城市空间。尤其是抗日战争进入相持阶段后,日军开始实施对大后方城市的战略轰炸,重庆成为日军战略轰炸的首要目标。为了减少轰炸损失,早在1939年2月初,国民政府即开始对全市机关、学校、商店、住户进行疏散,并令中央、中国、交通、农业四家银行沿成渝、川黔路两侧修建平民住宅。重庆市政府随即划定江北、巴县、合川、璧山、綦江等地为疏散区。2月22日,重庆市政府邀请各机关团体组织成立紧急疏散委员会。3月底,国民党中央各机关又成立迁建委员会,决定各中央机关疏

[①] 重庆空袭紧急救济联合办事处,《5月3、4、12、25四日敌机投弹、人物损失及救济工作汇报表》,重庆市档案馆,档案0053-12-95。

[②] 重庆市政府编:《重庆市一览》,1936年印行,第63页,藏重庆市图书馆。

散至重庆附近 100 公里范围内,同时将川黔、成渝公路两侧,重庆市周围 80 公里的范围划归重庆市区,行政权仍由当地县政府掌握。随后各党政机关陆续迁至郊区和迁建区办公,仅在市区设办事处对外联系,部分厂矿企业也在迁建区分设新厂。

大批机关、工厂、学校、团体及市民迁建和疏散市郊各地,致使迁建和疏散地区迅速发展起来,为市区的拓展奠定了基础,而战时重庆政治地位的迅速提高,经济文化事业的迅猛发展,又迫切需要扩大市区。1939 年 5 月重庆改为行政院直辖市后,即开始重新划定新的市县界限。6 月 14 日,蒋介石手令将原属巴县的沙坪坝、磁器口、小龙坎等处划归重庆市政府,并设立重庆市政府沙磁临时办事处。1939 年 9 月,重庆市辖区由过去的六区增加为十二区,到 1940 年 11 月重庆市再次扩大市区范围,市辖区增加为十七区。城区建成区范围扩大到西至沙坪坝、东迄涂山脚下、南抵大渡口的广大地区[①],全市面积扩展到 328 平方公里,是抗战爆发前重庆市区面积的 3.5 倍。

此外,在城市周边的迁建区,还出现了若干卫星城镇。如嘉陵江三峡乡村建设实验区(即北碚)在 1939 年被划为迁建区后,为避日机轰炸,一批机关、学校、文化团体和社会名人陆续迁入北碚,极大地推动了城区建设的发展,战时的北碚,有"小陪都"之称,成为重庆最有影响力的一个卫星城镇。

二、对重庆城市人口变化的影响

日机的轰炸,造成了重庆大量人口的非正常死亡。日机对重庆的轰炸,具有明显的大屠杀、大破坏性质,每次轰炸不仅投下许多爆炸弹,而且还投下许多燃烧弹,目标直指人口稠密和繁华地区。尽管重庆人民展开了英勇的反轰炸斗争,修建防空洞壕,进行人口疏散,重庆市民仍然遭受了重大的伤亡。据抗战胜利后重庆市政府向内政部抗战损失调查委员会的报告,在重庆大轰炸中,重庆市民死亡和受伤人数分别为 15294 和 20908 人,共计 36202 人[②]。这一统计范围也许包括了防空监视区。即使是在市区,不完全统计的轰炸造成的死伤人数也在 2.5 万人以上。

事实上,日机的轰炸除直接炸死炸伤市民外,由于长期轰炸造成的环境污

---

① 周勇主编:《重庆·一个内陆城市的崛起》,重庆出版社 1989 年版,第 277—278 页。
② 迟景德:《中国对日抗战损失调查史迹》,台湾"国史馆"1987 年印行,第 239 页。

染,使重庆成为遐迩闻名的三多城市(即垃圾多、污水粪便多、老鼠多),市容卫生很差,加之防治工作落后,传染性疾病如霍乱、痢疾、天花、流行性脑炎等相当流行,又使大批市民间接致死。1939年"五·三"、"五·四"轰炸后,重庆市区就曾发生严重的霍乱和痢疾,当时驻守机房街的新兵团就因痢疾流行导致数十人死亡[1]。6月,重庆化龙桥地区霍乱流行,当月死亡达200多人[2]。

日机的轰炸还导致大量重庆人口的非正常流动。在此期间,重庆人口的流动呈现出三种不同的流向,一是大量沦陷区难民继续向重庆集中,二是大量已经居住重庆的人口为躲避日机轰炸纷纷向四周疏散,三是在雾季到来之后,又有不少疏散乡下的人口回流市区。其中后两种流向直接受日机轰炸的影响。

1938年年初,重庆防空司令部已明令人民向四乡疏散,"而市民自动迁乡避难者,每日数十百起"[3]。据不完全统计,1939年3月以前,政府当局历次疏散的市民多达16万余人[4]。"五·三"、"五·四"轰炸后,政府视疏散市民为首要,在短短的三天之内疏散了25万余人[5]。加上此前疏散的16万,疏散总数超过41万,而据当年重庆市的人口统计,当年疏散后的市区人口也只有41万多人[6],也就是说,超过一半的人口为躲避日机的轰炸而流向了郊区。而据当时居住重庆的外国友人王安娜估计,疏散人口约占市区总人口的4/5[7]。在此后的几年中,每当雾季一过,疏散工作便被放到最优先的地位,政府当局为避免无谓牺牲,或劝导、或强制疏散市民。

与此同时,各迁建区和疏散区人口迅速增加,沙磁文化区1936年有人口38566人,而到1941年,全区人口增加到136719人,增加近10万人之多[8]。而北碚人口由1936年的32065人,增加到1940年3月的97349人,在三年多时间内,净增人口65284人[9]。

---

[1] 韩渝辉:《抗战时期重庆的经济》,重庆出版社1995年版,第317页。
[2] 罗传勋:《重庆抗战大事记》,重庆出版社1995年版,第53页。
[3] 《渝人口减少约六分之一》,《国民公报》1938年2月10日。
[4] 《渝市四十二万人口已疏散十六万余》,《中央日报》1939年3月16日。
[5] 周开庆:《民国川事纪要》下册,第74页。
[6] 重庆市政府统计处编印:《重庆市统计提要》表6,1945年辑,藏重庆市图书馆。
[7] 王安娜:《中国——我的第二故乡》,生活·读书·新知三联书店1980年版,第310页。
[8] 重庆市沙坪坝区地方志办公室编:《抗战时期的陪都沙磁文化区》,科学技术文献出版社重庆分社1989年版,第258页。
[9] 何建廷主编:《抗日战争时期的北碚》,北碚区政协文史资料委员会1992年编印,第2页。

但是，由于不少疏散或迁建地区治安混乱、生活困难，"市民寄居市内尚可免维生活，离开市区即失其凭依"，"战区涌入难民，已财尽力竭，迫离市区即无家可归，政府救济，属杯水车薪，难以维持生计"①，大城市毕竟比较容易谋生，因此雾季到来之后，不少疏散的市民又陆续返回重庆。

日机轰炸下大量城市居民的非正常流动，从总体上讲，不仅大大增加了政府和市民的负担，而且还造成了严重的社会问题。

此外，日机的轰炸还造成了无数的战争孤儿，据《儿童福利工作总报告书》记载，"重庆区空袭频仍，死伤枕藉，遗弃孤儿，随处皆是"②，1940年2月统计，孤儿人数即达2万人左右③。

三、对重庆市民社会生活的影响

在日机轰炸的几年时间里，"跑警报"、"躲轰炸"成为所有重庆市民日常生活的组成部分。"跑警报"、"躲轰炸"大致有两种类型：一种是"乡下派"，每当雾季一过，他们就带上贵重、值钱的东西，自动疏散到附近的乡下，也有一部分卫星城镇的人在每次轰炸前警报发出后才跑到附近的农村去，警报解除之后随即返回；另一种是"岩洞派"，也就是跑防空洞。随着重庆防空洞数量的增多，"岩洞派"逐渐成为重庆人民躲轰炸的主体。无论是国家机关的公务员、企事业单位的员工，还是一般普通市民，"一切东西，从机关的档案起，至职员的衣服止，平日都包扎好好的，以便警报一响，飞速搬进防空洞。日常办事以天气为准，需要走得远的事情，留到阴天办理。似乎要出大太阳的时候，人们在天亮之前就起身准备长征，以免空袭来时，赶不到防空洞。"④躲防空洞的生活是枯燥乏味的，特别是战时重庆绝大多数防空洞条件极差，缺乏起码的生活设施，一旦遭遇日机反复轰炸，往往会造成严重的后果。如1941年日机对重庆实施疲劳轰炸，重庆市民经常几小时、十几小时处于空袭警报中。从8月7日开始，日机不分昼夜，以不到6小时的间隙对重庆进行长达一周的持续轰炸。8月10日至13日，市区空袭警报达13次，长达96小时，市内水电皆断，给重

---

① 重庆市人民防空办公室编：《重庆市防空志》，西南师范大学出版社1994年版，第318页。
② 秦孝仪主编：《革命文献》第100辑，中国国民党党史委员会1984年版，第212页。
③ [日]桥本学：《重庆的抗战》，《重庆文史资料》第30辑，西南师范大学出版社1989年版，第100页。
④ 白修德、贾安娜：《重庆——风云际会的焦点》，《中国抗日战争时期大后方文学书系》第十编"外国人士作品选"，第265—266页。

庆市民的生活带来了难以想象的困难。

日机的轰炸,加剧了物资缺乏、物价上涨,引起了住房拥挤、交通瘫痪,给广大市民的衣食住行带来了巨大的影响。以住为例,日机轰炸造成无数建筑物化为焦土,变成废墟。据《重庆市防空志》一书不完全统计,大轰炸期间共炸毁房屋 17452 栋,37182 间[①],致使重庆出现了极其严重的"房荒"。"重庆找房子,真有意想不到的困难,城里不谈,当然早已塞得实实足足,城外乡村之间,也是毫无隙地。……偶然闲步郊外,只要留心一看,许多茅棚草屋门前,时常有雪白的西装衬衫、摩登旗袍之类晒晾出来,这种不调和的色彩,反映出重庆住的写真。"[②]

为了解决起码的居住和防空问题,重庆市民自己动手修建了大量临时性的住宅建筑和防空设施,住宅建筑普遍采用捆绑竹木架、木架单层竹篾墙、木架双层竹篾墙、砖柱土墙等形式,"捆扎房子,只糊了一个表面,造起来又不费工,又不费料"[③],"其外表有时甚整洁,而内部固甚薄弱"[④],既不牢固安全,又无必要的生活设施。建造之时就没有作永久性打算,绝大多数房屋结构简易,使用年限短,到抗战胜利之时,大部逐渐破损。在防空设施方面,1938 年重庆有各种防空设施容量不足 7 万人[⑤],1939 年"五·三"、"五·四"轰炸后,重庆市民开始大规模修建防空洞,到 1941 年统计,全市公共防空工事容量达 12.51 万人,私有防空工事容量 33.66 万人[⑥]。据《大公报》1941 年报道,"二十八年度每一个炸弹死伤约五个半人,二十九年度每一个炸弹死伤约一个人,本年一至五月底止,约三个炸弹死伤一人。"[⑦]其中防空洞的修建功不可没。

日机的轰炸还严重地破坏了城市的公用设施,阻碍了城市基础设施的建设,给广大市民的城市生活造成严重的困难。以用水用电为例,日机的轰炸,造成自来水管道设备屡被炸毁,加之经费不足等多方面原因,修理与补充难以及时跟上,产生严重供水危机,市区人民面临水荒,致使战前已经萎缩的挑水

---

① 重庆市人民防空办公室编:《重庆市防空志》,第 135 页。
② 思红:《重庆生活片段》,载施康强编:《四川的凸现》,中央编译出版社 2001 年版,第 35 页。
③ 同上。
④ 张笃伦:《陪都十年建设计划序》,引自隗瀛涛主编:《近代重庆城市史》,第 514 页。
⑤ 重庆市人民防空办公室编:《重庆市防空志》,第 218 页。
⑥ 同上书,第 220 页。
⑦ 《空袭伤亡已渐次减少,仍望市民及时入洞》,《大公报》1941 年 6 月 4 日。

行业再次兴起。据统计,人力挑夫最多时达三四万人。工价不断上涨,过去1.5元一担增加到3元一担,上涨一倍①。由于电力设备遭到严重破坏,电力供应十分紧张,市区被迫实行轮流停电。城市路灯设备在轰炸中损失也极其惨重,"城区各主要街道之路灯焚毁殆尽",到1942年,能用路灯仅存988盏②。在此情况下,一些路灯被毁而又必须保证夜间照明的重要地段,不得不改用油灯补充③。

第三节 对重庆民众社会心理的影响

关于日军轰炸对重庆市民所造成的心理影响,张瑞德根据大量回忆史料、对受害者及其家属的问卷调查,重点研究了重庆民众对轰炸的心理反应,包括轰炸造成的恐惧、焦虑、愤怒,以及由此造成的迷信、逆来顺受、集体意识等④。

重大的历史事件,往往对身历其境的社会群体产生重要的心理影响。抗战时期的重庆大轰炸,是人类历史上利用现代科技进行非人道屠杀的暴行事件,它对受害者(严格来说当时的重庆市民均为日军暴行的受害者)的精神与肉体的影响和创伤是巨大而深远的:一方面对全体市民造成了巨大的心理惊慌和精神紧张,另一方面也激发了民族复仇的心理和抗战到底的精神。

一、造成了巨大的心理惊慌和精神紧张

以大规模轰炸后方城市而不是前线部队为特征的战略轰炸,是第二次世界大战中出现新的战略打击方法。它是一种以摧毁军事经济实力、瓦解作战意志为目的,不区别军事设施和民间地区、军队活动和市民生活的"无差别轰炸"。重庆大轰炸,是第二次世界大战中日本侵略者实施的持续时间最长、造成损害最为严重的一次残暴的非人道的战略轰炸。

日本侵略者对战时首都重庆的轰炸,其战略意图"不但要给予敌军及其军事设施以物质上的损害,更要对敌军及其普通民众形成精神上的威胁,让他们

---

① 陆陶:《重庆市工运动态》,《中国工人》1940年第9期(10月1日),第36—37页。
② 张笃伦:《陪都十年建设计划序》,引自隗瀛涛主编:《近代重庆城市史》,第482页。
③ 被充照明的油灯由各地区的保甲长负责管理,俗称"保甲灯"。
④ 张瑞德:《在轰炸的阴影下——抗战时期重庆民众对空袭的心理反应》,《近代国家的应变与图新》,台北唐山出版社2006年版。

在极度恐慌之余产生精神衰弱,期待着他们掀起狂乱的反蒋和平运动"①。除了企图摧毁大后方的军事、经济实力外,更重要的是企图给人们造成心理上的巨大恐慌和精神上的巨大压力,动摇大后方人民的抗战意志,迫使中国政府和人民妥协投降。正是在这种战略思想的指导下,日军对重庆的轰炸呈现出非人道的恐怖性和残暴性,主要表现在以下几个方面:(1)以城市和市民为轰炸目标,对包括绝无军事目标的住宅区、商业区、文化区等在内的所有区域进行狂轰滥炸;(2)轰炸时间长达 5 年半,大规模的地毯式轰炸和长时间的疲劳轰炸持续 3 年之久;(3)针对重庆城市多为木质结构建筑的特点,每次轰炸不仅投下大量爆炸弹,而且还投下许多燃烧弹,对城市平民设施进行大破坏;(4)甚至低空使用机枪对密集人群进行扫射;(5)虽然没有使用化学炸弹和细菌弹,但也准备了这两种武器。

在日本轰炸并占领上海、南京后,重庆方面也一天比一天惊慌起来。但在重庆真正遭受日机轰炸以前,"全市人民心理,咸以四川为大,且有巫山之险,寇机未必会来袭炸,除胆小者缓缓迁乡外,其余大多漫不经心,认为无关重要。"重庆市民开始感受到日机轰炸的威胁是在 1938 年 2 月 18 日日军首次轰炸重庆后,"前此一般不大留意防空之众,始大起恐慌,咸欲离开已非乐土之市区,而往乡间逃躲。"②但在 1939 年 5 月之前,日本飞机已开始了对重庆的轰炸,只是每次轰炸的时间都不长,飞机数量也不多,且主要集中于军事设施,轰炸并没有引起市民的惊慌。"自从全面战争展开以来,敌人的兽行野蛮状况,稍稍使蛰伏川内的人们感觉到一些恐怖,准备往内地疏散的人固然很多,满不在乎以为至多不过如往日两军争防地那样的热闹者颇不乏人。"③

1939 年的"五•三"、"五•四"轰炸,是重庆市民经受三年噩梦般恐怖轰炸煎熬的开始,在两天的轰炸中,日机共投爆炸弹 176 枚、燃烧弹 116 枚,炸死市民 4572 人、重伤 3637 人④,市区 10 余条主要街道被炸成废墟,数十条街巷

---

① 《远东国际军事审判判决记录》,引自伊香俊哉:《对日本空战法规与重庆大轰炸的认识》,《中日学者重庆大轰炸论文集》,第 339—340 页。
② 《本市严备寇机来袭》,《国民公报》1938 年 2 月 20 日。
③ 无长:《疏散人口》,《国民公报》1938 年 11 月 5 日。
④ 振济委员会统计室编:《重庆市敌机袭炸损失统计表》(民国二十八年年五月份),台湾"国史馆",档案-302-1440。

的房屋起火,熊熊的大火燃烧近三天才被扑灭。到处是焦土烟火,死尸枕藉,甚至树枝电线上也挂着断臂残肢。1940年,日机对重庆实施了更大规模的无差别毁灭性地毯式轰炸,特别是8月19日和20日,日军先后出动289架飞机,对重庆实施了抗战时期最为猛烈的轰炸,投下670枚爆炸弹和273枚燃烧弹,主要商业区、工厂区、文化区等人口稠密地区惨遭蹂躏,炸死烧死市民342人,重伤332人,主要繁华街道被烧成一片焦土。1941年,日机继续采取批次多、时间长的疲劳轰炸战术连续攻击重庆,重庆市民经常几小时、十几小时处于空袭警报中。从8月7日开始,日机不分昼夜,以不到6小时的间隙对重庆进行长达一周的持续轰炸。8月10日至13日,市区空袭警报达13次,长达96小时,市内水电皆断,市民断炊失眠。如此大规模的恐怖轰炸,自然会造成市民严重的心理惊慌和精神压力。每当凄厉的警报响起之后,那随之而来的震耳欲聋的飞机轰鸣,那惊天动地的爆炸,那冲天而起的硝烟,那腥红遍地的残肢碎体,那失去亲人的悲痛哭泣,那遍体鳞伤的呻吟哀号,那满目疮痍的惨景,怎能不让人肝肠欲断,悲痛欲绝?怎能不让人极度惊慌,甚至精神失常?

  大量的文献记述了大轰炸给市民带来的惊慌和紧张。著名作家萧红在《放火者》一文写道:空袭警报发出后,"前一刻在街上走着的那一些行人,现在狂乱了,发疯了,开始跑了,开始喘着,还有拉着孩子的,还有拉着女人的,还有脸色变白的。街上象来了狂风一样,尘土都被这惊慌的人群带着声响卷起来了,沿街响着关窗和锁门的声音,街上什么也看不到,只看到跑。"[①]美国著名记者白修德和贾安娜也对被轰炸恐怖笼罩的市民逃离城市的惊慌景象留下了深刻的印象,"潮水一样的人,从那条旧城通到郊外的主要街道上涌出去。恐怖的传布,是由于群众的一种无言的现象,由于半明半暗中紧张的脸,由于身体的挤轧,由于婴孩的啼哭,由于妇人的悲泣,由于男人们坐在土堆和石块上摇摇摆摆,而一声不响。飞机是走了,人们在一个现代世界的玩意儿之前逃出来了,这是他们所能了解到的最可怕的东西。他们在惊慌的一霎那间,带着奇奇怪怪的东西:有的人带着活的鸡;有的人带着家用物品,褥子,茶壶,或亲戚的尸体。这一大队人很快地走入田野的黑暗中,杂乱的脚步在尘土之中翻滚,连绵不断。"[②]

---

 ① 萧红:《放火者》,《中国抗日战争时期大后方文学书系》第四编"报告文学"第三集,第1632页。
 ② 白修德、贾安娜:《重庆——风云际会的焦点》,《中国抗日战争时期大后方文学书系》第十编"外国人士作品",第263页。

事实上,在1939年"五·三"、"五·四"轰炸后的三天时间,撤离城市的市民就达到25万之众。

空袭警报所造成的紧张,甚至引起了一部分人心理的恐惧和失常——"愤恨,悲痛,惊恐与紧张,滋长在居留重庆的每一个人的心里,经过了第一天敌机狂炸之后,新都绮丽的面容已失去了整个的壮观,这里那里的显出了许多的疮疤与血迹,新都的市民们已经变成惊弓之鸟了,走出街上的人,都露出了极度张惶的神色,尖侧起耳朵,同时观察着每个行人的动作和嘴巴,只要有人喊一声警报,或是汽车喇叭的遽然长鸣,人们就会飞跑起来,一个跑,大家都随着狂奔。"[1]"灾区的颓墙倒下来,过路的人跑着,看的人也跑,商店的人也跑,于是造成一场虚惊。"[2]"接连不断地发生惊慌现象。街上荡着的一个人如果虚惊一下,听见了他幻想之中的空袭警报声而奔跑起来,别的人就跟着跑,直到几千人在恐怖之中争入防空洞,其实数百英里之内并无敌机。"[3]防空洞里,"有的人骇得周身发抖,嘴里不断呓语着'观世音菩萨,救苦救难!'"[4]"有的人失常态地走来走去。"[5]

空袭警报所造成的恐慌,甚至还引起了一部分人生理的失常,张恨水和梁实秋的文章都有这样的记述:"空袭这个战略上作用,还莫过心理上的扰乱。当年大后方一部分人,有这样一个毛病,每一听到警报器响,就要大便。尤其是女性,很有些人是响应。这在生理上是什么原因,还没有听医生说过。反正离不了神经紧张,牵涉到了排泄机关。"[6]"每次空袭警报发出后,各人反应不一样,在人立即紧张,非立即排泄不可,也在人要立即进食。"[7]"紧急警报一响,大家陆续入洞……有人入洞前先要果腹,也有人入洞前先要如厕。"[8]

---

[1] 白朗:《在轰炸中》,《中国抗日战争时期大后方文学书系》第四编"报告文学"第一集,第443页。
[2] 李华飞:《从轰炸中长成》,《中国抗日战争时期大后方文学书系》第五编"散文杂文"第一集,第324页。
[3] 白修德、贾安娜:《重庆——风云际会的焦点》,《中国抗日战争时期大后方文学书系》第十编"外国人士作品",第264页。
[4] 李华飞:《从轰炸中长成》,《中国抗日战争时期大后方文学书系》第五编"散文杂文"第一集,第321页。
[5] 同上书,第322页。
[6] 曾智中编:《张恨水说重庆》,四川文艺出版社2001年版,第137—138页。
[7] 梁实秋:《北碚旧游》,《梁实秋闲适散文精品选》,四川文艺出版社1994年版,第350页。
[8] 梁实秋:《回忆抗战时期》,《梁实秋作品集》,敦煌文艺出版社1997年版,第217页。

恐怖轰炸所造成的巨大灾难更加剧了市民的惊慌和紧张。"炸弹所能引起的一切恐怖袭击了重庆,看得见的东西,如尸首,血淋淋的人,以及数十万挤不进防空洞的人们,引起了恐怖。看不见的东西,迷信观念,引起了更大的恐怖,对于隆隆而来的新式飞机所发生的迷信观念,是无法解释,而且无药可医的。"①"有的全家死尽,七八个尸体横放在储奇门外的河边,有的全家死了剩下一二个,哭得来不知人事,抱着那留下惟一的手膀或头颅在马路上乱跑,与疯人无异!"②蒋碧微在回忆录中谈到1940年5月27日日本侵略者轰炸北碚后她所见的惨景:"到处都是燃烧倒塌的房屋,到处都是血肉模糊的受难者!人们盲目疯狂地跑来跑去,脸上布满惊骇欲绝的神情。"她的女佣同弟目睹大轰炸后房倒人亡,呻吟、悲号的惨景而"受刺激过甚,无法克制自己,她哀切地放声痛哭,凄厉的哭声也使我流下眼泪"。③

日机的轰炸还在一部分人中滋生了听天由命的心理,格兰姆·贝克和白修德、贾安娜有这样的观感,日本飞机到来时,"芸芸众生恐惧地逃离妖魔,找个地方藏身之后,就只得听天由命了。"④"那些对日本空袭毫无抵抗的年代给了他们以逆来顺受的再教育。一整代人学会了接受这么一种最令人憎恨的前提:谁的生命财产也没有保障。他们知道,威胁来自别人,自己无法制止。他们学会了逃避。或者不幸无处可逃了,那就在忍受中用某种哲学来做精神安慰。他们对一切都采取玩世不恭的态度,如果那不是切身利益所关的话。"⑤"重庆官员们和公民们的群众反应是特别的,他们干脆承认一个事实:在夏季的任何出太阳的日子,他们都可能给炸死。谁都口渴,谁都睡不好,谁都在尘灰之中走路,谁都蹲在山洞里。"⑥白朗在《在轰炸中》一文中也有这样的认识,"在残酷的敌人疯狂屠杀的氛围中,一切的安全、幸福,都不过是渺茫的

---

① 白修德、贾安娜:《重庆——风云际会的焦点》,《中国抗日战争时期大后方文学书系》第十编"外国人士作品",第263页。
② 李华飞:《从轰炸中长成》,《中国抗日战争时期大后方文学书系》第五编"散文杂文"第一集,第324页。
③ 蒋碧微:《蒋碧微回忆录》,江苏文艺出版社1996年版,第182页。
④ 格兰姆·贝克:《慢性自杀的腐朽统治——大后方见闻》,《中国抗日战争时期大后方文学书系》第十编"外国人士作品",第4页。
⑤ 格兰姆·贝克:《慢性自杀的腐朽统治——大后方见闻》,同上书,第5页。
⑥ 白修德、贾安娜:《重庆——风云际会的焦点》,同上书,第266页。

幻想而已。"①部分市民"遇有空袭,不过心理紧张一时,警报解除,则又苟安如故"②。

必须指出的是,日机轰炸虽然在不断地制造着恐怖,市民的心理惊慌和精神紧张也与恐怖的轰炸伴随始终,但是这种惊慌和紧张并不是与日俱增的,重庆并没有出现日本侵略者所希望出现的精神崩溃。相反,重庆市民在不断完善防空体系和经历了多次轰炸的洗礼之后,逐步变得更加沉稳、更加坚强、更加勇敢。

二、激发了民众抗战到底的斗志

凡是经历了大轰炸的重庆市民,无论职位高低、贫富差别,无不对日本侵略者的惨绝人寰的大轰炸切齿痛恨。"让你龟儿子轰!让你龟儿子炸!老子们有很好的防空洞,不怕!让你龟儿子轰!让你龟儿子炸!老子们有广大的农村,不怕!让你龟儿子轰!让你龟儿子炸!老子们总要大反攻,怕啥!"抗战时期的这首重庆民谣,十分形象地反映了重庆大轰炸时期广大市民的心理和精神状态。"炸弹是毁灭,是破坏,同时也是建造。炸弹毁灭了房屋,破坏了都市的建设,但同时也给了古老民族精神上一个深的刺激,唤醒了这个民族精神的再生。"③正如《国民公报》一篇社论所言,"轰炸虽使重庆市民遭受惨痛的牺牲,但同时每个人均在轰炸中求得优良的锻炼和进步",日机灭绝人性的暴行,不仅没有使重庆人民屈服,反而大大激发了无限的愤怒和仇恨,增强了他们的民族意识和爱国热情。"敌人的滥炸,丝毫未能夺去我们抗战到底不屈不挠之心;反之,敌人绝灭人性的暴行,促起了我无限的愤怒和仇恨。这些仇恨在重庆人世世代代一定要'中心藏之,无日忘之',直到我们获得加倍加利的报复为止。"④"爱国的情绪,同仇敌忾的心理,只有因轰炸而表现而提高而加强!民族的一切美德,平时蕴藏着的,藉轰炸而全盘的烘托出来!同生死,共患难,无分男女、无分贫贱的民族团结力,藉敌人的炸弹而锤炼成钢铁般的坚实。"⑤

---

① 白朗:《在轰炸中》,《中国抗日战争时期大后方文学书系》第四编"报告文学"第一集,第443页。
② 杨光远:《四川省防空协会三十年度工作报告》,《防空月刊》1942年1月号。
③ 凤子:《北泉日记》,《中国抗日战争时期大后方文学书系》第五编"散文杂文"第一集,第23页。
④ 《镇静奋斗,救济难胞》,《国民公报》1940年8月22日。
⑤ 《要悲壮才能胜利》,《中央日报》1940年6月18日。

在反轰炸斗争中,国民政府还制定并广泛宣传了《空袭时国民信条》十条:

一、在防空洞内,要先让坐于老弱妇孺,发挥我们民族道德。
二、空袭中救死扶伤,是侠义的行为,是国民的天职。
三、我们要有志气,有纪律,更要有同仇敌忾,亲爱团结的精神。
四、敌弹多杀我们一个同胞,增加我们后死者的一份责任。
五、我们要为子孙造幸福,争自由,我们决不对敌人的暴力屈服。
六、我们有三民主义的革命精神,我们决不畏缩慌张。
七、敌人愈残暴,我们愈坚定。
八、敌人飞机来滥炸,就是敌人军事无办法。
九、敌机愈滥炸,我们的胜利愈接近。
十、空袭后加紧工作,是每个人的责任。①

愤怒和仇恨激起了重庆市民的反日情绪,也在一定程度上加速了近代国家观念的普及和民族意识的觉醒。在反轰炸斗争中培育起来的这种精神,我们把它概括为"重庆抗战精神"②,它是中华民族传统美德在反对日本法西斯侵略中的继承和弘扬,是中华民族自尊、自强、自信、自立的体现,是在特定时期特定地域表现出来的民族精神。它主要表现为不屈不挠、忠贞为国的精神,艰苦奋斗、团结互助的精神,慷慨捐输、毁家纾难的精神。

日机对重庆的狂轰滥炸,给重庆人民造成了巨大的损失和牺牲,但重庆人民并没有被这种残暴的轰炸所吓倒,抗战意志也没有因此挫伤,他们始终以国家民族利益为重,不屈不挠,坚持工作,服务抗战。只要空袭警报一解除,工厂照常生产、商店照常开业、学校照常上课。"有许多难民,即使是平时不关心国事的,这一次经过敌机狂炸的教训后,他们都自发的要求做救亡工作"③。广大空袭救护人员"奔走弹雨之下,驰骋火海之中,出生入死,救伤恤难"④。自来水公司和电力公司的工人,警报没有解除就加紧抢修水电设施,以保证工厂

---

① 肖银章等编著:《日机飞机轰炸陕西实录》,第91页。
② 有的学者也称之为重庆精神或陪都精神。
③ 陆诒:《敌机狂炸了重庆》,《群众》第2卷第24、25期,1939年6月11日。
④ 周开庆:《四川与对日抗战》,第80页。

生产和人民生活的需要。校舍厂房被炸毁了,广大师生和工友们随炸随修。断壁颓垣间,机器声隆隆作响,读书声朗朗入耳,面对日机的轰炸,"我们规定要做的事,必须照着规定的去做"①,张伯苓的话代表了战时首都人民的心声,表现了重庆人民不屈不挠、忠贞为国的豪迈气概。

日机的轰炸给重庆人民的工作、学习、生活带来了极其严重的困难,但广大重庆人民面对危险和牺牲,没有退却。在环境极其艰难困苦的情况下,仍努力工作生产。特别是广大工人,为了生产抗战急需的军需民用物资,一般每日工作都在十小时以上,有时甚至飞机临空仍照常生产。厂房被炸了,就在山洞、隧道里建立临时厂房,没有发电设备,点油灯照样工作。1939年,1332名川江工人在寄给国民参政会的信中表示,"我们并不顾虑工钱太少,职业无保障,对于战时的交通,曾尽了和正尽着最大的努力,输送杀敌壮丁,抢救生产器材……在敌人的飞机炸弹下工作,不管死活。如果说我们是为微薄的工资而苟延残喘,实不如说是为了争取抗日的胜利。"②在患难中,重庆各界人民亲如兄弟姊妹,团结互助。"每次空袭后,总能看见一些人牵着失去父母的孤雏。还有一些人,扶着老叟慢慢地走进救济处。""偏街小巷,电线有未及修复者,家家门口点有'太平灯',便利行人。"③在火场上的抢救过程中,"有多少邻居在帮助他们,照顾他们的老少或杂物,这种互相合作的精神,在患难中更容易看出。"④"过去本地居民对外省籍难胞还有认识上的芥蒂,经过那次敌机疲劳轰炸以后,深感风雨同舟,甘苦与共的珍贵,畛域之见即自然消除了。"⑤中国共产党也积极参加了重庆的反轰炸斗争。为搞好防空工作,《新华日报》多次代表中国共产党向有关当局献计献策,指出防空事务中的弊端,提出切实可行的解决办法。对防空当局的官僚主义和严重失职行为进行严厉批评,但又始终以团结大局为重,维护国共合作。

饱受日机轰炸灾难的重庆人民,化灾难为仇恨,化悲痛为力量,出力唯恐

---

① 《狂炸后的新都广播》,《全民抗战》周刊第70号(1939年5月30日),第1002页。
② 《一千三百三十二个水手的呼声》,《新华日报》1939年9月5日。
③ 《坚强奋斗,以建设答复轰炸》,《中央日报》1940年6月14日。
④ 《火场目击》,《中央日报》1940年8月20日。
⑤ 和哲先:《疲劳轰炸后——陪都掠影》,《乐至文史资料选辑》第8辑(内部发行),1985年10月。

我最少,献金不让人独多。在日机轰炸重庆最猛烈的三年,重庆民众的劳军运动、献金运动和献机运动持续高涨,如1939年3月,中国空军出版社发起义卖购买"义卖号"飞机充实国防,当月重庆各界献金170余万元。1940年重庆各界先后发起筹献"中国儿童号"、"剧人号"、"记者号"、"青年号"、"中学生号"等献机运动。在1940年的全国春礼劳军运动,重庆市民踊跃捐输,先后所收代金共计60余万元,并有大量礼品,其他各省市献代金20余万,重庆所收代金占全国总数的75%。① 在1941年中国航空建设协会发起的"一元献机运动"中,重庆各界共募得捐款150余万元。1941年全国举行的出钱劳军运动,重庆市三天内献金总额为3686927.42元,远远超过百万元的预期,占全国献金总数的82.5%,其他各省市共捐献780211.82元,不到全国献金总数的17.5%②,这种慷慨捐输、毁家纾难的精神,成为支援前方抗战的坚持后盾。蒋介石在1946年陪都各界庆祝国府胜利还都大会上说,"敌势猖獗时期,重庆每天都要遭受敌人残忍的轰炸,市民同胞的生命财产遭受不测的损失,然而大家为表示对于抗战的忠诚,对于政府的拥护,前仆后继,效死勿去。""抗战期间输财输力之多,尤为全国其他各地之冠。这种伟大的贡献,在将来抗战史上,必将大书特书,而永垂国民效忠国家的良好模范。"③

关于在日机轰炸下激发起来的民族复仇的心理和抗战到底的决心,给经历过重庆大轰炸的许多外国友人也留下了深刻的印象。斯诺曾写道他对日机轰炸重庆的观感,"实际上,重庆并不象意想中那样恐慌。许多人度过了所有的空袭,甚至没有过一次千钧一发的逃难。从全体居民说来,民气正在一天天进步着。日本已经作了好几十次的空袭,投下了好几万磅有高度爆炸力的炸弹和燃烧弹,但它不能毁灭这个首都的精神,那已经是很明白的事情了。""这些空袭所毁灭的生命财产,还不及它们所创造的新生的斗志之半。""一切被炸城市里的几百万劫后余生却因此激起了深深的狂怒和厌恶,他们对于侵略者有一种特别切身的憎恨,你如果没有钻过地洞,没有伏在田野上躲过直插下来的轰炸机,没有看见过母亲找寻儿子的尸体的破碎头颅的光景,没有闻过被烧

---

① 《全国慰劳抗战将士委员会总会二十九年工作概况》,《革命文献》,第101辑,中国国民党中央委员会党史委员会1984年12月,第354页。
② 《全国出钱劳军,共获四百余万》,《新华日报》1941年5月16日。
③ 《蒋主席致词》,《大公报》1946年4月25日。

死的学童的气味,你绝不能了解这种憎恨。这恐怕是日本对于中国的统一的最大贡献。""轰炸在中国人的脑子里唤醒一种重建中国的决心,比敌人能够毁灭的还要快。"①

白修德也有同样的认识,"使重庆成为伟大,而把各种各样参差不齐的男女融合成为一个社会的是大轰炸。重庆是一个不设防城市,它的高射炮几乎是无用的……该城没有雷达,也没有任何值得称为空军的东西。该城的居民拥挤得可怕。房屋是引火的,救火器具和水源少得等于没有。该城对付日本飞机的只有三件东西:城内崖石之间的大山洞,中国人的聪明很快地掌握住的近乎拼命的防空制度,以及人民的不屈不挠的意志。"②这些外国友人的认识,从一个侧面反映了战时重庆社会心理的变化。

三、留下了至今无法愈合的心理创伤

对于现在绝大多数重庆人来说,重庆大轰炸已经是一个遥远的过去,但对于重庆大轰炸的受害者和幸存者而言,不仅轰炸造成的心理的创伤至今无法愈合,而且日本政府对重庆大轰炸和侵华历史的漠视仍在不断地折磨着他们,重庆大轰炸的阴影始终无法抹去。

1945年8月日本战败投降,重庆市民终于迎来了胜利的一天。但是重庆人民"千百年不能忘此历史仇恨"③、"获得加倍加利的报复"④的希望,却因中国政府"以德报怨"的政策和严重的国际国内政治斗争而成为泡影。重庆大轰炸受害者不仅没有获得应有的赔偿,连重庆大轰炸暴行的罪责也没有得到应有的清算。在战后对日本战犯的东京审判中,对南京大屠杀,对在广州市、汉口市、长沙市、衡阳市、桂林市、柳州市非法杀害中国平民的罪行进行了起诉,但是由于在审判中坚持"彼此同犯不究"的原则,却没有对日机轰炸重庆平民罪行的起诉。1949年之后,中国受到美英等国的遏制,一切政治运动都围绕着揭露美英帝国主义者的罪行而开展。给重庆市民造成巨大创伤的重庆大轰炸只能被深深地埋在重庆人的记忆中。

---

① 斯诺:《斯诺文集Ⅲ》,新华出版社1984年版,第125、128页。
② 白修德、贾安娜:《重庆——风云际会的焦点》,《中国抗日战争时期大后方文学书系》第十编,第262页。
③ 《重庆市临时参议会通电》,《新华日报》1940年6月30日。
④ 《镇静奋斗,救济难胞》,《国民公报》1940年8月22日。

80年代日本教科书事件发生之后,重庆大轰炸的历史重新被人们提起[①]。特别是90年代中后期,日本国内从政界到民间兴起了一股为战争翻案的逆流,美化侵略的言行愈演愈烈,为了促使日本政府承担战争罪责而兴起的民间索赔也遭到漠视和拒绝,日本对侵华历史不道歉、不赔偿、不认账的强硬态度,不仅激起了重庆大轰炸受害者的无比愤怒,而且也大大地伤害了重庆人民在内的中国人民的感情。1998年,重庆大轰炸60周年之际,重庆市政协委员先后向重庆市政协和全国政协提出了《挖掘重庆大轰炸历史资源,为我市两个文明建设服务》和《建立重庆大轰炸纪念馆》的提案。与此同时,大规模的"重回烽火岁月,山城青少年在行动"寻访活动在全市迅速开展起来。寻访活动受到中央电视台、《人民日报》、《中国青年报》等多家新闻媒体的关注。为了纪念重庆大轰炸,6月5日,重庆市再次响起了空袭警报。7月7日,西南师范大学又成立了"重庆大轰炸研究中心"。随后,重庆大轰炸受害者的民间索赔活动也开始启动。这一切使得记忆中的重庆大轰炸又成了重庆人民关注的重要话题。

重庆大轰炸由历史走向现实,是历史和时代的必然。一个没有记忆的民族是可悲的民族,一个不能正视历史的民族是不可信任的民族,无论是中国人还是日本人,都应该永远记住和正视重庆大轰炸的历史。在日本,几乎人人知道广岛、长崎原子弹爆炸和东京大轰炸,并以受害者的名义举办各种各样的纪念活动,然而却极少有人了解重庆大轰炸,更不了解日本对重庆的轰炸是为了扩大侵略战争,而盟军对东京、广岛、长崎的轰炸则是制止侵略战争的手段,前者是因,后者是果,是侵略者的自食其果。"要让子孙后代永远不忘这段历史,要让日本人民知道事实真相,要让日本政府承担战争责任。"[②]这是重庆大轰炸受害者和所有重庆人民的共同心声和普遍心理。

重庆大轰炸由历史走向现实,也是历史与时代的不幸,这对经历过重庆大轰炸劫难之后而幸存的老人来说无疑又是一次无情的摧残。对于那些因日军轰炸而失去丈夫的妻子、失去妻子的丈夫、失去父母的孤儿、失去儿女的父母,80年代以来日本右派否认侵略、美化战争的言行无疑是在一次次地揭开他们那永难痊愈的创伤。几乎所有的大轰炸受害者在谈到噩梦般经历的时候,总

[①] 在抗日战争胜利40周年前夕,重庆大轰炸被列为中共中央宣传部为揭露帝国主义侵华罪行拟定的研究选题之一。

[②] 重庆大轰炸受害者高原发言,2004年6月5日。

是充满着恐惧、痛苦和仇恨,心情久久不能平静①。而日本政府对包括重庆大轰炸在内的侵华暴行和对战争遗留问题的漠视,也开始影响到重庆市民对中日关系的认识和行为,他们对日本政府甚至于日本人的言行更加敏感,重庆球迷在2003年亚洲杯中对日本足球队的态度就是最好的诠释。

"天上,弹如雨下;城中,泪落也如雨。弹下不停,泪落不息,浇不灭冲霄的火焰,洗不尽横流的鲜血,舒缓不了千万人的哀号愤激。高空日机已渺,遗恨何时消失,重庆永远在哭泣。"②日军轰炸给受害者带来的刻骨铭心的伤痛,并没有随着时间的流逝而消失。轰炸不仅毁灭了无数的家庭,而且给受害者留下了终身挥之不去的创伤。正如受害者蒋万锡所说,"尸骨可以掩埋,轰炸现场可以覆盖,但是已经深深烙在人们心中痛苦的记忆,永远不会忘记。"③受害者经历的伤害,是没有经历过那场大轰炸的人们难以想象和体会的。受害者赵茂蓉右半边脸被炸扭曲,听觉也受到极大的损伤,并且经常头痛,婚姻家庭生活也因此有很多的痛苦,经常受到别人的蔑视和侮辱,在工作中也经常受到别人的讥笑④。受害者周永冬被炸断右腿,造成了终身残废,使他寸步难行,永远不得正常行走的自由,难以为生,身心健康也受到极大的摧残⑤。受害者万泰全在轰炸中失去了左腿的大部分,受伤的左腿经常抽筋、剧痛,整夜辗转难眠,终生备受煎熬⑥。这样的事例太多太多,可以这样讲,每一位受害者都是一部血泪史。

牺牲者的鲜血不应该白流,幸存者的创伤不应该被忽视,重庆大轰炸的无辜受害者理应得到物质的赔偿和精神的抚慰。日本政府应当采取对历史和现实负责的态度,正确认识和对待这段历史。

第四节　对中国抗日战争的影响

日机轰炸重庆对抗日战争的影响,主要体现在反轰炸斗争中。重庆的反

---

① 张瑞德:《在轰炸的阴影下——抗战时期重庆民众对空袭的心理反应》,《近代国家的应变与图新》,台北唐山出版社2006年版。
② 受害人封思毅回忆手稿。
③ 受害人蒋万锡回忆手稿。
④ 受害人赵茂蓉回忆手稿。
⑤ 受害人周永冬回忆手稿。
⑥ 受害人万泰全回忆手稿。

轰炸斗争,是在条件极其恶劣的情况下展开的,敌我力量悬殊,城市建筑多为木质结构,极易遭受焚毁,防空设施设备极为简陋,防空经验严重不足。尽管如此,由于防空当局的筹划与指挥,由于社会各界群众的广泛参与,重庆的反轰炸斗争粉碎了日本摧毁中国政府抗战意志的企图,减少了人民生命财产的牺牲和损失,激发了重庆人民支持抗战的爱国热情,鼓舞了其他战场的反法西斯战争。

一、反轰炸斗争保障了战时首都的安全

重庆是中国的战时首都,战时政治、经济、文化和外交的中心,中国抗日战争正面战场的司令台。在抗日战争进入相持阶段后,国民政府在此指挥着数百万军队继续坚持抗战。因此,重庆就成为日本帝国主义完全变中国为其殖民地的严重障碍和心腹大患。日军对重庆的轰炸,目的就是想通过狂轰滥炸,造成中国抗战大后方经济的破坏,人民悲观厌战情绪的增长,国民政府的瓦解,从而摧毁中国继续抗战的意志和决心。从这个意义上讲,日军对重庆的轰炸和重庆人民的反轰炸斗争就成为抗日战争正面战场作战的一个重要组成部分,并且具有其他任何正面战场作战所不可比拟的重要战略地位。

日机轰炸重庆的战略意图是十分明显的,这也决定了重庆反轰炸斗争同样具有重大的战略意义,它不仅关系到是否能够保卫中国的战时首都、国民政府是否能够坚持继续抗战,而且还关系到世界反法西斯战争的大局。

1939年日军发动对重庆的"五月攻势",重庆遭受重创,在民间出现"重庆政府移至昆明或成都"之说,并传蒋介石与英国驻华大使卡尔同赴成都,也有说将迁康定的[①]。日军大本营海军报导部长金泽正夫也发表谈话:"5月3、4两日果断迅速对重庆进行了大轰炸,国府狼狈、民心动摇已达到极点。蒋介石在丧失武汉后依赖的重庆老巢已不可能继续存在下去,风闻蒋介石准备放弃重庆,迁往四川省的成都,另有一部分机关分散到昆明和叙州(宜宾)……蒋介石政权无论到何处去,只能悲叹天下已经没有隐藏的家……只要抗日政权存在,选择首都的各地市民的麻烦就要多得多。"[②]在此形势下,蒋介石的行踪、

[①] 《日本当局收集的重庆大轰炸情报》,四川省档案馆编:《川魂——四川抗战档案史料选编》,第37页、39页。

[②] [日]前田哲男著:《从重庆通往伦敦、东京、广岛的道路——二战时期的战略大轰炸》,第139—140页。

战时首都的去留便成了敏感的话题，而且在一定程度上关系到中国抗战的命运。面对日机的狂炸，国民政府并没有屈服。4日晚上和5日早晨，"蒋委员长夫妇同往灾区巡视"，英国路透社率先向外界进行了报道。5日，行政院公布重庆市改为直属市训令。5月9日，蒋介石再次前往被炸灾区视察，表明"中央绝无移动之意"①。在以后的轰炸中，尽管也曾出现过国民政府将要迁都的传言，但重庆的地位却在日军的狂轰滥炸中更加稳固，重庆近百万市民信心更加坚定，在血与火的锻炼中，成为坚不可摧的中国正面战场的司令台和全国政治、经济、文化中心，并于1940年9月6日被明令确定为永久陪都。

国民政府移驻重庆，本是出于对日抗战的需要，属于临时的性质，一旦抗战结束，仍将还都南京，重庆将恢复到原来的地位。重庆作为抗战初期的省辖乙种市，在短短的三年时间内，迅速跃升为国民政府的陪都，除了"襟带双江，控驭南北，占战略之形胜"的地理优势外，更重要的还在于重庆大轰炸的影响。战时重庆两次地位的提升，一次是在"五·三"、"五·四"轰炸的次日，一次是在日军最猛烈轰炸的"101号作战"结束的次日，都与重庆大轰炸有着密切的联系。正如《世界日报》1946年10月10日在评论还都南京时所说："重庆市为战时首都，在抗战八年中，为战时政治经济之司令台，在任何危殆震撼的局势下，重庆始终屹立不动，成为抗战精神的堡垒。中枢感于重庆对国家的伟大贡献，和将来所占地位的重要，所以在抗战胜利之前夕，即明定重庆为永久陪都，以示国家重视重庆之至意。"抗日战争时期在重庆生活过的美国记者白修德在他与贾安娜合著的《中国的惊雷》一书中也谈到，"1939年至1941年间，重庆的脉搏里跳动着战时全民族的力量"、"使重庆成为伟大而把各种各样参差不齐的男女融合成为一个社会的是大轰炸。"②因此，重庆地位的提升、抗战司令台的巍然挺立，既是国民政府坚持抗战的产物，更是重庆人民进行反轰炸斗争的结果。

历史已经证明，尽管日机的狂轰滥炸给重庆人民的生命财产造成了惨重损失，但重庆人民毕竟没有使日本帝国主义的企图得逞，连日本方面也不得不

---

① 引自璞君：《渝市惨遭轰炸》，《东方杂志》第36卷第12号（1939年6月16日）。
② 白修德、贾安娜：《重庆——风云际会的焦点》，《中国抗日战争时期大后方文学书系》第十编"外国人士作品"，第265—266页。

承认轰炸的无用。曾多次参加轰炸重庆的第三飞行团团长远藤三郎在1941年9月3日呈报给参谋本部的《关于进攻内地的意见》中认为，"我亲自乘轰炸机，连续数次参加轰炸重庆。到达重庆上空一看，江两岸，特别是右岸地区，正在广泛、大力发展，真不知哪里才是致命的地方。""以往报道的轰炸效果有所夸大，重庆呈一片废墟的判断实属错误，据我亲自观察，不如说，重庆已向周围发展。"因此，"单凭轰炸，使其屈服是决不可能的。"[①]另一位曾经参加重庆大轰炸的大本营参谋松前未曾雄也在战后回忆认为，"靠轰炸粉碎重庆政权的抗战意志，不那么容易。"[②]重庆人民的反轰炸斗争，粉碎了日本摧毁国民政府抗战意志的企图，沉重地打击了日本法西斯的侵略势力和嚣张气焰，保卫了战时首都的安全，保障了正面战场抗战司令台的巍然挺立，对于维持国民政府继续抗日，对于鼓舞全国军民继续抗战都发挥了积极的作用。

二、轰炸造成的仇恨激发各界民众坚守岗位支援抗战

"仇恨往往是非常事业的动力之源。"[③]日军轰炸造成的仇恨激发了重庆各界民众坚守岗位的决心，成为支援抗战的坚强后盾。

为了避免和减轻日机轰炸带来的影响，留在市区的军政机关纷纷修建防空设施，一遇轰炸，广大公务员便避入防空洞中继续办公。更多的军政机关在1939年"五·三"、"五·四"轰炸后，迁至歌乐山、青木关和北碚之间的迁建区和其他郊区，仅在市区设办事处负责对外联络。国民政府本部参军处、主计处迁至歌乐山方堰塘，文官处则迁燕儿洞，行政院迁至歌乐山静石湾，考试院迁至中梁山华岩寺，监察院和审计部迁至金刚坡的龙洞口，立法院、司法院迁至北碚附近的歇马场……这些军政机关迁至迁建区村镇之后，或利用庙宇祠堂，或利用民间空房，或搭盖茅草屋，条件极为简陋，仅避风雨而已。设于青木关北侧山间松林丛中的教育部，甚至发生过猪、豹闯入办公室夜宿之事。尽管条件极为艰苦，但广大公务员同仇敌忾，勤奋工作，使各项军政工作都能比较良好地运转。

---

① 日本防卫厅防卫研究所点战史室著：《中国事变陆军作战史》（征求意见稿）第三卷第二分册，第25页。
② 同上书，第35页。
③ 《镇静奋斗，救济难胞》，《国民公报》1940年8月22日。

消灭中国最高统帅和最高统治机关,是日军轰炸的重要目标之一。如1941年8月30日,日军得到可靠情报后轰炸了正在举行军事会议的黄山蒋介石官邸,同时,佛图关下的国民政府礼堂也被炸毁。但是,日本帝国主义的目的并没有得逞。9月1日,蒋介石在国民政府礼堂废墟上赶搭起来的临时敞篷中主持"国父纪念周"、勉励大家要在瓦砾中重建新中国。在1941年的"疲劳轰炸"中,为使各党政机关能在日机长时间空袭下照常工作,政府当局还规定了五项具体办法:各机关应抽选主管及重要人员处理空袭时紧急重要公务;参加人员不必过多,其他人员应自选工作;应以妥善之防空洞为工作之地点;各种会议在空袭时应照常迅速在防空洞内举行;将机关在空袭工作情形应备文呈报中央党部、行政院及军委会;公务员空袭工作时供养由各机关或各合作社供应。① 这些规定,对在连续轰炸期间保证党政军各机关工作的正常开展起了积极作用。

重庆是战时中国的经济中心,是保证军需民用的主要生产基地。各工矿企业、金融机构也是日机轰炸的主要目标。面对日机的狂轰滥炸,重庆各业工人、职工同仇敌忾,以国家民族利益为重,忍受着一切痛苦,克服难以想象的困难,迁建复工和兴建大批工矿企业,努力恢复和扩大生产。许多迁川复工和新建的工厂屡次遭到敌机轰炸,但广大工人随炸随修,虽在硝烟弥漫之中,仍坚持生产,支持抗战。

裕华纱厂在1940年8月两度被炸,全厂除清纱车间和尚未竣工的摇纱车间外,全部生产建筑被炸塌和焚毁,工人宿舍、饭厅、医院也被炸成断垣颓壁。第二年8月,裕华再度遭到轰炸,损失更为惨重,行将开工的第三工场悉遭震毁,大批的工房仅剩几垛高墙。但是全厂工人并没有屈服,他们随炸随修,不到两个月时间就恢复了1940年的"旧观"②。重庆瑞华玻璃制造厂是一家有400多名职工的工厂。在1941年日机轰炸中,该厂中弹3枚,所有厂房设备全被炸毁,成品、半成品被炸成玻渣,工人炸死3名,损失相当严重。但该厂广大职工经过两个多月的努力,重建厂房,修复设备,又重新恢复了生产。"某厂曾遭轰炸10余次,所有存运机器物资,损失不赀,厂房宿舍,毁坏甚重,终于一

---

① 《空袭时期照常工作,中央特规定五项办法》,《中央日报》1941年8月22日。
② 《在建造中的裕华纺纱系统》,《新世界》1941年第6期。

建再建,卒在轰炸中滋长强大。"①类似情况很多。据统计,在 1939 年至 1941 年日机轰炸重庆最频繁最猛烈的三年中,内迁来渝和投资新建的工厂占重庆工厂逐年开工总数(到 1944 年年底止)的一半上,仅 1939 年迁川复工和新建的工厂就达 150 余家。

钢铁厂、兵工厂更是敌人轰炸的重要目标。钢铁厂迁建委员会仅在 1940 年 9 月 14 日和 1941 年 8 月 22 日、9 月 1 日三天,便有日机 45 架次轰炸厂区,投弹 270 余枚,死亡员工约 160 人,炸毁机器设备及办公室、住宅区、工棚等房屋若干,造成极其巨大的损失。据当时的职工范正华回忆:"当建好工厂,复工生产后我们这些从日本飞机轰炸中幸存下来的工人同胞们,只要一想到被无辜炸死的阶级兄弟姐妹们的遭遇,就巴不得多流一些汗水,多生产一些枪炮送到前方打鬼子,好尽快把日本侵略军赶出国门,为无辜死去的同胞报仇。于是悲中从来,恨从中来,愤从中来,干劲也从中来,我们暗下决心,为了支援前方抗日,一定多生产好钢铁。"②位于江北陈家馆的 21 兵工厂,从 1938 年度开工以来不断遭到日机轰炸,1940 年 6 月到 1941 年 8 月先后被炸达 14 次之多,生产设备和职工生命财产遭受巨大损失。位于沙坪坝磁器口的 24 兵工厂,仅仅 1941 年 5—8 月,就先后遭日机轰炸五次,动力部、炼钢部、轧钢部、机器部部分厂房被毁,职工宿舍 20 余栋及米库被炸,死伤职工 60 余人。但广大钢铁厂和兵工厂的职工以国家民族利益为重,随炸随修随生产。为了避免日机轰炸,许多兵工厂把生产车间设置于人工开凿的隧道之中,构成坑道生产线网。已经建成的工厂则纷纷兴建隐蔽区和疏散区,以减少空袭损失,扩大生产,支援抗战。据不完全统计,在日机频繁轰炸的 1941 年,重庆 5 个兵工厂共生产各种炮 526 门,炮弹 609417 发,枪支 33510 支,枪弹 1.07 亿颗,手榴弹 45530 枚,甲雷 38200 个,炸药包 20000 个,曳光弹 20120 颗③,有力地支援了前方的抗战。

面对日机的连续轰炸,重庆各家银行为稳定金融,繁荣市面,坚持留在市区营业。1940 年 8 月,日机对重庆实施了抗战时期最为猛烈的轰炸,重庆市区受到空前严重的破坏。川盐、川康两银行董事长刘航深明确表示:"川盐、川

---

① 潘仰山:《迁川工厂联合会展览会感言》,《西南实业通讯》第 5 卷第 1 期。第 17—18 页。
② 参见罗坤碧:《重钢对抗战的贡献》(未刊稿)。
③ 《抗战时期大后方经济》,四川大学出版社 1989 年版,第 130 页。

康两银行决不迁移乡间。纵有遇炸全毁之一日,余亦必于断垣残区中搭盖临时行址,继续营业,决不他迁。"四川省银行总经理杨晓波也向记者表示:"任何艰难环境之下,决在市区继续营业,即以四川银行论,吾等已计划于被炸废墟中赶搭临时房屋,决不离开市区。"①

公共事业事关乎业生产和人民日常生活。日机轰炸给重庆的水电等公共事业造成了惨重的破坏。以市自来水公司而言,在日机轰炸期间,公司各项设备被炸 60 余次,损失点达 560 余处,直接中弹 300 余枚,截至 1941 年,公司在空袭中损失已达 60 多万元。电力公司的损失也极其惨重,但广大水电职工以大无畏的精神投入工作之中,重庆电力公司总经理刘航深表示:"今后无论在任何困难环境下,国防工业与生产工业之电力供给,决不辍断一日。"重庆自来水公司董事长潘昌猷、经理胡子昂也表示:"敌人企图以狂炸毁灭重庆,实属妄想……吾人对于各种原料,如水管等之存储,早有充分准备,足敷今后补充之用,一切非常设施亦已先后完成。退一步言,敌人纵能将自来水公司全部炸毁,亦不能断绝吾市民之水源,吾人仅需吸水机一具,即能引江水灌诸水管,而供市民取用。"②

日机轰炸重庆,也给重庆的文化教育事业造成了巨大的破坏和损失。特别是在 1940 年和 1941 年,日机多次"狂炸此间各大中学、医院、住宅区,以及其它绝无军事目标之区域,徒使无辜男女与青年学子体解肢离,血肉狼藉,多数校舍课室,尽夷为瓦砾之场"③。四川省立教育学院、复旦大学、中央大学、重庆大学等均多次被炸,遭受重大人员和财产损失。面对日机的轰炸,广大师生没有低头,没有气馁,正如南开中学校长张伯苓所讲,"敌人想威胁我们屈服,我们不怕他们的威胁!我们规定要做的事,必须照着规定去做。"断壁颓垣间,广大师生始终坚守教学科研岗位,房屋炸毁了就自盖瓦房,抢修校舍。在"五·三"、"五·四"轰炸中,重庆的新闻出版界遭受重大打击:在城内西三街和苍坪街的《新华日报》房屋被炸毁;《大公报》所在地二牌坊被炸,排字车间被掀翻;《国民公报》厂房和办公室被炸;《西南日报》被炸弹荡平烧毁。重庆各大

---

① 《各银行决留市区》,《新华日报》1940 年 8 月 30 日。
② 《答复敌机轰炸渝市,各银行决留市区》,《新华日报》1940 年 8 月 30 日。
③ 《敌机轰炸文化机关,三大学校长函美人呼吁,请速禁运钢铁石油输日》,《国民公报》1940 年 5 月 30 日。

报馆都遭到不同程度的轰炸,不少报社一时无条件恢复出版。但是,日本的暴行不仅不能使报界同仁屈服,反而激发了他们的坚强斗志。各报社一方面响应国民党中央宣传部的通知,参加《重庆各报联合版》,一方面积极向郊区疏散。8月中旬,各报又相继复刊。在日机狂轰滥炸下,坚持报纸的出版发行是很不容易的:外勤记者要迅速奔赴灾区、火海进行采访;编辑要在微弱的烛光下,甚至顾不上吃饭就抓紧编发稿件;排字工人既要日以继夜地把被炸弹震乱的字钉清理上架,又要在光度不够的煤气灯与电石灯前拣字、拼版,在敌机轰炸后,遇到暴雨袭来,还得戴着雨帽操作;没有电力,印刷机就全靠工人挽着机器上安装的手柄,轮流摇转,把报纸一份一份地摇印出来;发行人员须及时把报纸送到千家万户,如果途中遇到空袭警报,不是扔下就跑,而是将报纸牢牢拖住,暂时避入防空洞,与报纸共存亡,一旦解除警报,又准确无误地送给订户。

尽管日机的频繁轰炸使重庆人民正常生活受到很大的干扰和破坏,但各种社会活动一般均能照常进行。仅以体育运动会而言,1941年陪都市民运动会开幕的当天,上午日机轰炸,但下午运动会照常进行;1942年陪都首届体育节在敌机轮番轰炸的情况下,竟举行了长达一个月的运动会①。在重庆住了三个月就遭受了40余次轰炸的林无双曾写下她在重庆的观感:"奇怪的是当时战争拖下去时,中国的士气越来越高了,当收复一座城池,在空袭后就有提灯会和游行来庆祝。端午节照样有成千的人观看龙船比赛,我们依然举行庆祝,照样生活着。孩子们在解除警报后,立即拿起书包到学校去。夜袭以后人们又在第二天6点或7点起身工作,还有的孕妇在防空洞里生产孩子。""空袭不能破坏我们的幸福。炸弹怎能摧残我们的士气,怎能摧毁我们的精神?它可以落下而且爆炸,但我们无论如何却要抗战到底。"②日机疯狂的轰炸不但没能毁灭重庆,反而更加激起了他们努力工作、支援抗战的热情,这也许是日本侵略者所没有想到的。

三、在反轰炸斗争中加强了各派政治势力和战场间的联系与支持

德国友人王安娜在重庆大轰炸期间曾有这样的观察,"在这里生活着的各

---

① 重庆市体育运动委员会、重庆市志总编室:《抗战时期陪都体育史料》,重庆出版社1989年版,第5页。
② 无双:《空袭的故事一束》,《战时重庆风光》,重庆出版社1986年版,第132页。

种各样的人,也是我不能忘却的。不论贫富,也无分地位,大家都在防空洞里过着同样的战时生活,彼此互助互爱,这是平时难以想象的。共度大难,共尝艰辛,使外国的外交官和四川省的居民,使来自沿海地区的知识分子和目不识丁的农民、苦力,使来自各国的保守政治家和中国共产党人,走到一起了。"她认为,日本的恐怖轰炸,"加强了市民共患难的互助精神","起了使中国坚如磐石、团结一致的作用,它比千万次政治议论更有效地防止了抗日统一战线内部些微的隙缝所能导致的无可挽回的分裂。"①

关于日机轰炸重庆对于抗日民族统一战线的影响,考察重庆大轰炸期间的国共关系,大致可以印证王安娜的这一观察。

《新华日报》参加《重庆各报联合版》是日机轰炸影响国共关系的一个重要事件。对于这一事件,由于中共中央南方局没有事先请示中共中央,事后又受到中共中央的批评,认为此事"对我们党的政治宣传和政治影响,是一个大的打击","实属政治上的一大疏忽"②。因而过去对此事件的研究,更多强调的是与国民党的斗争,即使对南方局决定持肯定态度的观点,也主要强调了南方局有原则、有条件参加的斗争。其观点立论的主要根据是认为"国民党以各报联合出版的办法,取消《新华日报》的出版"。这一根据是值得商榷的,无论是事前还是事后,南方局都没有无条件地参加,国民党方面也没有明确要求参加《重庆各报联合版》的报纸不得复刊。可以这样说,中共中央对南方局的批评,是在不了解当时重庆形势变化情况作出的不适当的批评。

此事件的背景是"五·三"、"五·四"轰炸,日军连续两天对重庆的轰炸,制造了空前的恐怖暴行,造成了惨重的人员伤亡和城市破坏,重庆各大报馆除《时事新报》和《新华日报》损失较小外③,其余报馆均遭受严重损毁,一时无法继续坚持出版。而面对日机的轰炸,所有报馆已不可能继续留在市区,必须尽快疏散到相对安全的地方。正是在这样的背景下,蒋介石命令《中央日报》等十家大报暂时停刊,共同出版《重庆各报联合版》。《新华日报》也"以

---

① 王安娜:《中国——我的第二故乡》,三联书店1980年版,第296、311页。
② 中共中央重庆市委党史研究室编:《中共中央南方局史》,中共党史出版社2009年版,第52页。
③ 当时还住在重庆市区机房街70号、棉花街30号的南方局、八路军驻重庆办事处和住在市区苍坪街、西三街的《新华日报》房屋被炸毁,幸无人员伤亡。在曾家岩50号的南方局机关、《新华日报》的主要设备没有受到损坏。《新华日报》虽能坚持编印出版,但报纸也只能由原来的大张四版改为小张两版。

大局着想"①,同意参加联合版。正如《重庆各报联合版》发刊词所言,"联合版所表现的精神,最显著的是团结。……我们的全国团结一致,多半是敌人帮助我们的,敌人对我们多压迫一分,我们的团结就加深一层。"②与其说是蒋介石的命令让重庆各大报刊走在了一起,不如说是日机的暴行和反轰炸斗争的要求增强了大家的团结。在战时首都面临最艰难的时刻,实现了新闻界的空前联合与团结,也维护了国共合作的大局。在《重庆各报联合版》出刊的89期中,虽然也存在一些矛盾和斗争,但团结和抗战始终居于主导的地位。重庆大轰炸给国共两党乃至于国内各派势力摒弃分歧,共同合作提供了一个重要的机缘。

《新华日报》和中国共产党人对重庆的反轰炸斗争始终给予了特别的关注和有力的支持。在日军轰炸重庆之初,《新华日报》就发表《加强防空运动,反对敌机滥施轰炸》的社论,敏锐地提出了防空事务中存在的防空设备、疏散等急迫问题③。《新华日报》多次发表社论和短评④,代表中国共产党向有关当局献计献策,提出切实可行的解决办法,指出防空事务中的弊端,对防空当局的官僚主义和严重渎职行为进行严厉批评,但又始终以团结、大局为重,维护国共合作。

重庆大轰炸也在一定程度上密切了各抗日战场的联系和相互支持。1940年8月,正当日机展开对重庆的大规模轰炸之时,中国共产党领导的敌后战场发动了著名的"百团大战",在平汉、同蒲、正太等铁路线上全面出击,不断给予日寇以沉重的打击,获得了重大胜利。朱德、彭德怀致电《新华日报》,向重庆人民表示深切慰问,"并以现在正进行之大战胜利,贡献于全重庆市被难同胞之前,以报复敌人惨暴兽行,为我被难同胞雪恨。"⑤《新华日报》为此发表《以胜利回答敌寇暴行》的社论。社论指出,朱德、彭德怀代表八路军"于与敌鏖战中发来的慰问电报,全体市民没有一个人会不受感动,而益增敌忾","八路军

---

① 周恩来:《周恩来书信选集》,中央文献出版社1988年版,第172页。
② 《发刊词》,《重庆各报联合版》1939年5月6日。
③ 《加强防空运动,反对敌机滥施轰炸》,《新华日报》1939年1月16日。
④ 《用战斗回答敌寇轰炸》(1939年5月4日);《血仇的纪念》(1940年5月3日);《抗议寇机暴行》(1940年5月30日);《坚持团结抗战回答敌人轰炸》(1940年6月13日);《以胜利回答敌寇暴行》(1940年8月26日);《制裁野兽杀人的罪行》(1940年10月15日);《隧道惨案善后问题》(1941年6月10日)等。
⑤ 《朱德、彭德怀率八路军将士电慰重庆市全体同胞》,《新华日报》1940年8月25日。

的胜利粉碎了投降分子所散布的不堪再战的胡说,振奋着一小部分对抗战失去信心、在严重的困难面前对抗战消沉的人,它再次向全国人民证明:只有抗战,才是生路;只有团结抗战,才能获得最后胜利。"①这篇社论还坚定表示,绝不在敌寇惨暴的轰炸面前消沉屈服,一定坚持工作,巩固团结,增强抗战力量,夺取抗战的胜利。

重庆人民的反轰炸斗争也鼓舞了国民党正面战场的作战。在日机狂轰滥炸重庆的三年中,国民党军队在正面战场和日本侵略军先后进行了南昌会战、随枣会战、第一次长沙会战、桂南会战、枣宜会战、豫南会战、上高会战、晋南会战、第二次长沙会战等。在这些战役中,尽管国民党军队多为被动应战,但广大爱国官兵英勇作战,多次予敌以重创,牵制了大量的日本侵略军。正面战场的重大胜利也同样鼓舞和坚定了重庆人民反轰炸的决心。

第五节　对中国国际形象和远东各国军事战略的影响

关于抗战时期的重庆大轰炸,过去的研究主要侧重于从日军侵华暴行的视角切入,而对其"政略、战略轰炸"给世界反法西斯战争的影响却少有关注。由于中国抗战暨重庆战时首都的独特地位,日军对重庆的战略轰炸无疑是当时国际关系中的一个焦点事件,曾引起国际社会的广泛关注,并对远东各国,特别是中、日、美三国军事战略的演变产生了一定的影响。

一、在反轰炸斗争中树立了"愈炸愈奋"的国际形象,赢得了广泛同情与支持

日军对重庆的狂轰滥炸,给重庆人民的生命财产造成了惨重的损失和巨大的灾难。但是,由于重庆人民英勇的反轰炸斗争,日本的战略企图始终没有得逞,中国的战时首都始终巍然挺立,不仅对于维持国民政府的继续抗战产生了重要的影响,也赢得了国际社会的广泛关注,扩大了中国抗战在国际上的影响,大大提高了重庆和中国在国际上的地位,重庆也由一个僻处内陆腹地的中等城市一跃而成为与伦敦、华盛顿、莫斯科三大城市相提并论的国际名城,在国际上树立了坚韧不拔、愈炸愈奋的形象。

---

① 《以胜利回答敌寇暴行》,《新华日报》1940年8月26日。

1939年"五·三"、"五·四"轰炸后,英国《泰晤士报》发表题为《重庆之屠杀》的社论:"日机向重庆人口最密集的住宅区投弹,死者几乎全为平民。而死者之中,大部分是焚烧而毙命。如此大规模之屠杀,实为前此所仅见。"[1]塔斯社驻渝特派员将日军轰炸重庆之消息电传回国后,各报即一致予以刊登,苏联民众对日机之暴行,无不表示愤慨[2]。国际反侵略运动各国分会纷纷谴责日机对重庆人民的滥炸,宣传重庆军民的反轰炸斗争。

1939年8月,印度国大党领袖尼赫鲁访问重庆,这是抗战爆发以来首次来华访问的外国政党首脑,也是重庆国际影响扩大的象征。访问期间,尼赫鲁经历5次日机的轰炸,在与蒋介石会谈的那一天,因遭日机反复轰炸,会谈中曾三度避入防空洞。尼赫鲁亲眼目睹了重庆遭受日机轰炸的惨境及重庆人民于大轰炸后自强不息、坚持抗战的精神,在对日本飞机的野蛮残酷轰炸表示愤慨的同时,也对英勇的重庆人民表现出无限的敬佩。

重庆的反轰炸斗争得到了国际舆论的普遍好评。英国《泰晤士报》记者由重庆回国后撰文赞誉重庆防空设备为世界第一:"警报发出后,除中国飞将军、高射炮队、防护团体等各就岗位,执行歼灭敌机或减少损害的神圣任务外,市民扶老携幼,鱼贯入洞,仿佛欧美上工厂的情景。解除警报后,鱼贯而出,仿佛下工厂的情景。"[3]1939年12月,美国新闻通讯社记者杨格访问遭受日军轰炸的重庆返回香港时发表讲话,赞扬"重庆一切,均充满生气,与东京之萎靡不振,实有天壤之别,中国前途甚为光明"[4]。英国《泰晤士报》针对日机狂炸重庆发表《中国英勇抗战,已蔚为强国,将负恢复远东繁荣重任》的评论,指出:"日本飞机最近狂炸重庆,对于战局方面,实无丝毫影响。中国人民过去曾倍尝痛苦且于忍耐力持久力方面,更具悠久之传统,绝不因任何形式之胁迫而放弃其抗战建国之目的。目前全世界任何地域,对于最后胜利信念之坚,恐无出中国之右者。"[5]斯诺也曾写道他对日机轰炸重庆的观感,"日本已经作了好几十次的空袭,投下了好几万磅有高度爆炸力的炸弹和燃烧弹,但它不能毁灭这

---

[1] 转引自璞君:《渝市惨遭轰炸》,《东方杂志》第36卷第12号(1939年6月16日)。
[2] 《苏联人民谴责敌机暴行》,《新华日报》1940年5月30日。
[3] 《大公报》1941年6月27日。
[4] 张弓、牟之先主编:《国民政府重庆陪都史》,西南师范大学出版社1993年版,第143页。
[5] 《中国英勇抗战,已蔚为强国,将负恢复远东繁荣重任》,《中央日报》,1941年8月21日。

个首都的精神,那已经是很明白的事情了"。"轰炸在中国人的脑子里唤醒一种重建中国的决心,比敌人能够毁灭的还要快"①。白修德也有同样的认识,"使重庆成为伟大、而把各种各样参差不齐的男女融合成为一个社会的是大轰炸"②。

1941年11月,英国驻华大使卡尔在中国发表广播演讲,对重庆人民的反轰炸斗争给予了高度的评价:

> 这儿的断瓦残垣,我们无庸掩饰,不过重庆人和英国人一样,满不在乎,炸毁的地方,他们已大半的从(重)新建设起来了。实在说,对于他们的断瓦残垣,我们感到骄傲,因为它们是为争取自由而付出的代价,同时它的存在也象征我们愿意付此代价的符号。实在谈起来,在重庆若是住在一间完整的屋子,几乎是一种极坏的享受,这里对于像完整的屋子等等并不重视,这些差得太远,这里所重视的以及中国人民所具有的显明的美点,是勇敢的心和不能破碎的精神。并不是所有远东的炸弹足以挫折中国人民的精神。……他们和英国人民一样,以不可动摇的坚毅和永久的愉快来接受这些炸弹,每个炸弹带来的爆炸、死亡、毁坏和废墟,看起来使他们的团结越密切,使他们一贯到底的决心越坚固。③

1942年6月15日,英国驻华大使薛穆爵士对英国民众发表广播演说,盛赞重庆的伟大:

> 自日本开始进侵中国,迄今已有五载……中国仍屹立不移,足以象征中国不屈不挠的意志和决心之重庆,乃成为全世界各地家喻户晓之一名词。为各自由民族而言,重庆乃联合国家所有振奋之精神之象征;为独裁者而言,重庆乃若干民众甘冒危险忍受痛苦不接受侵略之束缚之

---

① 斯诺,《斯诺文集》Ⅲ,第128页。
② 白修德、贾安娜:《重庆——风云际会的焦点》,《中国抗日战争时期大后方文学书系》第十编"外国人士作品选",第262页。
③ 《中国人民坚强的精神必能获得生存的权利,英大使对缅甸马来广播》,《中央日报》1941年11月17日。

象征。……例如余可提及日机故意轰炸各大学,然此等轰炸并未达到其预想之效果,中国学生于临时之大学,继续攻读不辍。吾人于亲眼获睹此等艰苦之余,实感无限欣慰。此乃中国前途最佳保证。重庆之民气仍极高涨,斜枕于扬子江上的重庆城,到处断垣残壁,然附近山丘与河流,均经开发,市民亦孜孜不倦,使一切生活照常进行。在空袭警报网及防空洞方面,重庆直可与世界上任何城市比较而无愧色,重庆之应成为世界理想中之一项事物,实无足异。①

罗斯福总统也曾致书重庆市民,对重庆市民在反轰炸斗争中的坚毅精神给予了高度赞颂:

远在世界一般人士了解空袭恐怖之前,贵市人民迭次在猛烈空中轰炸之下,坚毅镇定,屹立不挠。此种光荣之态度,足证坚强拥护自由的人民之精神,绝非暴力主义所能损害于毫末。君等拥护自由之忠诚,将使后代人民衷心感谢而永垂不朽也。②

无论是普通的记者,还是驻华外交官,乃至外国元首,他们都对重庆人民的反轰炸斗争给予了充分的肯定和高度的评价,从这些国际舆论和国际友人的言论中不难看出,重庆人民在日军残暴轰炸中的顽强斗争,为重庆暨中国赢得了良好的国际声誉和形象,从而也赢得了国际社会的广泛同情与支持。

二、反轰炸斗争制约了日本扩大侵略的既定军事战略

抗日战争初期,日本迷信自身武力的强大,推行速战速决的战略方针,妄图在三个月内灭亡中国,以便腾出手来执行其扩大侵略的"北进"、"南进"的既定军事战略。1938年10月日军占领武汉、广州后,由于军力国力的制约、外交上的孤立和战争的长期化,日本当局已无力再组织大规模的进攻战,被迫放弃了速战速决的战略方针,确立了以政略进攻为主、军事打击为

---

① 周开庆:《四川与对日抗战》,第80页。
② 重庆抗战丛书编纂委员会编:《重庆抗战大事记》,重庆出版社出版1995年版,第165页。

辅的侵华新方针。

在日本当局看来,"对被压缩中之中国政府若放任不顾,则仍为重大之祸根,必贻后患,故仍须适宜促使其崩溃"①。为此,日本一方面加强对重庆国民政府的诱降工作,一面加紧对以重庆为中心的抗战大后方组织航空进攻作战。日本大本营根据《陆军作战指导纲要》,以"大陆命241号"揭示了大本营的意图和各军的任务:"华中派遣军司令官主要担任华中及华北的制空进攻战,特别要压制和扰乱敌之战略及政略中心,同时努力歼灭敌人航空作战力量,并须和海军紧密配合。"同时,以"大陆指第345号"下达《关于陆海军中央协定》,规定航空作战方针是"陆海军航空部队协同在全中国各要地果敢地进行战略、政略的航空作战,挫败敌人继续战斗的意志",指示陆军航空兵兵团主要担任对华中、华北要地,海军主要担任对华中华南要地进行战略、政略性航空作战②。十分明显,日军轰炸重庆为中心的大后方地区,就是要"坚决实施战略、政略航空战,挫败敌继续作战的意志","攻击敌战略及政略中枢","捕捉、消灭最高统帅和最高政治机关"。也就是要动摇中国政府的抗战决心,摧毁中国抗战的后方基地,最终迫使重庆国民政府妥协投降,以达到其占领中国,结束中日战争的目的。毫无疑问,日军对重庆的轰炸,是一种战略意图十分明显的"政略战略"轰炸。

日军轰炸的政略性和战略性,也鲜明地体现在日军对重庆实施的三次大规模轰炸中,在1939年到1941年的三年时间中,日军对重庆先后实施了"100号作战"、"101号作战"和"102号作战"三次大规模的航空进攻作战。"100号作战"是在战争进入相持阶段国民政府内部汪精卫集团分裂投降之后,日本认为汪精卫集团的投降,必然会引起大后方民众人心的混乱、主和派势力的抬头,是瓦解重庆国民政府的有利时机,于是部署了对重庆的战略轰炸。"101号作战"是在德国法西斯疯狂进攻欧洲各国之时,受欧洲战场德国法西斯接连取胜的刺激,急欲乘机扩大对外侵略,集中了超过中国全部空军力量总数的兵力,配备新型的"司侦式"和"意式"重型轰炸机,对重庆展开毁灭性的地毯式轰

---

① 浙江省中国国民党历史研究组(筹)编印:《抗日战争时期国民党战场史料选编(一)》(内部发行),1986年12月,第9页。
② 日本防卫厅防卫研究所战史室著:《中国事变陆军作战史》第二卷第二分册(征求意见稿),第71、187页。

炸。"102号作战"是在发动太平洋战争之前,为尽快结束对中国的战争,把中国变成其在太平洋战争中的后方基地,再次调动大批飞机,对以重庆为中心的大后方实施的又一轮战略轰炸。从这一意义上讲,重庆大轰炸成为日军军事战略变化的一个晴雨表。

　　日军实施对重庆轰炸的政略性和战略性,也决定了重庆的反轰炸斗争的政略性和战略性。重庆人民进行的反轰炸斗争,反过来又对日本军事战略产生了重要影响,特别是对阻止日军北侵苏联,拖延日军发动"太平洋战争"起了积极作用。

　　日本帝国主义一直视苏联为"绝对的敌人"。它首先发动全面侵华战争的重要目的之一,就是妄图征服中国以解除其北上进犯苏联的后顾之忧。日本之所以发动大规模的对渝战略轰炸,其目的就是摧毁国民政府继续抗战的意志,促进中国投降,尽快结束"中国事变",进而实施其"北进"计划。但是,连续三年的狂轰滥炸并没有使重庆政权屈服,重庆军民英勇的反轰炸斗争把日本帝国主义的狂妄企图彻底粉碎。特别是在希特勒发动苏德战争之初,苏联忙于处置西部危机,东部防务减弱,这是日本实现其"北进"计划的大好时机。但是,由于重庆军民坚韧不拔的反轰炸斗争,由于中国正面战场和敌后战场的艰苦抗战,日本帝国主义摧毁中国抗战意志的目的始终未能得逞,不得不继续努力解决"中国事变",并最终不得不放弃其北上进犯苏联的计划。

　　1940年4月至6月,法西斯德国席卷北欧、西欧各国,号称拥有世界上最强大陆军的法国败亡,英国面临德国直接入侵本土的威胁。法西斯德国在欧洲的接连胜利,大大刺激了日本法西斯向南洋地区侵略的胃口。此时,英法已无力顾及南洋地区,美国仍在妥协观望中,日本认为这是扩大侵略的千载难逢的好机会。日本大本营决定乘此良机进一步加强对中国的军事攻击,以尽快彻底解决对中国的战争,进而抽兵南进,发动"太平洋战争",以实现其"大东亚共荣圈"的梦想。为此,日本展开了以重庆为目标的大规模军事进攻:一方面发动"枣宜会战",企图以陆路打通攻击重庆的道路;另一方面,动用大批陆海军航空队对重庆直接实施残暴的空中打击。但是,由于敌后八路军主动出击,"百团大战"取得重大胜利;由于重庆军民英勇无畏的反轰炸斗争,日本帝国主义摧毁中国抗战意志的企图又一次以失败告终,被迫推迟发动"太平洋战争"

的时间。日本方面也不得不承认,从表面上看来,日本政策的变化极为复杂,但"这些变化完全取决于中日战争的情势,日本现在正尽一切努力去解决这个战争,以便日本可能获得行动的自由"①。但是,国民政府和重庆人民没有让日本侵略者的企图得逞。

三、在一定程度上推进了美英远东战略的调整

重庆大轰炸在一定程度上推动了美英援华制日、美国参战和远东反法西斯阵线的形成。

重庆大轰炸对美英等国的影响主要表现在两个方面,一是日军对重庆的残暴无差别轰炸引起美英等国人民和政府的人道主义同情和支援,通过重庆的反轰炸斗争,也逐步加深了对中国人民和政府的了解和认识,增强了对中国坚持抗战的信心;二是日军对重庆的轰炸,对美英各国的利益造成了直接的损害,引发了日本与美英等国的矛盾与冲突。其中,新闻媒体的传播和政府与民间的外交活动发挥了重要的作用。

抗日战争初期,美国和英国对日本发动的侵华战争基本持一种道义谴责而实际纵容的政策。随着日本侵略的扩大和对美英在华利益损害的加剧,美英的远东战略逐步进行了调整,对日态度日渐强硬,对华同情和援助逐渐增多。而日军轰炸重庆和重庆的反轰炸斗争,正是促进美英特别是美国远东战略调整的重要一步。

日机滥炸重庆的行径受到国际社会的高度关注和普遍谴责,各国驻华使领馆不断发回有关重庆大轰炸的最新报告。英国路透社、美国合众社、苏联塔斯社等各国设在重庆的新闻机构不断地把日机狂炸重庆和重庆军民反轰炸斗争的消息传达到世界各地,美国的西奥多·怀特、白修德、贾安娜、埃德加·斯诺、海明威等,英国的詹姆斯·贝特兰、韩素英等记者、作家,向本国发回了大量重庆大轰炸的通讯和报道,唤起美英各国人民对中国人民的极大同情和关怀。美国《纽约时报》还号召读者前往电影院观看重庆被炸实况,以揭露日本帝国主义在中国的暴行。

深受日机轰炸之苦的重庆各界人民以及其他国内外爱好和平的人们纷纷致电国际社会,特别是美国政府,揭露日机轰炸重庆的暴行,强烈呼吁采取行

---

① 徐朝鉴、王孝询主编:《重庆大轰炸》,第 435 页。

动,制裁日本。1939年1月15日日机轰炸重庆后,重庆内地会、美以美会、圣经会、安息日会、加拿大会、公谊会等教会,特电国联抗议,要求国联唤起世界舆论,一致谴斥日方之暴举①。"五·三"、"五·四"轰炸后,旅渝美侨十分义愤,分电罗斯福、赫尔等,请禁军火输日②。7月10日,美国国防部部长赫尔正式向日本驻美国大使 Kensuke Horinouchi 提交抗议书,抗议日本飞机轰炸中国首都重庆,致使在中国的美国人生命和财产受到威胁。此前,美国已通过外交途径向日本政府和驻中国的日本官员表达了对日本连续轰炸重庆的谴责③。

1940年1月7日,《新华日报》发表社论《日寇侵华与美国在华利益之损失》,针对1月26日美日商约满期是否续订问题,以大量事实说明日军侵华给美国在华利益造成的巨大损失,希望美国人民督促美国政府,要看清这种事实,给予日寇以经济上的制裁④。5月至8月,日军对重庆的轰炸达到白热化。5月30日,《中央日报》发表社论《请美国舆论注视远东的轰炸残杀》,强调"法律禁运是美国制裁远东强盗的有效办法"⑤。重庆大学、复旦大学、中央大学校长联合致书美国人民,揭露日机"狂炸此间各大中学、医院、住宅区以及其它绝无军事目标之区域,徒使无辜男士与青年学子体解肢离,血肉狼藉,多数校舍课室,尽夷为瓦砾之场",强烈呼吁美国禁止将钢铁石油输送给日本,"以抑制其暴行"⑥。在华的美国教士梅福林、傅维德、费吴生等,鉴于敌机连日滥炸渝市郊平民区及文化区,屠杀平民,特电罗斯福总统等吁请立即对敌禁运煤油废铁,俾免助纣为虐⑦。成都五大学美籍教职员暨在蓉浸礼会等十教会、美籍传教士四十人致电罗斯福总统、赫尔国务卿,呼吁断然制裁暴日⑧。中国国民外交协会先后致电罗斯福总统、赫尔国务卿及上下议院议长和美国不参加日本侵略委员会史汀生等,揭露日机残杀平民,滥炸文化区域,呼吁美国朝野对

---

① 《寇机滥炸渝平民,教会电国联抗议》,《新蜀报》1939年1月29日。
② 《旅渝美侨义愤》,《重庆各报联合版》1939年5月11日。
③ "U. S. Makes Protest on Chungking Raid", *New York Times*, Jul. 11, 1939。
④ 《日寇侵华与美国在华利益之损失》,《新华日报》1940年1月7日。
⑤ 《请美国舆论注视远东的轰炸残杀》,《中央日报》1940年5月30日。
⑥ 《三大学校长函美人,请勿助寇为虐,从速禁运钢铁石油输日》,《新华日报》1940年5月30日。
⑦ 《美侨梅福林等抗议美政府供敌军火》,《新华日报》1940年5月31日。
⑧ 《敌寇侵略暴行,美国不能辞其咎》,《新华日报》1940年6月1日。

日禁运①。6月,中国国民外交协会再次致函美国总统罗斯福,揭露日寇滥炸我陪都重庆的暴行,呼吁美国政府为维护世界及东亚之永久和平,"集中全力,制裁暴日,对此危害世界和平之祸首,迅予实施禁运,使其所赖以屠杀我无辜平民之钢铁、煤油,无由再仰给于美国。"②8月,中国劳动协会致电美国产业职业联合会和协联职工会,揭露日本帝国主义"残忍兽行"的疯狂暴行,表示"纵使重庆全成焦土","中国人民亦必……与日本军阀继续搏斗,决不屈服",希望美苏两国政府"加紧制裁日本,继续予中国实力上的援助"③。重庆市商会致电国际反侵略总会中国分会并转国际商会及国际各工商团体,中华全国文艺界抗敌协会致书全世界作家,希望国际同行"一致主持公道,伸张正义,抨击暴日,维持世界和平"④,"同予人类蠢蠢以谴责与制裁。"⑤

日本对重庆的轰炸,从开始到结束都打着"攻击重庆市内外军事设施"的旗号,如果空袭给外国资产造成损失,则宣称是"误炸"的结果。但是,如果轰炸损害了美英等国的外事机构和其他利益,必然会引发严重的外交问题。正如前田哲男所指出的那样,日本对重庆的轰炸,在军事和外交上如同走危险的钢丝,因此在轰炸中,一面指示"彻底攻击"和"连续轰炸",一面又强调"不能伤害第三国的权益"⑥。然而,日本的无差别轰炸不可能避免对第三国权益的损害,从1939年"五·三"、"五·四"轰炸开始,美英等国使领馆和外侨财产就不断受到日本飞机的轰炸,美英政府也多次向日本政府提出严重抗议,并逐步强化对日本的经济制裁。"五·三"、"五·四"大轰炸后,美国宣布废除《美日友好通商航海条约》⑦。在"101号作战"中,美国也多次发动对日经济制裁。5月29日,国务院宣称,美国素来反对轰炸平民之举,此种态度各方已深知,日机此番轰炸重庆之平民,美国亦无庸再次申述其立场⑧。6月13日,美国国务

---

① 《外交协会电美朝野呼吁,请即禁运军火原料输日》,《新华日报》1940年5月31日。
② 《外交协会函美总统罗斯福,暴日屠我同胞之铁和油请美政府全力实施禁运》,《新华日报》1940年6月21日。
③ 《劳动协会电向美苏呼吁》,《新华日报》1940年8月22日。
④ 《为敌机狂炸重庆,百余团体通电全国》,《新华日报》1940年8月23日。
⑤ 《全国文抗协会致书全世界作家痛斥日寇狂炸行都暴行》,《新华日报》1940年8月28日。
⑥ 前田哲男著、王希亮译:《战略轰炸的思想——从格尔尼卡到重庆、广岛的轨迹》,第180页。
⑦ 郭廷以:《中华民国史事日志》第四册,第107页。
⑧ 《请勿助寇为虐》,《新华日报》1940年5月30日。

院发表声明,指责日机滥炸重庆①。国务卿赫尔在国务院接见新闻记者,表示日本果欲与美国增进邦交,则其日来之狂炸重庆,显属走错路径,并重申其厌恶轰炸平民之立场,认为"此种暴行,无论在何处何时发生,均为吾人所衷心谴责"②。6月14日,日本迫于各方压力,由外务大臣有田致函美英等驻日大使,劝告各国驻重庆国民撤离到其划定的所谓安全区域,"对居留在其他地区而发生的不测之事态,帝国政府不负有责任"③。随即,华盛顿方面提出了激烈的反驳,提出"合众国政府拒绝接受将重庆全体当作袭击目标的见解","日本政府必须对日军造成的损害美国国民生命、财产安全的行为负全部责任","如果日军的轰炸发生美国国民死伤事件,将遭致日美关系悲惨的结果"④。7月2日,罗斯福总统签署《国防法》,颁布禁止对日本输出一切武器、军需品、战争资材;含有铝、镁的一切原料资材;飞机部件、装置、附属品、光学机械、金属制造设备⑤。8月,美国又宣布对日本禁运汽油、废铁⑥。到1941年3月,罗斯福总统签署了《美国军火租借法案》;4月,罗斯福签署秘密命令,允许美国陆海军的预备役航空人员参加美国志愿航空队,纳入中国空军序列赴中国参战。5月,美国政府正式宣布中国为有资格获得租借、援助的国家,中国的空军建设开始得到美国的援助⑦。

在"102号作战"中,日本对重庆的轰炸多次损害美英等国的利益,美英等国对日态度进一步强硬。1941年6月5日,美国驻日本大使约瑟夫·克鲁拜会了日本外务大臣松冈洋右,向他抗议日本轰炸重庆给美国造成的财产损失⑧。6月15日,日军划定的所谓"安全区"南岸亦遭轰炸,美大使馆武官办公厅房屋前落弹,办公厅几乎全部震毁,炸弹碎片击中美军舰"图图拉"号,又望龙门美红十字会募款建筑之平民住宅,亦落二弹,毁屋多间。⑨ 6月16日,美

---

① 郭廷以:《中华民国史事日志》第四册,第136页。
② 《美国各报反对美日谈判,国务卿赫尔批评敌机暴行》,《新华日报》1940年6月15日。
③ 前田哲男著、王希亮译:《战略轰炸的思想——从格尔尼卡到重庆、广岛的轨迹》,第191页。
④ 同上书,第192页。
⑤ 同上书,第190页。
⑥ 郭廷以:《中华民国史事日志》第四册,第142页。
⑦ 陈应明、廖新华:《浴血长空——中国空军抗日战争史》,航空工业出版社2006年版,第241页。
⑧ "Japanese Seizure Protested By U. S", *New York Times*, Jun. 6, 1941。
⑨ 《南岸昨被炸,碎片击中一美舰》,《国民公报》,1941年6月16日。

国大使约瑟夫·克鲁向日本外务大臣松冈洋右递交了一封强烈的抗议书,抗议日本在十天之内轰炸重庆第二次给美国造成的财产损失和对在华美国人的生命威胁①。6月30日,英国大使罗伯特·克雷吉在东京召见了日本副外务大臣大桥忠一,抗议日本轰炸英国驻重庆大使馆。此前,英国已就日本上一次轰炸英国大使馆提出过抗议②。7月26日,美国总统罗斯福批准,以500架飞机装备中国空军③。8月1日,美国禁止航空汽油输出,输往日本的汽油完全停止④,同时,由陈纳德任指挥官的中国空军美国志愿大队正式成立。这支志愿航空队从1941年12月20日正式升空作战,到1942年7月4日改隶现役美军为止,"在实际作战的短短半年之内,共击落日军飞机296架,自己只损失34名飞行员,给侵华日军造成了有效空中威慑。"⑤

　　重庆各界人民反轰炸斗争的英勇精神和日本帝国主义在重庆犯下的残暴罪行,使许多对中国持冷漠态度和对战争抱"孤立主义"态度的美国人逐渐转变,关心中国抗战、要求美国政府参加反法西斯战争的人越来越多。美国政府也逐渐改变了对日本的姑息政策,对日本态度日渐强硬,并最终实现了对日本的石油、钢铁等战略物资的禁运,并逐步贷款援助中国。美国对华、对日政策的逐步改变并最终参加了反法西斯战争,其原因是多方面的,但毫无疑问,日军对重庆的轰炸和重庆的反轰炸斗争也是一个重要的促进因素。

　　抗日战争以前,中国仍然是一个半殖民地半封建的国家,由于长期遭受帝国主义的侵略和奴役,国弱民贫,毫无国际地位可言。但是,重庆军民英勇的反轰炸斗争和中国其他地区的抗日斗争一样,显示出了中国的坚忍和不屈,改变了世界各国对中国的传统看法,感受到中国是反日本法西斯战争中的一支生力军,从而促使英美等国改变了轻视中国、牺牲中国的立场,积极寻求与中国共同合作。1941年年底,中美英三国联合军事会议在重庆举行,三国军事同盟正式形成。罗斯福致电蒋介石,提议设立中国战区,此后美、英等国相继

---

① "Grew Again Warns Tokyo on Bombings", *New York Times*, Jun. 17, 1941。
② "The British Ambassador Called on Vice Minister Chuichi Ohashi", *New York Times*, Jul. 1, 1941。
③ 牛翰杰编著:《日本侵华史大事记》,香港天马图书有限公司2000年版,第293页。
④ 郭廷以:《中华民国史事日志》第四册,第174页。
⑤ 《参考消息》1991年8月10日。

废除不等条约,重新签订平等新约,中国国际地位和重庆的国际声誉大为提高。因此,日军对重庆的轰炸和重庆的反轰炸斗争对促进远东地区中美英等国建立反法西斯阵线也起了一定的积极作用。

结　　语

　　日本陆海军航空部队自1938年开始对重庆实施轰炸，随着时间的推进而逐渐升级。虽然轰炸在不同的阶段呈现出不同的状况和特点，但其发展变化的"主线"却是一致的，即日本政府期望挟军事之高压威逼国民政府屈膝投降，而实现灭亡中国之目的。日军对重庆及周边地区长达六年之久的狂轰滥炸之期，恰是中国政府八年抗战中最为艰苦的岁月。面对日军的"无差别轰炸"，重庆民众在中国政府的领导下展开了英勇的反轰炸斗争，最终挫败了日本"摧毁中国抗战意志，迅速结束中国事变"的狂妄企图。重庆民众由初遇日军轰炸时的惶恐向后来奋起反轰炸的态度变化，实为中国民众抗战八年态度之体现。从此层面论断，面对日军对重庆的轰炸，重庆民众与重庆政府之作为不仅仅具有地方抗战之意义，其实为中国八年艰苦抗战之浓缩。

　　近代以来，日本曾参与并批准《海牙公约》等国际条规，有义务遵守当时已经确立的国际条约。作为现代国家，日本也应该遵守人类在长期历史中形成的文明惯例。但是，日本无视国际条约和文明惯例，对包括重庆在内的大后方不设防城市进行长时间的狂轰滥炸，无论是从法律层面还是从历史事实层面考察，日本都犯下了违背国际法规、破坏人类和平和违反人类道德的罪行。正如时人所论，"日机炸死我国数千数万之平民，无论就任何理由而言，已构成重大违法之事实。此种大规模虐杀平民之举，在近代战争中尚不多见。即在欧战时号称目无法纪之德军，其行动尚不如是残忍妄为"[①]。

　　抗战时期长达6年多的日军对重庆及周边地区之轰炸，造成人员伤亡和

[①]　郭长禄：《论日机轰炸我国之违法》，中山文化教育馆1938年6月编印，第44页。

财产损失之惨重,不仅居于中国各大城市的首位,而且在世界反法西斯各国城市中也名列前茅。1945年8月日本战败投降,重庆民众终于迎来了胜利的一天,希望"获得加倍加利的报复"的重庆人民,却因中国政府"以德报怨"的政策和严重的国际国内政治斗争而成为泡影。重庆大轰炸受害者不仅没有获得应有的赔偿,连重庆大轰炸暴行的罪责也没有得到应有的清算。对于绝大多数的重庆人以及中国民众而言,日军对重庆的大轰炸已经是遥远的过去,但对于重庆大轰炸的经历者和幸存者而言,不仅轰炸造成的心理的创伤至今无法愈合,而且仍在受到日本政府对大轰炸和侵华历史漠视态度的折磨,重庆大轰炸的阴影始终无法抹去。

日军对重庆的轰炸,违反国际正义,是典型的反和平侵略行为;违反"军事必要"原则,是赤裸裸的战争犯罪;违反"人道主义"原则,是反人道的屠杀暴行。重庆大轰炸中的重大决策和军事行动,都得到裕仁天皇事先批准或事后承认,军队效忠于天皇,在战争中是犯罪的直接实施者,而军队的行为就是国家的行为。日本违反国际法规,无视人道准则,对重庆实施的"无差别轰炸",日本天皇、军部和政府结成三位一体的战争指导中枢,对重庆大轰炸负有不可推卸的责任。牺牲者的鲜血不应该白流,幸存者的创伤也不应该被忽视。

虽然重庆大轰炸的梦魇已经离去,但它所揭示的时代课题并不能就因此而成为历史。在中国共产党领导中国人民取得新民主主义革命的伟大胜利60年之后,中国的经济建设取得了巨大的成就。然而伴随着中国经济成功的同时,中日之间的历史纠纷却不时出现。这从侧面反映出只有正确认识和对待过去中日之间不幸的历史,中日关系才能真正实现睦邻友好,否则,中日未来关系之走向甚为堪忧。在此背景下,反思抗战时期日军对重庆轰炸的历史,以及中日之间曾经历的纠葛,无疑会使今天的中日两国人民从中得到某些有益的启示。日本政府应当采取对历史和现实负责的态度,正确认识和对待这段历史,妥善处理好重庆大轰炸的遗留问题。正视历史,面向未来,不仅有益于中日友好,也有助于世界和平。

重庆大轰炸由历史走向现实,是历史和时代的必然。一个没有记忆的民族是可悲的民族,一个不能正视历史的民族是不可信任的民族。无论是中国还是日本,都应该永远记住和正视重庆大轰炸的历史。

参 考 文 献

一、原始档案

中国第二历史档案馆馆藏:全宗号 1(1)
中国第二历史档案馆馆藏:全宗号 12
中国第二历史档案馆馆藏:全宗号 28
中国第二历史档案馆馆藏:全宗号 769
中国第二历史档案馆馆藏:全宗号 802
重庆市档案馆馆藏:全宗号 0044
重庆市档案馆馆藏:全宗号 0053
重庆市档案馆馆藏:全宗号 0054
重庆市档案馆馆藏:全宗号 0061
重庆市档案馆馆藏:全宗号 0066
重庆市档案馆馆藏:全宗号 0067
重庆市档案馆馆藏:全宗号 0075
重庆市档案馆馆藏:全宗号 0079
重庆市档案馆馆藏:全宗号 0081
重庆市档案馆馆藏:全宗号 0295
梁平县档案馆馆藏:1 - 10 - 13
梁平县档案馆馆藏:A308 - 2
四川省档案馆馆藏:全宗号 9516
四川省档案馆馆藏:全宗号 0041
四川省档案馆馆藏:全宗号 113
四川省档案馆馆藏:全宗号 180
台湾"国史馆"藏:302 - 1440
中国国民党党史馆馆藏:一般档案 515

日本防卫厅防卫研究所战史室档案:重庆攻击战斗详报或概报

二、报刊

《新华日报》1938—1945 年
《中央日报》1937—1941 年
《大公报》1938—1946 年
《国民公报》1937—1943 年
《新蜀报》1938—1939 年
《新民报》,1938—1940 年
《国民日报》1939 年
《重庆各报联合版》1939 年
《万州日报》1939—1941 年
《江西统计月刊》1938 年
《防空季刊》1938 年
《东方杂志》1939 年
《群众》1939—1941 年
《全民抗战》1939 年
《中国的空军》1939—1941 年
《空讯》1940—1941 年
《市政评论》1941 年
《新世界》1941 年
《防空月刊》1939—1942 年
《现代防空》1944 年
《气象学报》1943 年
《中学生杂志》1944 年
《西南实业通讯》第 5 卷
《四川经济》1944 年
《东京朝日新闻》1939 年
New York Times,1939—1941
《参考消息》1991 年
《人民日报》2005 年

三、资料集、著作

阿英:《阿英全集》第五卷,安徽教育出版社 2006 年版。

参考文献

白崇禧:《白崇禧口述自传》,中国大百科全书出版社2009年版。
陈诚:《八年抗战经过》,超星数字图书馆。
陈觉:《"九一八"后国难痛史资料》,上海书店1996年版。
陈应明:《抗日战争时期中国空军飞机》,中国之翼出版社1991年版。
陈应明、廖新华编著:《浴血长空——中国空军抗日战史》,航空工业出版社2006年版。
迟景德:《中国对日抗战损失调查史迹》,"国史馆"1987年印行。
[日]重光葵著,齐福霖、李松林、张颖、史桂芳译:《日本侵华内幕》,解放军出版社1987年版。
重庆抗战丛书编纂委员会编:《重庆抗战大事记》,重庆出版社出版1995年版。
重庆市档案馆、重庆师范大学合编,《中华民国战时首都档案文献》,重庆出版社2008年(内部发行)。
重庆市档案馆编:《中华民国陪都史资料丛书·轰炸与反轰炸》(未刊稿)。
重庆市人民防空办公室编:《重庆市防空志》,西南师范大学出版社1994年版。
重庆市沙坪坝区地方志办公室编:《抗战时期的陪都沙磁文化区》,科学技术文献出版社重庆分社1989年版。
重庆市体育运动委员会、重庆市志总统室编:《抗战时期陪都体育史料》,重庆出版社1989年版。
重庆市委党史研究室编:《中共中央南方局史》,中共党史出版社2009年版。
重庆市政府编:《重庆市一览》,1936年版,藏重庆市图书馆。
重庆市政协文史资料委员会:《重庆文史资料》第30辑、31辑,西南师范大学出版社1989年版。
戴金宇主编:《空军战略学》,国防出版社1995年版。
复旦大学历史系日本史组编译,《日本帝国主义对外侵略史料选编1931—1945》,上海人民出版社1975年版。
甘文峰:《慈云寺僧侣救护队》,《西南民众对抗战的贡献》,贵州人民出版社1992年版。
高鹏:《武汉会战》,团结出版社2005年版。
高晓星:《怒潮狂飙——国民党海空军传奇》,江苏人民出版社1999年版。
公安部档案馆编注:《在蒋介石身边八年——侍从室高级幕僚唐纵日记》,群众出版社1991年版。
[日]古屋奎二:《蒋介石秘录》,湖南人民出版社1988年版(内部发行)。
顾维钧著、中国社会科学院近代史研究所译:《顾维钧回忆录》第2分册,中华书局1985年版。
关捷:《日本侵华政策与机构》,社会科学文献出版社2006年版。
广安县志编纂委员会编:《广安县志》,四川人民出版社1994年版。
贵阳市志编纂委员会编:《贵阳市志·军事志》,贵州人民出版社1989年版。
贵州省地方志编纂委员会:《贵州省志·防空战备志》,贵州人民出版社2000年版。
郭廷以:《中华民国史事日志》,"中央研究院"近代史研究所1985年版。
韩信夫、姜克夫主编:《中华民国大事记》,中国文史出版社1997年版。
韩渝辉主编:《抗战时期重庆的经济》,重庆出版社1995年版。
何建廷主编:《抗日战争时期的北碚》,北碚区政协文史资料委员会1992年编印。
何应钦:《八年抗战之经过》,金文图书有限公司1982年8月增订本。
何应钦:《何上将抗战期间军事报告》,台湾文星书店1962年版。

和哲先:《疲劳轰炸后——陪都掠影》,《乐至文史资料选辑》第8辑(内部发行),1985年10月。
胡菊蓉:《中外军事法庭审判日本战犯——关于南京大屠杀》,南开大学出版社1988年版。
黄淑君主编:《重庆大轰炸》,重庆出版社1992年版。
姜克夫编著:《民国军事史》,重庆出版社2009年版。
蒋碧微:《蒋碧微回忆录》,江苏文艺出版社1996年版。
蒋顺兴、孙宅巍:《民国大迁都》,江苏人民出版社1997年版。
《蒋中正总统档案:事略稿本》,"国史馆"2008年印行。
[日]今井武夫:《今井武夫回忆录》,中国文史出版社1987年版。
军事科学院军事历史研究部:《中国抗日战争史》,解放军出版社1994年版。
军事科学院外国军事研究部:《日本侵略军在中国的暴行》,解放军出版社2005年版。
《抗战时期大后方经济》,四川大学出版社1989年版。
[日]堀场一雄:《日本对华战争指导史》,军事科学出版社1988年版(内部发行)。
隗瀛涛主编:《近代重庆城市史》,四川大学出版社1991年版。
[美]易劳逸:《蒋介石与蒋经国》,中国青年出版社1989年版。
李秉新、徐俊元、石玉新主编:《侵华日军暴行总录》,河北人民出版社1995年版。
李恩波、李学锋:《世界空战发展史》,解放军出版社2005年版。
李金荣主编:《烽火岁月:重庆大轰炸》,重庆出版社2005年版。
李守孔:《八年对日抗战真相》,台北正中书局1979年版。
梁实秋:《北碚旧游》,《梁实秋闲适散文精品选》,四川文艺出版社1994年版。
梁实秋:《回忆抗战时期》,《梁实秋作品集》,敦煌文艺出版社1997年版。
林成西、许蓉生:《国民党空军抗战实录》,中国档案出版社1994年版。
刘绍唐主编:《民国大事日志》第一册,传记文学出版社1973年版。
卢国纪:《我的父亲卢作孚》,四川人民出版社2003年版。
卢豫东:《中国抗战军事发展史》(近代中国史料丛刊第89辑),文海出版社有限公司印行。
罗传勋主编:《重庆抗战大事记》,重庆出版社1995年版。
南京师范大学南京大屠杀研究中心主编:《魏特琳传》,南京出版社2001年版。
牛翰杰编著:《日本侵华史大事记》,香港天马图书有限公司2000年版。
潘洵主编:《抗战时期西南后方社会变迁研究》,重庆出版社2011年版。
潘洵、周勇主编:《抗战时期重庆大轰炸日志》,重庆出版社2011年版。
彭承福主编:《重庆人民对抗战的贡献》,重庆出版社1995年版。
钱端升等:《民国政制史》,上海人民出版社2008年版。
[日]前田哲男著、李湿等译:《重庆大轰炸》,重庆科技大学出版社1990年版。
[日]前田哲男著、王希亮译:《从重庆通往伦敦、东京、广岛的道路——二战时期的战略大轰炸》,中华书局2007年版。
秦孝仪主编:《革命文献》第98辑、100辑,中国国民党党史委员会1984年9月。
《日本军国主义侵华资料长编》,四川人民出版社1987年版。
《日本在华暴行录(1928—1945)》,"国史馆"1985年编印。
日本防卫厅防卫研究所战史室编:《中国事变陆军作战史》(译稿),华书局1980年版。
日本防卫厅防卫研究所战史室编:《昭和十七、八年的中国派遣军》,中华书局1984年版。

沈弘编译:《抗战现场:〈伦敦新闻画报〉1937年—1938年抗日战争图片报道选》,中国社会科学出版社2005年版。
施康强编:《四川的凸现》,中央编译出版社2001年版。
石源华:《中华民国外交史》,上海人民出版社1994年版。
史丁:《日本关东军侵华罪恶史》,社会科学文献出版社2005年版。
斯诺:《斯诺文集》,新华出版社1984年版。
四川省档案馆编:《川魂——四川抗战档案史料选编》,西南交通大学出版社2005年版,第19页。
四川省地方志编纂委员会编:《四川省志·军事志》,四川人民出版社1999年版。
四川省奉节县政协文史资料委员会:《奉节文史资料》第2辑,1991年,内部发行。
四川省奉节县志编纂委员会:《奉节县志》,方志出版社1995年版。
四川省涪陵市政协文史资料研究委员会:《涪陵文史资料选辑》第2辑,1985年,内部发行。
四川省广安县政协文史资料委员会,《广安文史资料选辑》第4辑,1990年,内部发行。
四川省合川县政协文史资料研究委员会:《合川文史资料选辑》第2辑,1984年。
四川省渠县政协文史资料研究委员会:《渠县文史资料》第5辑,1993年12月,内部发行。
四川省巫山县政协文史资料委员会:《巫山文史资料选辑》第1辑,1988年,内部发行。
四川省政协、四川省省志编辑委员会编:《四川文史资料选辑》第13辑(内部发行)。
唐守荣主编:《抗战时期重庆的防空》,重庆出版社1995年版。
万县志编纂委员会编:《万县志》,四川辞书出版社1995年版。
王安娜:《中国——我的第二故乡》,三联书店1980年版。
王辅:《日军侵华战争(1931—1945)》,辽宁人民出版社1990年版。
威廉·米切尔著、李纯等译:《空中国防论》,北京解放军出版社1989年6月。
翁文灏:《翁文灏日记(1941年)》,《近代史资料》总102号,2002年12月。
无双:《空袭的故事一束》,《战时重庆风光》,重庆出版社1986年版。
西南师范大学、重庆市档案馆编:《重庆大轰炸》,重庆出版社1992年版。
肖银章等编著:《日机飞机轰炸陕西实录》,陕西师范大学出版社1996年版。
谢世廉主编:《川渝大轰炸——抗战时期日机轰炸四川史实研究》,西南交通大学出版社2005年版。
徐朝鉴、王孝询主编:《重庆大轰炸》西南师范大学出版社2002年版。
徐勇:《征服之梦——日本侵华战略》,广西师范大学出版社1993年版。
阎涛主编:《军事战略导论》中国社会科学出版社1992年版。
虞和平:《中国现代化历程》,江苏人民出版社2001年版。
云南省档案馆编:《日军侵华罪行实录·云南部分》,云南人民出版社2005年版。
曾小勇、彭前胜、王孝询:《1938—1943:重庆大轰炸》,湖北人民出版社2005年版。
曾智中编:《张恨水说重庆》,四川文艺出版社2001年版。
张弓、牟之先主编:《国民政府重庆陪都史》,西南师范大学出版社1993年版。
张群:《抗战胜利纪功碑文》。
张瑞德:《在轰炸的阴影下——抗战时期重庆民众对空袭的心理反应》,《近代国家的应变与图新》,台北唐山出版社2006年版。

章伯锋、庄建平主编:《血证——侵华日军暴行纪实日志》,成都出版社1995年版。

章伯锋、庄建平主编:《抗日战争》,四川大学出版社1997年版。

浙江省中国国民党历史研究组(筹)编印:《抗日战争时期国民党战场史料选编(一)》,1986年,内部发行。

中共梁平县委党史研究室编:《梁平县抗战资料选编》,中国文史出版社2008年版。

中国第二历史档案馆、陆军辑:《重庆市1941年5—8月敌机空袭损失统计》,《民国档案》2007年第3期。

中国第二历史档案馆等编:《侵华日军南京大屠杀档案》,江苏古籍出版社1987年版。

中国第二历史档案馆编:《中华民国史档案资料汇编》第四辑,江苏古籍出版社1991年版。

中国国民党中央委员会党史委员会编印:《中华民国重要史料初编——对日抗战时期》,中国国民党中央委员会党史委员会1980年9月。

《中国抗日战争时期大后方文学书系》,重庆出版社1989年版。

中国抗日战争史学会、中国人民抗日战争纪念馆:《中国抗日战争大事记》,北京出版社1997年版。

中国人民政治协商会议南京市委员会文史资料委员会编:《蓝天碧血扬国威——中国空军抗战史料》,中国文史出版社1990年版。

中国社会科学院近代史研究所:《日本侵华七十年史》,中国社会科学出版社1992年版。

忠县政协学习文史工作委员会:《忠县文史》(文史资料选编第一辑),1991年,内部发行。

《周恩来书信选集》,中央文献出版社1988年版。

周开庆:《四川与对日抗战》,台湾商务印书馆1971年版。

周开庆编:《民国川事纪要》,四川文献研究社1972年印行。

周勇:《重庆通史》,重庆出版社2001年版。

周勇主编:《重庆:一个内陆城市的崛起》,重庆出版社1989年版。

《总统蒋公思想言论总集》,国国民党中央委员会党史委员会印。

四、研究论文

陈安吉:《侵华日军南京大屠杀史国际学术研讨会论文集》,安徽大学出版社1998年版。

程雨辰:《蒋介石与重庆的防空洞》,《档案史料与研究》1993年第4期。

程雨辰:《重庆大隧道惨案死亡人数辨析》,《民国档案》,1996年第4期。

丁布夫:《重庆上空"五·三"之战》,《中国的空军》第23期。

丁则勤:《抗战时期的日本侵华政策及其演变》,《近代史研究》1987年第4期。

董继瑞:《抗日战争时期西宁曾遭日本飞机轰炸》,《青海工作》2004年9月。

高晓星编译:《日本海军航空队空袭南京史料(1937年8月15日—12月13日)》——《支那事变战记·海军航空战》节译,《民国档案》2004年第4期。

焦光生、李玉凡:《日寇轰炸武汉实录》,《湖北档案》2005年第7期。

刘志健:《重庆人民的反空袭斗争》,载《抗日战争中的重庆》,西南师范大学出版社1986年版。

罗坤碧:《重钢对抗战的贡献》(未刊稿)。

米庆余:《近代日本大陆政策的起源及其形成期的特征》,载中国日本史学会编:《日本史论文集》,辽宁人民出版社 1985 年版。
潘洵:《重庆大轰炸及其遗留问题》,《光明日报》2005 年 8 月 23 日。
潘洵:《论重庆大轰炸对重庆市民社会心理的影响》,《重庆师范大学学报》2005 年第 4 期。
潘洵:《论重庆大轰炸对重庆城市社会变迁的影响》,《西南师范大学学报》2005 年第 6 期。
潘洵、彭兴华:《抗战时期重庆大轰炸的损失及其遗留问题》,[日]《战争责任研究》2005 年冬季号(总第 50 号)。
潘洵、杨光彦:《抗战时期西南地区农村的社会变迁》,载《二十世纪中国社会史研究》,当代世界出版社 1998 年版。
潘洵、杨光彦:《论重庆大轰炸》,《西南师范大学学报》1999 年 6 期。
任荣、张开森:《美国〈时代周刊〉1937—1941 年有关日军轰炸南京和大屠杀的报道》,《民国档案》2006 年第 4 期。
唐润明:《试论蒋介石与四川抗日根据地的策定》,《历史档案》1994 年 4 期。
唐守荣:《日机对重庆的大轰炸》,《民国春秋》1985 年第 4 期。
王进:《重庆大轰炸在红岩精神形成中的作用》,《重庆邮电学院学报》2005 年第 3 期。
王禄明、陈乐道:《日军轰炸兰州及甘肃各地实录》,《档案》2005 年第 2 期。
王群生主编:《中日学者"重庆大轰炸"论文集》,三峡出版社 2004 年版。
魏励勇:《日机对重庆的大轰炸》,《航空史研究》1997 年 3 期。
徐建明:《重庆"大隧道窒息惨案"死亡人数考析》,《抗日战争研究》2001 年第 3 期。
徐勇:《日军对自贡井盐基地的轰炸与中国的防御》,《抗日战争研究》1998 年第 1 期。
杨光彦、潘洵:《试论抗战时期重庆反空袭斗争的地位和作用》,《西南师范大学学报》1995 年第 3 期。
杨筱:《关于重庆"大隧道窒息惨案"两个问题的补充讨论》,《抗日战争研究》2000 年第 2 期。
杨耀健:《日机轰炸重庆纪实》,《党史博览》1996 年第 2 期。
余凡等:《重庆大轰炸与日军侵华战略》、《重庆抗战纪事》,重庆出版社 1985 年。
余凡等:《日机对重庆的战略轰炸及其后果》,《重庆社会科学》1985 年增刊。
余子道、雇锡俊:《中日战争期间日本对国民政府的政策》,《军事历史研究》1998 年第 1 期。
余子道:《论中国正面战场初期的战略作战方向问题》,《军事历史研究》1999 年第 1 期。
曾庆榴、官丽珍:《侵华战争时期日军轰炸广东罪行述略》,《抗日战争研究》1998 年第 1 期。
张成明、张国镛:《抗战时期迁渝高等院校的考证》,《抗日战争研究》2005 年第 1 期。
张国镛:《关于国民政府择迁重庆问题的再探讨》,《西南师范大学学报(哲学社会科学版)》1997 年第 1 期。
张瑞德:《在轰炸的阴影下——抗战时期重庆民众对空袭的心理反应》,《近代国家的应变与图新》,台北唐山出版社 2006 年版。
张诗亚主编:《直面血与火殖民主义研究第六届年会暨重庆大轰炸 65 周年纪念国际学术研讨会论文集》,内蒙古大学出版社 2006 年版。
周勇主编:《给世界以和平——重庆大轰炸暨日军侵华暴行国际学术研讨会论文集》,重庆出版社 2008 年版。

索　引

A

阿沙诺夫　39,74
安藤利吉　74

B

白崇禧　85
白修德　273,340,344—346,351,355,365,369
板垣征四郎　76,85,86
傍晚偷袭轰炸　104,105
鲍格莫洛夫　38
本庄繁　69
兵工署导弹研究所　67

C

蔡邦霖　280
长沙会战　363
陈访先　248,280
陈介生　243
陈立夫　63,64,280
陈纳德　260,373
陈树人　63—65
陈志岳　248
程中行　280

"重光堂密约"　84
《重庆各报联合版》　255,360—362,370
重庆大学　66,133,139,167,171,212,359,370
重庆儿童教养院　305
重庆防空司令部　19—22,87,107,110—112,116—124,127,130—149,154—164,166—174,176,179,181,191,197,200,225,229,231,233—239,241,242,244,247,250,251,254,261—263,265,266,272—279,281,285,288,301,302,314,316,318,320,322,323,339
重庆防空协会办事处　233
重庆警备司令部　234,238,278,302
重庆空袭紧急救济联合办事处　118,119,241—244,298—301,303,312,314—316,318,319,325,337
重庆市党部　234,242,244,247,287,300,301,304
重庆市防护团　179,233,238—240,242,246,251,301,302,318,319,324
重庆市防空洞管理处　281,282
重庆市防空司令部　19,110—112,114—116,119—121,124,125,129,131—136,155,230,234,235,239,260,270—272,302,322
重庆市工务局　144,211,229,242,301,302,

索　引　385

320,321

重庆市警察局　22,63,111,119—121,154,158—161,166—173,188,189,192,195,199,200,222,225,230,233,234,242—244,282,283,285,292—294,296,301—303,307,323,324

重庆市商会　242,301,371

重庆市社会局　242,286,301,302

重庆市疏建委员会　287,288,320,321,323

重庆市卫生局　219,242,251,278,300,314,316

重庆市战时消防总队　323,324

重庆市政府　18,20,22,61,110,120,121,135,188—192,199,200,208,218,219,224,234,241,242,244,246,247,250,251,271,273,276—278,281,283—286,292,294,298,300,301,303,307,309,311,313—315,320—324,337—339

重庆疏建委员会　287,288

重庆卫戍总司令部　19,22,124,130—135,142,144,146—148,156—164,166—173,197,200,216,225,236—238,247,248,250,261,277,279,291,292,294,296,298,300—302,314,321,322

重庆行营　19,234,272,283,285

川江航务管理处　242,284,285,301,302

D

大后方　1,5,13,23,32,49,50,57,59,60,62,65,66,68,74—77,82—84,88,94,96,98,100,101,108,109,129,146,153,154,173,174,202,204,207,209,210,220,235,238,250,253,259,293,330—332,337,340,343—347,351,354,355,358,365,367,368,375

《大公报》　58,67,241,274,296,326,341,350,359,364

大陆政策　25,26,70

大扫荡　97

大隧道窒息惨案　7,8,11—13,105,107,157,176,237,249,280,281,314,315

大西泷治郎　43,91

担架队　59,318

岛田繁太郎　95

灯火管制　108,232,239,240,265

地面防空部队　264,269,334

地面照测部队　265

地毯式轰炸　11,45,89,92,102—104,343,344,367

滇缅公路　59,90,98,129

丁荣灿　248

丁惟汾　62

东方白　282,324

东京审判　2,351

杜黑　33

多田骏　84

F

防空洞　4,13,22,104,105,107,123,135,139,147,161,162,165,168,169,171,172,176,191,192,194,200,219,222,236,245,246,249,251,269,270,273—282,287,293,295,313,338,340,341,345—348,356,357,360,361,364,366

防空壕　219,222,270—273,275,278

费吴生　370

伏罗希洛夫　38

复旦大学　66,132,211,359,370

傅维德　370

G

高射兵器指挥部　260,261

高射枪炮大队　260,261
高又新　257,258
高志航　255
格兰姆·贝克　346
谷正纲　243,248,249,280
顾孟余　85
顾维钧　38
顾毓瑔　280
关东都督府　26,27
关东军　26—28,34,39,69,226,329
广田弘毅　30
《国策基准》　69
国防最高委员会　61,282,292,298
国立编译馆　67
国立礼乐馆　67
国立女子师范学院　66,212
国立中央图书馆　64,67
国联　26,37—39,45,71,370,373
国民参政会　63,185,349
国民党中央宣传部国际宣传处　247
国民政府　1,7,10,15—20,28,30—32,38—40,43,49,51—53,55—63,65—67,69—73,76,77,83—86,88—91,93,95,97,98,101,102,104,105,107,109,116,128,160,165,172,176,186—188,195,197,199,202—204,209,211,218,219,222,224,226—229,233—239,241,244,247,249—253,256,261—263,269—272,282,283,286,288—290,292,295,298,303,310,312,314—316,320,322,324,326,337,348,354—357,363,364,367—369,375
国史馆　22,23,36,37,41,54,67,119,154—161,166—173,186,189,193,200,222,224,225,329,335,338,343

H

海明威　369
韩素英　369
航空委员会防空总监部　48,81,82,92—94,97,100—102,106—108,110,226—228
何建　63,339
何廉　56,173
《何梅协定》　30
何应钦　36,46,49,56,85,289
贺国光　61,236—238,243,276,280,322
贺耀组　282
赫尔　370,372
赫曼诺夫　39
红十字会　158,242,278,300,316,318,372
洪兰友　243,248,287
胡伯翰　237,238,273,280
胡景伊　61
胡迈　243,244
胡子昂　359
胡作龙　258
华北事变　69
华洋义振会　242
皇姑屯事件　28
黄伯度　243,248
黄静波　238
黄炎培　185
回航轰炸　94,102,105

J

积极防空　17,104,228,234,236—238,251,260—263,265,266,269,273,277
集团袭击　94,102,108
济南惨案　26,29
贾安娜　340,344—346,351,355,365,369
蒋介石　13,18,28,31,38—40,44,51—59,66,77,88—91,95,97,123,169,172,227,233,236—238,241,247—252,258,270,276—281,283,288,289,297,298,300,

索　引　387

311—314,320—322,338,350,354,355,
357,361,362,364,373
蒋逵　234,237
蒋廷黻　280
今井武夫　72,84
锦州轰炸　34,35,76
紧急疏散委员会　337
近卫文麿　70
近卫内阁　39,43
井上成美　91
救护队　299,316—318

K

卡尔　155,162,354,365
康心如　273,280
抗战损失调查委员会　186,187,338
克兰伯恩勋爵　46
孔祥熙　61,63
库里申科　39

L

劳军运动　350
李顿调查团　35
李根固　233,234,236,273,287,320
李宏锟　233,234,283
李景泌　244,325
李宗仁　31,85
梁添成　255
林森　57,58,62,136,143,158,159,216,289
"零式"战斗机　93,95,105,175,259
刘粹刚　255
刘第玉　248
刘航深　358,359
刘湘　56,58
刘峙　62,237—239,243,247,248,273,280,
287,296,298,314,322

卢沟桥事变　32,39,42,57,71,252,270
罗斯福　366,370—373
洛阳　48,51,52,109

M

毛邦初　258
毛嘉谋　248
梅福林　244,370
梅贻琳　248,280,316
美国志愿航空队　260,372
民间索赔　10,16,18,352
明治维新　24,25
木下敏　91

N

南京大屠杀　1,2,16,31,40—42,331,351
南开大学　36,42,66
尼赫鲁　67,123,364
钮永建　62,63

P

庞京周　280,316
陪都　7,8,13,18,19,52,53,62,81,92,157,
160,179,218,226,247—251,275—282,
290,294—296,306,310,311,313,319,326,
335—339,341,342,348—350,355,360,
364,371
陪都空袭服务总队　246,248,249,251,298
陪都空袭救护委员会　15,157,158,160—
162,165,166,169—173,241,247—251,
298,300—303,307,308,310,312,313,315,
316
彭诚孚　248
彭德怀　362
彭赞汤　282
疲劳轰炸　12,94,96,97,102,107—109,126,

151,153,170,176,259,340,343,344,349,357

Q

欺骗轰炸　105,106
秦土协定　30

R

日本联合空袭部队司令部　259

S

山口多闻　91,94
《扫荡报》　67
杉山元　69,74
商务印书馆　67,158
邵力子　63
神经轰炸　107
石原莞尔　34,35
史汀生　370
市民扩大建筑防空洞运动　273
试探性轰炸　11,109,111,114,125,127,235,241,272
收容所　41,194,195,246,303—307,311,325,326
斯大林　38
斯诺　35,350,351,364,365,369
四川省防空司令部　19,21,110,111
四川省立教育学院　66,133,172,212,213,359
寺仓正三　84
松前未曾雄　356
苏联志愿航空队　39,255
速战速决　31,69—72,75,366
随枣会战　363
孙越琦　280

T

太平巷　222,320,321
太平洋战争　11,38,60,84,96,100,109,153,174,177,198,238,250,260,276,368
唐毅　248,280,282,324
《塘沽协定》　30
天皇　25,27—29,69,74,75,99,376
田伯列　41
田中义一　28,29
田中奏折　29,68
畑俊六　74
"桐工作"　89,128
秃鹰军团　329
突袭轰炸　104,105

W

汪精卫　11,63,64,83—86,89—91,128,227,367
王安娜　339,360,361
王秉璋　233
王宠惠　38,63
王迪民　244
王世杰　63,64
王缵绪　236
王镇宇　261
王正廷　28
王子庄　62
王尊五　248
威廉·米切尔　33
伪满洲国　30
魏道明　61,63
翁文灏　13,63,64,173,280
无差别轰炸　1,2,6,9,16,17,32,34,35,49,79,102—104,115,127,152,176,230,252,327,329—331,335,342,369,371,375,376

索　引　389

吴国桢　237,238,273,280,281,311,322
吴华甫　248,280
吴铁城　280
吴稚晖　62
吴忠信　63
"五·三"、"五·四"轰炸　11,18,61,88,102,
　104,119,127,215,228,230,236,243,254,
　255,262,273,274,277,286,288,289,293,
　294,296,298,300,303,312,314,316,319—
　321,323,326,329,334,337,339,341,343,
　345,355,356,359,361,364,370,371
五号作战　99
五相会议　69,72,86
"五月攻势"　82,85,127,197,354
武汉会战　44,62,234,253
雾季　82,83,85,88,104,125,126,129,150,
　230,240,273,289,293,294,339,340

X

西安　46,48,52,66,98,99,109,204,271,
　331—333
西奥多·怀特　369
西尾寿造　86
细菌弹　180,343
细菌战　1,10,16
闲院宫载仁　74,75
献机运动　207,350
相持阶段　10,11,32,77,78,241,253,330,
　337,354,367
消极防空　14,15,17,236—240,251,269,
　270,272,273,275,277,282,283,285,297,
　319,320,324,326
谢冠生　64,280
谢元模　280
辛文锐　260,261,263
《新华日报》　59,62,65,67,118,128,149,

　151,157,257,258,297,335,349—351,359,
　361—364,370—372
新生活运动促进总会　64,242,301
新运总会妇女指导委员会　242,301
行政院　18,37,52,56,61—63,135,157,
　186—188,199,200,208,218,238,247,
　249—251,274,286,287,290,293,303,309,
　310,313,315,320,321,324,337,338,355—
　357
行政院卫生署　247
徐昌龄　244
徐朝鉴　7,16,24,65,67,90,105,164,369
徐恩曾　280
徐建明　8,13
徐堪　63
徐漠　63
徐中齐　243,244,296
徐州会战　32
许世英　63,64,243,247,249
恤金　142,165,303,306,307,309,310,312,
　313,324
薛穆　275,365

Y

岩谷二三男　103
"盐遮断"专项轰炸　97
阎宝航　244,248
颜福庆　64,244,316
艳电　84
杨格　364
杨晓波　359
叶楚伧　62
夜间不定时轰炸　106,128
"100号作战"　11,104,115,367
"101号作战"　11,94,103,128—130,142,
　146,149—152,176,197,256,259,265,337,

355,367,371
"102号作战" 11,96,98,153,163,174,177,367,368,372
医护委员会 143,192,243,244,249,250,316
以战迫降 176
影佐祯昭 84
有田书简 104
于右任 58
远藤三郎 172,356
月光轰炸 106

Z

枣宜会战 256,363,368
曾琦 63
曾养甫 63,280
詹姆斯·贝特兰 369
战略轰炸 1,2,5—7,12,13,17,23,32—36,49,51,74—77,79,85,86,93,96,101,117,129,153,175,185,191,195,197,202,219,230,327—330,333—335,337,342,363,367,368,371,372
战时儿童保育会 305
战时消防总队 240
张伯苓 280,349,359
张发奎 85
张季鸾 13,176
张厉生 64,280
张群 59,63,85,298
张廷孟 236
张学良 28,34
张烟 248
章天锋 280
照明攻击 94,102,108,228
郑少愚 254,259
志航大队 254
治安强化运动 97
中共中央南方局 65,361
中国地理研究所 67
中国地质调查所 67
中国空军节 252
中国空军志愿大队 260
中国战时儿童救济协会 305
中华慈幼协会 305
中山大学 45
中苏互不侵犯条约 38
中央大学 15,66,123,138,139,171,172,211,359,370
中央工业实验研究所 67
中央农业实验研究所 67
《中央日报》 23,41,67,228,234,280,282,287,291,295,312,319,321,339,347,349,357,361,364,365,370
中央研究院 43,64,67,323
中央振济委员会 300,301,304
朱德 362

后　记

　　我对"重庆大轰炸"的研究可以追溯到1994年,当时有幸参加了重庆市政协组织编写《重庆抗战丛书》之一的"抗战时期重庆的防空"课题研究。在此之前,我对"重庆大轰炸"一无所知。当时的研究条件是极其艰难的,没有研究经费,到市区图书馆和档案馆查阅资料,不仅每天要花四五个小时的时间来往于学校和市区之间,而且查阅复印资料的费用也高得惊人,对于一个刚刚参加工作不久的年轻人来说,这是一笔非常昂贵的开支,绝大多数时候就只能依靠手工劳动。从那以后,我就开始关注"重庆大轰炸"的研究。但研究工作一直进展不大,其主要原因,是重庆大轰炸研究的核心材料重庆档案馆藏重庆防空司令部档案和重庆卫戍总司令部档案始终没有对外开放。

　　2006年,我主持申报的"真相、正义、和平:抗战时期重庆大轰炸及其遗留问题研究"获准国家哲学社会科学基金(西部项目)立项。同时,因参与中共中央党史研究室委托给重庆市委党史研究室的"抗战时期重庆人员伤亡和财产损失"的调查项目和重庆市启动了重庆中国抗战大后方历史文化研究与建设工程,得以有机会查阅和利用重庆市档案馆藏有关重庆大轰炸的核心资料,并得到重庆市哲学社会科学重大委托项目"重庆抗战大后方历史文化研究"的支持。在此前后,项目组成员又先后两次去日本查阅日本防卫厅防卫研究所,两次去台湾查阅"国史馆"、中国国民党党史馆、"中央研究院"近代史所档案馆的相关资料,为项目的研究奠定了资料的基础。

　　本书是项目组集体合作研究的结果,由潘洵、周勇主持编写,潘洵、周勇负责研究内容的框架设计和提纲拟定,各部分具体分工:导论由潘洵、周勇撰写,第一、二、三、六章由潘洵撰写,第四章由徐光煦撰写,第五章由唐润明撰写,最后由潘洵、周勇统稿。由于重庆大轰炸的资料极其浩繁复杂,特别是当时的轰炸调查资料,有重庆防空市司令部的调查,有重庆卫戍总司令部的调查,有重庆市警察局的调查,还有空袭服务机构等的调查,这些调查的结果有相当一部分是不一致的,有的甚至出现较大的分歧,虽然我们在研究中高度重视对这些复杂原始资料的比较鉴别,利用尽可能接近历史真实的史料,但为了保持史料利用的丰富性和各位研究者的独立思考,我们没有在史料利用方面力求统一,这是需要特别交代的。加之我们学力有限,书中难免有这样或那样的不足,尚祈各位专家学者不吝指正。

本书是在国家哲学社会科学基金(西部项目)"真相、正义、和平:抗战时期重庆大轰炸及其遗留问题研究"结项成果基础上补充完善而成的,同时也得到了重庆市哲学社会科学重大委托项目"重庆抗战大后方历史文化研究"的资助,结项成果曾获得国家哲学社会科学成果鉴定优秀等级,并经商务印书馆推荐入选《国家哲学社会科学成果文库》。

本书的完成得到了许多专家学者的关心、支持和指导,四川大学陈廷湘教授、杨天宏教授、北京大学徐勇教授、中国社科院近代史所的杨天石研究员、荣维木研究员、复旦大学吴景平教授、南京大学陈谦平教授、南开大学李少兵教授、西南大学许增纮教授、刘重来教授、重庆师范大学李玉阶教授、贵州师范大学欧阳恩良教授、黑龙江社科院王希亮研究员、台湾"中央研究院"近代史研究所张瑞德研究员、日本学者前田哲男教授、伊香俊哉教授、一濑敬一郎律师,等等,他们的热情鼓励和无私指导,是我们得以较好完成此项研究的重要动力。

本书的完成还要感谢西南大学一批曾从事"重庆大轰炸"研究的老师,特别是已故的杨光彦教授和黄淑君、唐守荣、王孝询、曾小勇和彭前胜等诸位老师,他们的前期积累为对这一学术领域的深化研究奠定了较好的基础。

要感谢的人还有很多很多,台湾"国史馆"的简笙簧先生、"中央研究院"近代史研究所谢国兴研究员,不仅为我们赴台查阅资料提供便利,而且还赠送给我们大量出版资料,西南大学鲁克亮老师为本书的资料收集和整理提供了无私帮助,西南大学张凤英老师在赴美国访学期间,为我们专门收集和翻译了美国《纽约时报》等有关重庆大轰炸的资料。西南大学中国近现代史专业的研究生李桂芳、彭兴华、彭星霖、胡阳旭、刘美丽、郝小玮等也帮助收集整理了一批文献资料,唐伯友协助编辑《抗战时期重庆大轰炸日志》,胡小京、戴现华参与了第一、二章初稿的撰写,赵颖、韩小娅、王娟、高佳也做了一些校对工作。此外日本防卫厅防卫研究所、台湾"国史馆"、台湾中国国民党党史馆、台湾"中央研究院"近代史所档案馆、中国第二历史档案馆、重庆市档案馆、四川省档案馆、重庆市图书馆、北碚区图书馆、西南大学图书馆以及重庆市委党史研究室、西南大学社科处和历史文化学院的领导或相关人员也为我的研究提供了各种便利。商务印书馆为本书的出版付出了辛勤的劳动。在此一并致谢!同时,本书在撰写和修改过程中,还参考和吸取了一些专家学者的研究成果,谨向他们表示诚挚的谢意。

潘 洵

2012 年 12 月 6 日

图书在版编目(CIP)数据

抗日战争时期重庆大轰炸研究/潘洵等著. —北京:商务印书馆,2013
(国家哲学社会科学成果文库)
ISBN 978-7-100-09834-2

Ⅰ.①抗⋯　Ⅱ.①潘⋯　Ⅲ.①侵华事件—史料—研究—日本②抗日战争—史料—研究—重庆市　Ⅳ.①K265.606

中国版本图书馆 CIP 数据核字(2013)第 037586 号

所有权利保留。
未经许可,不得以任何方式使用。

抗日战争时期重庆大轰炸研究
潘洵　等著

商　务　印　书　馆　出　版
(北京王府井大街36号　邮政编码 100710)
商　务　印　书　馆　发　行
北京瑞古冠中印刷厂印刷
ISBN 978-7-100-09834-2

2013年3月第1版　　开本 710×1000　1/16
2013年3月北京第1次印刷　印张 25　插页 4
定价:76.00 元